HISTOIRE

DE

SAINT IRÉNÉE.

Propriété.

Ouvrage du même Auteur, publié par les mêmes Libraires :

HISTOIRE DE L'ÉCLECTISME ALEXANDRIN considéré dans sa lutte avec le Christianisme : 2 vol. in-8.

LYON. — IMPRIMERIE D'ANTOINE PERISSE,
IMP. DE N. S. P. LE PAPE
ET DE S. É. MGR LE CARDINAL-ARCHEVÊQUE.

HISTOIRE

DE

SAINT IRÉNÉE,

SECOND ÉVÊQUE DE LYON,

DOCTEUR DE L'ÉGLISE ET MARTYR.

Par M^r l'Abbé J.-M. PRAT.

LIBRAIRIE CATHOLIQUE DE PERISSE FRÈRES.

Lyon,
Grande rue Mercière, 33.

Paris,
Rue Pot-de-Fer-St-Sulpice, 8.

1843

A Son Éminence
MGR LE CARDINAL L.-J.-M. DE BONALD,
Archevêque de Lyon et Vienne, Primat des Gaules, &c.

Monseigneur,

L'HISTOIRE DE SAINT IRÉNÉE ne pouvait paraître que sous les auspices de votre Éminence.

En vous voyant élevé sur le Siège qu'il occupa avec tant d'éclat, nos yeux aiment à contempler en vous l'héritier de son titre et de sa dignité, mais plus encore l'image vivante de son zèle et de ses vertus.

L'Histoire dira peut-être un jour à la gloire de cet illustre martyr, que, par un rare privisiège, il légua son esprit à ceux qui devaient le suivre et que du haut du ciel il veille encore sur cette Eglise jadis confiée à ses soins; qu'après lui se sont succédé, presque sans interruption, sur le siège de la Rome des Gaules, d'illustres et saints Pontifes : chaîne auguste et bénie dont le premier anneau remonte au temps de St-Pothin, et dont nous sommes si heureux de retrouver le dernier en vos mains.

La puissance de sa parole évangélique brisa tous les obstacles à la Foi et fut le lien merveilleux qui dans des jours d'épreuves rallia autour de lui tous les cœurs, et les arma pour le martyre.

Aujourd'hui encore, Monseigneur, il est une autre parole qui a le privilège de remuer les âmes, soit qu'elle se fasse entendre pour apporter la consolation, aux jours de l'affliction et de la douleur; soit qu'elle vienne commander le sacrifice, expliquer les devoirs et proclamer la loi de charité.

En déposant à vos pieds ce livre imparfait, sans doute, mais consciencieusement écrit, j'ai osé espérer que vous ne dédaignerez point d'en agréer l'hommage. Le moindre effort tenté pour l'honneur de la religion et de la vérité ne trouve-t-il pas toujours en vous encouragement et protection ?

Puisse cet ouvrage, fruit de patientes et laborieuses études, contribuer à étendre le culte d'un saint qui fut la gloire la plus pure de l'Église de Lyon, et une des plus brillantes lumières de la chrétienté.

J'ai l'honneur d'être avec une vénération profonde,

de Votre Éminence,

Monseigneur,

Le très-humble et très-obéissant serviteur,

J.-M. P.

INTRODUCTION.

La vie de saint Irénée n'offre point cette sorte d'intérêt que l'on aime à trouver dans le détail d'actions miraculeuses ou de faveurs surnaturelles ; mais elle nous présente un autre spectacle dont la grandeur nous étonne : suscité par le Seigneur pour combattre les corrupteurs de la doctrine de l'Eglise, Irénée nous apparaît toujours égal à sa mission ; le schisme et l'hérésie le rencontrent partout ; continuellement aux prises avec leurs adeptes, il fait toujours échouer leurs criminelles tentatives.

Considérée sous ce point de vue, l'histoire de saint Irénée nous paraît être un ouvrage de circonstance : dans un temps où l'hérésie et l'incrédulité unissent leurs efforts contre l'Eglise et contre toutes les vérités que ce grand homme défendit avec tant de force et de persévérance, il est utile de le faire revivre, pour ainsi dire, parmi nous et d'en appeler à son imposante autorité contre de si nombreux et de si audacieux ennemis.

En effet, que voyons-nous de nos jours?

Une effroyable anarchie règne dans les idées : une fausse philosophie envahit toutes les branches des connaissances humaines et s'efforce d'en exclure la religion. Des esprits d'autant plus présomptueux qu'ils sont plus aveugles, prétendent forcer le sanctuaire de la révélation et y régner comme dans le domaine de leur raison. On repousse le Verbe incarné, qui est venu du ciel apporter à l'esprit humain les lumières qui lui manquaient. On ne veut pas d'une religion qui impose des mystères à croire et surtout des règles de conduite à suivre. Pour se débarrasser de l'autorité de ce maître divin, on le relègue parmi les créations de la poésie ou parmi les êtres imaginaires du symbolisme : ou bien, si l'on daigne lui faire grâce de l'existence, on le ravale jusqu'au rang de ces philosophes de l'antiquité si connus sous le titre dérisoire de *sages*. Une religion enseignée et imposée aux hommes par Dieu lui-même, n'est pas plus du goût des *savants* de nos jours que des gnostiques des premiers siècles de l'Église : il faut que Dieu se contente du culte que le philosophisme voudra bien lui rendre.

Donc le philosophisme s'occupe à créer une nouvelle religion qui exclue et les miracles, et les mystères, et la morale. Les uns se vantent *d'allier les créations les plus riantes du paganisme épuré, aux aspirations les plus saintes du christianisme désassombri*, et dans ce dessein, ils reproduisent et propagent les plus honteuses théories de l'ancien illuminisme. Il en est qui, dans le délire de l'orgueil, s'applaudissent déjà du succès de leurs efforts ; qui fixent l'époque précise où le syncrétisme religieux qu'ils élaborent, anéantira pour jamais le catholicisme et règnera sur ses ruines ; d'autres voient *poindre dans un heureux avenir l'aurore* d'une religion qui accommodera toutes les habitudes, toutes les croyances, toutes les opinions, tous les penchants : en attendant, ils se fatiguent à la recherche du dieu de ce nouveau culte; d'un dieu qui veuille bénir et récompenser sur les rives du Bosphore, ce qu'il maudira et châtiera sur les bords du Tibre; qui embrassera dans une égale affection le sectateur de Mahomet, les disciples de Zoroastre, les adorateurs de Vichnou, les adeptes de Calvin et les partisans de Luther ; d'un dieu facile et complaisant, qui n'imposera point à la nature des sacrifices dont il n'a que faire; ni à la raison, des mystères qu'elle ne saurait comprendre.

Lorsque ce Dieu, dont on s'occupe activement, sera fait ou inventé, les peuples, à la suite des penseurs, des écrivains, des poètes, des philosophes modernes, viendront adorer *le Dieu que la raison aura retrouvé*, vénérer un *Christ agrandi et renouvelé*.....

A la vue de cet affreux dévergondage, je ne sais quelle tristesse s'empare de l'ame... On rougit des absurdités auxquelles est capable de descendre l'esprit humain. On éprouve alors le besoin d'évoquer le souvenir de ces grands génies qui ont honoré la nature de l'homme et qui ont relevé la raison de l'ignominie où la traînaient des erreurs monstrueuses.

De tous les docteurs de l'Eglise, aucun peut-être n'a combattu plus directement que saint Irénée les erreurs qui nous effrayent, parce qu'aucun n'a défendu plus spécialement les principes, les vérités que ces erreurs tendent à détruire. Les gnostiques du second siècle se posaient aussi comme les réformateurs du christianisme, et comme les gardiens ou les tuteurs de la raison. La religion de Jésus-Christ leur offrait des mystères qu'ils voulaient atteindre ; mais la gloire de Dieu les aveugla, et pour ne pas croire des mystères, ils dévorèrent des absurdités. Eux aussi revendiquaient l'indépendance de l'esprit humain ; et pour soutenir ses droits contre l'autorité divine, ils combinèrent des systèmes aussi impies qu'absurdes. Alors sortirent de leurs cerveaux et le *pléröma*, et le *bythos*, et les *œons*, et *l'ogdoade*, et la *triacontade*, et la *tétracontade*, et les *abraxas*, et l'*archon*, et *monogenès*, et *ialdabaoth*, et *achamoth*. Si les théories des gnostiques se fussent renfermées dans les termes, elles n'auraient été que ridicules ; mais tout cet appareil barbare était dirigé contre les dogmes de la religion et inventé pour substituer le panthéisme à l'unité de Dieu, le naturalisme à la révélation, le rationalisme aux mystères de la religion catholique : leurs efforts tendaient aussi à marier *les créations les plus riantes du paganisme épuré aux aspirations les plus saintes du christianisme désassombri*. Une fois qu'ils eurent refusé la divinité à Jésus-Christ, afin de ne pas être forcés de se soumettre à son autorité, il leur coûta peu de lui attribuer de belles idées, d'admirables conceptions, et de le mettre à côté des Socrate et des Platon ; car enfin, quelque sage qu'il pût être, il n'était plus qu'un homme, et, dès lors, ils avaient le pouvoir de récuser son témoignage et de rejeter son enseignement et sa morale ; c'était là le but de leurs efforts ; secondés par l'orgueil de l'esprit et les passions du cœur, ils auraient peut-être pu l'atteindre, si la religion eût été l'œuvre de l'homme. Mais Dieu a promis d'être avec son Eglise jusqu'à la consommation des siècles ; il suscita donc aux gnostiques l'adversaire le plus terrible qu'ils eussent rencontré jusqu'alors : Irénée se chargea de la cause de la vérité contre toutes les hérésies.

La Providence qui proportionne toujours les moyens aux fins qu'elle se propose, doua ce grand homme de toutes les qualités propres à une si haute mission, et le plaça, pour ainsi dire, à la source des traditions qu'il devait défendre contre tant de corrupteurs. A l'école des disciples des apôtres, il puisa dans toute sa pureté la doctrine de l'Église, avec ce respect inviolable qu'il lui conserva toujours et ce zèle ardent qu'il déploya pour sa propagation et son intégrité.

Lorsque le temps fut venu de remplir les desseins que le Seigneur avait sur lui, Irénée opposa aux hérétiques, avec les exemples de toutes les vertus, les oracles de la foi et le langage d'une raison éclairée. Mettant en présence l'immuable enseignement de l'Eglise et les rêves mobiles des gnostiques, il leur montrait que l'Eglise était dépositaire de la parole et de l'autorité de Dieu lui-même, et les convainquait de la nécessité de la révélation et de la foi, par le honteux spectacle de leurs erreurs et de leurs variations qu'il étalait à leurs regards.

Or, les vérités qu'Irénée défendit avec tant de dignité, sont encore celles que l'on attaque de nos jours. Il est donc utile d'invoquer son témoignage et de l'opposer à des hommes qui se donnent le droit exclusif de régenter le monde; qui, sans autorité, sans mission, veulent réformer une religion dont ils connaissent à peine les premiers éléments. Nous leur demanderons avec notre saint docteur : « qui êtes-vous donc pour nous imposer votre autorité ?.. au nom de qui nous prêchez-vous ?.. de qui avez-vous reçu votre mission ?.. de quel droit venez-vous condamner ce que tant de siècles ont cru et pratiqué?.. Si vous rejetez l'autorité divine, qui sera juge entre vous et moi?..' ne suis-je donc pas doué d'une intelligence comme vous? s'il vous plaît de parler d'une manière, il me plaît à moi de parler d'une autre : votre autorité est l'autorité d'un homme ; la mienne aussi ; j'ai le même droit que vous de faire une religion tout opposée à la vôtre. Sera-ce vous qui me prouverez qu'elle ne vaut rien? d'après quelle règle le feriez-vous ? par l'autorité d'un tiers ? Ce troisième n'est qu'un homme comme vous, et moi j'ai le droit de lui contredire ; il n'a pas celui de m'imposer son jugement en matière de religion. Il me faut à moi une autorité divine : ma raison ne ressortit que de Dieu ; elle ne dépend que de lui, elle ne reconnaît d'autre autorité que la sienne : cette autorité, je la trouve dans l'Église ; c'est donc à l'Église que je m'attache, ne serait-ce que pour éviter vos travers. »

Telle est la dignité des enfants de l'Église : tranquilles dans des croyances dont l'immutabilité même prouve la divinité, ils ne sont pas condamnés à tourner à tout vent de doctrine, ni à s'agiter dans ce cercle d'erreurs dont les incrédules sont à la fois les jouets et les victimes ; appuyés sur les oracles divins dont l'Église est la dépositaire, les catholiques, immuables comme l'autorité de laquelle seule ils relèvent, voient d'un œil de dédain ou de pitié les erreurs se transformer, se diviser, s'agiter bruyamment autour de leur auguste religion qui reste toujours la même.

Interrogeons nos pères, ils nous apprendront que la foi que l'on attaque aujourd'hui avec tant de fureur est la foi qu'ils eurent eux-mêmes à défendre contre les nouveautés de leur temps. C'est là surtout ce que nous apprendra le grand Saint dont nous écrivons l'histoire : apôtre de la tradition, défenseur zélé de l'intégrité de nos croyances, il nous les a transmises telles qu'il les avait reçues de ceux qui les avaient apprises des apôtres ou de Jésus-Christ lui-même. Puisse l'histoire de sa vie, que nous offrons au public, contribuer à la gloire de Dieu, à soutenir la constance des fidèles dans leur foi, en butte aujourd'hui à

tant d'odieuses attaques, à ramener des sentiers de l'erreur ceux que de funestes exemples ou de perfides leçons auraient entraînés hors des voies de la vérité. C'est pour les uns comme pour les autres que nous adressons ici au Seigneur la prière que lui faisait saint Irénée en faveur des fidèles qu'il voulait éclairer et des hérétiques dont il réfutait les erreurs : « Je
» invoque, Seigneur, Dieu d'Abraham, d'Isaac
» et de Jacob, père de Notre-Seigneur Jésus-
» Christ ; Dieu qui, dans votre immense misé-
» ricorde, vous vous êtes révélé à nous, qui
» avez fait le ciel et la terre, qui êtes maître
» absolu du monde, Dieu unique, Dieu
» grand, Dieu seul véritable, je vous en con-
» jure par Notre-Seigneur Jésus-Christ, éta-
» blissez dans nous le règne de votre Esprit
» Saint ; faites, ô mon Dieu, que tous ceux
» qui liront ces pages vous reconnaissent et
» persévèrent dans votre saint amour, qu'ils
» ne vous abandonnent pas pour embrasser
» l'hérésie et l'impiété. »

NOTES
ET PIÈCES DIVERSES.

I.

DISSERTATION SUR LE TEMPS DE L'ÉTABLISSEMENT DE LA RELIGION CHRÉTIENNE DANS LES GAULES, PAR LE P. LONGUEVAL (1).

Il s'agit de savoir si le christianisme a été établi dans les Gaules par les disciples des apôtres dès le premier siècle de l'Eglise, ou si l'on doit différer l'époque de son établissement jusqu'au milieu du troisième siècle. Les deux opinions ont des autorités et des défenseurs respectables. Les uns, en soutenant l'antiquité de l'Eglise gallicane, ont cru devoir combattre avec zèle

(1) Histoire de l'Eglise anglicane, tom. 1, p. 42, Paris 1732.

pour la gloire de leur patrie : les autres, en l'attaquant, se sont flattés de ne combattre que pour la défense de la vérité ; et ils ont cru avec raison, qu'une Eglise si illustre n'avait pas besoin de faux titres de noblesse. Mais la chaleur qui se mêle presque toujours dans ces sortes de disputes, a fait donner les uns et les autres dans des extrémités également condamnables. Ceux-là se sont engagés à défendre un grand nombre de traditions populaires, et à soutenir les pièces les plus décriées ; et ceux-ci n'ont pas toujours déféré aux témoignages les plus dignes de foi. Pour éviter également l'un et l'autre de ces écueils, et pour rendre la vérité plus sensible en la débarrassant des difficultés qui l'obscurcissent, je vais tâcher de démêler, par quelques propositions, ce qui paraît dans cette question de certain, de douteux, ou même de faux.

PREMIÈRE PROPOSITION.

Il paraît certain que la religion chrétienne a été établie dans les Gaules dès le premier siècle par les disciples des apôtres.

Il faut convenir d'abord que les préjugés les plus légitimes favorisent ce sentiment. Il est difficile de se persuader que saint Pierre et saint Paul, étant à Rome uniquement occupés à la propagation de l'Evangile, aient négligé de le faire annoncer à une nation si illustre, et aussi voisine de l'Italie que l'étaient les Gaulois. Le zèle de ces saints apôtres serait une raison suffisante de présumer qu'ils l'auront fait : mais on ne manque pas de preuves positives pour établir cette vérité.

Saint Epiphane assure que saint Luc et quelques autres disciples de saint Paul ont prêché la Foi dans la Gaule. *Le ministère de la divine parole*, dit ce saint docteur, *ayant été confié à saint Luc, il l'exerça en passant dans la Dalmatie, dans la Gaule, dans l'Italie et dans la Macédoine, mais particulière-*

ment *dans la Gaule , ainsi que saint Paul l'assure , dans ses épîtres, de quelques-uns de ses disciples. Crescent,* dit-il *, est en Gaule.* Car, ajoute saint Epiphane *, il ne faut pas lire* EN GALATIE *, comme quelques-uns l'ont cru faussement, mais* EN GAULE (1). Il ne s'agit pas de savoir si ce saint docteur a raison de lire dans le texte de saint Paul *, en Gaule ,* au lieu de *en Galatie ;* Il nous suffit qu'il ait cru qu'on devait lire de la sorte, pour être en droit d'en conclure qu'il passait alors pour constant que saint Crescent avait prêché la Foi dans la Gaule.

Ce sentiment était si bien établi dans l'Orient, que Théodoret , qui lit *dans la Galatie ,* ne laisse pas d'entendre *la Gaule ,* parce qu'en effet les Grecs donnaient ce nom à la Gaule : et les Galates n'avaient été ainsi nommés , qu'à cause qu'ils étaient une colonie de Gaulois. La tradition de l'Eglise de Vienne confirme cette opinion. Elle a cru de temps immémorial, cette Eglise, que saint Crescent , son premier évêque , fut disciple de saint Paul, et presque tous les martyrologes lui donnent cette qualité. Il peut paraître étonnant que le père Pétau prétende que la Gaule , qui fut, selon saint Epiphane , la mission de saint Luc, était la Gaule Cisalpine (2). Il n'y avait plus de province ainsi nommée du temps de ce saint docteur : et quand même le nom de cette province aurait subsisté , il est manifeste que dès qu'on nomme simplement la Gaule , on doit entendre la Gaule proprement dite. On voit d'ailleurs par le texte de saint Epiphane , que la Gaule où a prêché saint Luc, est celle où a prêché saint Crescent , que l'Eglise de Vienne reconnaît pour son fondateur. Nous croyons devoir nous rendre à l'autorité de saint Epiphane. Il siérait mal à des écrivains français de combattre ce que des auteurs grecs , de saints et respectables Pères par leur antiquité et leur érudition , ont avancé de glorieux à l'Eglise gallicane.

Il ne nous paraît pas moins certain que saint Trophime fut en-

---

(1) Epiphan. hæres. 51, edit. Petav. p. 433.
(2) In notis ad Epiphan.

voyé dans les Gaules par saint Pierre, et y fonda l'Eglise d'Arles, qui fut, à ce qu'on croit, la première Eglise des Gaules. Nous avons pour garant de ce fait une tradition si ancienne et si universellement reçue, qu'on ne pourrait la contredire sans témérité. C'est sur ce principe que le Pape saint Zozime fonde les priviléges qu'il accorde à l'Eglise d'Arles. C'est le motif de la requête que les évêques de la province d'Arles présentèrent à saint Léon, pour le supplier de rendre à cette métropole les priviléges qu'il lui avait ôtés. *Toute la Gaule*, disent-ils, *sait, et la sainte Eglise Romaine ne l'ignore pas, qu'Arles, la première ville des Gaules, a mérité de recevoir de saint Pierre saint Trophime pour évêque, et que c'est de cette ville que le don de la Foi s'est communiqué aux autres provinces des Gaules* (1). Si saint Trophime d'Arles n'avait reçu sa mission qu'au milieu du troisième siècle, comme on le prétend, aurait-on pu ignorer ce fait à Rome et dans la Gaule, vers le milieu du cinquième siècle? ou ces évêques auraient-ils pu s'exprimer comme ils font? peut-on supposer qu'ils ignorassent qu'il y avait à Lyon et à Vienne, dès le second siècle, une chrétienté nombreuse, qui avait donné à l'Eglise de si illustres martyrs? Ainsi, en soutenant que l'Eglise d'Arles est plus ancienne, ils prétendent qu'elle a été fondée dès le premier siècle.

C'est donc en vain que, pour éluder cette autorité, quelques critiques répondent que ces évêques, en disant que saint Trophime a été envoyé par saint Pierre, entendent seulement qu'il a été envoyé par le Saint-Siége. Je sais que *saint Pierre*, selon l'expression de saint Pierre Chrysologue, *vivant et présidant toujours dans son siége*, les envoyés du Saint-Siége sont quelquefois appelés les envoyés de saint Pierre : l'histoire nous en fournira plus d'un exemple. Mais cette réponse ne peut avoir ici aucun lieu. Les évêques de la province d'Arles voulaient montrer l'antiquité de leur métropole : l'auraient-ils fait, s'ils avaient seu-

---

(1) Preces episc. provinciæ in Arelatens. Concil. Gall. t. I, p. 89.

lement prétendu dire que le premier évêque de cette Eglise avait été envoyé par le Saint-Siége ?

Mais il y a peut-être quelque chose de plus glorieux encore à l'Eglise gallicane. On peut dire avec assez de vraisemblance que saint Paul en jeta lui-même les premiers fondements. En effet, quand il écrivit sa lettre aux Romains, il avait dessein, comme il le marque, de passer de Rome en Espagne (*Rom.* 15. 25, 28). Plusieurs saints Pères, comme saint Epiphane, saint Chrysostôme, saint Jérome et Théodoret, veulent qu'il ait exécuté ce projet, quand il fut élargi de sa première prison de Rome. Or, s'il alla de Rome en Espagne, il est vraisemblable qu'il y alla par le grand chemin qui conduisait d'Italie en Espagne, c'est-à-dire, par la Gaule ; et comme les voyages de saint Paul étaient autant de missions, on ne peut croire qu'il ait manqué d'annoncer la Foi aux Gaulois. Une ancienne inscription trouvée en Espagne, nous apprend que le christianisme y avait pénétré dès le temps de Néron. Elle était conçue en ces termes : *A Néron César Auguste, pour avoir purgé la province de brigands, et de ceux qui enseignent aux hommes une nouvelle superstition.* Mais, si la Foi avait dès-lors pénétré en Espagne, comment aurait-elle été inconnue dans les Gaules, plus voisines de l'Italie ?

Supposons cependant, si l'on veut, que tous ces faits soient incertains : voici des preuves plus solides de la vérité que j'ai avancée, et qu'on ne pourrait combattre sans démentir les auteurs les plus anciens et les plus respectables.

Saint Irénée qui florissait au second siècle de l'Eglise, et qui écrivait dans le sein de la Gaule, nous assure que de son temps, il y avait plusieurs Eglises établies parmi les Celtes et dans les Germanies, c'est-à-dire, dans les deux provinces de la Gaule Belgique, nommées la première et la seconde Germanie ; car on sait que la Foi ne pénétra que long-temps après dans la Germanie d'au-delà du Rhin. *Ces peuples*, dit ce saint docteur, *qui parlent tant de langues différentes, tiennent sur la foi le même langage. Les Eglises qui sont dans les Germanies, dans l'Espagne, parmi les Celtes, dans l'Orient, dans l'Egypte et la Libye, ont toutes la même croyance et la même tradition* (1).

Tertullien, qui écrivait peu de temps après, ne craint pas de dire que toutes les Espagnes, les diverses nations des Gaules, et les endroits des Iles Britanniques inaccessibles aux Romains, étaient soumises à Jésus-Christ (2). Ces diverses nations des Gaules étaient sans doute les Aquitains, les Celtes et les Belges. Il y avait donc déjà des Eglises dans toutes ces provinces. Lactance s'exprime encore d'une manière plus forte. Il dit qu'après la mort de Domitien arrivée dans le premier siècle, l'Eglise s'étendit de l'Orient à l'Occident, *en sorte qu'il n'y avait aucun coin de la terre si reculé où la lumière de la Foi n'eût pas pénétré; aucune nation si barbare, dont elle n'eût pas adouci les mœurs. Mais,* ajoute-t-il, *cette longue paix fut troublée; car long-temps après, Dèce s'éleva pour persécuter l'Eglise* (3). Ainsi, long-temps avant l'empire de Dèce, c'est-à-dire, avant le milieu du troisième siècle, la religion chrétienne était répandue dans les diverses parties du monde. Ces autorités ont d'autant plus de force, que la plupart de ceux qui refusent de reconnaître l'établissement du christianisme dans les Gaules dès le premier siècle, le reculent jusqu'au milieu du troisième. Les critiques paraissent peu craindre ces raisonnements, parce qu'ils se flattent d'avoir des armes invincibles pour combattre le sentiment que j'établis. Je vais tâcher de les leur enlever, ou de les tourner contre eux-mêmes.

---

(1) Iren. adv. hæres. l. 1, c. 5.
(2) Tertull. advers. Judæos, c. 7.
(3) Lact. de mort. persecut. c. 3.

SECONDE PROPOSITION.

La religion chrétienne, quoique établie dès sa naissance dans les Gaules, n'y fit que peu de progrès pendant les deux premiers siècles.

Les plantes qui doivent durer plus long temps, sont celles qui prennent plus lentement leur accroissement. Il n'est pas surprenant que la Foi, qui devait s'affermir si solidement dans la Gaule, ait été si long-temps à y jeter des racines. Le peu d'ouvriers qui furent d'abord employés à défricher ces terres, et le grand attachement des Gaulois pour leurs superstitions, purent en être la principale cause. Quoi qu'il en soit, les premiers progrès de l'Evangile dans ces provinces furent si lents, qu'ils parurent comme insensibles : les témoignages les plus formels justifieront ce que j'ai à prouver.

Sept évêques écrivant d'un concile à sainte Radegonde, lui disent : *Quoique la Religion ait été prêchée dès sa naissance dans les Gaules, elle fut embrassée de peu de personnes* (1). Ce texte si court prouve également la première et la seconde proposition que j'ai avancées. Sulpice-Sévère, Gaulois de naissance, parlant de la cinquième persécution, qui est celle de Marc-Aurèle, dit que ce fut alors qu'on *vit dans les Gaules les premiers martyres; la religion*, dit-il, *ayant été reçue plus tard au delà des Alpes*: *Tum primum intra Gallias martyria visa, serius trans Alpes Dei religione suscepta*. Il ne dit pas qu'elle y fut *prêchée plus tard*, il dit qu'elle y fut *embrassée plus tard* : parce qu'elle y fit peu de progrès dans les commencements. L'auteur ancien des actes de saint Saturnin tient le même langage : *La connaissance de l'Evangile*, dit-il, *s'est répandue dans toute la terre insen-*

___
(1) Conc. Gall. t. I, p. 118.

viij

siblement, et comme pas à pas, et la prédication des apôtres a fait dans nos provinces des progrès lents : tardo progressu.

Ces progrès peu sensibles n'attirèrent pas l'attention des persécuteurs. Aussi ne voyons-nous rien d'éclatant dans l'histoire de l'Eglise Gallicane avant les martyrs de Lyon, qui souffrirent après le milieu du second siècle. Si quelques hommes apostoliques ont avant ce temps-là versé leur sang pour la Foi, ils furent en petit nombre. Il paraît même qu'ils ne furent pas mis à mort par autorité publique, et en vertu des édits des empereurs pour la Gaule, mais par la haine des particuliers contre la Foi. Ce qui n'a pas empêché Sulpice-Sévère de dire qu'on n'avait pas vu de martyrs dans les Gaules avant ceux de Lyon sous Marc-Aurèle : *Tum primum intra Gallias martyria visa.* Ainsi des deux propositions que nous avons avancées, le fameux passage de Sulpice-Sévère confirme la seconde, et ne détruit pas la première.

On oppose à ce que nous venons de dire, la tradition d'un grand nombre d'Eglises, qui se glorifient d'avoir eu des martyrs, et une chrétienté florissante dès le premier siècle. C'est ce qu'il faut maintenant examiner avec équité, et sans que l'amour de la patrie l'emporte sur l'amour de la vérité, ni l'esprit de critique sur le respect dû aux traditions certaines.

TROISIÈME PROPOSITION.

Ce qu'on raconte en particulier de la fondation de diverses Eglises des Gaules dans le premier siècle, est plein d'incertitudes.

Comme l'antiquité est un des plus beaux titres de noblesse, la plupart des peuples ont cherché leur origine dans les temps les plus reculés ; et parce qu'ils ne connaissaient rien de plus célèbre, ni de plus ancien dans l'histoire profane que le fameux siége de Troie, plusieurs ont rapporté la fondation de leurs empires à des princes troyens, qu'ils savaient d'ailleurs avoir fondé quelques États dans leur dispersion. N'est-il rien arrivé de semblable aux Eglises particulières ? on savait que la Foi avait été portée dans la Gaule par les apôtres, ou par leurs disciples : nous l'avons montré par la première proposition. De cette tradition véritable, il s'en est formé plusieurs fausses, qui ont donné pour fondateurs à la plupart de nos Eglises, des évêques envoyés par les apôtres. Ces opinions qui parurent flatteuses, furent reçues sans trop d'examen ; et quoiqu'elles fussent assez récentes, on leur donna bientôt le beau nom de tradition. Mais ces prétendues traditions de quelques Eglises particulières sur leur origine ne sont guère plus infaillibles que celles des familles sur l'ancienneté de leur noblesse. Voici les principales raisons qui nous les font regarder comme incertaines dans le fait dont il s'agit.

1° Si tout ce qu'on raconte de la fondation d'un grand nombre d'Eglises des Gaules dès le premier siècle était véritable, le christianisme n'aurait été nulle part ailleurs aussi florissant que dans la Gaule : ce qui est contraire à la seconde proposition que nous avons prouvée. En effet, sans parler de saint Trophime d'Arles, et de saint Crescent de Vienne, on veut que saint Lin de Besançon, saint Clément de Metz, saint Memmie de Châlons-sur-Marne, saint Sixte de Rheims, saint Sinice de Soissons, saint Martial de Limoges, saint Front de Périgueux, saint Georges du Vélay, saint Saturnin de Toulouse, saint Mansuet de Toul, les saints Euchaire, Valère et Materne de Trèves et de Cologne, les saints Savinien et Potentien de Sens, saint Altin d'Orléans, saint Gatien de Tours, saint Denis de Paris, saint Lucien de Beauvais, saint Saintin de Meaux et de Verdun, saint Nicaise de Rouen, saint Exupère de Bayeux, saint Rieule de Senlis, saint Taurin d'Evreux, saint Paul de Narbonne, saint Eutrope de Saintes, saint Julien du Mans, saint Ursin de Bourges, saint Austremoine d'Auvergne, et plusieurs autres ; on veut, dis-je, que tous ces saints apôtres aient été envoyés dans les Gaules par saint Pierre, ou par saint Clément, et qu'ils y aient établi, dès le premier siècle, de florissantes Eglises. Mais si cela est ainsi, comment Sulpice-Sévère, et les autres auteurs que nous avons cités, ont-ils pu avancer que la religion n'avait fait que de lents progrès dans les Gaules ? Il n'y aurait eu nulle part ailleurs tant d'Eglises.

2° Pour justifier l'époque de la mission de ces saints évêques, on rapporte leurs actes. Mais ces actes-là même me fournissent de nouvelles armes pour combattre le sentiment qu'on veut établir par leur autorité. Car rien ne doit plus décrier une cause que les faux titres qu'on produit pour la défendre. « Il y a des auteurs, » dit le moine Léthalde, qui ne craignent pas de blesser la vé- » rité pour relever les actions des Saints ; comme si le mensonge » pouvait donner quelque nouvel éclat à la sainteté (1). » Ce reproche convient à la plupart de ceux qui ont écrit la vie des premiers apôtres de la Gaule. Les actes qu'ils nous en ont donnés, sont ornés de tant de circonstances merveilleuses, qu'on n'y reconnaît pas les caractères de la vérité toujours simple. Ils paraissent même évidemment copiés en plusieurs choses les uns d'après les autres. Par exemple, saint Martial ressuscite saint Austriclinien son compagnon avec le bâton que lui donna saint Pierre : saint Euchaire avec le même bâton ressuscite aussi son compagnon, saint Materne; saint Clément de Metz opère le même miracle par la vertu du même bâton de saint Pierre sur saint Domitien, son compagnon ; et saint Front de Périgueux rend aussi la vie avec ce même bâton à saint George, son compagnon. Peut-on après cela faire quelque fond sur de pareilles pièces ?

Il y en a même de fabriquées par des imposteurs. La vie de saint Martial a été composée sous le nom de saint Austriclinien, par un écrivain qui a cherché à en imposer au public (2). Un corévêque, nommé Gauzbert, composa pour de l'argent une vie de saint Front, où il fait saint George son compagnon, un des soixante-douze disciples. Hilduin, pour montrer que saint Denys de Paris est l'aréopagite, cite un certain Aristarque et un nommé Visbius, dont personne n'a entendu parler, et dont il dit que les écrits

(1) Lethald. in prologo vitæ S. Juliani.
(2) In concilio Lemovicensi.

ont été trouvés dans la bibliothèque de l'Eglise de Paris. La critique de ces sortes de pièces nous mènerait trop loin. Il suffit de remarquer que la plupart n'ont été composées qu'après le neuvième siècle, pour appuyer l'opinion qui commençait à s'établir de l'ancienneté de plusieurs Eglises, ou pour faire naître cette opinion en faveur de quelques autres, auxquelles on voulait faire honneur.

3° La suite des évêques, marquée dans la plupart des Eglises dont nous avons parlé, est une nouvelle preuve qu'elles n'ont pu avoir commencé plus tôt que vers le milieu du troisième siècle; ou bien, il faudrait admettre en toutes en même temps une fort longue vacance. Ce qu'on pourrait supposer de quelques Eglises, le peut-on avec quelque vraisemblance de toutes celles dont nous venons de parler? il n'y a guère que les Eglises de Trèves, de Cologne et de Metz, où l'on trouve assez d'évêques pour continuer la succession depuis le temps des apôtres. Mais les catalogues des évêques de ces Eglises, et de quelques autres, n'ont pas même toute l'autorité nécessaire pour nous rassurer.

4° Grégoire de Tours, qu'on nomme avec raison le père de l'histoire de France, rapporte au consulat de Dèce, c'est-à-dire, à l'an 250, la mission des fondateurs des principales Eglises des Gaules. *Ce fut sous Dèce*, dit-il, *que sept évêques furent ordonnés, et envoyés dans les Gaules pour y prêcher la Foi, ainsi que le marque l'Histoire du martyre de saint Saturnin. Car on y lit: Sous le consulat de Dèce et de Gratus, comme on le sait par une tradition fidèle, la ville de Toulouse eut saint Saturnin pour son premier évêque.* Grégoire ajoute: *Voici donc les évêques qui furent envoyés, Gatien à Tours, Trophime à Arles, Paul à Narbonne, Saturnin à Toulouse, Denys à Paris, Austremoine en Auvergne, et Martial à Limoges* (1). On ne peut guère supposer que Grégoire, qui était évê-

___
(1) Greg. Tur. Hist. l. 1, c. 28.

que de Tours, qui avait été élevé dans l'Eglise d'Auvergne, sa patrie, et si voisine de Limoges, qui avait fait de fréquents voyages à Paris, ait ignoré la tradition de ces quatre Eglises sur l'époque de leur fondation. Les Actes de saint Saturnin sont garants de ce qu'il avance sur le temps de ce premier évêque de Toulouse. La Vie de saint Paul de Narbonne ne contient rien qui nous oblige de le faire plus ancien. Il n'y a donc que saint Trophime d'Arles sur lequel il nous paraît que Grégoire de Tours s'est trompé pour les raisons suivantes.

1° On croit devoir préférer à cet auteur le témoignage des évêques plus anciens et mieux instruits des prérogatives de l'Eglise d'Arles, leur métropole : nous avons rapporté leurs paroles.

2° Ce que saint Cyprien dit, dans une de ses lettres, de Marcien évêque d'Arles, ne peut s'accorder avec le temps que Grégoire de Tours assigne à l'épiscopat de saint Trophime. Selon lui, Trophime fut envoyé de Rome à Arles sous Dèce, c'est-à-dire, au plus tôt l'an 249. On ne peut lui donner moins que cinq ou six ans pour fonder cette Eglise : comment donc voit-on, dès le commencement du pontificat de saint Etienne, qui fut en 252, un Marcien évêque d'Arles, et attaché au parti des novatiens ? Les évêques des Gaules en écrivirent au pape et à saint Cyprien; saint Cyprien en écrivit lui-même au pape Etienne, au plus tard l'an 253; car il fallait que ce fût avant leur différend, qui s'éleva cette même année. Or, Marcien était évêque depuis plusieurs années. *Il y a long-temps qu'il se vante,* dit saint Cyprien, *qu'il s'est séparé de notre communion. Qu'il suffise d'avoir laissé mourir, les années précédentes, plusieurs de nos frères sans leur donner la paix* (1). On voit par-là qu'il fallait que Marcien fût au moins évêque d'Arles dès l'an 250. Où placer donc saint Trophime ? Aussi des critiques, qui s'en tiennent à l'époque de Grégoire de Tours, rejettent la lettre de saint Cyprien, comme une

---

(1) Cyprian. ad Steph. epist. 68.

pièce supposée, sans autre raison, sinon qu'elle les incommode. Que si l'on place saint Trophime après Marcien, on sera obligé de convenir que le siége d'Arles était déjà établi avant le milieu du troisième siècle ; et l'on n'aura rien pour prouver qu'il ne le fût pas dès le premier, puisqu'en prenant ce parti, l'époque de Grégoire de Tours pour la mission de saint Trophime d'Arles ne sera plus celle de la fondation de cette Eglise.

Mais, me dira-t-on, si vous rejetez l'autorité de saint Grégoire de Tours touchant saint Trophime d'Arles, pourquoi admettre cette même autorité touchant les autres évêques dont il parle, particulièrement touchant saint Martial de Limoges, saint Denys de Paris, saint Paul de Narbonne ? C'est que les preuves qu'on apporte pour donner une plus grande antiquité à ces saints évêques, surtout aux deux premiers, tombent d'elles-mêmes. On veut que saint Martial ait été un des soixante-douze disciples, que saint Denys de Paris soit l'aréopagite, et que saint Paul de Narbonne soit le proconsul Sergius Paulus converti par saint Paul. Examinons sur quoi sont fondées ces prétentions.

Pour prouver ce qu'on avance sur saint Martial, on produit deux lettres qu'on lui attribue ; sa Vie qu'on suppose écrite par son disciple ; l'autorité d'un pape et de deux conciles, qui le mettent au rang des apôtres, comme ayant été disciple du Seigneur. Rien de plus spécieux que ces preuves ; mais elles disparaissent, dès qu'on en approche le flambeau de la critique. 1° Les lettres attribuées à saint Martial sont des pièces inconnues à toute l'antiquité. Elles n'ont paru que sous le règne de Philippe Ier, roi de France.

Voici ce qu'on trouve touchant ces lettres dans un manuscrit de l'Eglise de saint Martial: « Pendant la persécution de Domi-
» tien, ces deux lettres ont été mises dans un tombeau de la
» basilique de Saint-Pierre, où était autrefois la sépulture des
» évêques ; et elles y sont demeurées cachées jusqu'à présent,
» comme nous le trouvons marqué dans le titre. Mais par la grâce
» de Jésus-Christ, à qui tout honneur et toute victoire sont dus,

» elles ont été trouvées de notre temps, c'est-à-dire, sous le rè-
» gne du roi Philippe ; et comme elles étaient écrites en carac-
» tères qui nous étaient presque inconnus, suivant la coutume
» des anciens, et qu'elles étaient presque consumées par le temps,
» on a eu bien de la peine à les déchiffrer (1). » Si ce fait est
véritable, il y a tout lieu de croire que ces lettres avaient été
cachées par quelqu'un dans l'endroit où il savait qu'on devait
bientôt fouiller. Mais le style seul de ces lettres en démontre la
supposition. L'Ecriture-Sainte est citée suivant la version de saint
Jérôme ; et l'on y fait dire à saint Martial qu'il a baptisé dans les
Gaules la fille du roi Etienne, comme si la Gaule, qui était soumise aux Romains depuis long-temps, eût encore été gouvernée
par des rois.

2° La Vie de saint Martial a encore moins d'autorité. Les savants éditeurs des *Acta Sanctorum* ne l'ont pas jugée digne d'être
mise dans leur ouvrage, quoiqu'ils y aient inséré bien de mauvaises pièces, comme on le voit par la critique qu'ils en font : mais
celle-ci leur a paru insoutenable en tout. On y dit, par exemple,
que saint Martial sera exempt des douleurs de la mort, parce
qu'il est exempt de la concupiscence ; que douze anges sont dépu-
tés à sa garde pour empêcher qu'il n'ait ni faim ni soif ; on y nomme le prince Etienne, duc des Gascons et des Goths. Or ces derniers ne sont passés en Gaule que près de quatre cents ans après,
et les Gascons encore plus tard. Avec quelle pudeur peut-on
supposer que cette pièce a été écrite dans le premier siècle ?

3° Il est vrai que le pape Jean XIX, un concile de Bourges,
et un de Limoges, dans le onzième siècle, ont déclaré que saint
Martial devait être mis au rang des apôtres, comme ayant été
témoin de la résurrection et de l'ascension de Jésus-Christ. Mais
ce pape et ces conciles ne se sont appuyés que sur la vie apo-
cryphe de saint Martial, dont on ne s'avisait pas alors de douter
dans ces temps d'ignorance. C'est un pur fait historique, sur

(1) Apud Bolland. 30 junii.

lequel il n'ést pas surprenant qu'on se soit trompé. Saint Martial mérite d'ailleurs le nom d'apôtre par ses travaux et par son zèle; ainsi les preuves qu'on apporte pour établir sa mission dans le premier siècle, étant si faibles, loin de renverser l'opinion de Grégoire de Tours, elles lui donnent un nouveau poids.

4° La vie de saint Ausonne d'Angoulême, qui a souffert le martyre sous Chrocus, le fait disciple de saint Martial. Or, ceux qui placent le plus tôt l'irruption de Chrocus, ne la mettent que sous l'empire de Gallien, vers l'an 363. C'est donc une nouvelle raison de croire que saint Martial n'a pas été contemporain des apôtres.

On ne s'arrêtera pas à réfuter l'aréopagitisme de saint Denys de Paris. Il suffit de remarquer que son Eglise, qui avait le plus d'intérêt de lui conserver ce titre, après un mûr examen, l'a jugé insoutenable, et a retranché de son office tout ce qui pouvait le marquer. Elle a suivi l'autorité de plusieurs anciens martyrologes, d'Usuard, de Bède, et de diverses Eglises de France, qui distinguent saint Denys de Paris, de saint Denys l'aréopagite, évêque d'Athènes : celui de Paris est honoré le 9 d'octobre ; et celui d'Athènes, le 3 du même mois. Le Père Sirmond se plaint que dans le manuscrit d'Usuard de Saint-Germain-des-Prés, on avait effacé l'article de saint Denys d'Athènes.

Pour saint Paul, évêque de Narbonne, nous reconnaissons que plusieurs martyrologes le confondent avec Sergius Paulus, converti à la Foi par l'Apôtre : mais l'auteur de sa Vie n'en dit rien. C'est une raison de croire que le même nom n'avait pas encore fait confondre deux personnes qui paraissent différentes. D'ailleurs d'anciens actes le font venir en Gaule avec saint Saturnin. On peut donc encore ici s'en tenir à l'époque de Grégoire de Tours. Cependant l'autorité des anciens martyrologes nous empêche de prononcer si hardiment. Comme nous avons montré que le christianisme était établi dans les Gaules dès le premier siècle, il est assez naturel de croire qu'il l'aura été à Narbonne, qui était une ville des Gaules des plus célèbres et des plus connues des Romains.

On peut présumer la même chose des villes de Provence, plus voisines de l'Italie, sans être obligé d'examiner si sainte Marie-Madeleine, sainte Marthe, saint Lazare et saint Maximin y ont jeté les premières semences de la Foi. C'est une tradition respectable, que je ne veux pas combattre.

Il serait inutile et ennuyeux de s'étendre sur tous les autres saints évêques qu'on prétend avoir fondé des Eglises dans la Gaule dès le premier siècle. Les actes de la plupart ne font naître que des incertitudes et des contradictions, qu'il coûte toujours de relever, parce qu'on craint de blesser la délicatesse de ceux qui ont plus de zèle pour la gloire des Saints, qu'ils n'ont de lumières.

J'en ai dit assez sur ce point pour justifier ce que j'avais avancé ; savoir, qu'autant qu'il est certain en général que la religion chrétienne a été établie dans les Gaules dès le premier siècle, autant ce qu'on raconte en particulier des premiers fondateurs des Eglises est-il incertain.

II.

D'UNE FEMME CHRÉTIENNE NOMMÉE ANTHIS.

Aux chrétiens dont nous avons donné la liste (1), on pourrait peut-être ajouter une femme nommée Anthis, s'il est vrai que le sens de l'inscription qui nous a révélé son nom, s'applique à une femme chrétienne. Voici cette inscription telle que le P. Colonia nous l'a conservée :

(1) Pages 83-84.

D.   M.

ET MEMORIÆ ÆTERNÆ
SVTHIÆ ANTHIDIS
QVÆ VIXIT ANNIS XXV
MEN. IX. D. V. QVÆ DVM
NIMIA PIA FVIT FACTA
EST IMPIA ET ATTIO PRO
BATIOLO CERIALIVS CALLISTIO
CONJVX ET PATER ET SIBI
VIVVS PONENDVM CVRAVIT
ET SVB ASCIA DEDICAVIT.

Cette femme qui devint impie, dit le père Colonia, pour avoir eu trop de piété, comme le prétend notre inscription sépulcrale : *dum nimia* (pour *nimiùm*) *pia, facta est impia*, était, selon toutes les apparences, une femme chrétienne, à laquelle Cerialius Callistio, son mari, faisait le même reproche, qu'on faisait tous les jours aux chrétiens. Tout le monde sait qu'ils étaient publiquement accusés d'athéisme et d'impiété, parce qu'ils refusaient d'adorer les fausses divinités du paganisme. Et ce qui peut fortifier ma conjecture, c'est que d'une part, le nom d'Anthis nous marque que cette femme pieuse était grecque d'origine, et de l'autre, on voit par le style de l'épitaphe, qu'elle doit être tout au plus du second siècle. Or, ce fut dans ce temps-là que notre religion commença à faire de rapides progrès, surtout parmi les familles grecques, dont cette ville (**Lyon**) était remplie, comme on le voit assez et par les inscriptions qui nous restent et par les noms mêmes de nos premiers martyrs...

(De Colonia hist. littér. de Lyon, tom. 1, première partie, pag. 264.)

III.

DES SPECTACLES DONT IL EST PARLÉ DANS LES ACTES DES PREMIERS MARTYRS DE LYON.

Avec leur civilisation, les Romains répandaient dans les pays conquis l'usage et le goût des fêtes barbares par lesquelles on amusait des populaces dépravées.

Les jeux les plus communs étaient ceux où des hommes étaient déchirés par des bêtes, ou égorgés par leurs semblables. On distinguait sous le nom de *chasses* trois espèces de *spectacles*, qui ne différaient entre eux que par une cruauté plus ou moins raffinée :

Dans l'un, on exposait des hommes à la fureur des bêtes féroces ;

Dans l'autre, des bêtes féroces se déchiraient entre elles ;

Dans le troisième, des hommes armés combattaient contre des bêtes féroces.

Un spectacle plus commun, parce qu'il était plus barbare, était celui où des hommes cherchaient à se donner la mort.

D'abord, on n'avait condamné aux bêtes féroces que des malfaiteurs, des esclaves, des transfuges ou des captifs ; mais lorsque l'Evangile eut formé dans l'empire une nouvelle classe d'hommes, les chrétiens furent le plus souvent condamnés à ce genre de supplices. De là, les cris si ordinaires : *Les chrétiens aux lions !* Les malheureux destinés à cette boucherie, entraient dans les cirques, ou dans les amphithéâtres, entourés de nombreux satellites ; et ils étaient accueillis des assistants par des cris d'une joie féroce. On les dépouillait ensuite de leurs vêtements ; puis on les enveloppait dans un filet, ou bien on les attachait à des poteaux à des croix surmontées d'un écriteau qui indiquait leurs crimes.

Les bêtes féroces étaient dans des loges situées sous le pourtour de l'édifice : dès qu'on avait levé la trappe qui servait de fermeture, ces animaux se lançaient furieux sur leurs victimes, et les déchiraient en un moment.

Le spectacle où des hommes appelés *bestiaires* disputaient leur vie aux taureaux, aux tigres ou aux lions, offrait plus *d'intérêt* aux populaces païennes. Elles applaudissaient ordinairement à la victoire d'une bête féroce sur un homme ; au contraire, des imprécations terribles menaçaient souvent le bestiaire vainqueur.

Mais ce que nous venons de dire de ces atroces amusements, n'est rien en comparaison de ce qui nous reste à dire, puisque nous avons encore à parler des *présents* des gladiateurs, que l'on donnait tantôt dans quelque *forum*, tantôt au champ de Mars, mais le plus souvent dans les cirques ou les amphitéâtres.

Les spectateurs ayant pris place, les combattants étaient introduits dans l'enceinte, quelquefois à pieds, quelquefois montés sur des chars, et promenés autour du cirque ou de l'amphithéâtre, sous les yeux des assistants.

Après avoir préludé par des exercices variés à un combat meurtrier, ils recevaient d'un édile des armes tranchantes, ensuite assortis par *paires*, ils commençaient les combats singuliers dans lesquels un des deux champions perdait toujours la vie, à moins que le vainqueur ne lui fît grâce, selon les caprices de la multitude. Lorsqu'un gladiateur était gravement blessé, il tombait à genoux, baissait ses armes, reconnaissant par ces signes qu'il était vaincu. Si les spectateurs fermaient le pouce, il était sauvé ; mais il était perdu, s'ils le renversaient. *Reçois le fer*, lui criait-on de toutes parts, *accipe ferrum*. Ce malheureux tendant la gorge au vainqueur, en recevait le coup fatal. Le gladiateur qui faisait souffrir à son adversaire une mort plus lente et plus cruelle, était le plus agréable au peuple ; au contraire, l'indignation publique menaçait celui qui le tuait d'un seul coup.

La multitude se montrait impitoyable pour ceux des combattants qui avaient donné des signes de faiblesse, de timidité ou de compassion, et entrait en fureur quand le gladiateur dont elle avait prononcé l'arrêt ne paraissait pas content de mourir : une horrible férocité animait alors tous les visages : des cris effroyables retentissaient dans l'édifice ; les assistants se levaient, trépignaient de rage et ne se calmaient que lorsqu'ils étaient satisfaits.

Près du lieu du combat était un emplacement nommé *spoliarium*, où des esclaves traînaient avec des crocs les gladiateurs tués, et où l'on achevait ceux qui respiraient encore. Souvent cette multitude frénétique demandait à voir les cadavres des vaincus, pour s'assurer s'ils étaient bien morts. Alors de robustes *confecteurs* portant autour de l'assemblée les cadavres sur l'épaule, procuraient à tous le plaisir de les voir et à plusieurs celui de les toucher.

La religion païenne consacrait toutes ces horreurs.

Les théâtres avaient la forme d'un hémicycle autour duquel se courbaient des gradins nombreux. De sept en sept, il y avait un gradin plus large que les autres, formant un pallier appelé *Præcinction*, pour faciliter la circulation. Les *præcinctions* dans lesquelles on pénétrait par de larges portes appelées *vomitoires*, communiquaient entre elles, au moyen d'escaliers espacés qui, tracés comme des rayons correspondants au point central de l'hémicycle, le divisaient en sept sections, dont chacune affectant la forme d'un coin, prenait de là son nom de *Cuneus*.

Les amphitéâtres où se passaient le plus souvent ces affreuses scènes, avaient la forme de deux hémicycles réunis. La partie du milieu s'appelait l'*arène*, parce qu'elle était couverte d'un sable fin (*arena*) ; elle était entourée d'un mur circulaire sur lequel était placé un rang de siéges destinés aux magistrats et à d'autres personnages distingués. Celui qui donnait les jeux, y dominait sur une espèce de tribunal. Derrière ce lieu, appelé le *Podium*, étaient des rangs de siéges qui s'étendaient et s'élevaient successivement jusqu'au sommet de l'édifice. Des milliers de spectateurs rangés en pompe se repaissaient du sang humain qui rougissait le sol.

Un cirque était un vaste parallélogramme, terminé en hémicycle à ses deux extrémités. Sa forme intérieure présentait l'aspect d'une lice, autour de laquelle s'élevaient sur les deux grands côtés et sur l'un des petits seulement, d'immenses gradins. Le second petit côté se terminait à la partie diamétrale de l'hémicycle. Les trois côtés garnis de gradins étaient séparés de l'arène par une grille derrière laquelle était un canal appelé *Euripe*. L'arène était divisée en deux dans la direction longitudinale, par une espèce de soubassement dit *spina*, qui laissait à ses deux extrémités un passage égal à celui de chaque côté.

Au bas de chaque extrémité de l'*épine* étaient placées triangulairement trois bornes qui reposaient sur un piedestal dont l'intérieur était un petit temple dédié à Neptune.

Les gradins inférieurs commençaient sur un soubassement qui entourait l'*orchestre*, c'est-à-dire, la partie restée libre entre le théâtre et l'*avant-scène* ; à la ligne diamétrale de l'hémicycle, commençait l'*avant-scène*, élevé à la hauteur du soubassement, ou *podium*, avec lequel il se profilait : il se trouvait borné dans toute sa largeur par une muraille assez élevée qu'on appelait la *scène*.

IV.

FÊTE DES MERVEILLES.

« Dans tous les temps, le vaste bassin de la Saône, au-dessous de la colline de Fourvières, a été un lieu destiné à des jeux, des spectacles et des fêtes. »

» La plus grande des arches du Pont-de-Pierre, anciennement appelée l'*Arche merveilleuse*, retrace le souvenir de cette grande ête, religieuse autrefois, connue sous le nom de *Fête des Merveilles*, dont l'origine remonte à l'établissement du christianisme à Lyon. Un ancien rituel de l'Eglise de cette ville, dressé en l'année 1175, approuvé par le chapitre en présence de l'archevêque Bellesme, en règle les cérémonies ; elle était d'une si haute importance, que l'archevêque de Lyon, cédant ses droits de souveraineté à Philippe-le-Bel, réserva une juridiction sur les personnes qui devaient y figurer. »

« Cette grande solennité consistait principalement en une procession sur la Saône, genre de cérémonie particulier à la ville de Lyon, et qui n'avait assurément pas d'exemple ailleurs. Cette fête, abolie sous Charles VI, pour faire disparaître les traces de la souveraineté de l'archevêque, devait produire un effet bien singulier dans le paysage des bords de la Saône ; on peut s'en former une bien légère idée, lorsqu'on voit arriver, par cette rivière, les habitants des campagnes environnantes, ayant à leur tête le pasteur de leur église, pour se rendre processionnellement à l'église de Fourvières. Aujourd'hui, le tableau des processions solennelles du nombreux clergé de Lyon, sur la Saône, pour la célébration de la fête des Merveilles, forme une des scènes les plus curieuses et les plus intéressantes de l'histoire de cette ville. Reportons-nous au temps où les richesses du clergé, des grands propriétaires et des souverains étaient principalement employées à donner de la pompe et de l'appareil aux cérémonies du culte. »

« Tout le clergé de Lyon, à la tête duquel était l'archevêque, souverain de cette ville, se rendait processionnellement à Vaise, où l'on faisait une station ; là étaient préparées un grand nombre de barques richement décorées, où se plaçaient les dignitaires du clergé de la Métropole ; à la suite, dans d'autres bateaux ornés de tentures, était le clergé de chacune des autres églises. Les conseillers municipaux, les principaux citoyens et les différentes corporations composaient un nombreux cortége. Représentons-nous dans les beaux jours d'été les rives de la Saône, plus ombragées qu'aujourd'hui par de grands arbres, ce qui donnait à la campagne un aspect solitaire et mystérieux d'un contraste plus frappant avec l'éclat et la solennité de cette cérémonie. Ces bateaux, rangés processionnellement, naviguaient lentement; on chantait des hymnes en chœur, dans le plus grand ordre, avec une perfection et une harmonie particulières à la Métropole et aux autres églises de Lyon; l'on sent quelle impression devaient produire ces chants, qui retentissaient sur les rivages de la Saône, et le tableau des bannières, des cierges allumés, des croix et des ornements sacerdotaux, les uns blancs, les autres éclatants de dorures. Le peuple de Lyon et des contrées environnantes, frappé de la beauté d'un spectacle qui réunissait le charme de la campagne, et du cours paisible de la Saône à l'éclat d'une fête pompeuse, lui donna le nom de *Fête des Merveilles*. Tous ces bateaux passaient sous la grande arche du Pont-de-Pierre. De là, on se rendait à Ainay, pour y honorer les reliques de saint Pothin, et des premiers martyrs des Gaules (1). »

(1) M. Fortis, Voyage pittoresque et historique de Lyon, tom. I, p. 278, et suiv.

V.

DES ŒUVRES DE SAINT IRÉNÉE.

§ I. Ecrits de saint Irénée dont il ne nous reste plus que le titre ou quelques fragments.
§ II. Ouvrage du même saint contre les hérésies.
§ III. A quelle époque et en quelle langue a été écrit cet ouvrage? De la tradition latine qui nous en reste.
§ IV. Editions qu'on en a faites jusqu'à présent.
§ V. Authenticité des cinq livres contre les hérésies.
§ VI. Auteurs principaux qui ont traité de la vie et des écrits de saint Irénée.—De la traduction française des cinq livres contre les hérésies, publiée par M. de Genoude.

§ I. ÉCRITS DE SAINT IRÉNÉE DONT IL NE NOUS RESTE PLUS QUE LE TITRE OU QUELQUES FRAGMENTS.

Saint Irénée avait composé un grand nombre d'ouvrages pour la défense de la foi et de l'Eglise, et pour l'instruction des fidèles; mais le temps nous a ravi presque tous ces monuments de son zèle et de son génie : il ne nous reste plus que le titre de la plus grande partie de ses écrits, ou quelques fragments qui nous en font plus vivement regretter la perte ; ce sont :

1° Une *Lettre synodale au pape saint Victor*, touchant la dispute sur le jour de la célébration de la Pâque. (Voir le 7ᵉ livre de son *Histoire*.)

Eusèbe nous en a conservé un fragment qu'on trouve dans son histoire ecclésiastique, liv. V, c. 24, édit. de H. de Valois ; et à la fin des œuvres de saint Irénée, édit. de Massuet, p. 340 et suiv

D. Coustant l'a aussi inséré dans son recueil des Lettres des souverains Pontifes.

2° Une *Lettre à Blastus sur le schisme* (Περὶ σχίσματος) voir la fin du 4e livre de l'*Histoire de saint Irénée*. On croit que cet écrit fut composé sur la fin du pontificat de saint Eleuthère. Il ne nous en reste plus rien.

3° Une lettre adressée à Florin pour combattre les erreurs que celui-ci avait embrassées et l'engager à y renoncer. C'était un traité *de la monarchie*, où notre saint prouvait que Dieu n'est point l'auteur du mal, comme cet impie ne craignait pas de le soutenir. (περὶ τῆς μοναρχίας, ἢπερὶ τοῦ μὴ εἶναι τὸν Θεὸν ποιητὴν κακῶν.)

4° Florin s'étant jeté dans l'hérésie de Valentin, saint Irénée écrivit contre lui un nouvel ouvrage, intitulé: *De ogdoade* (περὶ ογδοάδος) dans lequel il combattait l'erreur des Valentiniens touchant le *saint nombre de huit*.

Il ne reste de ce dernier ouvrage que la recommandation que fait Irénée aux copistes de transcrire exactement ses œuvres. Euseb. hist. eccles. l. V. c. 20 et Hierony. Catal. script. Eccl. c. 35; mais Eusèbe nous a conservé du précédent un fragment précieux (Hist. eccl. l. V c. 20) que Massuet a recueilli à la fin des œuvres de saint Irénée, pag. 339.

5° Un traité contre les Grecs ou les Gentils (λόγος πρὸς Ἑλληνας) intitulé *De la science* (περὶ ἐπιστήμης) que saint Jérome traduit par ces mots: *De disciplinâ* (Euseb. hist. eccl. l. V. c. 26 — Hieronym. catalog. script. eccl. c. 35. Saint Jérome divise le titre de ce traité et en fait deux ouvrages différents. Il n'en reste rien.

6° Un *Livre* adressé *à Marcien*, que saint Irénée appelle *son frère*; il y exposait la tradition apostolique (Euseb. Hierony. ll. cc.

7° *Recueil de diverses disputes* (βιβλίον διαλέξεων διαφόρων) Saint Jérome (ibid.), dit que c'était un *recueil de divers traités*; Rufin affirme que c'étaient des dialogues sur différents sujets.

8° Eusèbe met saint Irénée au nombre des écrivains qui avaient opposé d'excellentes réfutations aux marcionites ; notre saint, en effet, avait promis de combattre en particulier l'hérésie de Marcion ; et nous ne doutons pas qu'il n'ait exécuté un dessein si digne de son zèle. (Iren. adv. hæres. l. 1, c. 27, n. 4. — Lib. III, c. 12 n. 12.

9° Saint Maxime, abbé et confesseur, cite de saint Irénée des *Discours sur la foi* adressés à Démétrius, diacre de Vienne, et en reproduit quelques passages. (Int. opp. S. Irenæi ed. Massuet, p. 342.) Sont-ils authentiques? on ne pourrait pas le prouver, mais on n'a pas de plus fortes raisons pour dire le contraire.

10° OEcumenius (Comm. ad 1 Petr. III) cite un passage de la lettre des églises de Lyon et de Vienne, à celle de Smyrne, comme de l'ouvrage de saint Irénée. En effet, tous les savants s'accordent à la lui attribuer.

11° Anastase le Sinaïte, ou du moins l'auteur des *Contemplations anagogiques sur l'hexaéméron*, cite sous le nom de saint Irénée un fragment d'un ouvrage contre les Ophites (Biblioth. SS. PP. max. Lugdun. tom. IX et int. opp. S. Iren. edit. Massuet. Venet. 1734 p. 343.

12° Photius dit qu'on attribuait à saint Irénée un ouvrage sur la substance du monde, qui paraît appartenir plutôt à Caïus, son disciple. (Biblioth. cod. 48.).

13° Massuet a recueilli à la fin des 5 *livres contre les hérésies*, des fragments ou de discours, ou de lettres ou de traités, tirés de plusieurs auteurs qui avaient cité le saint évêque de Lyon.

14° Le chancelier Pfaff, de Tubingen, découvrit dans la bibliothèque de Turin, quatre fragments que le manuscrit attribuait en effet à un Irénée. Le docte Allemand les publia en 1715, sous le nom de saint Irénée de Lyon avec des notes critiques. Le premier fragment dit que la vraie connaissance (ἡ γνῶσις ἀληθινή) consiste à mener une vie sainte en imitant Jésus-Christ, et non à savoir proposer ou résoudre des questions subtiles. Le second traite de la signification de l'Eucharistie que l'auteur croit avoir déjà été indiquée par Malachie ; le troisième recommande de ne pas négliger les points importants, tels que la foi et la charité, pour des choses extérieures, telles que les aliments ; le quatrième enfin, explique le but de l'Incarnation de Jésus-Christ. Le savant Scipion Maffei contesta l'authenticité de ces fragments, et malgré les réponses de Pfaff, ces difficultés subsistent encore dans toute leur force.

Voici les principales raisons sur lesquelles Maffei fondait ses doutes :

1° Ces fragments paraissent avoir été tirés des *chaînes grecques*, dont l'autorité, comme on le sait, n'est d'aucun poids dans ces matières.

2° Le manuscrit d'où ils ont été tirés, nomme simplement un Irénée, sans autre indication.

3° Le premier fragment n'est qu'une compilation de sentences ou de maximes du nouveau Testament ; or, les anciens Pères ne faisaient point de ces sortes de recueils.

4° Dans le second fragment, on cite les constitutions des apôtres qui ne sont point authentiques et paraissent avoir été compilées long-temps après saint Irénée.

5° On voit dans le troisième fragment une certaine liberté dans la célébration des fêtes, et l'observation des jeûnes, qui accuse plutôt un Novatien que saint Irénée, ou tout autre écrivain catholique.

6° On emploie dans tous ces fragments des expressions qui n'ont été en usage que bien après le second siècle.

7° Enfin, ces fragments sont si courts ; il reste si peu de chose de l'auteur, quand on en a retranché les nombreux textes de l'Ecriture, qu'on ne saurait juger du style de celui qui les a écrits, et que par conséquent on ne saurait y reconnaître la manière d'écrire de saint Irénée.

§ II. OUVRAGE DE SAINT IRÉNÉE CONTRE LES HÉRÉSIES.

Il est donc fort douteux, au moins, que ces fragments appartiennent à notre saint docteur. Mais nous sommes assez heureux pour posséder le principal de ses ouvrages; celui qu'il composa en cinq livres contre les hérétiques sous le titre de *refutatio ou detectio et eversio falsè dictæ cognitionis.* (ἔλεγχος καὶ ἀνατροπὴ τῆς ψευδωνύμου γνώσεως) c'est le titre que lui donnent saint Irénée lui-même (Præfat, l. II. n. 2 Præfat.. l. v), Eusèbe, saint Jean Damascène, Photius et les plus vieux manuscrits. Eusèbe les ayant quelquefois indiqués sous le titre général de *livres contre les hérétiques*, saint Jérome, saint Cyrille et d'autres Pères, ainsi que des manuscrits postérieurs, ne les ont pas intitulés autrement.

Nous n'ajouterons rien ici à ce que nous en avons déjà dit dans les 5ᵉ et 6ᵉ livres.

§ III. DE L'ÉPOQUE DE SA PUBLICATION ET DE LA LANGUE DANS LAQUELLE IL A ÉTÉ ÉCRIT.

Cet ouvrage a été publié dans les vingt dernières années du second siècle ; car, 1° il y est parlé de Tatien et des encratites qui ne parurent pas avant l'année 172.

2° Le troisième livre a été fait certainement sous le pontificat d'Eleuthère, qui y est désigné comme le pape régnant, mais seulement vers la fin de son pontificat, puisque saint Irénée y fait mention de la *version de Théodotion,* laquelle parut l'an 184, au rapport de saint Epiphane (De Pond. et mens. c. 17) : l'ouvrage entier n'a donc pu être achevé que vers l'an 192, époque de la mort du saint pape Eleuthère.

Saint Irénée a écrit ses ouvrages en grec : c'est un fait si bien prouvé, qu'on s'étonne qu'Erasme le premier et d'autres critiques après lui, aient osé le révoquer en doute.

En effet, Eusèbe reproduit dans son histoire ecclésiastique plusieurs passages de saint Irénée, et jamais il n'avertit qu'il les a traduits du latin; ce qu'il ne manque pas de faire quand il cite Tertullien ou d'autres auteurs latins.

Tous les écrivains grecs qui citent saint Irénée, en parlent comme d'un auteur de leur langue et Photius qui, dans sa bibliothèque, ne donne ordinairement place qu'à des écrivains grecs, fait assez entendre qu'il a lu les ouvrages d'Irénée écrits dans le même idiôme.

Saint Jérome le met clairement au nombre des écrivains grecs : *latinorum, Tertulliani, Victorini, Lactantii; grecorum, ut cæteros prætermittam, Irenæi tantùm Lugdunensis episcopi faciam mentionem.* (Hieronym. in Prolegom. lib. 18 in Esaïam) et ailleurs, après avoir nommé les Latins qui embrassèrent l'erreur des Millénaires, il ajoute : *Et ut græcos* nominem et primum extremumque conjungam, Irenæus et Apollinarius.

Le même saint, qui, comme l'on sait, était difficile en fait de style, trouve celui de saint Irénée très-éloquent : *Doctissimo et eloquentissimo sermo conscriptos esse* : il n'aurait pas porté un jugement si favorable, s'il avait parlé de la traduction barbare qui nous reste. Le grec, au contraire, a toutes les qualités que lui attribue saint Jérome.

Le titre de l'ouvrage de saint Irénée ne varie pas dans les auteurs grecs ; dans la traduction latine, au contraire, ce titre varie sans cesse. Le mot ἔλεγχος est traduit tantôt par *de detectione, de redargutione, de exprobratione, de traductione falsò cognominatæ agnitionis,* ou *falsæ agnitionis, falsò dictæ scientiæ.* On n'aurait pas employé des termes si variés pour indiquer le titre de cet ouvrage, s'il eût été écrit en latin.

Saint Irénée, il est vrai, vivait dans les Gaules ; mais le grec était alors une langue généralement connue; elle faisait partie de l'éducation publique, et il n'y avait pas de savant qui ne pût la parler. Le latin était la langue officielle, le grec était celle des savants. A Lyon et dans toutes les contrées méridionales de la

Gaule, la langue grecque était populaire parmi les nombreuses colonies asiatiques qui s'y étaient établies. Les actes de nos premiers martyrs qui furent écrits en grec, font remarquer que quelques-uns d'entre eux répondirent en latin à leurs juges ou à leurs bourreaux, ce qu'ils n'auraient pas fait, si les premiers chrétiens de Lyon eussent habituellement parlé la langue des Romains.

De tous ces faits, les savants auteurs de l'histoire littéraire de France, concluent que le grec était une langue commune à Lyon :

« Les premiers ouvriers de l'Evangile, disent-ils, qui parurent dans les Gaules, particulièrement ceux qui s'arrêtèrent à Lyon, ne s'y trouvèrent pas tout-à-fait étrangers. On y parlait communément leur langue, qui était la grecque. C'est de quoi il ne paraît pas que l'on puisse douter pour ce qui regarde Lyon et les lieux circonvoisins. Leur proximité du pays qu'on a depuis nommé Provence, et où l'usage de cette langue était établi depuis long-temps; le commerce continuel de Lyon avec Marseille, où le grec était la langue naturelle du pays, les jeux publics et les combats littéraires qui se donnaient à Lyon en grec et en latin, depuis l'empereur Caligula... l'abord du grand monde de l'empire que ces spectacles et la résidence des gouverneurs attiraient dans cette ville; tout cela joint à ce que l'on voit que la langue grecque était alors fort connue dans tout l'empire Romain, ne permet pas que l'on révoque en doute qu'elle ne fût très-commune dans cette partie de nos Gaules en particulier. *Hist. littér. de France.* tom. I, part. I, page 228.

Saint Irénée a donc écrit ses ouvrages en grec, mais par une circonstance incompréhensible, il ne nous en reste qu'une traduction latine, d'un style barbare, plein d'hellénismes et embarrassé, ce qui rend quelquefois le sens du texte fort obscur ; mais elle est d'une exactitude scrupuleuse, comme on peut en juger par les fragments grecs qui nous restent. Saint Epiphane, dans son ouvrage sur les hérésies, a transcrit le premier livre presque tout entier, et d'autres fragments se trouvent dans Eusèbe, Théodoret, Jean Damascène, etc.

Cette traduction remonte à une haute antiquité : Tertullien, saint Cyprien, saint Augustin paraissent en avoir fait usage ; au moins les passages qu'ils citent sont-ils exactement exprimés dans les mêmes termes. Cependant dom Rivet qui ne fait pas remonter cette traduction au-delà du sixième siècle, suppose assez gratuitement que le traducteur aura cherché dans ces Pères ce qu'ils avaient traduit du texte grec de saint Irénée. Mais cette opinion a peu trouvé de partisans.

O n'a rien de plus certain sur la personne du traducteur. On a pensé que c'était quelque chrétien grec qui, en faveur des chrétiens Gallo-romains de Lyon, s'astreignit à rendre littéralement le grec, sans égard pour le génie de la langue latine. (Lumper. l. c. p. 216.)

§ IV. ÉDITIONS DES OUVRAGES DE SAINT IRÉNÉE.

1° Erasme le premier donna au public les œuvres de saint Irénée, après les avoir collationnées sur trois manuscrits. Il les publia d'abord à Bâle, l'an 1526, infol. chez Jean Froben. Deux ans après, son édition sortit revue et corrigée des presses du même imprimeur, qui la fit paraître une troisième fois, l'an 1534 avec quelque nouvelles corrections. La même édition parut à Paris, in-8, chez Gaultherot, en 1545.

Jérôme Froben et Nicolas Episcopius, imprimeur à Bâle, réimprimèrent les œuvres de saint Irénée, in fol. sur les éditions précédentes, en 1548, 1554 et 1560, et Oudin publia à Paris la même édition, in-8° en 1563 et 1567.

L'édition d'Erasme est très-incorrecte ; mais on doit lui savoir gré d'avoir tiré ce trésor de la poussière où il était enfoui.

2° Nicolas Gallais, ministre protestant à Genève, publia dans cette ville, en 1570, une nouvelle édition des œuvres de saint Irénée, in-fol. Cette édition n'est pas plus correcte que la précédente ; mais elle est augmentée de sommaires, d'une traduction latine, quoique peu exacte, des passages grecs cités par saint Epiphane, et de notes perfides dans lesquelles il tâche de justifier Calvin par saint Irénée.

3º Jean-Jacques Grynée, autre calviniste, publia une nouvelle édition des œuvres de saint Irénée, à Bâle, l'an 1571, in-8. Il n'y a rien de plus, ni de mieux que dans les éditions précédentes; seulement l'éditeur substitua la traduction latine de Jean Cornaro, à celle que Gallais avait adoptée, mais il omit le texte grec.

4º François Feuardent, cordelier, docteur de Sorbonne, publia à son tour une édition des mêmes œuvres, in-fol., à Paris, chez Sébastien Nivelle, en 1575 et 1576. Outre qu'il s'était servi des trois éditions précédentes, il avait eu à sa disposition un nouveau manuscrit. Il l'enrichit de la traduction latine des dix-huit premiers chapitres du premier livre, faite par l'abbé Jacques de Billy, et ajouta à la fin du cinquième livre les cinq derniers chapitres qui manquaient dans les autres éditions. Enfin il la fit précéder de la vie de l'auteur tirée de ses propres écrits et des meilleurs historiens.

Le texte de saint Irénée, édité par Feuardent, fut imprimé, in-8, à Paris, l'an 1577, et à Cologne, l'an 1595.

Dans la suite le savant franciscain retoucha son édition, il collationna le texte latin sur deux manuscrits, l'un du Vatican, et l'autre encore plus ancien; avec ce secours, il put combler plusieurs lacunes et corriger beaucoup de fautes. Il y joignit le texte grec des dix-huit premiers chapitres du premier livre conservé par saint Epiphane, et d'autres fragments grecs tirés de plusieurs Pères, avec quelques passages des lettres de saint Polycarpe, la dispute entre Arnobe et Sérapion, et les éloges de de saint Irénée, tirés des anciens écrivains ecclésiastiques qui en ont parlé. Il enrichit aussi son travail de notes explicatives, des observations de Jacques de Billy et de Fronton le duc. Cette nouvelle édition parut à Cologne, chez Birckmann, pour Arnoud Milius, l'an 1596, in-fol.

Les œuvres de saint Irénée furent encore imprimées, sur l'édition de Feuardent, in-fol., l'an 1625, chez Birckmann, pour Hermann Milius ; à Paris, en 1639, 1675. Depuis on inséra le texte de saint Irénée, de la même édition, dans la bibliothèque des Pères de Lyon, en 1677.

Quelque soin que Feuardent eût apporté à son ouvrage, il laissait cependant encore bien à désirer, pour l'exactitude et la correction. Plusieurs savants, entre autres Mathias Launoi et Dodwel entreprirent de faire cesser le besoin d'une bonne édition des œuvres de saint Irénée ; mais leur projet ne fut pas entièrement exécuté.

5° Jean-Ernest Grabe, anglican, se mit au même travail, et avec les secours que Dodwel lui fournit, il parvint à publier une cinquième édition, qui eut du moins l'avantage de rendre plus urgent le besoin d'une meilleure. Grabe fit paraître la sienne à Oxford, in-fol., l'an 1702. Il y joignit plusieurs fragments inédits et des notes plus longues que sages ; car il s'attache moins à éclaircir le texte qu'à le torturer, pour faire parler saint Irénée en hérétique. (Voir le Journal de Trévoux, 1702, octobre.)

6° C'est peut-être à l'édition de Grabe que nous devons la meilleure de toutes, celle de dom Massuet. Ce savant bénédictin collationna les œuvres de saint Irénée sur les éditions précédentes et sur trois manuscrits, dont l'un était ancien, au moins de huit cents ans. Il a enrichi son édition d'excellentes notes dans lesquelles il s'attache surtout à éclaircir le sens du texte et à relever les fausses interprétations de l'éditeur anglais ; il l'a fait aussi précéder de trois dissertations remarquables. Dans la première il fait connaître les hérétiques combattus par Irénée, dévoile leurs erreurs et leurs mystères. Dans la seconde il traite de la vie et des écrits du saint docteur ; enfin, dans la troisième il examine et discute divers points de la doctrine du même Père.

Ces dissertations sont suivies des témoignages que les anciens ont rendus à saint Irénée et à ses écrits. Viennent ensuite le texte des cinq livres contre les hérésies, les divers fragments qui nous restent des autres ouvrages de notre saint, et ceux que l'on a cités sous son nom, un recueil précieux de tout ce qu'on a pu recueillir des écrits des gnostiques, les préfaces, prolégomènes, notes et observations de ceux qui avant lui avaient édité les œuvres de saint Irénée. (Voir le Journal de Trévoux, 1711, avril.)

Massuet a joint encore à son édition deux glossaires, l'un grec, l'autre latin, pour faciliter l'intelligence de plusieurs termes du texte; deux tables complètes : la première, des choses contenues dans l'ouvrage de saint Irénée, dans les dissertations et les notes de l'éditeur; la seconde, des choses contenues dans les préfaces, les prolégomènes et les notes des éditeurs précédents. L'édition des bénédictins, sortit l'an 1710, des presses de Coignard, à Paris.

Grabe l'attaqua; on devait s'y attendre. Deyling publia aussi contre Massuet, à Leipsik, 1717 et 1721, petit in-4°, un livre intitulé : *Evangelicæ veritatis confessor ac testis* (*Irenæus*) *à Renati Massueti pravis explicationibus vindicatus*. On ne dut pas être surpris non plus de voir l'apostat Casimir Oudin prendre le parti des hérétiques contre Massuet, dont tant de calomnies n'ont pu obscurcir la gloire.

En 1734, on réimprima à Venise cette même édition, augmentée des quatre fragments trouvés par Pfaff, dans la Bibliothèque de Turin; en 1783, on en réimprima le texte seul, in-8°, à Wurtzbourg et à Bamberg.

§. V. AUTHENTICITÉ DES CINQ LIVRES DE SAINT IRÉNÉE CONTRE LES HÉRÉTIQUES.

En combattant les hérétiques de son temps, saint Irénée a réfuté ceux du nôtre; ceux-ci ne le lui ont point pardonné; il n'y a pas de Père qui ait été honoré de plus d'injures de la part des hétérodoxes, que l'illustre évêque de Lyon : les uns ne pouvant s'empêcher d'admirer son génie, ni de craindre son autorité, ont tâché de le mettre de leur côté, et, par conséquent, de falsifier le texte de ses œuvres; d'autres, voyant que saint Irénée défendait trop clairement et trop constamment les doctrines catholiques, pour qu'il fût possible de le faire parler en faveur de la réforme, lui ont refusé des talents et de l'esprit. Cependant, Semler, qui voyait qu'un homme capable de faire des ouvrages tels que les livres attribués à saint Irénée, n'était point une tête faible, s'est décidé à dire que notre saint n'était point l'auteur des œuvres publiées sous son nom.

Toute personne instruite des affaires du temps, qui lit saint Irénée avec quelque attention, voit clairement que cent ans plus tard, il eût été impossible de décrire les mensonges et les intrigues des gnostiques, avec la même exactitude, tant la direction des esprits et des temps était changée. D'ailleurs ce que les plus anciens Pères nous disent d'une part, des connaissances philosophiques de l'auteur ; et de l'autre, du titre et de la disposition générale de l'ouvrage, s'accorde parfaitement avec ce qui est parvenu jusqu'à nous sous le nom d'Irénée.

Toutes ces raisons n'ont point arrêté Semler ; déterminé à délivrer la réforme d'une si accablante autorité, il a prétendu que les ouvrages attribués à ce saint docteur, étaient apocryphes. Voici, en peu de mots, les objections du critique luthérien et les réponses qu'il est si facile de lui faire :

1° La primatie du Saint-Siége est soutenue dans ces ouvrages d'une manière qui ne convient ni au temps, ni à la façon de penser d'Irénée, telle qu'elle est exprimée dans sa lettre à Victor... En admettant l'authenticité de l'ouvrage contre les hérésies, il n'est plus possible de nier la primatie du pape, dans le sens de l'Eglise catholique.

— Saint Irénée n'accorde au siége de Rome aucune autre prérogative que celles que lui reconnurent d'autres auteurs de son siècle et des temps qui suivirent, conformément à la croyance unanime de l'Eglise : — Dans sa lettre au pape saint Victor, Irénée ne dit rien de contraire aux propositions qu'il avance dans son grand ouvrage, touchant l'Eglise romaine. Si après cela il n'est plus possible de nier la primatie du pape, dans le sens de l'Eglise catholique, c'est aux hérétiques à voir quel parti ils ont à prendre; mais leur opinion n'est pas une raison pour nier l'authenticité des œuvres d'Irénée. Nous prenons acte, en attendant, de la déclaration de Semler, contre ceux de ses coreligionnaires qui ont torturé, tronqué, falsifié les passages où ce saint docteur développe si bien la croyance de l'Eglise sur ce point important.

2° Irénée a vécu dans l'Occident ; d'où lui serait donc venue sa connaissance profonde de la philosophie grecque et de la langue hébraïque ?

— Dans l'Occident même, ne pouvait-on pas apprendre la philosophie grecque et la langue hébraïque ?... D'ailleurs, avant de venir en Occident, Irénée avait passé plus de trente ans en Orient, où il était né, où il avait reçu une éducation soignée. On devrait donc demander plutôt, pourquoi Irénée n'aurait pas acquis ces connaissances.

3° Æthérius, évêque de Lyon, écrivit vers la fin du sixième siècle à Grégoire I, évêque de Rome, pour lui demander un exemplaire de cet ouvrage qui ne se trouva, ni à Lyon, ni à Rome ; donc il n'existait pas !

— En effet, Æthérius avait fait cette demande à Rome, et saint Grégoire-le-Grand lui répondit : *Gesta verò, vel scripta beati Irenœi jam diù est quòd sollicitè quæsivimus, sed hactenùs ex eis inveniri aliquid non valuit.* (Saint Grégoire I, épist. 56.) Mais si les actes et les ouvrages de saint Irénée n'eussent point existé, Æthérius ne les aurait point demandés ; le pape n'aurait pas mis tant d'empressement à les chercher ; s'il ne les trouva pas, c'est qu'ils n'étaient pas fort répandus.

L'assertion de Semler parut si audacieuse, pour user de termes modérés, que plusieurs de ses coreligionnaires écrivirent pour la réfuter.

Le savant Walch fit contre lui une dissertation que l'on trouve dans les Mémoires de l'Académie de Gottingen (an 1774, part. 100), elle est intitulée: *Dissertatio de authentia librorum Irenœi.*

§ VI. Des principaux auteurs qui ont traité de la vie et des écrits de saint Irénée.

1° Eusèbe, saint Jérome, si souvent cités dans le cours de notre ouvrage.

2° Les éditeurs de saint Irénée que nous avons nommés dans l'article précédent.

3° Le père Halloix, de la compagnie de Jésus : *Illustrium Ecclesiæ orientalis scriptorum, qui secundo Christi sæculo floruerunt, in tom.* II. On y désirerait quelquefois un peu plus de critique, mais il serait injuste d'exiger plus de soins et de recherches.

4° Henri Dodwell, homme de science, mais à paradoxes, publia, l'an 1689, à Oxford, six dissertations sur saint Irénée. Dans la *première* et la *seconde* il montre que saint Irénée est un témoin fidèle des traditions apostoliques, d'abord parce qu'il a vécu peu de temps après les apôtres et avec des hommes qui les avaient connus et entendus; ensuite parce qu'il a reçu de Dieu des moyens surnaturels pour les connaître et les enseigner.

La *troisième* traite des principales époques de la vie de saint Irénée; la *quatrième*, de son grand ouvrage contre les hérésies; la *cinquième*, du temps et de l'auteur de la traduction latine du même ouvrage; la *sixième* enfin, des autres écrits de saint Irenée. Ces dissertations sont suivies du catalogue des hommes illustres qui ont occupé la chaire des Catéchèses d'Alexandrie. L'érudition fait le principal mérite de ce travail.

5° Les Bollandistes, *Acta Sanctorum*, 27 jun. et *in appendice ad diem*, 27 jun., tom. VI, p. 264.

6° Le père Labbe, *Dissertatio historica de Scriptor. eccles.*, tom. I, p. 628 *et seqq.*

7° Tillemont, Mémoires pour servir à l'Histoire ecclésiastique, tom. III, pag. 34, 44, 278 et 284.

8° Dom Ceillier, Histoire générale des Auteurs ecclésiastiques, tom. II, p. 135 et 197.

9° Dom Maréchal, Concordance des saints Pères, etc., tom. i, p. 235 et suiv.

10° Dom Petit-Didier, Remarques sur les premiers tomes de la Bibliothèque ecclésiastique de Dupin, tom. i, pag. 143 et 160.

11° Les auteurs de la Gallia Christiana, tom. iv.

12° D. Rivet, Histoire littéraire de France, tom. i, part. i, pag. 324.

13° Noël Alexandre, Histoire ecclésiastique, 4. sæcul. c. 4, art. 6.

14° Quesnel, Dissertat. in opp. Sancti Leonis ; Dissertation V, cap. 12 et 13.

15 Albert Fabricius, Biblioth. græc. (Hambourg, 1723), t. v., pag. 66 et seqq.

16° Journal de Trévoux, 1702 octobre, 1711 avril.

17° Dom Gervaise, Vie de saint Irénée, 2 in-12. Il n'y a de bon dans cet ouvrage que l'apologie de saint Irénée, placée à la fin du 2ᵉ vol., et des éclaircissements sur quelques points de l'histoire du Saint.

18° Le Nourry, *Apparatus ad Bibliothecam Maximam Patrum*, etc.

19° Lumper, *Historia theologico-critica de vitâ, scriptis atque doctrinâ sanctorum Patrum*, etc., tom. iii, pag. 188 à 628. Erudition vaste, critique sage, connaissance approfondie de la matière, telles sont les principales qualités de cet excellent article.

20° Moeller, La Patrologie, etc., trad. en français par M. Cohen, t. i, p. 352 et suiv. L'auteur a parfaitement saisi et bien exposé la doctrine de saint Irénée.

21° Permaneder, *Bibliotheca patristica — Patrologia specialis* (Landishuti, 1842), tom. ii, p. 218 à 268. L'auteur ne dit rien de nouveau, mais il résume fort bien tout ce qu'on a dit de mieux jusqu'à présent sur saint Irénée.

22° En 1836, le savant Stieren publia à Göttingen, sur les œuvres de notre saint docteur, un ouvrage intitulé : *De Irenæi adv.*

hæreses operis fontibus, indole, doctrina et dignitate, commentatio histor. critic., in 4°.

On peut aussi voir dans la *Bibliotheca ecclesiastica* de Fabricius, les anciens auteurs de catalogues des écrivains ecclésiastiques, qui presque tous parlent de saint Irénée, ainsi que les auteurs modernes de semblables ouvrages.

M. de Genoude a publié, des œuvres de saint Irénée, une traduction française qui n'a pas réuni tous les suffrages : des inexactitudes nombreuses, quelques contre-sens, le texte faiblement rendu, l'absence de notes et d'autres imperfections font vivement regretter que ce travail ait été fait avec trop de précipitation. Peut-être eût-il mieux valu ne pas l'entreprendre. Les Pères, surtout ceux des premiers siècles, devraient toujours, avec l'Ecriture sainte, rester dans le domaine privé de ceux que l'Eglise a chargés d'instruire les fidèles : il faudrait se borner à offrir à ceux-ci, toujours avec l'approbation des premiers pasteurs, les passages les plus édifiants de ces vénérables ouvrages, et ne pas exposer à leurs regards les erreurs et les mœurs des hérétiques qui y sont combattus, ou bien certaines opinions que leurs auteurs adoptaient sans crime, avant que l'Eglise les eût jugées et rejetées.

V.

SYMBOLE DE LA FOI DONNÉ PAR SAINT IRÉNÉE.

Ἡμῶν γὰρ Ἐκκλησία, καίπερ καθ' ὅλης τῆς οἰκουμένης ἕως περάτων τῆς γῆς διεσπαρμένη, παρὰ δὲ τῶν Ἀποστόλων, καὶ τῶν ἐκείνων μαθητῶν παραλαβοῦσα τὸν εἰς ἕνα Θεὸν, Πατέρα παντοκράτορα, τὸν πεποιηκότα τὸν οὐρανὸν καὶ τὴν γῆν, καὶ τὰς θαλάσσας, καὶ πάντα τὰ ἐν αὐτοῖς, πίστιν· καὶ εἰς ἕνα Χριστὸν Ἰησοῦν, τὸν υἱὸν τοῦ Θεοῦ, τὸν σαρκωθέντα ὑπὲρ τῆς ἡμετέρας σωτηρίας· καὶ εἰς Πνεῦμα ἅγιον, τὸ διὰ τῶν προφητῶν κεκηρυχὸς τὰς οἰκονομίας, καὶ τὰς ἐλεύσεις, καὶ τὴν ἐκ Παρθένου γέννησιν, καὶ τὸ πάθος, καὶ τὴν ἔγερσιν ἐκ νεκρῶν, καὶ τον ενσαρκον, εἰς τοὺς οὐρανοὺς ἀνάληψιν τοῦ ἠγαπημένου Χριστοῦ Ἰησοῦ τοῦ Κυρίου ἡμῶν, καὶ τὴν ἐκ τῶν οὐρανῶν ἐν τῇ δόξῃ τοῦ Πατρὸς παρουσίαν αυτοῦ, ἐπι το ανακεφαλαιωσασθαι τὰ πάντα, καὶ ἀναστῆσαι πᾶσαν σάρκα πάσης ἀνθρωπότητος, ἵνα Χριστῷ Ἰησοῦ τῷ Κυρίῳ ἡμῶν, καὶ Θεῳ, καὶ Σωτῆρι, καὶ βασιλεῖ κατὰ τὴν εὐδοκίαν τοῦ Πατρὸς τοῦ ἀοράτου, παν γόνυ κάμψῃ ἐπουρανίων, καὶ ἐπιγείων, καὶ καταχθονίων, καὶ πᾶσα γλῶσσα ἐξομολογήσηται αὐτῷ, καὶ κρίσιν δικαίαν ἐν τοῖς πᾶσι ποιήσηται, τὰ μὲν πνευματικὰ τῆς πονηρίας, καὶ ἀγγέλους παραβεβηκότας καὶ ἐν ἀποστασια γεγονότας, καὶ τοὺς ἀσεβεῖς, καὶ ἀδίκους, καὶ ἀνόμους, καὶ βλασφήμους των ἀνθρώπων εἰς τὸ αἰώνιον πῦρ πέμψῃ· τοῖς δὲ δικαίοις, καὶ ὁσίοις, καὶ τὰς ἐντολὰς αὐτοῦ τετηρηκοσι, καὶ ἐν τῇ ἀγάπῃ αὐτοῦ διαμεμενηκόσι τοῖς ἀπ' ἀρχῆς, τοῖς δὲ ἐκ μετανοιας, ζοὴν χαρισάμενος, ἀφθαρσίαν δωρήσηται, καὶ δόξαν αἰωνίαν περιποιήσῃ.

Etenim Ecclesia, tametsi per universum orbem usque ad extremos terræ fines dispersa, fidem eam ab Apostolis eorumque discipulis acceptam, quæ est in unum Deum Patrem omnipotentem qui fecit cœlum et terram, et mare et omnia quæ in eis sunt: et in unum Jesum-Christum Filium Dei, nostræ salutis causâ incarnatum, et in Spiritum sanctum qui per prophetas Dei dispensationes et adventus prædicavit, et ortum ex Virgine, et passionem et resurrectionem à mortuis, et cum carne in cœlos ascensum dilecti Domini nostri Jesu-Christi, et è cœlo in gloria Patris adventum ipsius ad instauranda omnia, et à morte ad vitam revocandam omnem mortalium omnium carnem, ut Christo Jesu Domino nostro, et Deo, et Salvatori et Regi, de benignâ Patris invisibilis voluntate *omne genu flectatur cœlestium, terrestrium et infernorum, et omnis lingua ei confiteatur*, atque ipsam justam de omnibus sententiam ferat, *spiritualia* videlicet *nequitiæ*, et angelos transgressores, quique perfidè defecerant, impiosque item homines, et injustos et flagitiosos, et blasphemos in ignem æternum mittens, justis contrà et pietate præditis, quique ipsius præcepta servaverunt, atque in ipsius charitate, partìm jam indè ab initio, partìm ex pœnitentiâ perstiterunt, vitam donet, atque incorruptibilitatem largiatur gloriamque sempiternam afferat. (Adv. hæres. l. I, c. 10.)

VII.

DU CATALOGUE DES PAPES, DRESSÉ PAR SAINT IRÉNÉE.

« L'importance du passage de saint Irénée dont nous avons déjà transcrit quelque chose, nous contraint d'y revenir et d'en donner la suite. »

« Après avoir donc renvoyé son lecteur aux tables épiscopales des différentes églises, il ajoute :

« Mais comme il serait trop long d'énumérer dans ce volume
» les successions de toutes les églises, nous pouvons confondre
» tous ceux qui, d'une manière ou d'une autre, par jactance,
» vaine gloire, aveuglement, perversité d'esprit, dogmatisent
» illicitement, en leur opposant simplement la doctrine de la
» très-grande, très-ancienne, très-célèbre Eglise, fondée et éta-
» blie à Rome par les glorieux apôtres Pierre et Paul ; tradition
» qu'elle a reçue de ces deux apôtres, qu'elle a annoncée aux
» hommes, et dont la foi est arrivée jusqu'à nous par les succes-
» sions d'évêques (1). »

« Et, dans la crainte que le lecteur ne vienne à s'étonner de voir ainsi substituer les traditions d'une seule église aux traditions de toutes les autres, saint Irénée rappelle tout aussitôt le grand

---

(1) Sed quoniam valdè longum est in hoc tali volumine omnium Ecclesiarum enumerare successiones, maximæ et antiquissimæ et omnibus cognitæ à gloriosissimis duobus apostolis Petro et Paulo Romæ fundatæ et constitutæ Ecclesiæ, eam quam habet ab apostolis traditionem et enunciatam hominibus fidem per successiones Episcoporum pervenientem usque ad nos indicantes, confundimus omnes eos qui quoquo modo, vel per sibi placentia, vel vanam gloriam, vel per cæcitatem et malam sententiam, præterquàm oportet colligunt. (Adv. hæres. l. III, cap. 8, edit. Bened. p. 175.)

principe constitutif du christianisme, religion d'unité, établie sur la pierre unique et fondamentale. »

« Car, dit-il, c'est avec cette Eglise, à cause de sa puissante » principauté, qu'il est nécessaire que s'accorde toute autre » Eglise, c'est-à-dire les fidèles qui sont en tous lieux (1). »

« Puis, déroulant enfin la liste imposante des évêques de Rome, il prononce ces paroles monumentales que nous nous empressons d'enregistrer, comme le plus ancien titre de l'unité catholique. »

ΘΕΜΕΛΙΩΣΑΝΤΕΣ ΟΥΝ ΚΑΙ ΟΙΚΟΔΟΜΗΣΑΝΤΕΣ ΟΙ ΜΑΚΑΡΙΟΙ ΑΠΟΣΤΟΛΟΙ ΤΗΝ ΕΚΚΛΗΣΙΑΝ, ΛΙΝΩ ΤΗΝ ΤΗΣ ΕΠΙΣΚΟΠΗΣ ΛΕΙΤΟΥΡΓΙΑΝ ΕΝΕΧΕΙΡΙΣΑΝ. ΤΟΥΤΟΥ ΤΟΥ ΛΙΝΟΥ ΠΑΥΛΟΣ ΕΝ ΤΑΙΣ ΠΡΟΣ ΤΙΜΟΘΕΟΝ ΕΠΙΣΤΟΛΑΙΣ ΜΕΜΝΗΤΑΙ. ΔΙΑΔΕΧΕΤΑΙ ΔΕ ΑΥΤΟΝ ΑΝΕΓΚΛΗΤΟΣ. ΜΕΤΑ ΤΟΥΤΟΝ ΔΕ ΤΡΙΤΩ ΤΟΠΩ ΑΠΟ ΤΩΝ ΑΠΟΣΤΟΛΩΝ ΤΗΝ ΕΠΙΣΚΟΠΗΝ ΚΛΗΡΟΥΤΑΙ ΚΛΗΜΗΣ, Ο ΚΑΙ ΕΩΡΑΚΩΣ ΤΟΥΣ ΜΑΚΑΡΙΟΥΣ ΑΠΟΣΤΟΛΟΥΣ, ΚΑΙ ΣΥΜΒΕΒΛΗΚΩΣ ΑΥΤΟΙΣ, ΚΑΙ ΕΤΙ ΕΝΑΥΛΟΝ ΤΟ ΚΗΡΥΓΜΑ ΤΩΝ ΑΠΟΣΤΟΛΩΝ, ΚΑΙ ΤΗΝ ΠΑΡΑΔΟΣΙΝ ΠΡΟ ΟΦΘΑΛΜΩΝ ΕΧΩΝ, ΟΥ ΜΟΝΟΣ· ΕΤΙ ΓΑΡ ΠΟΛΛΟΙ

FUNDANTES IGITUR ET INSTRUENTES BEATI APOSTOLI ECCLESIAM, LINO EPISCOPATUM ADMINISTRANDÆ ECCLESIÆ TRADIDERUNT. HUJUS LINI PAULUS IN HIS QUÆ SUNT AD TIMOTHEUM EPISTOLIS MEMINIT. SUCCEDIT AUTEM EI ANACLETUS: POST EUM TERTIO LOCO AB APOSTOLIS EPISCOPATUM SORTITUR CLEMENS, QUI ET VIDIT IPSOS APOSTOLOS, ET CONTULIT CUM EIS ET CUM ADHUC INSONANTEM PRÆDICATIONEM APOSTOLORUM ET TRADITIONEM

(1) Ad hanc enim Ecclesiam propter potiorem principalitatem necesse est omnem convenire ecclesiam, hoc est qui sunt undique fideles. (Ibid.)

ΥΠΕΛΕΙΠΟΝΤΟ ΤΟΤΕ ΥΠΟ ΤΩΝ ΑΠΟΣΤΟΛΩΝ ΔΕΔΙΔΑΓΜΕΝΟΙ....

ΤΟΝ ΔΕ ΚΛΗΜΕΝΤΑ ΤΟΥΤΟΝ ΔΙΑΔΕΧΕΤΑΙ ΕΥΑΡΕΣΤΟΣ· ΚΑΙ ΤΟΝ ΕΥΑΡΕΣΤΟΝ ΑΛΕΞΑΝΔΡΟΣ· ΕΙΘ' ΟΥΤΩΣ ΕΚΤΟΣ ΑΠΟ ΤΩΝ ΑΠΟΣΤΟΛΩΝ ΚΑΘΙΣΤΑΤΑΙ ΞΥΣΤΟΣ. ΜΕΤΑ ΔΕ ΤΟΥΤΟΝ ΤΕΛΕΣΦΟΡΟΣ, ΟΣ ΚΑΙ ΕΝΔΟΞΩΣ ΕΜΑΡΤΥΡΗΣΕΝ· ΕΠΕΙΤΑ ΥΓΙΝΟΣ, ΕΙΤΑ ΠΙΟΣ. ΜΕΘ' ΟΝ ΑΝΙΚΗΤΟΣ. ΔΙΑΔΕΞΑΜΕΝΟΥ ΤΟΝ ΑΝΙΚΗΤΟΝ ΣΩΤΗΡΟΣ, ΝΥΝ ΔΩΔΕΚΑΤΩ ΤΟΠΩ ΤΟΝ ΤΗΣ ΕΠΙΣΚΟΠΗΣ ΑΠΟ ΤΩΝ ΑΠΟΣΤΟΛΩΝ ΚΑΤΕΧΕΙ ΚΛΗΡΟΝ ΕΛΕΥΘΕΡΟΣ.

ANTE OCULOS HABERET, NON SOLUS; ADHUC ENIM MULTI SUPERE RANT TUNC AB APOSTOLIS DOCTI............

HUIC AUTEM CLEMENTI SUCCEDIT EVARISTUS, ET EVARISTO ALEXANDER, AC DEINCEPS SEXTUS AB APOSTOLIS CONSTITUTUS EST SIXTUS, ET AB HOC TELESPHORUS, QUI ETIAM GLORIOSISSIME MARTYRIUM FECIT : AC DEINCEPS HYGINUS, POST PIUS, POST QUEM ANICETUS. CUM AUTEM SUCCESSISSET ANICETO SOTER, NUNC DUODECIMO LOCO EPISCOPATUM AB APOSTOLIS HABET ELEUTHERIUS (1).

(1) Voulant donc fonder et organiser l'Eglise, les bienheureux apôtres confièrent à Lin la fonction de l'épiscopat pour la gouverner. C'est ce Lin dont Paul fait mention dans les épîtres à Timothée. Anaclet lui succéda, et, après lui, au troisième rang après les apôtres, l'épiscopat vint à Clément, lequel avait aussi vu les apôtres et conféré avec eux, ayant encore devant les yeux leur prédication et leurs traditions toutes récentes : et en cela il n'était pas seul, car il en restait encore à cette époque plusieurs instruits par les apôtres eux-mêmes..... A ce Clément succéda Evariste, à Evariste Alexandre; puis le sixième après les apôtres fut Sixte, et après lui Télesphore, qui souffrit aussi un très-glorieux martyre. Ensuite Hygin, puis Pius, et après lui Anicet à qui Soter ayant succédé, maintenant Eleuthère, douzième depuis les apôtres est en possession de l'Episcopat.

« Voilà, conclut saint Irénée, l'ordre et la succession suivant
» lesquels la tradition apostolique et la prédication de la vérité
» sont arrivées jusqu'à nous, et c'est ainsi que nous démontrons
» avec plénitude comment la foi unique et vivifiante, déposée
» dans l'Eglise par les Apôtres, a été conservée et toujours en-
» seignée avec une constante fidélité (1) »

« Ainsi donc, après avoir montré comment les diverses églises
conservaient la succession de leurs évêques, nous en sommes
venus à celle de Rome en particulier, et voici que d'après le témoignage d'un auteur qui écrivait après l'an 180 de Jésus-Christ,
non-seulement les chrétiens de Rome avaient à recueillir les noms
et la suite de leurs propres évêques, mais la chrétienté elle-même
s'y intéressait et ces noms faisaient partie du précieux héritage
de l'Eglise universelle. Nous devons donc accepter le catalogue
que vient de nous donner saint Irénée, comme un des plus solides documents de toute l'histoire, puisqu'il s'agit de faits publics
qui intéressent la catholicité entière, et qui se trouvent racontés
dans un livre destiné à combattre, à la lumière du jour, les sectes
hérétiques qui pullulaient alors en tous lieux. Nous présenterons
maintenant quelques considérations dans le but d'expliquer comment le nom de chaque Pontife romain pouvait, dans ces premiers temps, parvenir aux églises particulières et être inscrit
par elles sur ces tables dans lesquelles consistait, suivant saint
Irénée, la principale garantie de l'orthodoxie chrétienne, en
sorte qu'il ne manquât pas un seul anneau à une si vénérable
chaîne. »

« Dans les premiers siècles du christianisme, la discipline n'exi-

---

(1) Hac ordinatione et succesione ea quæ est ab apostolis in Ecclesia traditio, et veritatis præconatio pervenit usque ad nos. Et est
plenissima ostensio unam et eamdem vivificatricem fidem esse quæ
in Ecclesiâ ab apostolis usque nunc sit conservata et tradita in veritate. (p. 176.)

geait pas comme aujourd'hui que chaque élu à un siége épiscopal recourût au Pontife Romain pour en recevoir une confirmation immédiate. Le lien de la communion universelle, qui existe maintenant pour l'élu, du moment que son institution lui est parvenue du centre de l'unité, ne s'établissait autrefois que par les lettres nombreuses qu'il lui fallait écrire à ses nouveaux collègues. Nous avons encore un vestige de cet usage dans la lettre encyclique que chaque Pape ne manque jamais d'écrire, après son élection, à tous les prélats de l'univers catholique. Mais alors le Pontife romain n'était pas le seul à notifier ainsi son avènement aux Eglises. Non-seulement il recevait les lettres de communion que lui adressaient les prélats nouvellement élus aux grands siéges, mais ceux-ci devaient, par de semblables missives, avertir les évêques de leur circonscription qu'ils eussent à les regarder désormais comme assis sur le siége patriarchal ou métropolitain, en même temps qu'ils envoyaient des épîtres de fraternité aux autres primats des Eglises. En un mot, telle était l'étendue et la fréquence de ces communications, qu'on n'en saurait même assigner les bornes, et que l'étude réfléchie des monuments semblerait mener à cette conclusion : qu'il était à peine un évêque dans le monde qui, médiatement ou immédiatement, ne fût connu de l'épiscopat tout entier.

On sent combien cette coutume était favorable à la rédaction des listes de succession d'évêques, principalement sur les grands siéges, dans tous les lieux où on recevait leurs lettres *communicatoires*, et combien plus cette rédaction devenait facile pour la suite des papes, puisqu'ils en envoyaient à l'univers entier, lequel, suivant l'expression de saint Optat, était par ce moyen en union avec eux (1).

Quant à la manière dont les évêques se transmettaient ainsi leurs missives, elle ne saurait nous embarrasser. Il est prouvé

---

(1) Optati opera, 1700. Parisiis, edit. Dupin, page 28.

que la circonscription de l'Eglise en patriarchats, exarchats et métropoles, avait été tracée sur celle même de l'Empire (1); or, par ce moyen, il était facile de faire parvenir aux diverses chrétientés les communications qu'il était à propos de leur transmettre. Les noms des Papes et des Évêques arrivaient aux fidèles, en la manière que parvenaient aux citoyens ceux des empereurs et des consuls ; on écrivait sur les sacrés diptyques les noms des Pontifes (2), on les répétait dans l'action du sacrifice, en un mot jamais noms ne furent conservés avec un soin plus religieux, ni mieux préservés de l'oubli et de l'indifférence. »

« Mais la circulation des lettres *communicatoires* qu'envoyaient les Papes, n'était pas le seul moyen qu'avaient les Eglises de savoir continuellement quel était celui que l'Esprit Saint avait assis sur la chaire principale. Outre que l'action du Pontife Romain se faisait sentir partout où le besoin des fidèles l'exigeait, et que ses épîtres *puissantes*, comme parle saint Irénée, allaient porter au loin son nom avec les remèdes de sa souveraine autorité ; l'Eglise Romaine dont la foi était célèbre dans le monde entier, dès le temps de l'Apôtre des gentils (3), voyait arriver chaque jour de nombreux et illustres pelerins, avides de consulter ses traditions, de toucher de leurs mains le roc inébranlable sur lequel reposait l'édifice entier du Christianisme. « Ainsi, le
» grand Paul lui-même, dit Bossuet, Paul, revenu du troisième
» ciel, est venu voir Pierre, et le voir, selon la force de l'ori-
» ginal (4), comme on vient voir une chose pleine de merveille
» et digne d'être recherchée ; afin de donner la forme aux siècles
» futurs, et qu'il demeurât établi à jamais que, quelque docte,

---

(1) Schelstrate, Antiquitas Ecclesiæ illustrata, tom. II.
(2) Bona, Rerum Liturgicarum, lib. II, cap. 12, n° 1.
(3) Fides vestra annuntiatur in universo mundo. (Rom. I, 8.)
(4) Ἱστορῆσαι et non simplement ἰδεῖν.

» quelque saint qu'on soit, fût-on un autre saint Paul, il faut
» voir Pierre (1). »

« A l'exemple du grand Apôtre, les évêques et les docteurs entreprenaient le voyage de Rome pour connaître et entretenir le successeur de Pierre. Ce n'était pas seulement le philosophe saint Justin qui, après sa conversion, vers l'an 130, s'en venait fixer sa demeure à Rome qu'il devait illustrer par ses nobles écrits et son martyre (2) ; c'était le disciple de saint Jean, saint Polycarpe, que le désir d'éclaircir la grande question de la Pâque amenait vers l'an 157 auprès du Pape saint Anicet (3). C'était, à la même époque, l'historien saint Hégésippe qui, pour écrire ces cinq livres de mémoires qu'Eusèbe employa comme matériaux importants dans la rédaction de son histoire ecclésiastique, se fixait à Rome pendant plusieurs années (4). C'était saint Irénée qui, l'an 177, venait apporter au Pape saint Eleuthère les lettres des glorieux martyrs de l'Eglise de Lyon (5). Un demi-siècle plus tard, Rome voyait aborder, des rivages africains, l'âpre et éloquent Tertullien qui, pour écrire le Traité des Prescriptions, voulait s'inspirer de la majesté du Siége Apostolique, presque en même temps qu'arrivait, du sein de l'Eglise d'Orient, un voyageur plus illustre encore, Origène, que les peuples surnommèrent le Diamant, et qui voulait aussi contempler de ses yeux cette Eglise Romaine, la plus ancienne de toutes (6).

De tous ces différents personnages, deux seulement paraissent

---

(1) Sermon sur l'unité de l'Eglise. *Voyez* aussi saint Jean Chrysostôme, in Epist. ad Gal. cap. 1, n. 11, tom. X, p. 677.

(2) Acta S. Justini, ex Surio apud. D. Ruinart.

(3) Euseb. Hist. eccles. lib. IV, cap. 14, pag. 127.

(4) Ibid., cap. 11.

(5) Ibid. lib. V, cap. 4.—Nicéphore, lib. IV, cap. 13, 14, 15.—Acta SS. 28 junii.—D. Massuet, Præfat. ad opera S. Irenæi.

(6) την αρχαιοτατην ρωμαιων Εκκλησιαν. (Euseb. Hist. eccl. l. VI, p. 14.)

s'être occupés à rédiger dans des écrits publics la suite des Pontifes Romains, savoir : saint Hégésippe et saint Irénée (1).

VIII.

OPINION DE SAINT IRÉNÉE SUR L'ÉTAT DES AMES APRÈS LA MORT.

Saint Irénée, comme les autres écrivains ecclésiastiques de son temps, ayant adopté quelques opinions particulières, les exposa, les soutint comme telles ; mais jamais il ne leur donna la même importance qu'aux dogmes de la religion qu'il défendit avec tant de force contre les hérétiques.

Il y avait alors certains points de doctrine, dont les circonstances n'avaient pas encore exigé de l'Eglise une définition claire et précise ; il était donc facile de prendre le change et d'embrasser sur ces matières, des opinions qui, sans être en tout conformes à la vérité, en offraient cependant les attraits. La piété d'Irénée, le respect qu'il avait pour les disciples des apôtres et pour la tradition, l'entraînèrent dans quelques erreurs de ce genre, qu'il aurait combattues plus tard, lorsque l'Eglise les eût réprouvées. Mais ces particularités disparaissent dans sa magnifique exposition de la foi catholique et ne jettent pas même une ombre passagère sur son mérite littéraire et sur son autorité comme Père de l'Eglise.

De toutes les opinions que les protestants ont reprochées à saint Irénée, la seule erronée et répréhensible, est celle qu'il adopta sur l'état des ames après la mort : elle n'est cependant pas aussi *monstrueuse* que les hétérodoxes l'ont prétendu ; car ne pouvant pas réfuter autre chose dans son grand ouvrage, ils se sont efforcés de grossir l'erreur de saint Irénée sur ce point. Il est donc nécessaire de bien exposer ici en quoi elle consistait.

(1) M. Guéranger, Origines de l'Egl. rom. pag. 46 et suiv.

xlix

DU MILLÉNARISME DES HÉRÉTIQUES ET DE L'OPINION DE SAINT IRÉNÉE SUR L'ÉTAT DES AMES APRÈS LA MORT.

« Cerinte, juif de naissance, et un faux chrétien, qui vivoit du temps des Apôtres, en est l'auteur. Comme c'étoit un homme sensuel, il n'espéroit point d'autres plaisirs que ceux des sens, c'est-à-dire, des festins, des nôces, des fêtes, des sacrifices, des immolations de victimes, et autres divertissements où le corps prend plus de part que l'esprit. C'était de ce faux bonheur qu'on peut appeler le paradis de Mahomet, dont il repaissoit l'imagination de ses disciples, pour leur faire mieux goûter les autres dogmes monstrueux qu'il débitait touchant la Divinité et le mystère de l'Incarnation; et afin de l'établir sur quelques principes apparents, il se mit à composer une Apocalypse, ou un Livre de révélations, comme s'il eût été quelque prophète ou quelque grand Apôtre, dans lequel il expliquait fort au long toutes les chimères qui regardent cette prétendue béatitude. C'est là qu'on voyait qu'après la défaite de l'Ante-christ et de toutes les Nations qui lui auroient rendu obéissance, il se devait faire une première résurrection qui ne seroit que pour les Justes, tandis que ceux qui se trouveraient encore sur la terre, bons et méchants, seroient conservés en vie; ceux-là, pour obéir aux Justes ressuscitez, comme à leurs princes légitimes; ceux-ci, pour être vaincus par les Justes et demeurer assujettis à leur empire comme des esclaves. Alors Jérusalem seroit rebâtie avec une magnificence incroïable, et son Temple encore plus beau qu'il n'étoit du temps de Salomon. Tout ce qui est dit dans le vingt-unième chapitre de l'Apocalypse de la céleste Jérusalem, étoit appliqué à celle-ci. Ezechiel, selon eux, n'avoit fait que décrire la beauté de ce Temple dans son chapitre 36. Toutes les avenues de la ville n'étoient que de pins, de cyprès et de cèdres; on y devoit apporter jour et nuit toutes sortes de richesses de toutes les parties du monde; et c'est pour ce sujet que les portes de la ville n'étoient jamais fermées. Jésus-Christ, plein de gloire, devoit descendre dans ce nouveau royaume pour y vivre et y régner avec ses Elûs l'espace de mille ans, dans toutes sortes de délices, pour y boire avec eux ce vin nouveau, dont il avoit parlé à ses Apôtres la veille de sa Passion ; et enfin pour rendre à tous ses Saints le centuple de ce qu'ils avoient quitté pour lui : les jeux, les festins, les concerts, les nôces, les mariages, et tous les autres divertissements qu'on peut s'imaginer, devoient faire l'occupation continuelle de ces nouveaux Bienheureux qui se trouveroient dans une affluence de toutes sortes de biens ; et sur tout dans une abondance inépuisable d'or et d'argent.

»Quoiqu'on y dût être dans un Sabat perpétuel, on ne laisseroit pas que d'immoler des victimes dans le Temple, et d'observer toute la Loi ; tous les hommes du monde y devoient venir adorer Dieu, les uns tous les samedis, les autres tous les mois, et les plus éloignés une fois l'an : on auroit pû leur dire qu'il s'ensuivroit de là que la vie des hommes se passeroit dans un mouvement continuel d'allées et de venuës à Jérusalem ; mais ce n'était pas là un inconvénient, parce que la terre devoit être d'une fécondité si merveilleuse, que sans aucun travail, elle produiroit toutes choses en abondance ; ainsi on auroit plus besoin de trafiquer, ni de cultiver les campagnes ; toute l'occupation des hommes seroit de venir rendre leurs devoirs et leurs respects aux Messie et à ses Elûs.

»Ce règne de mille ans ainsi écoulé, le Diable qui ne cesse point de porter envie aux Saints, assembleroit les peuples de Scytie, marquez dans l'Écriture, sous les noms de Gog et de Magog, avec d'autres nations infidéles retenuës jusques alors dans les extrémitez de la terre ; et toutes ensemble viendroient attaquer les Saints dans la Judée ; mais Dieu, par une pluïe de feu, devoit les exterminer : après cela les méchants ressusciteroient. Ainsi ce règne de mille ans seroit suivi d'une résurrection générale et du dernier Jugement : alors s'accompliroit la parole du Sauveur, qu'il n'y aura plus de mariages, mais que nous serons égaux aux Anges, parce que nous serons les enfants de la résurrection.

»Voilà en abrégé la doctrine des vrais Millenaires, au rapport d'Eusèbe, de saint Jérôme, de Lactance, et des meilleurs Auteurs qui en ont traité. Or, S. Irénée n'est jamais entré dans toutes ces fables, ou plutôt dans toutes ces impietez, dont il est plus éloigné que le ciel ne l'est de la terre. Voici donc le plan de sa doctrine sur l'état des ames après leur séparation d'avec leurs corps.

»Premierement, ceux qui auront eu le bonheur de donner leur vie pour Jésus-Christ, c'est-à-dire, tous les Martyrs, joüiront aussi-tôt de la gloire dans le sein du Père céleste, et s'envoleront dans le ciel pour y être éternellement heureux par la claire vision de l'essence divine, et par la possession du Souverain bien ; mais il prétend que c'est un privilege qui est accordé à la grandeur de leur amour et de leur générosité, ou plutôt que c'est une grâce de Jésus-Christ à son Eglise, en considération du présent magnifique qu'elle lui fait de ces généreux enfants qui ont si glorieusement soûtenu l'honneur de son céleste Epoux ; et que c'est pour ce sujet qu'ils prendront tous les autres Justes dans la possession de la gloire qui sera déférée à ceux-ci, lorsqu'ils auront auparavant passé par un autre état moins sublime qui les disposera insensiblement à celui-ci. *Ecclesia omni in loco ob eam quam habet erga Deum dilectionem, multitudinem Martyrum in omni tempore præmittit ad patrem, etc.*

» Secondement, que les Justes qui n'auront pas souffert le martyre, ne joüiront pas aussi-tôt après leur mort de la vûë de Dieu, mais seront réservez dans un lieu invisible qui leur est destiné ; là ils attendront en paix la résurrection de leurs corps, à l'exemple de Jésus-Christ qui n'est point monté au Ciel aussitôt après sa mort, et qui a attendu la résurrection de son corps, et l'accomplissement du temps qui lui était marqué : *animæ abibunt in invisibilem locum definitum eis à Deo, et ibi usque ad resurrectionem commorabuntur sustinentes resurrectionem : post recipientes corpora, et perfectè resurgentes, hoc est corporaliter ; quemadmodum et Dominus resurrexit... quomodo ergo magister noster non statim evolans abiit, sed sustinens definitum à Patre resurrectionis suæ tempus, post triduum resurgens assumptus est ; sic et nos sustinere debemus definitum à Deo resurrectionis nostræ tempus, et sic resurgentes assumi, quotquot Dominus ad hoc dignos habuerit.*

» 3. Les justes ainsi ressuscitez, n'iront pas encore tout d'un coup dans le ciel, mais ils demeureront dans un lieu de délices qui sera comme un Paradis terrestre, ou une Jérusalem renouvellée. C'est-là où sous l'Empire de Jésus-Christ qui y sera avec eux, ils joüiront d'une paix profonde, d'un contentement sans égal, et de toutes les satisfactions que l'esprit peut goûter ; la vûë du corps glorieux de Jésus-Christ et de son humanité sainte, leur servent comme d'apprentissage, pour joüir un jour de sa Divinité dans le sein du Père, et comme de dégrez pour monter insensiblement à la vision béatifique : *crescentes ex visione Domini, per ipsum assuescent capere gloriam Dei Patris*. Mais saint Irenée ne dit pas combien durera cet apprentissage, il ne lui prescrit aucun terme, il ne parle point de mille ans ; et ce qui est fort à remarquer, on ne le voit jamais se servir de ce fameux passage de l'Apocalypse qui faisoit tout le fondement de l'opinion des Millenaires : *erunt Sacerdotes Dei et Christi, et regnabunt cum illo mille annis.*

» De plus, le Saint bannit de ce Paradis terrestre toutes les voluptez charnelles qu'y admettoient les Millenaires, et qui faisoient leur plus grand attrait ; il n'y avoit là ni nôces, ni festins, ni mariages ; Jésus-Christ leur tenoit lieu de tout, et la paix dont il les combloit faisoit tout leur bonheur.

» Enfin, on ne voïoit point dans ce royaume passager, et dans cette béatitude anticipée, ces sacrifices, ces victimes, ces oblations de l'ancienne loi, ni toutes les autres ceremonies que Moïse avoit prescrites aux Juifs, et que les Millenaires prétendoient devoir être rétablies dans leur nouvelle Jérusalem. Notre Saint n'y admet pas même ce Temple magnifique que ces hérétiques se figuroient avec d'autant moins de raison, que saint Jean dit expressément dans son Apocalypse, qu'il n'y avoit point de Temple dans la Jérusalem que Dieu lui fit voir ; *et Templum non erat in ea.*

» Ainsi, cette première résurrection des Justes, que notre S. Docteur croyoit devoir précéder le Jugement dernier, n'étoit, selon lui, qu'un commencement d'incorruption, et comme un moïen pour se disposer et s'accoûtumer à la vûë de Dieu ; c'est pourquoi il assuroit que durant tout ce temps les Saints auroient la conversation et la compagnie des Anges, et qu'ils s'exerceroient avec eux dans toutes les choses spirituelles. Il semble néanmoins qu'il n'a pas crû qu'on seroit tout-à-fait exempt dans ce lieu des nécessitez de boire et de manger ; mais tout cela devoit se passer dans une si grande modération, que tous les excès des Millenaires ne pouvoient s'y trouver.

» C'est donc une injustice manifeste que de mettre ce saint Docteur au nombre de ces hérétiques ; rien n'a moins l'air de leurs fables et de leurs imaginations grossieres que cette opinion de saint Irenée qui a été suivie et embrassée par les plus illustres, les plus savants, et les plus saints des premiers Pères de l'Eglise ; par S. Papias qu'on croit en être l'auteur, par S. Justin, par Tertullien, par S. Victorin, par Lactance, par l'illustre Nepos, évêque d'Egypte, par S. Sulpice Severe, et même par S. Augustin, qui avoüe avoir été long-temps dans ce sentiment.

» Si on considere la force des raisons dont se sert S. Irenée pour le soûtenir ; cette multitude de passages de l'Ecriture sainte qu'il rapporte, et qui paroissent ne dire autre chose que ce qu'il dit lui-même ; on sera obligé d'avoüer que dans un temps où l'Eglise ne s'étoit point encore expliquée sur ce sujet, cette opinion étoit passable et pouvoit se défendre. Combien a-t-on vû encore de Saints et de savants hommes, depuis ce temps-là, soûtenir que les Elûs, avant la résurrection des corps, ne joüiroient point de Dieu ; ce qui faisoit une partie du sentiment de S. Irenée ? Il ne faut donc point tant crier contre lui, pour une opinion qui lui est commune avec toute l'antiquité ; et si nous avons d'autres lumières à présent sur cet article, c'est qu'avec le temps les choses s'éclaircissent ; mais pour dire le vrai, nous n'avons rien en cela sur nos Pères, sinon d'être venus après eux, et d'avoir sû profiter des ouvertures qu'ils nous ont données (1). »

VIII.

DU CONCILE TENU SOUS SAINT IRÉNÉE A L'OCCASION DE LA DISPUTE SUR LA PAQUE.

L'Eglise gallicane dans le concile tenu sous saint Irénée, avant la fin du deuxième siècle.

« Il est certain que saint Irénée, successeur de saint Pothin dans le siége de Lyon, écrivit (2), à la tête des églises de la Gaule, une lettre pour confirmer la pratique ancienne de célébrer la fête de Pâques, non le 14 de la lune, comme les Asiatiques, mais le dimanche après le 14 de la lune, comme l'Eglise de Rome, et toutes les autres Eglises du monde. On dispute si cette lettre est la même dont Eusèbe nous a conservé un fragment, dans le cinquième livre de son Histoire. Ce morceau contient les raisons qu'apportait saint Irénée au pape Victor pour l'engager à ne pas séparer les Asiatiques de sa communion. Il paraît aux plus habiles critiques que c'est absolument la même pièce, et ils le prouvent par les paroles d'Eusèbe, qui s'exprime en effet sur cela d'une manière assez positive (2). Mais ceci est un point qui peut paraître étranger à la question présente.

» Il s'agit seulement de savoir si cette lettre, publiée en confir-

---

(1) D. Gervaise, Vie de S. Irénée, à Paris, chez Fr. Barois, 1723, t. II. p. 251-264.

(2) Euseb. l. 5, c. 23 et 24.

(3) Vales in Euseb.

mation de la pratique de Rome et de la plupart des Églises, par rapport à la Pâque, fut écrite dans un concile auquel présidait saint Irénée, et si ce concile était composé d'évêques. La réponse à ces deux articles doit être tirée du texte d'Eusèbe que nous traduisons ici littéralement. « Il y eut, dit cet auteur (sur la dispute
» de la Pâque), des synodes et des assemblées d'évêques, et tous,
» par des lettres qui furent envoyées de côtés et d'autres, con-
» firmèrent la règle ecclésiastique, qui défend de célébrer la
» Pâque un autre jour que le dimanche... On a encore la lettre
» de ceux qui s'assemblèrent pour lors dans la Palestine ; Théo-
» phile, évêque de l'église de Césarée, et Narcisse, évêque de
» l'église de Jérusalem, en étaient les chefs. On a aussi la lettre
» de ceux qui s'assemblèrent à Rome pour le même sujet, et elle
» montre que Victor était en ce temps-là évêque de cette ville. On
» a de même la lettre des évêques du Pont, ayant à leur tête
» Palmas, comme étant le plus ancien ; celle *des églises de la*
» *Gaule, qu'Irénée gouvernait*; celle des églises de l'Osroëne
» et des villes de canton-là ; celle que Bacchile, évêque de Corin-
» the, écrivit en particulier, etc. » .

»En lisant avec attention ce texte d'Eusèbe, on y remarque les quatre points suivants : 1° il énonce que plusieurs conciles furent tenus sur la question de la Pâque, et que les évêques de ces conciles écrivirent tous des lettres qui subsistaient encore du temps de cet historien; 2° la suite du passage nomme les divers endroits où ces conciles furent célébrés, et où ces lettres furent écrites ; 3° Bacchile, évêque de Corinthe, ayant écrit en particulier sur la même controverse, Eusèbe marque cette circonstance, faisant voir encore par là que tous les autres avaient écrits en commun, et par conséquent dans leurs conciles, puisque la proposition générale est qu'il y eut en ce temps-là plusieurs conciles assemblés pour traiter cette question de la Pâque ; 4° le terme grec παροικία, dont Eusèbe se sert pour exprimer les églises de la Gaule, est le même qu'il emploie en parlant des églises de Césarée et de Jérusalem, lesquelles avaient chacune leur évêque ;

savoir, Théophile et Narcisse. Or, de toutes ces observations il semble qu'on doit tirer deux conséquences :

»La première, c'est qu'à la fin du deuxième siècle (vers l'an 197 ou 198), il y eut un concile des églises de la Gaule, où présida saint Irénée. La preuve en est facile : Eusèbe parle de ce qui se fit pour lors dans la Gaule, comme de ce qui fut fait en Palestine, à Rome, et dans le Pont. Or, dans tous ces endroits il y eut des conciles, comme le même historien l'assure positivement. On doit donc reconnaître qu'il y eut aussi un concile dans la Gaule. En effet, s'il n'y en avait pas eu, l'auteur n'aurait pas commencé sa narration par dire qu'il y eut en ce temps-là plusieurs conciles ; ou bien il l'aurait modifiée, en venant à l'endroit qui regarde la Gaule, comme il modifie celui où il est parlé de l'évêque de Corinthe ; car cet évêque ayant écrit en particulier, non en concile comme les autres, Eusèbe a soin de marquer cette circonstance.

»Et ce sentiment au reste que nous soutenons est si bien établi, qu'il n'y a point d'auteur, si l'on en excepte M. Du Pin (1), qui rejette ce concile de la Gaule, célébré sous l'autorité et sous la direction de saint Irénée. Le père Sirmond l'ayant omis dans sa collection, M. de Valois lui en fit des reproches, et cette faute a été réparée depuis dans les autres collections des conciles. Baronius, MM. de Tillemont, Fleuri, Schelstrate, D. Ceillier, D. Rivet, le père Colonia, et une infinité d'autres qui parlent de ce concile, le mettent au rang et au même temps que les conciles de Palestine, de Rome, du Pont, de l'Osroëne, etc., qui eurent aussi pour objet la question de la Pâque. Et nous pourrions ajouter à ces témoignages celui de l'ancien livre synodique, qui a plus de huit cents ans. Quelques-uns méprisent cette autorité, comme trop moderne ; mais peut-être que l'auteur travaillait sur des mémoires plus anciens, et nous ne voyons pas qu'en admettant ce concile, il s'écarte de la narration d'Eusèbe, qui est toujours l'auteur principal dans cette controverse.

(1) Du Pin, Bibl. Eccl. t. I, in-8°, p. 656.

» La seconde conséquence qu'on doit tirer du passage rapporté plus haut, est que ce concile de la Gaule était composé d'évêques; car on peut raisonner ainsi : Eusèbe, parlant des églises de la Gaule qui écrivirent sur la Pâque, se sert du même terme *parœcia*, par lequel il exprime les églises de Césarée et de Jérusalem. Or, ces deux églises avaient chacune leur évêque; savoir, Théophile et Narcisse; il faut donc reconnaître qu'il y avait aussi des évêques dans les églises de la Gaule ; et comme ces églises formèrent le concile auquel présida saint Irénée, il est donc nécessaire que ce concile fût composé d'évêques. On peut faire encore un autre raisonnement, qui se rapporte au même but. Les maîtres de la langue grecque, dans leurs vocabulaires (1), et M. de Marca, dans son excellent livre de la Concorde (2), avertissent que, selon le langage ecclésiastique des quatre premiers siècles, le mot *parœcia* signifie *l'église d'une ville où il y a un évêque*. Or Eusèbe se sert de ce mot à l'égard des églises de la Gaule : ces églises étaient donc dans des villes où résidaient des évêques, et ces églises ayant composé le concile dont saint Irénée était le chef, il n'y a donc pas lieu de douter que ce concile ne fût une assemblée d'évêques.

» On objecte qu'Eusèbe parle de saint Irénée comme ayant été le seul évêque de la Gaule. On a, dit cet historien *, la lettre des *églises de la Gaule, qu'Irénée gouvernait* (3). S'il y avait eu d'autres évêques que saint Irénée, Eusèbe les aurait du moins indiqués; car la controverse de la Pâque étant de nature à être décidée par la pluralité des évêques, et ne pouvant même être décidée que par là, c'eût été un grand avantage pour sa cause, qui était la meilleure, que de citer en sa faveur plusieurs évêques des

---

(1) Vide Suicer. in Appar. Eccl.
(2) Marca, de Concord. l. 6, c. 16.
(3) Euseb. ubi sup.

* Καὶ των κατα Γαλλίαν ἢ παροικιων κς Εἰρηναῖος ἐπισκοπω.

Gaules. Cette objection est proposée par le père Quesnel dans son édition de saint Léon (1), et par D. Massuet dans celle de saint Irénée (2) ; mais nous doutons qu'elle puisse faire beaucoup d'impression sur ceux qui auront bien pesé la comparaison que nous venons de faire de ces églises de la Gaule, dont parle Eusèbe, avec celles de Césarée et de Jérusalem, qui avaient chacune leur évêque. Si saint Irénée gouvernait les églises de la Gaule, ne pouvait-ce pas être à raison de la dignité de son siége, ou en considération de son âge? Le père Charles de Saint-Paul, dans sa notice des évêchés, dit que saint Irénée jouissait des droits de métropolitain, parce qu'il avait des évêchés (*parœcias*) dans sa dépendance (3). Modifions un peu cette proposition, et convenons que la prééminence de saint Irénée sur les autres évêques de la Gaule put bien ne pas avoir toute l'étendue qui fut accordée dans la suite à la dignité des métropolitains, lorsque l'Église fut en paix et que le gouvernement ecclésiastique eut acquis sa dernière perfection. Ceci sans doute est raisonnable, et M. de Marca, dont le père Quesnel se déclare ici l'adversaire, serait entré volontiers dans cette pensée ; mais il ne faut pas dire comme le même père Quesnel, et comme D. Massuet après lui, qu'avant le concile de Nicée cette forme de hiérarchie, qui soumet certaines églises à une plus ancienne, et quelques évêques du même canton à un de leurs confrères, n'était presque pas connue dans les pays même où les apôtres avaient planté la foi. Cette opinion est détruite par une infinité d'exemples : nous ne citons que ceux qui sont rapportés dans le texte d'Eusèbe, dont l'explication nous occupe. On y voit que Théophile, en qualité d'évêque de Césarée, et Narcisse, comme évêque de Jérusalem, avaient la supériorité sur les évêques de la Palestine (4). On y voit que Palmas, à rai-

---

(1) Leo. t. II, p. 477 et 478.
(2) Massuet, Dissert. 2, in Iren. n° 16.
(3) Not. Episc. p. 135.
(4) Euseb. ubi sup.

son de son âge, était le chef des évêques du Pont. Et n'en était-il pas de même de saint Irénée à l'égard des évêques de la Gaule, s'il est prouvé qu'il y avait alors dans la Gaule des villes aussi épiscopales que Césarée et Jérusalem l'étaient en Palestine ? Nous ne parlons que d'évêché simple, expliqué par le terme *paræcia*, suivant les observations que nous avons faites ci-dessus ; car il faut reconnaître que les églises de la Gaule à la fin du deuxième siècle n'avaient pas la distinction qu'eurent toujours Césarée et Jérusalem dans la Palestine.

» On dit qu'Eusèbe aurait dû indiquer ces évêques dépendants de saint Irénée, s'il y en avait eu pour lors ; mais peut-être n'a-t-il su ni leurs noms, ni leurs églises, ni leur nombre. D'ailleurs ne suffisait-il pas de dire qu'on a *la lettre* synodale *des Eglises* de la *Gaule,* en désignant, comme il a fait, ces églises par le terme qui marque des évêchés ? Et puisqu'on remarque, avec raison sans doute, que la question de la Pâque ne pouvait être décidée que par la pluralité des évêques, comment Eusèbe aurait-il pu citer comme une pièce de conséquence, comme un décret synodique, la lettre des églises de la Gaule, si c'avait été l'ouvrage d'un simple évêque à la tête de son clergé ou de son peuple ? Eusèbe parle bien de la lettre qu'écrivit seul l'évêque de Corinthe, mais il a soin de marquer que c'était une production particulière. N'aurait-il pas averti de même que la lettre des églises de la Gaule n'avait été souscrite que par saint Irénée et par quelques prêtres, ou quelques simples fidèles, si des évêques n'en étaient pas les auteurs ?

» Ajoutons à tout ceci qu'on ne peut bien concevoir que saint Pothin et saint Irénée, son successeur, eussent négligé d'établir des évêques dans les villes de la Gaule, où le christianisme avait pénétré. Ces deux saints apôtres de Lyon savaient l'ordre qu'avait donné saint Paul à Tite, son disciple, de mettre des évêques dans toutes les villes. Ils n'ignoraient pas combien la présence des premiers pasteurs était nécessaire dans ces temps de persécution, pour instruire, encourager, consoler les fidèles. Comment n'auraient-ils donc pris aucun soin d'étendre le gouvernement épiscopal ? D'ailleurs on trouve que l'église de Vienne était dès-lors très-célèbre ; qu'elle donna un grand nombre de martyrs au ciel ; qu'elle envoya aux églises d'Asie la relation de leurs combats ; que la lettre qui fut écrite à ce sujet était commune à l'église de Lyon ; qu'on y parlait de la chrétienté de ces deux villes, comme formant deux églises séparées, et que dans le titre même de cette lettre l'église de Vienne tenait le premier rang (1). On peut le demander à tout homme qui voudra y faire attention : serait-il raisonnable, après cela, de supposer qu'il n'y eût point encore d'évêque à Vienne, et de se persuader que celui de Lyon fût le chef et le pasteur de ces deux églises ?

»Enfin, si l'autorité des modernes faisait ici quelque chose, nous pourrions opposer au père Quesnel et à D. Massuet la plupart de ceux que nous avons déjà cités pour l'existence du concile tenu sous saint Irénée. Nous aurions même droit d'assurer qu'il n'en est aucun qui n'ait conçu une assemblée d'évêques, en masquant l'époque de ce concile ; et il ne serait peut-être pas inutile de remarquer que, selon l'ancien livre synodique, le concile fut composé de treize évêques. Mais, en nous bornant au témoignage d'Eusèbe, concluons toujours qu'avant la fin du deuxième siècle l'Eglise gallicane se trouva réunie en concile, pour décider un point qui intéressait la religion ; qu'elle fut aussi solennellement réunie que les églises de la Palestine, du Pont, de l'Osroëne : et en y joignant l'Eglise de Rome, qui tint son concile dans le même temps, disons que la première assemblée de l'Eglise gallicane est aussi ancienne et aussi célèbre que celles des plus grandes églises du monde (2). »

(1) Hist. de l'Egl. gall. tom. I.
(2) P. Berthier, Histoire de l'Egl. gallic.

IX.

MARTYRE DE SAINT IRÉNÉE.

La persécution excitée par l'empereur Sévère ne sévit nulle part avec plus de fureur qu'à Lyon.

« *L'ennemi du genre humain*, dit saint Grégoire de Tours, poussa aux derniers excès, ce prince barbare, digne ministre de ses fureurs ; on égorgea une si grande multitude de chrétiens que leur sang coulait comme par torrents dans les rues de la cité. Nous n'avons pu savoir ni le nombre des victimes, ni leurs noms, mais *Dieu les a écrits dans le livre de vie*. Le bourreau, après avoir fait souffert à Irénée toutes sortes de tourments, immola enfin au Seigneur, ce bienheureux martyr (1) »

D'accord avec saint Grégoire, Adon et Notker disent que *saint Irénée obtint la couronne du martyre avec presque tout le peuple de sa ville* (2). Nous ne connaissons pas les autres circons-

---

(1) Veniente persecutione talia ibidem diabolus bella per tyrannum exercuit et tanta ibi multitudo Christianorum, ob confessionem Dominici nominis est jugulata, ut per plateas flumina currerent de sanguine christiano : quorum nec numerum, nec nomina colligere potuimus. Dominus enim eos in libro vitæ conscripsit. Beatum Irenæum, diversis in sua carnifex præsentia pœnis affectum, Christo Domino per martyrium dedicavit. (Gregor. Turon. Hist. Fr., c. 26-27 et de Glor. Martyr. c. 49-50).

(2) Apud Lugdunum Galliæ, natale sancti Irenæi episcopi, qui B. Pothino prope nonagenario ob Christi martyrium coronato, in locum ejus successit. Quem etiam constat beatissimi Polycarpi sacerdotis et martyris fuisse discipulum et apostolicorum temporum vicinum. Posteà verò persecutione Severi cum omni ferè civitatis suæ populo gloriosè coronatur martyrio. (Ado. Martyr. IV, Kal. Julii).

tances de sa mort. Saint Jérome (1), l'auteur des *Questions aux Orthodoxes* que l'on trouve parmi les ouvrages de saint Justin, martyr, tous les martyrologes anciens, celui qu'on attribue à saint Jérôme, ceux de Bède et d'Usuard, les Ménées des Grecs donnent à saint Irénée le titre de *martyr*. Massuet dit avoir vu dans la bibliothèque de saint Germain-des-Prés un vieux manuscrit qui contenait plusieurs traités des saints Isidore, Chrysostôme et Grégoire-le-Grand et dont l'écriture lui donnait plus de mille ans d'antiquité. Au milieu étaient deux cahiers l'un et l'autre du même temps et peut-être de la même main, mais écrits partie en lettres ordinaires, partie en caractères mérovingiens, de manière que cet opuscule présentait quelquefois ces deux genres d'écritures sur la même feuille. Ce qui suppose à ce manuscrit une haute antiquité. Il commence par un calendrier fort court, où on lit : *Le quatre des kalendes de juillet, à Lyon, en France, le martyre de saint Irénée, évêque* (2).

X.

ÉGLISE ACTUELLE DE SAINT IRÉNÉE.

« La basilique de *Saint-Irénée-sur-la-montagne*, comme la désigne le Saint-Père, dans le langage toujours pittoresque et figuré de la cour et chancellerie romaines, ne fait plus aujourd'hui, comme celle de Saint-Just, que représenter une ancienne basilique érigée avec toute la somptuosité de l'école byzantine pri-

---

(1) Hieronym. in Esa., cap. 64. — Respons. ad Quæst. 115 ad Orthod. — Men. Græcor. 22 aug. — Massuet, Dissert. 2ᵃ de Iren. script. et gest. nᵒ 30 et seq.

(2) IIII. Kal. Jul. Lugduno Gallea Pas. S. Herenci Ep.

maire ; seulement ici, le temple actuel est précisément assis sur l'emplacement historique occupé par le monument détruit.

» L'histoire de la basilique de S. Irénée, bâtie sur les tombeaux de saint Epipoy et de saint Alexandre, martyrisés sous le règne de Marc-Aurèle, ressemble à celle de toutes les basiliques primaires. Les premiers fidèles construisirent une chapelle souterraine ou crypte pour que les manifestations de leur foi si fervente et si pure, échappassent aux persécutions des païens. Cet oratoire fut consacré à Dieu, sous le nom de Saint-Jean, et partagea avec la crypte primitive de Saint-Nizier, l'honneur d'être le berceau du christianisme dans les Gaules ; son vocable changea ensuite pour prendre celui de saint Irénée, second évêque de Lyon. Ce fut à Saint-Irénée que l'on recueillit les restes des dix-neuf mille chrétiens qui souffrirent le martyre sous le règne de Sévère, selon saint Grégoire-de-Tours et Sidonius Apollinaris qui vanta avec un enthousiasme vraiment épique, les gloires monumentales de Lyon, de Narbonne, etc. (1)

»Sur la crypte primitive, s'éleva une basilique d'une incroyable magnificence, construite vers la fin du ve siècle, par les soins du saint évêque Patient à qui la tradition fait, comme au pontife Leydrade, une si grande part dans le passé monumental de la ville de Lyon. Ce temple successivement embelli, avait reçu dans le Xe siècle un pavé en mosaïque imité de ceux des basiliques d'Italie, dont quelques vestiges représentant des fragments des signes du zodiaque, des vertus théologales et un reste d'inscription en vers latins rappelant le souvenir des 19,000 martyrs,

---

(1) M. Bard, parlant de la basilique de Saint-Just, avait dit : Cette église (de Saint-Just) n'était dans l'origine qu'une crypte ou chapelle souterraine..... *Ce saint prélat* (Zacharie) *y recueillit religieusement les reliques de saint Irénée et de ses compagnons*, martyrisés à Lyon..... (Statistiq. génér. des basiliq. de Lyon, p. 83). Ici M. Bard rétracte son assertion, et nous dispense par conséquent de la relever.

attestent la somptuosité et l'habile travail. Cet édifice qui n'avait pas dû arriver jusqu'au xvie siècle, sans que l'œuvre de saint Patient n'eût été singulièrement modifiée et peut-être renouvelée, après les ravages des Sarrazins, fut renversé en partie par les Calvinistes en MDLXII, puis relevé puis de nouveau détruit, lors du trop mémorable et cruel siège de la ville de Lyon. Le monument actuel est à-peu-près absolument neuf, il n'a d'antique que les substructions de l'abside et son église souterraine ; cette crypte sombre, mystérieuse, dont l'entrée, dit N.-F. Cochard(1), imprime le respect et la vénération, où l'on montre le puits où les ossements de la plupart des martyrs furent jetés, qui nous reporte aux jours de l'Église primitive, à ces temps de foi où le pouvoir des Césars épuisait en vain tous les genres de supplices, pour arracher au cœur de ses victimes une apostasie qu'elles lui refusaient avec une si héroïque et si courageuse constance, — Tout ce sol du vieux Lyon a été rougi du sang des martyrs et de confesseurs, et l'on assure que la terre que l'on retire du puits de la crypte de Saint-Irénée est encore teinte de ce sang précieux. Ainsi de l'oratoire souterrain consacré à saint Jean, puis à saint Irénée, émana, pour ainsi dire, la basilique byzantine bâtie sur lui, et de cette basilique est issu directement le jeune édifice que nous voyons à présent. Conçu dans le goût de l'école byzantine, à trois nefs, avec abside semi-circulaire, il est couronné d'une tour carrée servant de clocher, terminée en plate-forme, surmontée d'une haute croix.

»La chapelle souterraine a la forme des églises primitives, le plan de la croix grecque, avec abside voûtée en cul-de-four, et voûte en plein-ceintre ; l'on se croit, dans ce lieu si vénérable et si saint, transporté dans l'oratoire élevé à Ravennes, par l'impératrice Galla Placidia, et consacré aux saints Nazaire et

---

(1) *Voyez* Description historique de Lyon, déjà citée, par N. F. Cochard. — Lyon, 1817.

Celse. Cette chapelle souterraine a été restaurée avec une certaine entente de l'orthographe byzantine.

» Le chœur de l'église supérieure est tapissé de stuc blanc veiné, et il offre une arcature pour profil. La chapelle consacrée à saint Jubin (1), érigée par les ordres de Monseigneur de Pins, archevêque d'Amasie, ex-administrateur apostolique du siége primatial, est d'un goût satisfaisant et d'une opulence de marbres et de mosaïques qui rappellent les chapelles des églises de Florence. Une foule de concessions, de priviléges, d'indulgences accordés par le Saint-Siége, à cette basilique, la recommandent à la piété et au respect des fidèles.

» Derrière la basilique, à l'est, s'élève sur une chapelle souterraine, d'un style éminemment tumulaire, dans laquelle on descend par plusieurs marches, et où l'on voit le Christ au tombeau, chapelle qui a fourni à M. Richard le motif d'un touchant tableau, *la mort de sainte Blandine*, s'élève, dis-je, le calvaire monumental commencé en 1814 et terminé en 1816, grâce au zèle de M. Guillaud, ancien négociant, et à la pieuse munificence des fidèles. Sur le rond-point d'une terrasse qui domine la ROME DES GAULES et d'où la vue s'étend jusqu'à la chaîne solennelle des Alpes, trois grandes croix en fonte supportant les statues en marbre blanc du Christ et des deux larrons, se dressent sur un autel d'un style austère. Sainte Marie-Magdelaine, saint Jean et Marie sont aux pieds du Sauveur, et deux anges en adoration complètent cette noble représentation et ajoutent à l'harmonie de cette scène religieuse qui est isolée de la cour par une grille. Tout autour de l'espace ou cour qui précède ce calvaire, sont disposés douze petits autels abrités par des dais cintrés supportés par des colonnettes ; sur chacun de ces autels est placé un bas-relief en

---

(1) On trouva le tombeau de saint Jubin, archevêque de Lyon, mort le 18 avril 1079, lors des fondations creusées pour ériger la nouvelle basilique. Ce tombeau fut reconnu intact, et les ossements qu'il contenait furent transportés à la sacristie, le 25 octobre 1824. Ils ont été depuis recueillis dans la chapelle qui lui fut consacrée par les pieuses libéralités de Mgr de Pins.

albâtre gypseux, représentant une scène de la passion de N.-S. Ces autels sont destinés aux stations de la semaine-sainte. Cette belle réprésentation monumentale du Calvaire est un monument d'actions de grâce au ciel, du rétablissement de S. S. Pie VII sur la chaire de saint Pierre, de la rentrée de Louis XVIII, sur le trône de ses pères, et de la conservation de la ville de Lyon durant les invasions dans la période de 1814 à 1816.—Magnifique et pieuse idée que celle de cette grande et pieuse représentation, rappelant sans cesse à la cité qui bruit à ses pieds, à la seconde ville éternelle, Jésus-Christ mourant entre deux voleurs pour la rédemption du genre humain!

» Le portail de la cour qui précède cette basilique, est le coup d'essai de Soufflot ; il l'exécuta à son retour d'Italie en France. Lorsqu'on érigea le nouveau temple, l'on trouva dans le sol un grand nombre de tombeaux en pierre. Tout ce peuple de pierres tumulaires, de cippes des premiers siècles de l'Église ou de l'ère païenne, toutes ces épitaphes ont été encastrés avec soin dans les deux murs qui soutiennent la rampe par laquelle on monte à l'église. Ainsi, à la porte de notre basilique, se trouve un véritable musée lapidaire, du plus haut intérêt pour l'archéophile, et que beaucoup de grands musées envieraient au simple parvis d'une église de Lyon. La principale porte du temple répond à cette cour ; une autre portelle construite en partie avec des débris anciens, s'ouvre dans la cour latérale qui mène au calvaire.

» Je ne veux pas ici appeler et verser de nouvelles larmes, et je termine cette esquisse sans dire qu'à l'époque de nos saturnales révolutionnaires, l'on se fit un jeu cruel de profaner les tombeaux de la sainte basilique, de disperser les ossements qu'elle avait recueillis et de jeter au vent la cendre des martyrs. Les dévastations reprochées aux maures des VIIe et VIIIe siècles, et aux mécréants du XVIe, ces furieux iconoclastes excités au désordre dans nos contrées, par le baron des Adrets, ne sont que des évènements inoffensifs, pour ainsi dire, comparativement aux excès commis par les sectaires de la religion révolutionnaire de 1793.—

Tirons un voile sur ces amers souvenirs, sur ce triste et sacrilége spectacle de violations et de pillages.

» La basilique de Saint-Irénée touche au magnifique palais formant le refuge Saint-Michel, qui possède une charmante église. Près d'elle aussi se trouve une fontaine dont l'ornementation et le caractère font honneur au goût de l'architecte Flacheron père (1).

XI.

EXCERPTA EX ACTIS ET DECRETIS
SYNODI 4ᵉ PROVINCIALIS BALTIMORI

HABITÆ MENSE MAIO ANNO 1840.

QUINTA CONGREGATIO PRIVATA.

Statuerunt Patres supplicandum SS. Pontificem pro concessione officiorum quæ sequuntur.

. . . .

Sancti Irenæi, Ep. et Mart. dupl.

. . . .

SESSIO TERTIA ET ULTIMA.

BEATISS. PATRI NOSTRO GREGORIO

DIVINA PROVIDENTIA PAPÆ XVI.

Archiepiscopus Baltimorensis, episcopi ejusdem provinciæ, atque eorum confratres in Concilio quarto Baltimorensi habito mense maio 1840.

. . . .

(1) M. Bard, Statistique gén. des basiliques de Lyon, art. S. Irénée.

Sanctissime Pater.

Ut uno ore glorificetur Deus ubique per fœderatas has provincias, Archiepiscopus Baltimorensis, et Episcopi diœcesium omnium fœderatæ Americæ in Concilio provinciali congregati supplicant Sanctitati Vestræ, ut dignetur indulgere, ut officia quædam aliquibus diœcesibus jam concessa, et alia nonnullis aliis locis communia, quorum catologum adnectimus, possint ubique per fœderatam Americam recitari. Quod de indulgentia Sanctitatis Vestræ speramus.

Officia de quibus agitur, hæc sunt.

Desponsatio B. Mariæ virg. dupl. maj.

. . . .

Sancti Irenæi, Ep. et Martyris, duplex.

. . . .

DECRETUM

S. Congregationis generalis de Propaganda Fide habitæ die 16 Novembris 1840. Quo concessum fuit illa Sanctorum officia in fœderatis Americæ Provinciis peragere de quibus agitur in supplici libello, pag. 27 Synodi.

Cum in S. Congregatione Generali de Propaganda Fide die 16 Novembris 1840 habita, referente E^{mo} ac R^{mo} D. Jacobo Philippo S. R. E. Cardinali Fransonio S. Concilii Præfecto, actum fuerit de petitione superius exposita quam ex Synodo quarta Provinciali Baltimorensi, mense Maio anno 1840 celebrata, RR. PP. DD. Archiepiscopus baltimorensi et fœderatarum Americæ Septentrionalis Provinciarum Episcopi SS^{mum} D^{num} Nostrum communi suffragio faciendam statuerunt, S. Congregatio censuit, ac decrevit Sanctitati Suæ supplicandum ut rubricarum præscripto diligenter servato, Synodi memoratæ precibus annuere dignaretur.

Hanc autem S. Congregationis sententiam SS^mo D^no nostro Gregorio PP. XVI relatam ab R. P. D. Ignatio Cadolinio, Archiepiscopo Edesseno S. Congregationis Secretario in audientia diei 22 Novembris 1840, Sanctitas Sua benignè probavit, et pro omnibus fœderatæ Americæ septentrionalis diœcesibus petitam superius facultatem impertita est.

Datum Romæ ex ædibus S. Congregationis de propaganda Fide die 12 Decembris 1840,

Jacobus Philippus Card. Fransoni
Præfectus.
I. Archiepiscopus Edessenus
à Secretis.

S. Congregationis Rituum responsa ad nonnulla quæsita circa Officia Sanctorum quæ nuper ab Apostolica Sede peragenda in Americæ Septentrionalis diœcesibus concessa sunt.

BALTIMOREN.

Decimo Kalendas Decembris superiori Anno 1840. ad enixas preces Patrum quartæ Synodi Provincialis Baltimoren. Sanctissimus Dominus Noster Gregorius Papa XVI. impertitus est pro omnibus Fœderatæ Americæ Septentrionalis diœcesibus nonnulla intra annum officia Sanctorum, quæ dum in kalendariis ordinabantur, nonnulla excitata sunt dubia, ad quorum solutionem Sacrorum Rituum Congregationis sententiam requirendam constituit alter ex Directoribus Seminarii Sanctæ Mariæ Baltimorensis, cui cura demandata est nonnulla Fœderatæ ipsius Americæ kalendaria efformare pro regulari iisdem in diœcesibus divinorum officiorum celebratione. Proposita itaque dubia sunt sequentia, nimirum.

1. Concessum est Officium Sancti Irenæi Episcopi martyris nulla assignata die, qua recitari debeat. Quum autem hoc festum

in martyrologio pronuncietur die 28. Junii, quæritur an de eo fieri debeat hac ipsa die 28. Junii, festo Sancti Leonis ad diem septimam Julii fixe translato.

2. In indulto Apostolico exprimitur Officium Sancti Irenæi simpliciter, et sine addito. Porro ea fuit mens Patrum Concilii Baltim. petere pro hoc officio prout Lugduni in Gallia celebratur : at ex quibusdam Romani Breviarii editionibus videtur quod id festum Lugduni celebretur de Sancto Martyre Irenæo Episcopo, et sociis ejus. Quæritur itaque utrum in hisce Fœderatæ Americæ Diœcesibus faciendum sit de Sancto Irenæo tantum, vel de Sanctis Martyribus Irenæo Episcopo, et sociis ejus ?

3. Si Officium sit de Sancto Irenæo tantum, undenam sumendæ sunt lectiones secundi, et tertii Nocturni, ac Missa ?

4. Si fiat de Sancto Irenæo, et sociis ejus possunt ne tamquam approbatæ haberi illæ lectiones Lugduni in Gallia recitatæ ab illis, qui Romano Breviario utuntur?

5. In Seminario, et Collegio Sanctæ Mariæ Baltimorensi die 28 Junii fit de die octava Sancti Aloysii. Posito igitur quod de Sancto Irenæo, vel de Sancto Irenæo et sociis ejus hac eadem die fieri debeat in Provincia Baltimorensi, quæritur utrum in prædicto Seminario, et Collegio festum Sancti Irenæi, vel Sanctorum Irenæi et sociorum ejus transferri possit ad diem 3. Julii. et Sanct Leonis festum ad diem 7. Julii ?

. . . .
. . . .

Ad 1. Servetur dies Martyrologii Romani.

Ad 2 et 3. De Sancto Irenæo tantum cum lectionibus secundi Nocturni adprobatis die 27. Aprilis 1784.

Ad 4. Jam provisum.

Ad 5. In primam diem non impeditam.

In festo Sancti Irenæi Episcopi Martyris. Duplex omnia de Communi unius Martyris præter hæc propria ut in Officio proprio ejusdem Sancti a Sacra Rituum Congregatione adprobato pro Clero Parmensi die 27. Aprilis 1784.

ORATIO.

Deus qui Beato Irenæo Martyri tuo atque Pontifici tribuisti, ut et veritate doctrinæ expugnaret hæreses, et pacem Ecclesiæ feliciter confirmaret, da, quæsumus, plebi tuæ in sancta Religione constantiam, et pacem tuam nostris concede temporibus. Per Dominum.

In primo Nocturno Lectiones de Scriptura occurrente.

In secundo Nocturno.

LECTIO IV.

Irenæus non longe ab urde Smyrna in Asia Proconsulari natus jam inde a puero sese Polycarpo Joannis Evangelistæ Discipulo eidemque Episcopo Smyrnæorum tradiderat in disciplinam. Hoc tam excellenti magistro progressus in doctrina, præceptisque Christianæ Religionis insignes fecit. Polycarpo in Cœlum martyrii gloria sublato, etsi erat Irenæus in sacris litteris egregie versatus, quod tamen incredibili studio flagraret discendi, quæ dogmata depositi loco custodienda cæteri accepissent, quos Apostoli instituerant, horum quam potuit plures convenit, quæque ab iisdem audivit, memori mente tenuit, ea deinceps opportune adversus hæreses allaturus, quas quum videret ingenti populi christiani damno latius in dies manare, diligenter, copioseque refellere cogitarat. In Gallias inde profectus a Pothino Episcopo Presbyter est ordinatus Ecclesiæ Lugdunensis. Quod munus sic laborando in verbo, et doctrina gessit, ut (testibus Sanctis Martyribus, qui Marco Aurelio Imperatore, strenue pro vera pietate certarunt) æmulatorem sese præstiterit Testamenti Christi.

Lectio V.

Quum Martyres ipsi, Clerusque Lugdunensis de pace Ecclesiarum Asiæ, quam Montanistarum factio turbarat solliciti cumprimis essent, Irenæum, cujus esse potissimum habendam rationem prædicabant, unum omnium maxime delegerunt, quem Romam ad Eleutherium Pontificem mitterent rogatum, ut novis Sectariis, auctoritate Sedis Apostolicæ reprobatis, discordiarum caussa tolleretur. Jam Pothinus Episcopus Martyr decesserat. Huic Irenæus quum successisset, tam feliciter munus obiit Episcopatus, ut sapientia, oratione, exemploque suo non modo brevi cives Lugdunenses omnes, sed multos etiam aliarum Galliæ urbium incolas superstitionem, atque errorem abjecisse, dedisseque christianæ militiæ nomina viderit. Interea quum de die celebrandi Paschatis orta esset contentio, ac Victor Romanus Pontifex Asianos Episcopos ab collegis reliquis fere omnibus dissidentes, aut prohibuisset communione Sacrorum, aut prohibere minatus esset, eum Irenæus sequester pacis decenter monuit, exemplisque usus Pontificum superiorum induxit ut ne tot Ecclesias ob ritum, quem à majoribus accepisse dicerent, avelli ab unitate catholica pateretur.

Lectio VI.

Multa scripsit, quæ Eusebius Cæsariensis, et Sanctus Hieronymus memorant, quorumque pars magna intercidit injuria temporum. Extant ejus adversus hæreses libri quinque anno circiter centesimo octogesimo perscripti dum adhuc Eleutherius rem christianam publicam gereret. In tertio libro vir Dei ab iis doctus quos auditores constat fuisse Apostolorum, grave in primis, atque præclarum de Romana Ecclesia, deque illus Episcoporum successione divinæ traditionis fideli perpetua certissima custode dixit testimonium. Atque ad hanc, dixit, Ecclesiam propter potiorem principalitatem necesse est omnem convenire Ecclesiam, hoc est eos, qui sunt undique fideles. Postremo una cum aliis prope innumerabilibus, quos ipse ad veram fidem, frugemque perduxerat, Martyrio conatus migravit in cœlum anno Salutis ducentesimo secundo, quo tempore Septimius Severus Augustus, eos omnes, qui constantes in colenda Christiana Religione perstare voluissent in summum cruciatum dari atque interfici imperaverat.

In tertio Nocturno Lectiones de Homilia in Evangelium. — Si quis venit ad me—Missa—Statuit—De communi primo loco.

Ita reperitur in Actis, et Regestis Secretariæ Congregationis Sacrorum Rituum. In fidem, etc.

Ex eadem Secretaria die 14 Junii 1841.

C. M. Ep. Portuensis Card. Pedicinius
S. R. E. V. Cancellarius.
S. R. C. Præfectus.
I. G. *Fatati S. R. C. Secretarius.*

TABLE

DES LIVRES ET DES CHAPITRES.

Introduction. *page* ix

LIVRE PREMIER.

DEPUIS LA NAISSANCE DE SAINT IRÉNÉE, VERS L'AN 120, JUSQU'A SON ÉPISCOPAT, L'AN 177.

Chapitre I.   Naissance et premières années de saint Irénée.—Etat de la chrétienté de Smyrne.—Première éducation de saint Irénée. 1
Chap. II.   Saint Irénée, élevé aux ordres sacrés, en exerce les fonctions. — Il étudie les systèmes des gnostiques. 10
Chap. III.   Mission de saint Pothin dans les Gaules. — Etat de la religion dans ce pays. — Départ de saint Pothin. — Son arrivée à Lyon. — Description de cette cité. 19
Chap. IV.   Commencements de l'Église de Lyon.—Saint Irénée, destiné à cette mission par saint Polycarpe, vient s'associer aux travaux de saint Pothin. 28

LIVRE SECOND.

DEPUIS L'ARRIVÉE DE SAINT IRÉNÉE A LYON, VERS L'AN 158, JUSQU'A LA PREMIÈRE PERSÉCUTION DE L'ÉGLISE DE LYON, EN 177.

Chap. I.   Etat florissant de l'Église de Lyon.—La persécution éclate à Rome et en Asie. — Mort de saint Justin. 39
Chap. II.   Mort de saint Polycarpe (166). 49

Chap. III.	Le montanisme se répand en Asie, où il est condamné.	*Page* 65
Chap. IV.	L'Église de Lyon écrit au Pape et aux Églises d'Asie, touchant l'hérésie de Montan.	73

LIVRE TROISIÈME.

PREMIÈRE PERSÉCUTION DE L'ÉGLISE DE LYON, SOUS MARC-AURÈLE (177).

Chap. I.	Situation de l'Église de Lyon à cette époque. — Commencements de la persécution.	81
Chap. II.	Plusieurs chrétiens sont arrêtés et jetés dans les prisons, ou tourmentés au Forum. — Vettius Epagathus — Maturus — Blandine — Sanctus — Bibliade.	91
Chap. III.	Martyre des saints Pothin, Maturus et Sanctus — Nouveaux tourments de sainte Blandine et de saint Attale. — Le président consulte Marc-Aurèle.	101
Chap. IV.	Humilité des confesseurs. — Leur charité et leurs prières ramènent à Dieu les apostats. — Marc-Aurèle condamne à la mort les chrétiens de Lyon.	111
Chap. V.	Martyre des saints Alexandre — Attale — Ponticus et de sainte Blandine.	117

LIVRE QUATRIÈME.

ADMINISTRATION DE SAINT IRÉNÉE. — SES DISCIPLES.

Chap. I.	Sentiments de saint Irénée sur la dignité et les devoirs d'un évêque.	127
Chap. II.	La persécution se rallume à Lyon. — Martyre des saints Epipode et Alexandre.	135
Chap. III.	Martyre de saint Alexandre.	145
Chap. IV.	Martyre des saints Marcel — Valérien — Bénigne — Thyrsus et Andochius.	151
Chap. V.	Progrès du christianisme à Lyon.	158

Chap. VI.	Églises fondées par les disciples de saint Irénée.	Page 162
Chap. VII.	Autres disciples de saint Irénée : Gaïus et saint Hippolyte.	173
Chap. VIII.	Saint Irénée écrit contre Blastus et Florin.	180

LIVRE CINQUIÈME.

LUTTE DE SAINT IRÉNÉE AVEC LE GNOSTICISME.

Chap. I.	Progrès du gnosticisme. — Saint Irénée s'y oppose. — Accusations iniques de quelques écrivains modernes contre ce saint docteur.	187
Chap. II.	Des gnostiques réfutés par saint Irénée : Simon-le-Magicien—Nicolaïtes—Ebionites—Cérinthe—Basilide—Marcion—Saturnin—Valentin.	199
Chap. III.	Marc—Carpocrate—Ophites—Caïnites.	216
Chap. IV.	Ouvrage de saint Irénée contre les hérésies. — Analyse des premier, second et troisième livres.	226
Chap. V.	Analyse du quatrième et du cinquième livre.	241

LIVRE SIXIÈME.

ESPRIT ET DOCTRINE DE SAINT IRÉNÉE.

Chap. I.	Considérations générales sur la doctrine de saint Irénée. — De Dieu —De la création—Du libre arbitre.	251
Chap. II.	Du péché originel. — De la promesse d'un rédempteur.	260
Chap. III.	De l'incarnation du Verbe.—De l'Eucharistie comme sacrement et comme sacrifice.	265
Chap. IV.	De l'Église, sainte dépositaire de la doctrine chrétienne.	273
Chap. V.	De la tradition.—Primauté de l'Église de Rome.	279
Chap. VI.	L'Église de Lyon, toujours fidèle à la saine doctrine et au Saint-Siége.	296

Chap. VII. Variations des hérétiques. — Uniformité de l'enseignement de l'Eglise. *Page* 303

LIVRE SEPTIÈME.

DISPUTE SUR LE JOUR DE LA CÉLÉBRATION DE LA PAQUE.

Chap. I. Etat de la question. 213
Chap. II. Victor — Polycrate — Irénée — Conciles tenus par ordre de Victor, touchant cette question. 320
Chap. III. Saint Victor menace d'excommunier les évêques d'Asie. 330
Chap. IV. Saint Irénée intervient entre Victor et Polycrate. — La dispute s'apaise. 336

LIVRE HUITIÈME.

PERSÉCUTION DE L'ÉGLISE SOUS SEPTIME-SÉVÈRE. — MARTYRE DE SAINT IRÉNÉE.

Chap. I. Etat de l'empire. — Guerre entre Niger, Sévère et Albin. — Sévère, vainqueur de Niger, défait Albin auprès de Lyon. — Vengeances qu'il exerce dans cette ville sur les partisans d'Albin. 346
Chap. II. Conduite des chrétiens dans ces temps difficiles. — Sentiments de saint Irénée sur l'obéissance due aux puissances. 353
Chap. III. Les chrétiens restent fidèles à leur souverain. — Témoignage de Tertullien. 359
Chap. IV. Calomnies des Gentils contre les chrétiens. — Commencements de la persécution. — Saint Irénée dispose son peuple au martyre. 364
Chap. V. Causes de la persécution. — Edit de Sévère. — La persécution éclate à Lyon. — Martyre de saint Irénée et de son peuple. 373
Chap. VI. Du culte rendu à saint Irénée. 383

TABLE

DES NOTES ET PIÈCES DIVERSES.

I. Dissertation du P. Longueval sur le temps de l'établissement de la religion chrétienne dans les Gaules,	p. j
II. D'une femme chrétienne nommée Anthis,	xvj
III. Des spectacles dont il est parlé dans les actes des premiers martyrs de Lyon,	xviij
IV. Fête des merveilles,	xxj
V. Des Œuvres de saint Irénée,	xxiv
VI. Symbole de la foi donné par saint Irénée,	xxxix
VII. Du catalogue des papes dressé par saint Irénée,	xlj
VIII. Opinion de saint Irénée sur l'état des âmes après la mort,	xlviij
Remarques du P. Berthier sur le concile tenu à Lyon par saint Irénée,	liv
IX. Du martyre de saint Irénée,	lxj
XI. Eglise actuelle de saint Irénée,	lxij
XI. De la fête de saint Irénée,	lxvij

ERRATA ET CORRECTIONS.

Page 94, 1re et 2e lignes. qu'il l'était chrétien, *effacez* chrétien.
— 119, lig. 8, reconduite, *lisez* conduite.
— 110 — 6, quoique précieuses, *ajoutez* à recueillir.
— 162 — 6, mulieu, *lisez* milieu.
— 165 — 19, Segneur, *lisez* Seigneur.
— 162 — 12, adoptera, *lisez* adopterait.
— 280 — 5, se sont succédés, *lisez* se sont succédé.
— 336 note, Εἰρηναῖς, *lisez* Εἰρηναῖος.
— 340 note, Conciciavit, *lisez* conciliavit.
— 345 titre du ch. I. Sévère vainqueur, *lisez* Sévère ; vainqueur de Niger.
— 348 — 12, Lyon ornée, *lisez* cette ville ornée.
— 370 — 2, a donc droit, *ajoutez* d'exiger.
— 387 — 24, calvinistres, *lisez* calvinistes.
— 388 — 1, à la ruine, *lisez* à sa ruine.
— 396 — 8, de sa charge et de sa position, *lisez* de sa mission.

Not. et pièc. div. p. j *en note*, anglicane, *lisez* gallicane.

HISTOIRE
DE
SAINT IRÉNÉE.

LIVRE PREMIER.

DEPUIS LA NAISSANCE DE SAINT IRÉNÉE, VERS L'AN 120,
JUSQU'A SON ARRIVÉE A LYON, VERS L'AN 158.

CHAPITRE PREMIER.

Naissance et premières années de saint Irénée.—Etat de la chrétienté de Smyrne.—Première éducation de saint Irénée.

La grandeur d'un saint est tout entière dans ses propres mérites, et non dans la splendeur de sa naissance, ni dans la gloire de ses ancêtres : nous n'irons donc pas nous perdre en conjectures incertaines et inutiles sur la famille de saint Irénée, pour arracher aux temps passés un secret qui n'est plus dans le domaine de l'histoire. Son nom brille d'une gloire si pure, que celle du sang le plus illustre n'y ajouterait aucun éclat. Nous aimons mieux avouer tout d'abord que l'on ne connaît précisément ni le pays de sa naissance, ni la condition de ses parents.

L'opinion commune et la plus probable le fait naître vers l'an 120, dans l'Asie-Mineure, où il passa ses premières années (1).

Ses parents, qui étaient chrétiens, le mirent de bonne heure sous la conduite de saint Polycarpe, évêque de Smyrne : l'homme de Dieu éleva ce nouveau Samuel avec une tendresse paternelle, dans l'amour du Seigneur et la pratique de sa loi ; et le jeune Irénée, cultivé par des mains si habiles, croissait dans l'innocence, au milieu des exemples de vertus que lui donnait aussi la florissante chrétienté de Smyrne. Fondée par l'apôtre saint Jean et accrue sous la direction de son digne disciple, cette Église possédait une école fameuse par la science et par l'orthodoxie ; à un amour ardent pour Jésus-Christ et pour sa doctrine, elle joignait une haine vigoureuse de l'hérésie. Saint Polycarpe, qui la

---

(1) S. Iren. ad Florin. ap. Euseb. Hist. eccles. l. IV, c. 5. — V. Massuet. Dissertat. II. in Iren. opp. art. I. § 1-2. — Lumper, histor. théolog. crit. Tom. III, pag. 189. — Tillemont, Mém. ecclés. tom. III, pag. 79. — Ceillier, hist. génér. des auteurs ecclés. tom. II. pag. 135.

gouvernait alors, était, depuis la mort de son maître, l'évêque le plus illustre de l'Eglise universelle et l'oracle de tous les chrétiens.

On croit que c'est à lui que le prophète de Pathmos inspiré par l'Esprit-Saint, avait adressé ce glorieux éloge : «Ecris à l'ange de l'Église de Smyrne:.... Je connais tes tribulations et ta pauvreté, mais tu es riche (devant moi), car tu es outragé par ceux qui se disent juifs, quoiqu'ils appartiennent à la synagogue de Satan. Ne redoute pas les maux qu'ils te préparent (1). » En effet les juifs, nombreux et puissants à Smyrne, s'acharnèrent toujours à la perte de Polycarpe avec une fureur égale au zèle de ce saint évêque pour la propagation de l'Evangile ; les nombreux disciples que ses leçons avaient formés dans cette ville, étaient comme lui en butte aux vexations d'un peuple que confondait leur fidélité à Jésus-Christ. Déjà la ferveur et la foi de ces généreux chrétiens avaient excité l'admiration de saint Ignace, lorsqu'il était venu montrer à son illustre condisciple les chaînes glorieuses qu'il portait pour Jésus-Christ. Après s'être arraché à leurs embrassements, il

---

(1) Et angelo Smyrnæ Ecclesiæ scribe : Hæc dicit primus et novissimus, qui fuit mortuus et vivit : Scio tribulationem tuam et paupertatem tuam, sed dives es, etc.—Herv. Comm. in Apocal. Explicat. VIII, cap. 2.

leur avait témoigné son estime et sa reconnaissance dans une lettre conçue en ces termes :

« Ignace, nommé aussi Théophore, à l'Eglise de Dieu le Père, et de Jésus-Christ, son Fils bien-aimé, à l'Eglise de Smyrne, en Asie, que Dieu a favorisée de ses grâces, remplie de foi et de charité ; à cette Eglise sanctifiée par l'Esprit Saint et inviolablement attachée au Verbe de Dieu, salut et amour.

» Je rends gloire à Jésus-Christ, notre Dieu, qui vous a comblés de tant de sagesse ; car je sais qu'immuables dans la foi, vous êtes attachés en esprit à la croix du Sauveur, à laquelle vous participez par vos souffrances; je sais que vous êtes affermis dans la charité, fortifiés par le sang de Jésus-Christ, pleins de confiance en notre Seigneur, et persuadés qu'il est de la race de David selon la chair, Fils de Dieu, véritablement né d'une Vierge ; qu'il a été baptisé par Jean, véritablement cloué en sa chair à une croix pour le salut des hommes, sous Ponce-Pilate et sous Hérode le Tétrarque ; que nous sommes les fruits de cet arbre divin...., que par sa résurrection il a élevé dans tous les siècles l'étendard de la croix, pour rallier et incorporer à son Église tous ceux qui croiront en lui.... Que Dieu vous accorde, selon vos mérites, ses grâces les plus abondantes.... Je salue votre saint évêque, homme de Dieu ; je salue tous vos prêtres qui sont la gloire du Seigneur, les dia-

ères, mes confrères ; je vous salue tous en Jésus-Christ (1). »

Tels étaient, d'après saint Ignace, les chrétiens de Smyrne ; la foi les environnait, pour ainsi dire, de ses splendeurs; dociles aux exhortations et aux exemples de saint Polycarpe, et aux leçons de ceux qu'il chargeait auprès d'eux du ministère de la parole, ils soumettaient avec bonheur leur esprit et leur intelligence à toutes les vérités qu'on leur annonçait au nom du Seigneur. Les attributs de Dieu, l'incarnation de son Fils unique, la divinité de Jésus-Christ, les mystères de sa vie mortelle, sa passion, sa mort, sa résurrection, son ascension, son règne éternel et toutes les vérités de l'Ecriture, étaient pour eux autant de traditions de famille dont ils ne pensaient pas à contester la réalité. Le doute ne refroidissait point leur ame, comme il n'obscurcissait jamais leur intelligence. Or ce fut dans cette admirable société que la Providence plaça le jeune Irénée. De si beaux exemples étaient la sauvegarde de son innocence, et faisaient fructifier dans son cœur les leçons de saint Polycarpe.

Il avait conçu pour son saint maître une vénération si profonde, que peu content de se pénétrer de sa doc-

---

(1) Ignat. Epist. ad Smyrn. ap. Coteler. Patr. apost. tom. I, p. 34.

trine et de son esprit, il étudiait toutes ses actions, observant avec soin jusqu'à son port et sa démarche. Dans un livre adressé à Florin, saint Irénée nous a révélé lui-même l'impression ineffaçable que firent sur lui l'enseignement et la sainteté du vénérable Polycarpe.

« Est-ce là, Florin, lui disait-il, est-ce là ce que nous enseignait Polycarpe...? Il m'en souvient encore; je n'étais qu'un enfant lorsque je vous vis, dans l'Asie-Mineure, descendre du faîte des honneurs pour venir vous confondre parmi les auditeurs de ce grand homme, dont vous recherchiez l'estime et la faveur : ces temps sont présents à ma mémoire ; oui, je vois le lieu où enseignait notre saint maître ; je le vois entrer et sortir avec cette majesté qu'il gardait dans sa démarche ; je crois encore assister avec le peuple aux célestes entretiens où il nous racontait de quelle sorte il avait vécu avec Jean et avec d'autres disciples, où il nous parlait des miracles de Jésus-Christ, de ses exemples, de ses discours qu'il avait recueillis de la bouche même de ceux qui avaient eu le bonheur de voir le Verbe incarné. Je bénis la bonté de Dieu qui me donna d'assister, dans un âge encore si tendre, à ces admirables leçons ; je les écoutais avec avidité ; je les gravais, non sur des tablettes, mais dans mon cœur, où, par la grâce de Dieu, je les conserve ineffaçables et les repasse sans cesse dans mon esprit. Je proteste devant Dieu, Florin, que si ce vénérable et apostolique vieillard eût entendu des erreurs comme les vôtres, il se serait écrié, selon sa coutume, en fermant l'oreille à vos blasphêmes : *Bon Dieu, à quel temps m'avez-vous réservé ?* et il aurait fui avec horreur les lieux témoins de ces impiétés. Il l'a consignée, cette haine pour l'erreur, dans les lettres qu'il écrivit ou aux églises voisines, ou bien à des particuliers, pour les éclairer et les édifier (1). »

Saint Irénée partagea donc tout son jeune âge entre la pratique de la vertu, la méditation des saintes Écritures et l'étude des traditions apostoliques. A l'école de saint Polycarpe, il croissait en grâce et en sagesse ; ses heureuses dispositions et sa piété excitaient une admiration générale au milieu d'une Église, dont les vertus étaient pourtant si admirables. La loi du Seigneur avait pour lui de si puissants attraits, qu'il ne pouvait se lasser de l'entendre ou d'en parler. Lorsqu'il n'assistait pas aux leçons du saint évêque de Smyrne, ou qu'il ne pouvait pas s'entretenir avec lui, il allait trouver les hommes les plus respectables de cette chrétienté, mais surtout les vieillards qui avaient eu le bonheur de voir et d'entendre les Apôtres; il les priait de lui raconter ce qu'ils en avaient

(1) Int. Op. S. Iren. edit. Massuet, p. 339.

appris ; et ces récits ne se gravaient pas moins profondément dans son cœur que les instructions de saint Polycarpe.

Dans ses ouvrages il parle souvent, sans le nommer, d'un saint vieillard qui lui avait donné l'explication de quelques passages difficiles de l'Écriture (1).

Il cite Papias, évêque d'Hiérapolis, qu'il avait pu voir et entendre à Smyrne, lorsque celui-ci venait conférer avec saint Polycarpe des affaires de la religion (2).

Il fait aussi mention de plusieurs autres disciples des Apôtres qui lui avaient parlé de Jésus-Christ et de la gloire de ses élus après la résurrection (3).

Irénée, dans les desseins de la Providence, était des-

---

(1) Quemadmodum audivi à quodam presbytero, qui audierat ab his qui apostolos viderant, et ab his qui didicerant : sufficere veteribus, de his quæ sine consilio spiritûs egerunt, eam quæ ex Scripturis esset correptionem. (Adv. hæres. l. IV, c. 27, c. 1, (edit. Massuet.)

Talia quædam enarrans de antiquis presbyter, reficiebat nos. (Ibid. c. XXXI, § I.)

Hujusmodi quoque de duobus Testamentis senior apostolorum discipulus disputabat, ab uno quidem et eodem Deo utraque ostendens. (Ibid. c. XXXII, § I.)

(2) C'est sans doute ce qui a fait dire à saint Jérôme que saint Irénée avait été disciple de Papias. (Epist. 48 ad Theodor.)

(3) Quemadmodum presbyteri emminerunt qui Joannem discipulum Domini viderunt, audisse se ab eo quemadmodùm de temporibus illis docebat Dominus. (Adv. Hæres. l. V, c. 33, § 3.)

..... Sicut Evangelium et omnes seniores testantur, qui in Asia

tiné, en quelque sorte, à lier les temps des apôtres au siècle qui devait les suivre; et le Seigneur lui réservait la gloire de transmettre aux âges postérieurs les traditions apostoliques, et de marcher à la tête de cette suite imposante de défenseurs dont l'Église ne devait jamais manquer. Aussi Dieu, dont la sagesse proportionne toujours les moyens aux fins qu'il se propose, avait-il inspiré à notre Saint, pour la doctrine et la gloire de Jésus-Christ, un amour qui, dès son enfance, absorba son âme tout entière.

Polycarpe, interprète fidèle de la volonté divine, envisageait avec un extrême plaisir les progrès que faisait son jeune disciple dans les connaissances propres de sa vocation : il l'aimait tendrement ; sa joie était de le voir digne des complaisances du Seigneur, et aimé de toute la chrétienté.

apud Joannem discipulum Domini convenerunt, idipsum tradidisse eis Joannem.... Quidam autem eorum non solùm Joannem, sed et alios apostolos viderunt, et hæc eadem ab ipsis audierunt. (Lib. II, c. 22, § 5.)

CHAPITRE SECOND.

Saint Irénée, élevé aux ordres sacrés, en exerce les fonctions. — Il étudie les systèmes des gnostiques.

Le saint évêque de Smyrne n'attendit pas sans doute, qu'Irénée, en qui la sagesse et la piété prévenaient les années, eût atteint l'âge ordinaire, pour l'admettre dans les rangs de la hiérarchie ecclésiastique.

Le clergé de Smyrne se distinguait alors par une régularité, par des vertus autant supérieures aux vertus du reste de cette chrétienté, que l'état ecclésiastique est au-dessus de la condition ordinaire des hommes. Nous avons déjà vu que dans sa lettre à l'Église de Smyrne, saint Ignace appelait ce clergé la *gloire du Seigneur*.

En effet, saint Polycarpe, élève de saint Jean, l'imitait sur ce point comme sur tous les autres. Comme lui il pronait un soin particulier à former de bons ministres à l'Eglise, persuadé de cette parole du Seigneur : *Que les prêtres, les prédicateurs de l'Evangile, sont ce sel* mystérieux *qui préserve les hommes de la corruption du péché* ; des *flambeaux* sans lesquels les peuples marchent dans les ténèbres de l'erreur et dans les voies du crime. Aussi répétait-il souvent aux ministres de l'Église les exhortations que les Apôtres leur avaient laissées : « Les diacres, leur disait-il, sont les ministres de Dieu et de Jésus-Christ ; mais non des hommes ; qu'ils se montrent donc sans reproche aux regards de sa justice ; qu'ils soient charitables, sincères, simples, désintéressés, modestes, compatissants, appliqués à leurs devoirs ; qu'ils marchent constamment dans la vérité du Seigneur, qui a bien voulu se faire le serviteur de tous, et qui un jour sera notre récompense, si nous cherchons à lui plaire dans ce monde ; il nous a promis de nous ressusciter et de partager sa gloire avec nous, si nous conformons ici-bas nos actions et nos discours à notre croyance (1). »

» Que les prêtres soient tendres et compatissants envers tous ; qu'ils éclairent les hommes et les arrachent à leurs erreurs ; qu'ils visitent les malades, sans acception de personnes ; qu'ils ne négligent ni la veu-

---

(1) S. Polycarp. Epist. ad Philipp.

ve, ni l'orphelin, ni le pauvre ; attentifs à faire toujours le bien devant Dieu et devant les hommes (1), qu'ils préservent leur cœur de la colère, de l'injustice et de l'avarice ; que dans les jugements ils ne croient pas facilement le mal qu'on dit des autres ; qu'ils soient justes envers tous ; intègres, plutôt doux que sévères, car nous sommes tous redevables à la justice divine ; puisque nous demandons au Seigneur qu'il nous pardonne, nous devons, nous aussi, pardonner aux autres ; car nous sommes exposés aux regards du Seigneur, notre Dieu, et nous paraîtrons tous un jour devant le tribunal de Jésus-Christ, pour y rendre compte de nos propres actions (2). Servons-le donc avec crainte et respect, selon le commandement qu'il nous en a fait lui-même, et que nous ont répété les Apôtres dont nous avons reçu l'Evangile, et les prophètes qui nous ont annoncé l'avènement de notre Seigneur. Cherchons le bien, édifions notre prochain, fuyons ces faux frères, ces imposteurs hypocrites qui abusent du nom du Seigneur pour tromper les hommes (3). »

La pratique de ces leçons et d'autres semblables avait formé ce clergé, qui faisait la joie et la consolation de

---

(1) II. Corinth. VIII, 21.—Rom. XII, 17.
(2) Rom. XIV, 10 et seq.—II. Cor. V, 10.
(3) S. Polyc. Epist. ad Philipp.

Polycarpe, lorsque ce grand évêque y agrégea notre saint. Il lui conféra successivement tous les ordres jusqu'au diaconat. La dignité de diacre imposait alors des obligations nombreuses et difficiles (1). Irénée les comprit et les remplit toutes avec cet esprit de foi et de piété qui doit toujours présider au ministère évangélique. Il assistait, au saint sacrifice, les ministres des autels, veillait à l'ordre des cérémonies, exhortait le peuple à la prière, lui prêchait la parole du salut, lui distribuait le corps et le sang de Jésus-Christ, appelait sur lui la paix et les bénédictions du Seigneur et le renvoyait édifié et consolé ; il recueillait les aumônes des fidèles, et allait ensuite les distribuer, au nom de Jésus-Christ, aux indigents, aux veuves, aux orphelins, aux infirmes et surtout aux saints confesseurs détenus dans les fers pour la cause de la foi ; avec les soulagements corporels, il leur donnait toujours les consolations de la religion, ranimait leur courage, relevait leurs espérances, leur prêchait et leur inspirait l'amour du divin Maître. Il s'informait des besoins de l'Eglise, en avertissait l'Evêque, duquel il recevait avec joie la mission d'y subvenir. Alors parcourant la chrétienté, il portait en tous lieux les avis ou les exhortations de Polycarpe, mettait tous les enfants en rapport avec le père ; entre-

---

(1) Morin. De sac. Eccles. ordinat. Exercitat. IX de Diac. cap. 3.

tenait parmi tous l'esprit de paix, d'union et de charité ; il relevait les uns de leur chute, empêchait les autres de tomber, et ranimait ou maintenait partout la ferveur. Son zèle répondait à la sollicitude de Polycarpe; ce respectable prélat se reposait sur le jeune et saint lévite de ses soins paternels, l'admettait aux affaires les plus épineuses de son Église, et lui en confiait de très-importantes.

Dans toutes ces circonstances, Irénée déploya des vertus et des talents qui promirent un apôtre à la religion. Obligé d'instruire les fidèles et de les prémunir contre les piéges de l'erreur, il dut faire briller alors la profonde connaissance qu'il avait acquise des saintes Ecritures et des sciences profanes. Il avait étudié les premières par goût et avec amour ; les autres, par nécessité. Nous avons entendu saint Ignace (1) et saint Polycarpe (2) exhorter les chrétiens à fermer les oreilles aux perfides insinuations des hérétiques et des impies, qui cherchaient à leur ravir le trésor de la foi. Ces docteurs de mensonge se multipliaient alors d'une manière effrayante, se répandaient dans toute l'Asie et s'efforçaient de semer l'erreur dans les chrétientés les plus florissantes. Une colonie de ces hérétiques observant le cours des

---

(1) Epist. ad Smyrn.
(2) Epist. ad Philipp.

conquêtes de la religion, la poursuivit jusque dans les Gaules, où celle-ci venait de s'introduire. Le commerce fréquent entre les villes maritimes de l'Occident et celles de l'Asie-Mineure, les lettres grecques enseignées dans les nombreuses écoles de la Gaule méridionale (1), des peuplades entières de négociants asiatiques établis dans ces mêmes contrées, étaient autant de circonstances qui favorisaient les pernicieux projets de ces séducteurs; ils ne le comprirent que trop, ils partirent donc en grand nombre de l'Asie, débarquèrent dans les ports Phocéens de la Méditarranée, et remontant le Rhône jusqu'à Lyon, la Garonne jusqu'à son embouchure, la Saône jusqu'aux Vosges, répandaient la peste de leurs erreurs dans les pays qu'arrosent ces fleuves et dans les villes voisines (2). En attendant qu'il fût donné à Irénée de venir combattre l'hérésie dans l'Occident, il la repoussait dans l'Orient et en préservait l'Eglise de Smyrne. La méditation de l'Ecriture sainte, la lecture assidue des Epîtres des Apôtres, de saint Ignace et des autres hommes apostoliques du même temps, les leçons et l'exemple de saint Polycarpe, lui avaient inspiré un amour ar-

---

(1) Hist. littér. de France, tom. I. p. 125 et suiv.–136 et suiv.
(2) Iren. adv. hæres. l. I, c. 13. — S. Hieronym. Epist. ad Theodor. vid. et Comment. in cap. 64 Esaiæ.—Massuet, Dissert. I. in libr. Iren. art. II, § 87.

dent pour la foi et la gloire de Jésus-Christ, et une horreur souveraine pour l'hérésie, qui voulait corrompre et altérer la doctrine de l'Evangile. Dans le désir et l'intention de défendre celle-ci et de combattre celle-là, saint Irénée avait fait une étude particulière des systèmes nombreux du Gnosticisme : il avait pénétré avec dégoût, mais avec dévouement, dans le chaos des fables du paganisme et dans le dédale des erreurs de l'hérésie. L'étude du paganisme et des hérésies lui parut nécessaire ; dès-lors, il ne balança pas de faire à l'Evangile le sacrifice de ses répugnances et de ses dégoûts pour lui faire plus sûrement celui de l'erreur. Semblable à un général qui examine le fort et le faible d'une place dont il médite le siége, il explora attentivement les camps ennemis qu'il devait attaquer; il acquit une connaissance si étendue et si exacte des systèmes des hérétiques, des théogonies des païens, des ouvrages de leurs poètes, de leurs orateurs, de leurs philosophes et de leurs livres prétendus sacrés, qu'il pouvait indiquer aux sectaires les sources honteuses d'où ils avaient tiré leurs mensonges et leurs rêveries; il prouvait en effet aux Valentiniens qu'ils avaient emprunté leurs maximes et leurs principes, d'Antiphane, de Thalès, d'Anaximandre, d'Anaxagore, de Démocrite, d'Empédocle, d'Epicure, d'Hésiode, des stoïciens, des cyniques, des péripatéticiens, des pythagoriciens ; il leur montrait les passages de ces auteurs qu'ils avaient tronqués ou forcés pour les accommoder à leurs imaginations, que telle partie de leur système était calquée sur tel endroit d'un auteur ancien qu'il leur citait (1). Aussi les vastes connaissances qu'Irénée s'était acquises pour la gloire de Jésus-Christ, n'ont-elles pas moins excité l'admiration des saints Pères, que ses vertus, ses talents et son génie : Tertullien, qui a puisé dans les ouvrages de notre saint, le fond de son livre contre les Valentiniens, l'appelle un homme versé dans toutes les sciences (2). Saint Epiphane nous le représente s'avançant noblement au combat, environné des lumières de la foi et de tous les secours de la science (3). Saint Ephrem trouve de la magnificence dans sa doctrine (4); elle apparaît comme un flambeau lumineux à Théodoret, qui s'appuie souvent de l'autorité de ce docteur admirable (5); en un mot, toute l'antiquité sacrée a parlé d'Irénée comme

(1) Iren. adv. Hæres. l. II, c. 14. — Halloix, Vit. S. Iren. c. 1 et annot. in id. cap. — Fabric. Biblioth. græc. tom. V, p. 70. — Permaneder, Biblioth. patrist. tom. II, p. 220 et seq. (Landishuti, 1842.)

(2) Irenæus omnium doctrinarum curiosissimus explorator. (Lib. cont. Valent. c. V.)

(3) .... Εἰρηναῖος... κατὰ τὴν ἀληθινὴν πίστιν καὶ γνῶσιν καταπαλαίτσκς κ. τ. λ. Hær. XX, § 33.)

(4) Καλῶς καὶ μεγάλως ἀπεφήνατό τις τῶν ἁγίων. (Tract. de Virt. c. 8.)

(5) φωστὴρ Γαλατῶν... ὁ θαυμάσιος Εἰρηναῖος. (Theodor. Dialog. I, p. 33) B et Hæretic. fabul. l. I, c. 5.

d'un saint également versé dans les sciences divines et humaines, et a loué le noble usage qu'il fit de ses talents, dans toutes les circonstances de sa vie. Il était à peine admis dans la hiérarchie de l'Eglise, que déjà il promettait à la religion un glorieux défenseur, et à l'hérésie un indomptable adversaire. En attendant que le temps fût arrivé de l'opposer aux ennemis de l'Eglise, la Providence l'avait mis à l'école du zèle et de la vertu, et Irénée, toujours fidèle à la volonté de son Dieu, travaillait à la gloire de Jésus-Christ dans le cercle de ses attributions.

CHAPITRE TROISIÈME.

Mission de saint Pothin dans les Gaules. — Etat de la religion dans ce pays.—Départ de saint Pothin.—Son arrivée à Lyon.—Description de cette cité.

Le zèle d'Irénée s'enflammait d'une nouvelle ardeur lorsqu'il voyait partir de Smyrne, les missionnaires que Polycarpe envoyait dans les pays étrangers; car ce grand évêque, à l'exemple de saint Jean et des autres apôtres, peu content d'élever de dignes ministres pour l'Eglise que Dieu lui avait confiée, formait à la religion des hommes apostoliques qui allassent l'établir partout sur les ruines de l'erreur. Mais de toutes les missions qu'entretenait le clergé de Smyrne, la plus importante, la plus célèbre et la plus chère à saint Polycarpe, fut sans contredit celle des Gaules. Ce pays, comme nous l'avons déjà insinué, lui offrait un double intérêt : des colonies de commerçants asiatiques étaient venues s'établir sur le littoral de la Méditerranée et dans les régions arrosées par la Garonne, le Rhône et la Saône ; les mêmes vaisseaux avaient débarqué dans les mêmes ports des bandes d'hérétiques qui, refoulés de l'Asie-Mineure par saint Polycarpe et ses dignes coopérateurs, étaient venus ajouter leurs erreurs aux ténèbres de l'idolâtrie alors dominante dans nos belles contrées, et en prévenir les populations contre la doctrine de l'Evangile.

La religion chrétienne avait pénétré dans les Gaules long-temps avant l'arrivée de saint Pothin : mais il est impossible de déterminer à quelle époque et par quelle voie elle y fut introduite. Si nous nous en rapportons à des traditions respectables, dès le premier siècle de l'ère chrétienne, saint Lazare, saint Maximin et leurs compagnons, après avoir miraculeusement traversé les mers, seraient venus les premiers planter la Croix sur les rives Massiliennes ; saint Luc, saint Trophyme, saint Crescent et d'autres disciples des apôtres auraient aussi prêché la foi parmi les Celtes ; mais ces traditions offrent tant de difficultés à la critique même la moins sévère, qu'elles ne sauraient suppléer au défaut de monuments plus certains (1).

Quoi qu'il en soit, l'Evangile n'avait fait que de très-

---

(1) Tillemont, Hist. ecclés. tom. IV, p. 231 et 705.—Fortia d'Urban, Sur l'introduct. du christ. dans les Gaules, dans les Annal. de phil. chrét. tom. XVII, p. 7 et suiv.
Voir *Notes et pièces diverses*, n° I.

faibles progrès dans les Gaules et il n'y avait point encore d'Église constituée, lorsque saint Polycarpe dirigea de ce côté des ouvriers habiles, pour défricher un champ dans lequel la pernicieuse semence était jetée à pleines mains.

D'abord il détacha de son Eglise saint Pothin, comme lui, disciple des apôtres, et alors un des prêtres les plus vénérables de son clergé, l'envoya dans les Gaules probablement avec la qualité d'*évêque des nations*, et accompagné de prêtres ou de diacres auxiliaires.

Si, comme on le pense communément, (1) saint Pothin partit d'Asie pour sa mission, l'an 140 de l'ère chrétienne, Irénée, alors âgé de vingt ans, put être témoin de son départ et mêler ses vœux à ceux que toute la chrétienté de Smyrne forma pour le succès de son entreprise. Dans ces circonstances solennelles, les enfants de Polycarpe offraient une scène attendrissante dont l'âme gé-

---

(1) Du Saussay (Martyrol. gallican. 26 januar.) dit que saint Pothin partit de Smyrne pour les Gaules, lorsque saint Polycarpe en partait pour Rome ; mais cette opinion ne nous paraît pas soutenable. Saint Pothin mourut martyr, l'an 177, à l'âge de quatre-vingt-dix ans : Saint Polycarpe fit le voyage de Rome, l'an 157 ; Saint Pothin était donc alors âgé de soixante et dix ans ; or, est-il vraisemblable qu'il ait entrepris, à un âge si avancé, la mission lointaine et pénible des Gaules ? (Act. sanct. 26 januar. Act. S. Polycarp. § IV, tom. II, pag. 694.

De savants critiques retardent jusqu'à l'an 150 le départ de saint Pothin pour les Gaules.

néreuse d'Irénée dut être profondément émue. Avant de partir pour leur mission, les hommes apostoliques dont le zèle et les vertus avaient fixé le choix du saint évêque, se présentaient devant leur père vénéré, le conjuraient d'appeler les bénédictions du Ciel sur eux et sur les peuples confiés à leurs soins. Ce respectable vieillard élevant affectueusement les yeux et les mains vers le Seigneur, le priait de bénir ses enfants et les travaux qu'ils allaient entreprendre pour la gloire de l'Église; puis, leur donnant le baiser de paix, il les envoyait là où les appelait l'esprit de Dieu, et leur adressait au nom de Jésus-Christ des avis paternels. « Allez, leur disait-il, partez, ministres de l'Evangile, allez combattre les combats du Seigneur : son bras vous protége ; que vos prédications enfantent à la foi de nombreux disciples; que par vos soins l'Eglise voie s'élever autour d'elle des enfants qu'elle n'avait point encore connus ; glorifiez le nom de Jésus-Christ parmi les nations:... puissiez-vous, mes enfants, entrer un jour triomphants dans sa gloire, avec un nombreux cortége d'élus, sanctifiés par vos soins. Allez, que le Seigneur bénisse vos travaux » (1). Les missionnaires, pleins de joie, de confiance et de consolation, s'arrachaient aux embrassements et aux adieux de leurs frères, quittaient les rivages qu'ils avaient con-

(1) Act. sanct. 29 januar. Act. S. Polyc. § 4.

nus dès leur enfance et voguaient vers des plages étrangères.

Il est probable que saint Irénée se trouvait là lorsque saint Pothin ouvrit à l'Église de Smyrne le chemin des Gaules. Sans doute, il suivit long-temps des yeux le vaisseau qui portait la sainte colonie; peut-être accompagna-t-il de ses désirs l'homme de Dieu et ses heureux compagnons, jusque dans les pays qui devaient être un jour le théâtre de son zèle. Mais le moment marqué par la providence n'était pas encore arrivé : Irénée continua à faire l'édification de la chrétienté de Smyrne, à remplir les fonctions que lui confia saint Polycarpe, à se préparer aux desseins du Seigneur et à désirer dans la pratique de toutes les vertus, le moment où il voudrait bien disposer de lui.

Cependant saint Pothin avait abordé aux côtes méridionales des Gaules (1) : la ville de Massilia, presque toute peuplée de Grecs ou d'Asiatiques, lui offrait l'aspect d'une cité orientale et une mission moins dangereuse que partout ailleurs; mais Pothin, indifférent à ses pro-

---

(1) Comme des monuments respectables (Innocent. I. Epist. ad Decent.) nous apprennent qu'aucune Eglise des Gaules n'a été fondée que par des ouvriers envoyés du Saint-Siége, on peut croire que saint Pothin et ses compagnons allèrent de Smyrne à Rome, où le pape Anicet confirma leur mission, et qu'ils vinrent ensuite débarquer à Marseille.

pres avantages, ne voulait que ceux de la religion. Considérant que d'une ville maritime il lui serait moins facile de propager l'Evangile dans les Gaules, il chercha dans le cœur du pays une ville centrale d'où la foi pût briller sur les contrées environnantes. Il remonta le Rhône jusqu'à Lyon, où il crut devoir fixer le siége de sa mission. En effet, la position et l'importance de cette place promettaient à la foi tous les succès qu'avait calculés son zèle.

Fondée par Plancus, un siècle avant Jésus-Christ, Lyon avait été détruit par un incendie, cent ans après sa fondation; mais les Romains, qui appréciaient tous les avantages de sa position, l'eurent bientôt relevée de ses ruines; et en peu de temps cette cité couvrit de nouveau la colline au pied de laquelle le Rhône et la Saône viennent confondre leurs flots. Lorsque saint Pothin y arriva, elle avait déjà recouvré sa première splendeur.

Des habitations nouvelles et variées se développaient sur le revers oriental de la colline; elles étaient surmontées par de vastes et imposants édifices qui couronnaient magnifiquement cet amphithéâtre. Le palais des gouverneurs et le séjour des Césars les dominait et les commandait; plus loin était un vaste théâtre, où une multitude bruyante assistait à des spectacles barbares; au nord s'élevait le Forum de Trajan. Le contour on était fermé par de superbes portiques qui, portant les uns sur les autres, soutenaient de spacieuses galeries, où les statues des dieux et des grands hommes de l'empire présidaient en quelque sorte au commerce et à la justice qui s'agitaient à la fois dans cette enceinte. Autour de ces somptueux édifices, les palais des grands le disputaient avec eux de magnificence. C'était dans ce quartier de la ville que s'étalaient surtout le luxe et la fierté des Romains; là régnaient tous les vices que ces superbes vainqueurs implantaient dans les pays conquis, et les crimes qu'ils imposaient aux vaincus. Au-dessous des habitations romaines, sur la rive droite de la Saône, gisaient les comptoirs des commerçants étrangers et les huttes des pêcheurs.

Au confluent des deux fleuves étaient les monuments que soixante nations gauloises avaient élevés en l'honneur de Rome et d'Auguste; au milieu d'une vaste enceinte décorée de soixante statues colossales (1), s'élevait un grand autel en marbre : il était flanqué de deux colonnes de granit, hautes de vingt-cinq ou vingt-six pieds, sans compter la base et le chapiteau, et surmontées de deux victoires en marbre blanc (2). Cet autel

---

(1) Strab. Geogr. l. IV.—Münter, Orat. de Ar. Lugdun.—Colonia, Hist. littér. de Lyon, l. I, c. 4 et suiv. — Artaud, Autel d'Aug.—Clerjon, Hist. de Lyon, Ire part. l. 10.

(2) On croit que ces colonnes, sciées en deux tronçons chacune,

alors entouré de colonnades était non-seulement l'autel des Césars, mais encore le centre d'une espèce de Panthéon où l'on érigeait des monuments à la gloire de ceux qui avaient servi l'Etat, défendu les intérêts des nations gauloises et protégé la métropole. A quelques pas de distance, les nations asservies avaient aussi fait construire un temple à la divinité de Rome et d'Auguste. Ce temple avait ses portiques et des pièces détachées qui servaient de résidence au collége sacerdotal. Là se célébraient tous les ans, au commencement du mois d'août, des jeux sacrés et solennels que présidaient les prêtres augustaux : ils se composaient de disputes littéraires entre les rhéteurs de l'athénée (1), de luttes entre des athlètes, de courses de chariots, de fanfares et d'exercices gymnastiques imités des jeux publics de la Grèce (2).

Lyon était donc alors le rendez-vous de cent peu-

---

sont les quatre piliers qui soutiennent aujourd'hui la voûte de l'église d'Ainay.

(1) On croit que ces exercices de littérature grecque et latine firent donner au lieu où ils se tenaient le nom d'*Athanacum* pour *Athæneum*, d'où s'est formé par corruption celui d'*Ainay*, que ce quartier porte aujourd'hui. — Hist. littér. de France, tom. I, p. 137.

(2) C'est ce qu'on peut voir dans les figures de la mosaïque trouvée sur l'emplacement de cet antique monument, et aujourd'hui conservée au Musée de Lyon.

ples divers qu'y attiraient les affaires du commerce, des foires célèbres, la culture des lettres, l'amour des plaisirs, la magnificence des fêtes, la passion des richesses. Comme chaque peuple y apportait ses mœurs, son culte et ses dieux, on y trouvait les monstres de la Grèce et de l'Asie, confondus avec ceux des Celtes et des Romains.

« Au milieu de ces ténèbres des nouveaux habitants de la Gaule, accumulées sur celles des anciens, dit un habile écrivain de nos jours, parut tout d'un coup, comme l'aube du matin, » l'humble missionnaire de Smyrne, ministre d'une religion de pureté, d'amour et d'humanité, « d'une religion qui, tout en donnant à l'homme, pour cette vie, de nouveaux motifs et de nouvelles lumières sur ses devoirs, lui assurait pour l'autre de plus grandes et de plus durables espérances (1). »

---

(1) M. l'abbé Jacques, Origine de l'Eglise de Lyon, p. 7.

CHAPITRE QUATRIÈME.

Commencements de l Eglise de Lyon.—Saint Irénée, destiné à cette mission par saint Polycarpe, vient s'associer aux travaux de saint Pothin.

Les Romains durent accueillir saint Pothin avec le dédain et la fierté qui caractérisaient ces conquérants; les Gaulois le regardèrent comme un étranger de plus, et lui laissèrent sa doctrine; les Grecs, accoutumés aux aberrations de leurs philosophes, considérèrent l'enseignement de Pothin comme un nouveau système; les commerçants étrangers ne s'en occupèrent point; il excita le mépris des orateurs, des sophistes, des littérateurs et de tous les habitués de l'athénée. L'apôtre de Jésus-Christ continua long-temps à frapper à la porte des cœurs; enfin sa voix, son exemple et la grâce lui en ouvrirent plusieurs (1) : il obtint ses premiers succès

---

(1) Ce que nous disons ici des premiers succès de saint Pothin à Lyon, nous le déduisons de la lettre que les premiers martyrs de cette

parmi ses compatriotes ; les Asiatiques, plus capables de le comprendre, l'écoutèrent enfin et se déclarèrent ses disciples. Si parmi eux il y avait des chrétiens, comme nous le croyons, il dut d'abord s'adresser à ceux-ci et par leur moyen augmenter le nombre des néophytes. Il ne tarda pas à faire connaissance avec les autres et à établir avec eux les rapports qu'entretiennent ordinairement sur une terre étrangère, les hommes du même pays et de la même langue. Parmi les indigènes la classe pauvre et esclave lui fournit aussi des disciples touchés d'une doctrine qui ennoblissait leur condition et relevait leurs espérances ; et l'homme de Dieu put enfin se réjouir d'avoir formé un petit troupeau qui attirât les complaisances du Seigneur, au milieu d'une grande cité, où auparavant tout provoquait sa colère. Peu-à-peu, l'onction de ses paroles et les miracles que le Ciel accordait à son zèle gagnèrent à la religion ce qu'il y avait de cœurs droits, d'hommes de bonne volonté, parmi les Gaulois, les Grecs et les Romains. Cependant les progrès que faisait la nouvelle doctrine réveillèrent la jalousie et attirèrent l'attention de la superstition. Pour ne pas exposer sa petite chrétienté à une ruine totale, saint Pothin fut obligé de

---

Eglise écrivaient un peu plus tard aux Eglises d'Asie, et que nous reproduirons en son lieu.

dérober aux regards jaloux des ministres des faux dieux, les pratiques extérieures et les cérémonies de son culte. Il chercha donc un lieu solitaire assez éloigné de la ville pour échapper aux yeux de ses ennemis, assez rapproché toutefois pour pouvoir y réunir de temps en temps tous ses disciples. Entre les rives de la Saône et du Rhône « depuis leur jonction à l'autel d'Auguste jusqu'à la côte de Saint-Sébastien, là où se trouvent aujourd'hui les quartiers de Bellecour et des Terreaux, s'étendait une plaine triangulaire, coupée par des canaux, connue seulement des pêcheurs qui y avaient élevé quelques cabanes au milieu des joncs et des arbrisseaux. »

Saint Pothin trouva dans ce lieu désert une crypte cachée par quelques touffes d'arbustes; il y éleva un autel et le dédia à la sainte Vierge, en l'ornant de son image (1). »

Tel fut le berceau d'une Eglise que devaient honorer dans la suite tant de martyrs, tant de saints et illustres pontifes.

« Tandis que les Prêtres des Romains faisaient fumer l'encens devant les dieux conservateurs de l'empire,

---

(1) P. Cahour, Notre-Dame-de-Fourvière, pp. 9-10.—Bulle d'Innocent IV, ap. Severt, Chronol. Histor. etc. n° 1, § 7. — Menestrier, Hist. de l'Egl. de Lyon manusc. tom. I, p. 32.

l'apôtre de Lyon se cachait avec ses disciples au milieu des broussailles, où, prosterné au pied de l'image de la Vierge, il traitait avec elle des destinées de son Eglise. Qui eût pu penser alors que la fortune et la vie descendraient de la colline; que la solitude passerait du marais de Pothin au Forum, à l'amphithéâtre, au palais des empereurs ? Cependant le silence allait être jeté, après quelques siècles, sur tous ces quartiers tumultueux. L'autel du Christ et de sa Mère devait dominer sur leurs ruines (1). » Mais cette victoire devait aussi coûter des flots de sang à l'Eglise de Lyon; car il fallait que le sang de ses premiers enfants purifiât, des abominations païennes, les lieux où la religion devait si solidement établir son empire. Le Seigneur toutefois suspendit au commencement les fureurs des impies; il ne permit pas que l'enfer se déchaînât contre cette nouvelle Eglise et l'étouffât dans son berceau. Pothin profita de ce calme pour augmenter, instruire et fortifier son peuple. Mais ses forces, affaiblies par l'âge, les travaux et les infirmités, servaient mal l'ardeur de son zèle : d'ailleurs il pouvait s'élever d'un jour à l'autre une persécution que présageaient les violences passées, les haines et les tracasseries journalières des ministres des faux dieux, et

---

(1) P. Cahour, ibid. p. 11-12.

une violente tempête pouvait anéantir cette chrétienté dès les premiers jours de son existence. La nouvelle Église de Lyon réclamait donc de nouveaux secours. Pour les obtenir, Pothin ne crut pas pouvoir mieux s'adresser qu'à celui qui l'avait envoyé lui-même : il fit connaître l'état de son peuple à saint Polycarpe, et le pria de s'intéresser à la conservation d'une Église qui lui devait de si heureux commencements. Cette demande dut arriver à Smyrne, précisément au temps où saint Irénée, dans la force de l'âge, nourri des divines Écritures, habile dans les lettres humaines, parfait dans la pratique de toutes les vertus, instruisait et édifiait les Église d'Asie, poursuivait et confondait les hérétiques qui s'efforçaient de propager leurs erreurs parmi les chrétiens de ce pays. Saint Polycarpe communiqua sans doute la demande de saint Pothin et les besoins de la religion dans les Gaules, à cet admirable clergé, qui, formé par un saint, fournissait tant d'apôtres à la foi dans toutes les parties du monde ; dans cette circonstance, son zèle ne se démentit point : il accueillit la proposition de Polycarpe avec les marques les plus vives de dévouement, et ses vœux unanimes balancèrent le choix du saint évêque. Saint Irénée, que la Providence avait destiné à cette mission, avait reçu du Ciel des signes de vocation auxquels son saint maître ne resta point étranger.

D'ailleurs il réunissait en lui toutes les qualités qu'exigeaient les besoins de la chrétienté lyonnaise. Les gnostiques, partis d'Asie presque en même temps que Pothin, suscitaient au saint missionnaire les plus sérieux obstacles; déjà ils infectaient de leurs erreurs les contrées qu'arrose le Rhône; leurs prestiges, et la corruption de leur morale leur faisaient un grand nombre d'adeptes, surtout parmi les personnes du sexe (1). Les païens, incapables de distinguer la véritable Église d'une secte qui se donnait aussi le titre de chrétienne, pouvaient confondre, comme ils confondirent en effet l'une avec l'autre, et accuser les catholiques des turpitudes et des erreurs des gnostiques. Les avantages de l'hérésie étaient autant de pertes pour la vérité, et si celle-là parvenait à établir son règne à Lyon, celle-ci en allait être exclue peut-être pour toujours. Il importait donc aux prédicateurs de l'Évangile de triompher, dès les premiers temps, d'un ennemi qui travaillait à les supplanter dans leur nouvelle conquête. Saint Pothin exposa, sans dou-

---

(1) Saint Irénée, de qui nous tirons ces détails (adv. hæres. l. I, c. 13) écrivit contre ces hérétiques vers l'an 180; à cette époque, ils avaient fait des progrès, non-seulement à Lugdunum, mais encore dans les contrées environnantes. Or, un tel succès suppose plusieurs années d'efforts et de persévérance, et nous ne croyons pas nous éloigner de la vérité en fixant à l'an 155 ou 156 leurs premières tentatives.

te, toutes ces observations à l'évèque de Smyrne. Saint Polycarpe mesura la grandeur du besoin de sa mission chérie et fut effrayé du danger qu'elle courait. Il comprit qu'il lui fallait un homme capable d'arrêter l'erreur et de propager la vérité; un homme qui par sa science pût réduire les sectaires au silence, gagner de nouveaux disciples à Jésus-Christ et édifier les fidèles par ses vertus. La mission était grande et difficile, mais elle n'était point au-dessus d'Irénée; ce fut sur lui que se fixa le choix de saint Polycarpe. Ce vénérable vieillard aima mieux se séparer d'un disciple si cher et priver son Église d'un si ferme appui, que de laisser le flambeau de la foi s'éteindre dans les Gaules, au souffle de l'erreur. Il aurait craint d'ailleurs de s'opposer à une vocation que Dieu lui avait manifestée par tant de signes éclatants. Il l'envoya donc où l'appelait l'esprit de Dieu, et lui adjoignit des collaborateurs capables de seconder son zèle et de partager ses travaux. L'amour de saint Irénée pour Jésus-Christ et pour la religion nous donnera la mesure de la joie et du bonheur qu'il dut éprouver lorsque saint Polycarpe lui imposa cette importante mission. Il la reçut avec autant de respect que si le Seigneur en personne la lui eût donnée, et il ne pensa plus qu'à la remplir.

Ici l'histoire nous abandonne à nos propres conjectures sur le départ de saint Irénée et sur la route qu'il suivit pour venir dans les Gaules; mais comme ce fut à cette même époque que saint Polycarpe fit le voyage de Rome, il est probable que ce saint vieillard aura voulu présenter lui-même Irénée et ses compagnons au vicaire de Jésus-Christ; du moins notre saint docteur semble parler en témoin oculaire de ce qui se passa en cette occasion, entre le disciple de saint Jean et le successeur de saint Pierre.

Anicet gouvernait alors l'Eglise de Jésus-Christ; instruit de la sainteté du grand évêque de Smyrne et des travaux de ses disciples pour la propagation de l'Evangile, il l'accueillit avec les marques de la plus profonde vénération, et lui rendit tous les honneurs dus à son grand âge et à son éminente sainteté. Polycarpe conféra avec le saint Pontife des affaires de son Église et surtout du temps de la célébration de la Pâque. Les prétentions des judaïsants avaient donné l'éveil aux premiers pasteurs sur ce point de discipline ; mais si cette question était déjà soulevée, elle faisait encore peu de bruit, et les inconvénients qui devaient en résulter plus tard, étaient loin d'apparaître alors dans toute leur gravité. L'Église de Smyrne et toutes celles de l'Asie proconsulaire célébrant la Pâque le quatorzième de la lune du mois judaïque de Nisan, s'éloignaient de l'usage de l'Église romaine, qui la faisait le dimanche suivant ; comme saint Polycarpe n'agissait point en cela par cet esprit d'opposition qu'apportent toujours les schismatiques dans leurs discussions, mais dans une intention pure et par respect pour le disciple bien-aimé de qui il tenait cet usage, Anicet ne voulut point obliger ce respectable vieillard à une nouvelle pratique, au moment où il allait terminer sa carrière apostolique. Rien ne vint donc troubler la joie mutuelle que causa leur entrevue à ces deux saints et illustres personnages. Le vicaire de Jésus-Christ accorda même au disciple de saint Jean la faveur extraordinaire de faire en sa place la consécration de l'Eucharistie dans son Église (1).

Saint Polycarpe ne s'arrêta point à jouir des honneurs dont il était comblé; la gloire humaine le touchait peu; l'honneur de la religion était tout pour lui. Son zèle s'enflamma à la vue des efforts que les hérétiques faisaient pour la détruire. Valentin et Marcion, après avoir infesté l'Asie de leurs erreurs, étaient venus en Italie, pour les répandre au centre même de la catholicité. Malgré la vigilance de saint Anicet et de ses prédécesseurs, ils avaient réussi à faire dans Rome quelques adeptes qui secondaient leur pernicieux projet et enlevaient tous les jours à l'Église quelqu'un de ses enfants. Saint Polycarpe prolongea donc son séjour dans la capitale de l'empire, pour les combattre et ar-

---

(1) Iren. ap. Euseb. Hist. eccl. l. V, c. 24.— Niceph. Histor. eccl. l. IV, c. 39.

rêter leurs progrès. Il travailla à cette nouvelle mission avec une ardeur que ne supposait point son âge, et ses travaux furent couronnés des succès les plus consolants. Saint Irénée rapporte que saint Polycarpe ayant un jour rencontré Marcion, celui-ci l'aborda et lui demanda s'il le connaissait : « Oui, lui répondit le saint évêque avec cette indignation que lui causait l'hérésie, je te reconnais pour le fils aîné de Satan (1). »

Saint Jérôme ajoute que saint Polycarpe eut cette rencontre à Rome même (2). Quoi qu'il en soit, le disciple des apôtres s'efforça de détruire dans cette ville les funestes effets que l'hérésie de Marcion et d'autres gnostiques était parvenue à y produire. Il ramena au sein de l'unité les malheureux que l'hérésie en avait séparés, et rendit au saint pape Anicet des enfants dont la perte l'avait profondément affligé (2).

Après avoir édifié la première des églises, l'homme de Dieu alla continuer à sanctifier celle de Smyrne. Mais avant de se séparer d'Irénée et de ses compagnons, dit une vielle chronique (3), le saint évêque les présenta au vicaire de Jésus-Christ, qui les combla de faveurs, et appela sur leur entreprise les bénédictions du Sei-

---

(1) Irenæ. advers. hæres. l. III, c. 3.—Euseb. l. IV, c. 14.
(2) S. Hieronym. Catal. Vir. ill. c. 17.
(3) Ap. Bolland. Jun. tom. V, p. 344.

gneur. Forts de l'autorité du souverain pontife, et pleins de confiance dans les prières de leur bon maître, ils prirent congé de l'un et de l'autre, et se dirigèrent vers les lieux qui devaient être le théâtre de leur zèle, de leurs travaux et de leurs souffrances, tandis que Polycarpe reprenait le chemin de Smyrne où l'attendait un glorieux martyre (1).

(1) Irenæ. adv. hæres. l. III, c. 3.

HISTOIRE
DE
SAINT IRÉNÉE.

LIVRE SECOND.

DEPUIS L'ARRIVÉE DE S. IRÉNÉE A LYON, VERS L'AN 158, JUSQU'A
LA PREMIÈRE PERSÉCUTION DE L'ÉGLISE DE LYON, EN 177.

CHAPITRE PREMIER.

État florissant de l'Eglise de Lyon.—La persécution éclate à Rome et en Asie.—Mort de saint Justin.

L'arrivée de saint Irénée et de ses compagnons à Lyon fut, pour la chrétienté de cette ville, l'aurore d'un heureux avenir. Saint Pothin dut accueillir avec des transports de joie, et bénir au nom du Seigneur les apôtres que le ciel envoyait à son aide. Son bonheur passa ses espérances, lorsqu'il eut connu tout le mérite d'Irénée; car, à peine arrivé dans le champ où l'avait envoyé le père de famille, ce nouvel ouvrier se mit à le cultiver avec une ardeur qui lui donna une nouvelle fécondité; son zèle, sa science, son amour pour la paix et le don qu'il avait de la maintenir partout, faisaient l'édification de ses frères et le bonheur de cette Eglise naissante. Ce fut alors que saint Pothin éleva le jeune apôtre au sacerdoce, si dejà saint Polycarpe ne l'en avait point investi (1). Irénée honora son auguste caractère par une piété plus ardente, un zèle plus actif; d'autant plus confondu de cette dignité, qu'il en connaissait mieux la grandeur et les obligations, il redoubla d'efforts pour remplir les vues et correspondre aux bontés du Seigneur. Ses vertus alors brillèrent d'un si vif éclat qu'elles attirèrent sur lui la vénération publique, et qu'on lui donnait communément le titre *de zélateur du nouveau Testament:* et lorsque la chrétienté de Lyon le députa à Rome pour les affaires de l'Eglise, elle n'allégua d'autre titre pour lui à la protection du souverain Pontife, que son zèle et sa

---

(1) Nous suivons ici l'opinion commune que nous croyons la plus probable. Après avoir étudié ce point d'histoire, nous n'avons trouvé aucun document capable de l'éclaircir. Tout ce qu'on peut dire là-dessus se borne à des conjectures qui ne décident rien. On peut consulter cependant Massuet, Dissert. 2ᵃ in opp. S. Iren.—Euseb. Hist. eccl. l. V, c. 4 (edit. Henr. Vales.) — S. Hieronym. Catal. Script. eccles. c. 35 (edit. Maurin.) — Permaneder, Biblioth. Patrist. tom. II, p. 221.

sainteté, sans faire valoir le droit que lui donnait la dignité sacerdotale (1).

Les instructions et les exemples d'Irénée produisaient des fruits heureux et abondants; par ses soins, un peuple de saints croissait sous les regards satisfaits de Pothin ; ce vénérable vieillard, déjà courbé sous vingt années d'apostolat, ne pouvait plus suffire aux ardeurs de son zèle ; il était cependant encore l'ame de son Église : il dirigeait tout par sa sagesse ; son peuple était sa famille, tous les chrétiens étaient ses enfants ; tous le chérissaient et le vénéraient comme leur père. On eût dit la chrétienté de Smyrne transportée dans les Gaules. Notre saint, dont la modestie égalait les mérites, regardait en outre son évêque comme son oracle, il ne parlait et n'agissait que par ses ordres et d'après ses conseils; le Ciel souriait à cette paix angélique et bénissait une société si digne de lui. Saint Irénée nous a laissé un tableau touchant des vertus dont l'Eglise de son temps offrait au monde le spectacle ravissant, et des miracles que Dieu opérait alors dans son sein. Il ne nomme aucune Église en particulier, mais parce qu'il en parle comme de choses qu'il avait vues de ses propres yeux, nous ne doutons pas que tout ce qu'il dit ne puisse s'appliquer à la chrétienté qu'il édifiait et

---

(1) Ap. Euseb. hist. eccl., l. V, c. 4.

dont son humilité lui aura fait taire le nom (1). « Aux uns, dit ce grand saint, le Seigneur dévoile l'avenir et les charge d'annoncer des évènements que la perspicacité humaine ne peut prévoir; il donne aux autres le pouvoir de chasser les démons, de guérir les maladies les plus invétérées, et de rappeler à la vie des corps inanimés; des morts ressuscités ont vécu long-temps au milieu de nous. A ceux-ci, il accorde le don des langues; il découvre à ceux-là les secrets des cœurs; rien ne paraît impossible à la vivacité de leur foi, à l'ardeur de leurs prières; Jésus-Christ ne refuse jamais rien à des vœux qui sont formés pour sa gloire (2). »

---

(1) Une vieille chronique attribue en effet à saint Irénée tous les prodiges dont il fait ici l'énumération. Ap. Bolland. Jun. tom. V, p. 344.

(2) Διὸ δὲ ἐν τω ἐκείνου ὀνόματι οἱ ἀληθῶς αὐτοῦ μαθηταί, παρ' αὐτοῦ λαβόντες τὴν χάριν ἐπιτελοῦσιν ἐπ' εὐεργεσίᾳ τῇ τῶν λοιπῶν ἀνθρώπων, καθὼς ἕις ἕκαστος αὐτῶν τὴν δωρεὰν εἴληφε παρ' αὐτοῦ. Οἱ μὲν γὰρ δαίμονας ἐλαύνουσι βεβαίως καὶ ἀληθῶς, ὥστε πολλάκις καὶ πιστεύειν αὐτοὺς ἐκείνους, τοὺς καθαρισθέντας ἀπὸ τῶν πονηρῶν πνευμάτων, καὶ εἶναι ἐν τῇ ἐκκλησίᾳ. Οἱ δὲ καὶ πρόγνωσιν ἔχουσι τῶν μελλόντων, καὶ ὀπτασίας, καὶ ῥήσεις προφητικάς. Ἄλλοι δὲ τοὺς κάμνοντας διὰ τῆς τῶν χειρῶν ἐπιθέσεως ἰῶνται, καὶ ὑγιεῖς ἀποκαθιστᾶσιν. Ἤδη δὲ καθὼς ἔφαμεν, καὶ νεκροὶ ἠγέρθησαν, καὶ παρέμειναν σὺν ἡμῖν ἱκανοῖς ἔτεσι· καὶ τί γάρ; οὐκ ἔστιν ἀριθμὸν εἰπεῖν τῶν χαρισμάτων, ὧν κατὰ παντὸς τοῦ κόσμου ἡ ἐκκλησία παρὰ Θεοῦ λαβοῦσα, ἐν τῷ ὀνόματι Ἰησοῦ Χριστοῦ, τοῦ σταυρωθέντος ἐπὶ Ποντίου Πιλάτου, ἑκάστης ἡμέρας ἐπ' εὐεργεσίᾳ τῇ τῶν ἐθνῶν ἐπιτελεῖ, μήτε ἐξαπατῶσα τινὰς, μήτε ἐξαργυριζομένη· ὡς γὰρ δωρεὰν εἴληφε παρὰ Θεοῦ, δωρεὰν καὶ διακονεῖ.

Quapropter et in illius (Jesu Christi) nomine qui verè illius sunt

LIVRE II. CHAPITRE I.

L'humilité d'Irénée a dérobé à la postérité le détail des grandes choses que le Seigneur opérait par son ministère, et nous sommes encore réduits, sur ses premiers travaux apostoliques, à des conjectures que l'éminence de ses vertus, il est vrai, garantit de toute exagération.

Souvent il réunissait ce peuple fidèle dans les cryptes solitaires qui furent les premières églises de Lyon ; là, loin du tumulte de la cité, et tandis que le paganisme célébrait ses orgies dans de somptueux édifices, cette assemblée d'élus, présidée par le respectable saint Pothin, et réglée par Irénée, vaquait à de pieux exercices : un lecteur lisait d'abord dans les écrits des prophètes et des apôtres, des passages indiqués, que notre saint expliquait ensuite aux *frères* réunis, en les exhor-

---

discipuli ab ipso accipientes gratiam, perficiunt ad beneficia reliquorum hominum, quemadmodum unusquisque accepit donum ab eo. Alii dæmones excludunt firmissimè et verè, ut etiam sæpissimè credant ipsi qui emundati sunt à nequissimis spiritibus, et sunt in Ecclesià. Alii autem et præscientiam habent futurorum, et visiones et dictiones propheticas. Alii autem laborantes aliquâ infirmitate per manus impostionem curant, et sanos restituunt. Jam etiam quemadmodum diximus, et mortui resurrexerunt, et perseveraverunt nobiscum annis multis. Et quid autem ? Non est numerum dicere gratiarum, quas per universum mundum Ecclesia à Deo accipiens in nomine Jesu Christi, crucifixi sub Pontio Pilato, per singulos dies in opitulationem gentium perficit, neque seducens aliquem, nec pecuniam ei auferens. Quemadmodum enim gratis accepit à Deo, gratis et ministrat. (Iren. adv. hæres. l. II, c. 32.)

tant à mettre en pratique les belles leçons contenues dans la lecture du jour. L'exhortation terminée, on se levait et l'on adressait en commun des prières au Père céleste, ou pour la persévérance des chrétiens, ou pour la conversion des infidèles. Le salut de paix et de fraternité succédait à la prière ; ensuite, ou l'évêque, ou le prêtre offrait à Dieu le sacrifice non sanglant des autels et consacrait le pain eucharistique que chacun des assistants recevait de sa main dans les transports d'une piété tendre et sincère (1).

Après le sacrifice, les riches prenaient sur leur superflu et déposaient entre les mains du premier pasteur, une rétribution charitable avec laquelle celui-ci, comme un bon père de famille, subvenait aux besoins des indigents, des veuves et des orphelins. Enfin, l'évêque appelait sur l'assemblée les bénédictions du ciel; tous se retiraient ensuite dans la paix du Seigneur, l'âme embrasée de l'amour divin, et pleins d'un nouveau courage pour résister aux épreuves que leur religion pourrait rencontrer (2). Le paganisme devait bientôt leur en susciter de cruelles.

(1) Un diacre était chargé de porter ce céleste aliment à ceux des *frères* que les infirmités ou d'autres graves raisons retenaient ailleurs.
(2) C'était la pratique de toute l'Eglise, au temps dont nous parlons. *Voir* S. Justin, Apolog. 1ᵃ quæ habetur 2ᵃ. — S. Iren. contr. hæres. l. IV, c. 18.

Déjà l'orage grondait sourdement dans le lointain. La philosophie était montée sur le trône avec Marc-Aurèle (1) ; ennemie acharnée du christianisme, elle enchaîna le nouvel empereur à ses intérêts et emprunta son épée pour les défendre. Elle ne fut que trop bien servie : Marc-Aurèle, qui, par un bizarre assemblage de bonnes et de mauvaises qualités, réunissait en sa personne les vertus d'un héros et les vices d'un tyran, était l'esclave plutôt que le défenseur de la philosophie : il avait reçu d'elle cet égoïsme qui n'estime que soi-même, et méprise le reste du genre humain, ce stoïcisme froidement barbare qui envoie dédaigneusement à la mort ceux dont il n'est point admiré, ou qui, loin de partager ses sentiments, leur préfèrent une doctrine supérieure (2). A ses yeux, les chrétiens étaient des misérables, indignes même de compassion, des gens igno-

---

(1) Si éclairé et si humain que Marc-Aurèle se montrât en toute chose, dit M. Amédée Thierry, il arrivait au trône, imbu des préjugés de l'orgueil stoïcien contre une doctrine qu'on taxait de basse et de vulgaire, parce qu'elle s'adressait au cœur des masses plutôt qu'à l'intelligence des écoles. Le fils adoptif d'Antonin-le-Pieux était d'ailleurs païen zélé, polythéiste philosophe, s'expliquant par des symboles les fables de la vieille religion romaine, et regardant comme un devoir public de la raffermir dans la conscience des peuples. (Hist. de la Gaule sous l'administ. des Rom. tom. II, p. 173.

(2) Le stoïcisme, doctrine d'orgueil qui repoussait rudement le simple, et n'acceptait de la pauvreté que son ostentation. (Id. ibid. p. 168.

rants, qui mouraient sottement victimes d'une religion qu'ils avaient la prétention de mettre au-dessus de la philosophie (1). Les cyniques dont il s'était entouré surent mettre à profit des dispositions si favorables à leur haine contre le christianisme : Crescent surtout, l'ignoble Crescent, le digne chef d'une telle cabale, l'obsédait sans cesse, soit pour nourrir son mépris à l'égard des chrétiens, soit pour envenimer sa haine. En cédant à ces instances le philosophe couronné ne faisait point violence à son naturel, et il fut facile à Crescent d'obtenir de lui la vengeance qu'il demandait (2). Les chrétiens furent donc abandonnés à la discrétion des cyniques, des prêtres des faux dieux et des magistrats qui, consultant, presque tous, les goûts de leur souverain, faisaient comme lui profession de stoïcisme et pensaient l'honorer en immolant les disciples d'une religion ennemie de la philosophie ou de la religion de Marc-Aurèle. Les peuples, animés par les uns et par les autres, demandaient à grands cris la mort des fidèles et se réjouissaient de leurs supplices. Les chrétiens de Rome furent les premiers exposés à leurs brutalités. Sainte Fé-

---

(1) Marc. Aurel. De vitâ suâ.
(2) Tillemont, Hist. des emp. tom. II, MARC-AURÈLE, art. 26-29.— Persécut. de l'Egl. sous Marc-Aurèle, art. 1. — Hist. de l'Eclectisme alexandrin, l. 1.

licité et ses sept enfants confondirent par leur courage héroïque la barbarie de leurs bourreaux (1). Le juge Urbicius condamna quelque temps après au même sort, saint Ptolémée, saint Lucius et leurs compagnons. L'intrépide saint Justin, qu'une étude sérieuse de la religion chrétienne avait retiré des ténèbres du paganisme et de la philosophie, protesta alors pour la seconde fois contre l'injuste tyrannie que l'on faisait peser sur les disciples de Jésus-Christ. Il était venu à Rome fonder une école à côté de la chaire de Crescent et des cyniques ses partisans, pour combattre ces docteurs de mensonge et éclairer les fidèles. Il savait bien qu'en s'attirant la haine de ces fanatiques, il s'exposait à la mort; mais la gloire de Dieu était outragée, et saint Justin ne balança pas à la venger. Il adressa donc au sénat et à l'empereur une nouvelle apologie dans laquelle il exposait la beauté de l'Evangile avec l'innocence des chrétiens, et démasquait les calomnies de leurs accusateurs. Le courage de Justin lui mérita, comme il l'avait prévu et desiré, la couronne du martyre; Crescent et les siens, tout puissants auprès du prince stoïcien, résolurent de laver dans son sang l'affront qu'il avait fait à leur philosophie, conjurèrent sa ruine et l'obtinrent. Accusé comme chré-

(1) Vers l'an 164.

tien et comme contempteur des dieux, saint Justin fut condamné au dernier supplice. Junius Rusticus, préfet de Rome, l'un des plus fiers et des plus fameux de ces sages prétendus, lui fit trancher la tête, et satisfit ainsi la haine de la philosophie, sous prétexte de venger l'honneur de ses dieux (1). Vers l'an 167.

(1) Tatian. adv. Græc. orat. — Baron. annal. eccles. ad ann. 164, § X.

CHAPITRE SECOND.

Mort de saint Polycarpe (166).

De Rome la persécution s'étendit jusqu'en Asie : les Églises de ces contrées continuaient à marcher, sous la direction de leurs pasteurs, dans les voies que leur avaient tracées les apôtres. Celle de Smyrne surtout, fidèle aux leçons de saint Polycarpe, faisait la gloire de la religion et le désespoir du paganisme par la pureté de ses mœurs et la sainteté de ses pratiques. Le spectacle de ses vertus offrit encore plus de grandeur, lorsque la persécution vint la visiter.

Statius Quadratus, proconsul de l'Asie-Mineure, exerça dans cette chrétienté les mêmes ravages, que Junius Rusticus dans celle de Rome; mais à Smyrne, comme à

Rome, la rage des bourreaux fut vaincue par le courage et la constance des martyrs. On les voyait se présenter aux supplices avec cet air de joie et de dignité que donne l'amour de Jésus-Christ. Saint Germanicus surtout étonna par sa patience et sa fermeté, les nombreux témoins de ses souffrances; pour toute réponse au proconsul qui l'exhortait à ne pas mépriser les faveurs de la fortune, il excita les lions à le dévorer, et obtint ainsi la couronne qu'il avait préférée au plus brillant avenir (1). La joie que le triomphe de Germanicus causait aux chrétiens, fut un peu tempérée par l'apostasie d'un chrétien de Phrygie nouvellement arrivé à Smyrne; présumant trop de ses forces, il crut pouvoir affronter les plus horribles tourments; mais, à l'aspect des lions, son courage l'abandonna, et il demanda lâchement la vie qu'il avait si imprudemment cherché à perdre. Ce déplorable exemple n'exerça aucune fâcheuse influence sur les chrétiens affermis dans la foi par l'illustre saint Polycarpe.

C'était surtout contre ce grand homme qu'était dirigée la persécution : la fureur des persécuteurs n'aurait été satisfaite qu'à demi, si cette colonne de l'Église ne fût pas tombée sous leurs coups. Aussi les applaudissements que les juifs et les païens donnaient aux cruautés exercées contre les autres chrétiens, étaient sou-

---

(1) Act. Martyr. S. Polycarp. ap. D. Ruinart.

vent interrompus par ces cris de fureur : « Qu'on cherche Polycarpe. » Saint Polycarpe fut enfin saisi et condamné aux flammes.

Les chrétiens de Smyrne adressèrent la relation de son martyre à l'Église de Philomélie, à toutes les Églises de l'univers, et en particulier à celle de Lyon, que saint Polycarpe avait formée par ses disciples. Les chrétiens de cette ville connaissaient tous, par les rapports de leurs chefs, sa vie admirable, son zèle ardent pour la gloire de Jésus-Christ. Ils le voyaient revivre dans Pothin et dans Irénée, en sorte que lorsqu'ils apprirent la nouvelle de son martyre, ils se réjouirent de son bonheur, comme de la gloire de leur père, et leur ferveur s'anima encore au récit de ses combats.

Personne n'avait pour lui une vénération plus profonde, un amour plus tendre que saint Irénée. Il avait grandi sous ses yeux; il avait été instruit et formé à son école; il avait vu les miracles que Dieu avait opérés par son ministère; il avait été témoin des vertus éminentes qu'il avait pratiquées; enfin il avait reçu de lui la mission de prêcher l'Évangile dans les Gaules. La mémoire de saint Polycarpe, le souvenir de ses actions, de ses vertus et de ses discours, vivaient toujours dans son esprit et dans son cœur. Tout ce qui venait de lui, il l'accueillait avec le même respect qu'il avait autrefois apporté à ses leçons. Il reçut la lettre de l'Église de Smyrne comme le testament de son maître vénéré, ou comme le monument de la gloire de son père bienaimé. Il conserva ce précieux document avec tant de soin, que la postérité lui en est peut-être redevable; en effet, on lit à la fin de cette lettre : « Ceci a été transcrit sur l'exemplaire d'Irénée, disciple de saint Polycarpe, par Gaïus qui a vécu avec Irénée; et moi, Socrate, de Corinthe, je l'ai transcrit sur la copie de Gaïus : (1) » Dans d'autres manuscrits, on lit la même protestation avec quelque addition : « Cette relation a été tirée du récit d'Irénée, disciple de Polycarpe, par Gaïus qui a vécu avec Irénée; et moi, Socrate, je l'ai copiée sur l'exemplaire de Gaïus. Moi, Pionius, j'ai transcrit l'exemplaire précédent après l'avoir recherché et trouvé par une révélation particulière du bienheureux Polycarpe (2). » Gaïus ayant été disciple de saint Irénée, lui avait souvent entendu lire ou raconter le martyre du grand évêque de Smyrne, il lui avait donc été facile de copier l'exemplaire qu'Irénée conservait avec tant de respect, ou de recueillir de sa bouche la belle relation que contenait la lettre des chrétiens de l'Ionie.

Cette relation n'appartient pas moins à l'Eglise de

---

(1) Ap. Coteler. tom. II, patr. apost. pag. 202.
(2) Ap. Bolland. Januar. 26 et int. Act. martyr.

Lyon qu'à celle de Smyrne, puisqu'elle raconte le triomphe de celui que notre saint aimait à nommer son père, et de qui nos contrées reçurent ses premiers apôtres. D'ailleurs, la sainteté du maître nous fera mieux connaître celle du disciple fidèle qui s'efforça toujours de l'imiter. En outre, elle contient, sur l'état de la religion au temps d'Irénée, des notions que nous ne saurions omettre sans manquer à notre but et sans tromper l'attente du lecteur.

Après des réflexions générales sur la gloire du martyre, les chrétiens de Smyrne racontent, dans les termes suivants, les souffrances et la mort de saint Polycarpe :

« Au premier bruit de la persécution, Polycarpe, homme vraiment admirable, témoigna la généreuse résolution de rester dans la ville; mais enfin on lui persuada d'en sortir. Il se retira dans une métairie voisine de Smyrne, où, accompagné de quelques frères, il priait nuit et jour avec eux pour son peuple et pour toutes les Églises répandues dans l'univers, dont le sort pouvait seul le toucher. Trois jours avant sa mort, tandis qu'il était absorbé dans la prière, il eut une vision dans laquelle il crut voir les flammes consumer le chevet de son lit. Alors, s'adressant à ses compagnons, il leur dit d'un ton prophétique : *Il faut que je sois brûlé vif.* « Il quitta cet asile, à l'approche de ceux qui le cherchaient, et se retira dans une maison de campagne où ses persécuteurs arrivèrent peu de temps après lui. Mais ne l'ayant pas trouvé, ils saisirent et emmenèrent deux jeunes esclaves, dont l'un, forcé par les tourments, découvrit la retraite du saint. L'Irénarque, nommé Hérode, désirait ardemment produire Polycarpe devant le peuple dans l'amphithéâtre; et ce saint, participant au sort de Jésus-Christ, fut trahi et livré par d'autres Judas. Les soldats, munis de leurs armes, comme s'ils eussent voulu se saisir d'un brigand, et conduits par le jeune traître, se dirigèrent, le vendredi, sur le soir, vers l'endroit qu'on leur avait indiqué. Ils y arrivèrent à la tombée de la nuit, et trouvèrent saint Polycarpe prenant un modeste repas dans un appartement supérieur. Quelqu'un lui offrit alors la facilité d'échapper, mais il la refusa en disant : *Que la volonté du Seigneur se fasse!* il descendit ensuite et s'entretint familièrement avec les émissaires de l'Irénarque. Ceux-ci, étonnés de sa constance et de son air vénérable, se disaient les uns aux autres : *Qu'était-il besoin de tant de mouvements pour prendre ce vieillard?* Saint Polycarpe leur fit servir abondamment à manger et à boire; puis il leur demanda de lui donner une heure de temps pour qu'il pût vaquer à ses prières accoutumées. On la lui accorda; le saint passa, non une heure seulement, mais deux, à prier à haute voix et avec tant de ferveur, que tous ceux qui l'entendaient étaient pénétrés d'admiration, et plusieurs se plaignaient qu'on les forçât d'arrêter et de conduire au supplice un homme si digne de respect. Dans sa prière, le saint faisait mention de ceux avec lesquels il avait eu des rapports intimes, de quelque âge, de quelque rang, de quelque pays qu'ils fussent, et il recommandait au Seigneur toutes les Églises du monde. » Alors les noms de Pothin et d'Irénée se présentèrent sans doute à sa mémoire ; au milieu des outrages dont il était accablé, son âme dut tressaillir de bonheur, au souvenir des vertus de disciples si dignes de lui, et des grands travaux qu'ils soutenaient dans les Gaules pour la gloire de Jésus-Christ. » Après qu'il eut terminé sa prière, continuent les Actes, il se livra à ses persécuteurs, et les suivit à la vlle, sur une modeste monture. Sur la route il rencontra l'Irénarque et son père Nicétas, qui lui donnèrent une place dans leur voiture, moins pour le soulager que pour le tenter : *Quel grand mal*, lui disaient-ils, *quel grand mal y a-t-il à dire : César, Seigneur, et à sacrifier, pour sauver sa vie à ce prix ?* Saint Polycarpe ne leur répondait rien ; mais obsédé par leurs sollicitations : *Non*, leur dit-il enfin, *je ne ferai point ce que vous me conseillez.* Ayant perdu tout espoir de le gagner, ces deux tentateurs firent succéder les injures aux caresses et aux flatteries, et, sans respect pour le grand âge de Polycarpe, ils le précipitèrent si brutalement hors de leur voiture, que dans sa chute l'os de sa jambe se fractura en plusieurs endroits; mais aussi tranquille que s'il n'eût rien souffert, le saint marcha au supplice avec une joie et une agilité surprenantes.

» Lorsqu'il entra dans l'amphithéâtre, il entendit, malgré le bruit confus de la foule, une voix venue du ciel, qui lui disait : *Courage, courage, Polycarpe.* Personne ne vit celui qui parlait, mais tous les chrétiens présents entendirent la voix. L'éclat avec lequel s'était faite l'arrestation de Polycarpe avait attiré à l'amphithéâtre une multitude innombrable ; ce fut en présence de ce peuple tumultuairement rassemblé que le proconsul demanda au saint s'il était vraiment Polycarpe. — Oui, lui répondit le respectable prélat. — Le proconsul le pressa d'avoir quelques égards pour son âge et de sauver sa vie en reniant sa foi : « Jurez, lui disait-il, jurez par le génie de César ; reconnaissez votre erreur et criez avec nous : Périssent les impies. » Alors Polycarpe promena avec dignité un regard imposant sur la multitude des païens qui étaient dans l'amphithéâtre ; puis, étendant sur eux sa main tremblante de vieillesse, il leva les yeux vers le ciel et s'écria en soupirant : *Seigneur, confondez les impies !* Cependant le proconsul insistait : « Jurez, et je vous délivre; insultez votre Christ. — Polycarpe répondit : Il y a quatre-vingt-six ans que je sers Jésus-Christ ; je n'en ai jamais reçu que des bienfaits ; et comment pourrais-je blasphémer mon Roi et mon Sauveur ? — Jurez par le génie de César, reprit vivement le proconsul. — Polycarpe lui repartit : Pourquoi donc avez-vous tant à cœur de me faire jurer par ce que vous appelez le génie de César ? Ignorez-vous qui je suis ? Eh bien ! apprenez-le : Je suis chrétien. Si vous désirez connaître ma religion, donnez-moi un jour de temps et je vous en instruirai. — C'est à ce peuple, lui dit le proconsul, qu'il faut rendre compte de votre croyance. — Ce peuple, reprit Polycarpe, n'est pas digne de l'apprendre ; mais je vous dois plus d'égards à vous, magistrat ; parce qu'il nous est commandé d'honorer les princes et tous ceux à qui le Seigneur a confié le pouvoir.

» Alors le proconsul ajouta : J'ai des bêtes toutes prêtes à vous dévorer, si vous ne changez de sentiment. — Allez les chercher, reprit tranquillement Polycarpe. Quand nous changeons de sentiment, nous chrétiens, c'est pour en prendre de meilleurs ; ce n'est point le cas à présent. — Le proconsul en colère : Puisque vous méprisez les bêtes féroces, lui dit-il, je vous ferai brûler vif, si vous n'obéissez pas.... — Vous me menacez d'un feu que la même heure voit s'allumer et s'éteindre ; vous ignorez sans doute que le juste jugement du Seigneur condamnera tous les impies à un feu qui ne s'éteindra jamais. Mais enfin, qu'attendez-vous ? prononcez donc ma sentence.

» Saint Polycarpe fit ces réponses et d'autres semblables avec une assurance, une noblesse surnaturelles, en sorte que le proconsul, qui avait tenté de l'effrayer par ses menaces, tomba lui-même dans la stupeur. Il ordonna précipitamment à un héraut d'aller annoncer à la multitude que *Polycarpe s'était confessé chrétien*. A peine sa voix eut-elle retenti dans l'amphithéâtre, que les païens et les juifs établis à Smyrne, poussant des cris de fureur, disaient confusément : « C'est le père des chrétiens, un séducteur, l'ennemi juré de nos dieux, le destructeur de leur culte. » Et ils demandèrent en vociférant à l'Asiarque Philippe de lancer un lion sur Polycarpe ; mais l'Asiarque répondit que les chasses et les jeux des gladiateurs étant terminés, il ne lui était plus permis de donner au peuple ce spectacle : « Tous alors se mirent à crier d'une voix unanime : *Qu'on le brûle vif*. On se rappelle qu'après la vision que Polycarpe avait eue dans sa retraite, il avait dit à ses compagnons : « Je serai brûlé vif. » Or, il fallait que cette prédiction s'accomplît.

»Ce supplice fut aussitôt préparé que demandé : on court en tumulte aux chantiers, aux magasins, aux bains publics ; on en apporte avec empressement du bois et d'autres matières combustibles. Les juifs se distinguèrent par leur ardeur, comme ils avaient coutume de le faire dans de semblables circonstances.

Lorsque le bûcher fut dressé, saint Polycarpe se dépouilla de ses habits de dessus ; il se disposait aussi à délier les courroies de sa chaussure pour la quitter ; ce qu'il ne faisait point auparavant, car les fidèles avaient pour lui une si profonde vénération, qu'ils se disputaient l'honneur de lui rendre cet office, afin de pouvoir lui baiser les pieds. En ce moment, les bourreaux voulaient lui appliquer les instruments auxquels on avait coutume d'assujettir ceux qui étaient condamnés aux flammes. Ils allaient même, selon l'usage, l'attacher à un poteau ; mais le saint leur dit avec sa douceur ordinaire : « Laissez ; celui qui me donne la volonté de souffrir les flammes, me donnera aussi la force de rester immobile sur le bûcher, sans le secours de vos clous et de vos chaînes. »

» Les bourreaux se contentèrent donc de lui lier les mains derrière le dos, et en cet état saint Polycarpe, fut placé sur l'autel comme une victime d'agréable odeur, choisie dans tout le troupeau. Alors, élevant vers le ciel des regards enflammés d'amour, il offrit à Dieu le sacrifice de sa vie et lui adressa cette prière : « Seigneur, Dieu tout-puissant, Père de Jésus-Christ, votre Fils béni et bien-aimé, de qui nous avons reçu votre connaissance ; Dieu des Anges, des Vertus, de la nature entière, de tous les Justes qui vivent en votre présence ; je vous bénis, ô vous qui daignez aujourd'hui, en ce moment, m'admettre au rang de vos martyrs, au calice de votre Christ, à la résurrection, à la vie éternelle de l'ame et du corps, dans l'incorruptibilité de l'Esprit saint. Je vous prie de me recevoir en ce jour parmi vos élus, en votre présence, d'accepter mon sacrifice, en accomplissant sur moi ce que vous m'avez promis et préparé, ô vous, Dieu véritable dans vos paroles et fidèle dans vos promesses. Je vous en rends grâce, ô mon Dieu, je vous glorifie avec Jésus-Christ, notre Pontife éternel, votre Fils bien-aimé ; par lequel à lui-même, comme à vous et au Saint-Esprit, gloire maintenant et dans tous les siècles des siècles. *Amen.* »

» A peine eut-il prononcé *Amen* et terminé sa prière, que les bourreaux mirent le feu au bûcher. En un clin-d'œil les flammes s'élancent ; mais, ô puissance divine! (Le Seigneur a voulu que nous fussions témoins de ce miracle pour l'apprendre à la postérité), ces flammes, comme des voiles gonflées par le vent, se formèrent en berceau autour du corps du martyr, qui, placé au milieu, brillait de l'éclat de l'or que l'on purifie dans le creuset ; et il s'en répandait une odeur aussi agréable que celle de l'encens ou de quelque autre précieux aromate.

» Voyant que les flammes respectaient cette sainte victime, les persécuteurs ordonnèrent à un bourreau de lui enfoncer dans le sein une épée jusqu'à la garde : le sang en jaillit en si grande abondance, qu'il éteignit le brasier ardent. Tous les assistants admiraient dans la stupeur la différence qu'il y a entre les infidèles et les élus du Seigneur. Parmi ces derniers, un des plus illustres fut sans doute l'admirable saint Polycarpe, évêque de l'Église catholique de Smyrne, dont toutes les prédictions se sont accomplies, ou s'accompliront dans la suite.

» Mais l'ennemi du genre humain voyait avec une noire jalousie qu'un bonheur éternel fût la récompense d'une vie si sainte et couronnée par un si glorieux martyre; il s'efforça du moins de nous arracher ces précieux restes que notre Église voulait conserver, pour se consoler de l'absence d'un pasteur si vénéré. Il suggéra donc à Nicétas, père d'Hérode et frère d'Alcès, d'avertir le proconsul de ne pas nous laisser ensevelir ce corps sacré, de peur, disait-il, que nous ne l'adorassions à la place du *crucifié*. C'étaient les conseils que lui donnaient surtout les juifs, qui avaient observé que nous nous disposions à le tirer du milieu des cendres. Ils ignoraient sans doute, que nous ne pouvons pas pour un homme abandonner Jésus-Christ, innocente victime qui s'est sacrifiée pour le salut des pécheurs. Ils ne distinguaient pas le culte que nous devons à Jésus-Christ, comme au Fils de Dieu, d'avec l'honneur que nous rendons justement aux martyrs, comme aux imitateurs et aux disciples du

Seigneur, à cause de l'amour qu'ils ont porté à leur roi et à leur maître : puissions-nous imiter leurs vertus et participer à leur sort !

» Le Centurion, pour terminer le différent, fit brûler le corps du martyr. Mais nous pûmes ensuite recueillir ses ossements plus précieux à nos yeux que les plus riches diamants, plus purs que l'or le plus affiné, et les déposer dans un lieu convenable. Ce sera autour de ces sacrés débris que nous nous réunirons désormais, si les circonstances nous le permettent, pour célébrer dans la joie et la paix du Seigneur le jour anniversaire de ce glorieux martyre, et nous animer à la vertu par le souvenir de si beaux exemples et de si nobles combats.

» Ainsi termina sa vie le bienheureux Polycarpe avec douze autres chrétiens de Philadelphie, qui souffrirent en même temps à Smyrne ; mais sa gloire, égale à son mérite, lui assure un rang distingué parmi tous ceux qui ont donné leur vie pour Jésus; et les gentils ne parlent dans toute l'Asie, que de ses souffrances et de son triomphe. Docteur insigne, martyr admirable, il a donné des leçons et des exemples que tous doivent pratiquer ou imiter. Car, vainqueur, par sa patience, de l'injustice des magistrats, il est allé, dans la compagnie des apôtres, glorifier Dieu le Père, bénir notre Seigneur, notre Maître et chef de l'Église œcuménique et ca-

tholique . . . .
. . . .

» Ceci a été transcrit de l'exemplaire d'Irénée, disciple de Polycarpe, par Gaïus, qui a vécu avec Irénée. Et moi, Socrate, de Corinthe, je l'ai transcrit sur la copie de Gaïus. Que la grâce du Seigneur soit avec tous.

» Ensuite, moi Pionius j'ai copié ce récit dudit exemplaire, lorsque je les eus tous recherchés avec soin, et que Polycarpe me les eût fait trouver par révélation, quand déjà le temps commençait à les altérer. Puissé-je être moi aussi compté parmi les élus du Seigneur, à qui soit honneur et gloire avec le Père et le Saint-Esprit, dans tous les siècles des siècles ! *Amen.* »

Nous n'entreprendrons pas de dépeindre ici l'impression que fit cette admirable relation sur la chrétienté de Lyon : qu'on se rappelle les rapports de fraternité qui unissaient ces deux Eglises, le respect et la tendresse filiale que nourrissaient saint Pothin et saint Irénée pour leur illustre maître, la vénération qu'ils avaient inspirée pour lui à leurs enfants dans la foi, l'esprit de religion qui animait ces généreux chrétiens, et l'on pourra se faire une idée du saint enthousiasme qu'excita parmi eux la nouvelle du martyre du grand saint Polycarpe. Un si bel exemple, ajouté aux leçons et aux exemples de saint Pothin et de saint Irénée, alluma dans l'Eglise de Lyon un désir ardent du martyre, qui ne se démentit point lorsque le Seigneur vint le satisfaire. Car, dix ans après, elle devait faire une réponse de sang à l'Eglise de Smyrne, et lui raconter à son tour les combats et les triomphes de ses martyrs.

CHAPITRE TROISIEME.

Le montanisme se répand en Asie, où il est condamné.

Dans cet intervalle, l'Eglise de Lyon donna aux chrétientés de l'Asie-Mineure de nouvelles marques de la charité et de l'esprit de foi qui l'animaient. Voici à quelle occasion : le paganisme, satisfait d'avoir immolé l'illustre saint Polycarpe, dont la vertu faisait trembler ses dieux, sembla se reposer quelque temps pour jouir de sa victoire, dédaignant en quelque sorte le reste des chrétiens. Mais deux ou trois ans après, les prêtres des faux dieux ou les philosophes qui, sous un prince stoïcien, occupaient toutes les charges, indignés des progrès que faisait la religion, à la faveur de la paix momentanée qu'on lui laissait, excitèrent contre elle de nouveaux orages, et le sang des chrétiens recommença à couler dans l'Asie-Mineure et en Italie. Le saint pape Anicet termina alors dans la capitale de l'empire une vie recommandable par la pratique de toutes les vertus et illustrée par la sagesse de son administration (l'an 168). Il avait fait l'admiration de tous les évêques ou des docteurs chrétiens que l'amour de l'unité avait amenés à Rome, soit pour s'associer à ses travaux et défendre la religion sous ses auspices, comme saint Justin et saint Hégésippe ; soit pour le consulter sur les affaires de la religion, comme le grand saint Polycarpe, ou s'entendre avec lui sur les questions alors agitées dans l'Eglise ; il avait été en même temps la terreur des nombreux hérétiques qui étaient venus à Rome, comme Valentin et Marcion, pour y propager leurs erreurs, et s'opposer aux efforts de son zèle. Bientôt des docteurs chrétiens s'élevèrent, qui prirent la défense de la religion outragée et persécutée. A Rome, l'intrépide Tatien vouait à l'indignation publique la jalousie, l'orgueil et les vices de la cabale philosophique, qui avait perdu saint Justin, son maître. Heureux s'il eût persévéré dans de si nobles sentiments ! En Asie, saint Méliton, évêque de Sardes, publia vers le même temps une apologie pour prouver l'innocence des chrétiens que l'on persécutait si injustement, et venger la religion des crimes qu'on lui imputait. Cette sage défense parut faire sur l'esprit du prince une impression favorable, à laquelle donna, peu de temps après, une nouvelle force, la victoire miraculeuse que Marc-Aurèle remporta sur les Quades, par les prières des chrétiens de son armée. Il suspendit donc la persécution (1); mais ce calme fut une calamité pour les Églises d'Asie. L'enfer, en attendant qu'il armât de nouveau les bras des persécuteurs, suscita à la religion d'innombrables corrupteurs de sa doctrine. En ce temps-là sortit des montagnes de la Phrygie la secte des montanistes, qui arracha à l'Église presque autant d'enfants que la persécution lui faisait de martyrs.

Montan, nouveau converti d'Ardaban, bourg situé en Mysie, sur les frontières de la Phrygie, était encore néophyte, lorsqu'il aspira aux premiers rangs de la hiérarchie ecclésiastique ; son ambition déçue se changea en haine contre l'Église, et ne pouvant être admis à ses dignités, il résolut de se faire chef d'un parti et de le diriger contre elle (2). Il se mit donc à faire l'inspiré, à prédire l'avenir, à opérer des merveilles. Ses premiers disciples furent deux femmes, Priscilla et Maximilla, qui abandonnèrent leurs époux pour suivre ce visionnaire ; à une imagination folle elles joignaient un cœur pervers et une fortune considérable. Le projet de

(1) Euseb. Hist. eccl. l. IV, c. 13.
(2) Euseb. Hist. eccles. l. V, c. 16.

Montan ne demandait pas en elles d'autres qualités; possédées du même esprit que leur maître, elles commencèrent aussi à dogmatiser et à prophétiser; leurs largesses étaient beaucoup plus efficaces que leur prédication; cependant leur enthousiasme, leur fanatisme, leurs fastueuses sentences firent beaucoup de dupes en Phrygie et dans les provinces voisines. Montan acquit même assez d'influence sur certains esprits, pour leur persuader qu'il était un être extraordinaire (1). « Il avait remarqué, dit l'abbé Pluquet, que Jésus-Christ, dans l'Écriture, avait promis aux chrétiens de leur envoyer le Saint-Esprit; il fonda sur cette promesse le système de son élévation, et prétendit être le prophète promis par Jésus-Christ.

» Il est aisé, se disait Montan, de faire voir que Dieu n'a point voulu manifester tout d'un coup les desseins de sa providence sur le genre humain; il ne dispense que par degrés et avec une sorte d'économie, les vérités et les préceptes qui doivent l'élever à la perfection : il a donné d'abord des lois simples aux Israélites; il les a fait observer par le moyen des peines et des récompenses temporelles; il semble que Dieu traita alors le genre humain, comme on traite un enfant que l'on fait obéir

---

(1) Euseb. ibid.

en le menaçant du fouet, ou en lui promettant des dragées : il envoya ensuite des prophètes qui élevèrent l'esprit des Israélites.

» Lorsque les prophètes eurent, pour ainsi dire, fortifié l'enfance des Israélites, et les eurent comme élevés jusqu'à la jeunesse, Jésus-Christ découvrit aux hommes les principes de la religion, mais par degrés, et toujours avec une espèce d'économie, dont la providence semble s'être fait une loi dans la dispensation des vérités révélées ; Jésus-Christ disait souvent à ses disciples qu'il avait encore des choses importantes à leur dire, mais qu'ils n'étaient pas encore en état de les entendre.

» Après les avoir ainsi préparés, il leur promit de leur envoyer le Saint-Esprit, et il monta au Ciel.

» Les apôtres et leurs successeurs ont répandu la doctrine de Jésus-Christ, et l'ont même développée ; ils ont par ce moyen conduit l'Eglise au degré de lumière qui devait éclairer les hommes assez pour que Jésus-Christ envoyât le Paraclet, et pour que le Saint-Esprit apprît aux hommes les grandes vérités qui étaient réservées pour la maturité de l'Eglise.

» J'annoncerai que cette époque est venue, se disait Montan, et je dirai que je suis le prophète choisi par le Saint-Esprit pour annoncer aux hommes ces vérités fortes qu'ils n'étaient pas en état d'entendre dans la jeunesse de l'Eglise ; je feindrai des extases ; j'annoncerai une morale plus austère que celle qu'on pratique ; je dirai que je suis entre les mains de Dieu, comme un instrument dont il tire des sons, quand il le veut et comme il le veut ; par ce moyen, ma qualité de prophète révoltera moins l'amour-propre des autres ; je ne serai point tenu de justifier ma doctrine par le moyen du raisonnement et par la voie de la dispute ; je ne serai pas même obligé de pratiquer la morale que j'enseignerai ; tout obéira à mes oracles, et j'aurai dans l'Eglise une autorité suprême (1). »

Fidèle à ce plan de conduite, l'ambitieux Montan s'efforça de relever ses prétentions et ses rêves par une morale dont la sévérité en imposait aux simples et aux esprits sévères. Pour se montrer plus parfait que l'Eglise catholique, il refusait sans pitié l'absolution des grands crimes, damnait sans espoir de pardon tous les pécheurs publics, prescrivait trois carêmes, des jeûnes extraordinaires, deux semaines de xérophagies, pendant lesquelles il n'était permis de prendre que de l'eau et des aliments secs ; il condamnait les secondes noces, défendait de fuir la persécution, ou même de prendre des mesures de prudence pour se dérober aux recherches des persécuteurs.

---

(1) Pluquet, Dictionn. des hérés. art. MONTAN. — Tillemont, Hist. ecclés. II, p. 418 et suiv.

Montan, Priscilla et Maximilla annonçaient aussi comme prochains la fin du monde et un règne de mille ans de bonheur. Pépuze et Tymium, deux bourgs de la Phrygie, devaient être le centre de l'empire des élus. Les montanistes reçurent de là le surnom de Pépuziens ou Cataphrygiens.

L'austérité de leur morale, les jongleries de Montan et de ces deux femmes visionnaires, et de beaucoup d'autres illuminés formés à son école, propagèrent sa secte en Mysie, en Phrygie, en Galatie et dans les provinces septentrionales de l'Afrique. Elle en imposa même assez aux fidèles pour obtenir l'approbation de plusieurs d'entre eux. Les uns le prenaient pour un véritable prophète, tandis que d'autres le regardaient comme un possédé ou un insensé. Ceux-ci soutenaient que l'enthousiasme de Montan était une fureur qui lui ôtait l'usage de la raison; ceux-là, pour accorder avec l'inspiration divine ses transports démoniaques, prétendaient que la prophétie venait d'une violence spirituelle qui était en apparence une espèce de folie.

L'imposture faisait des progrès effrayants : les esprits divisés, les sentimens partagés, la discipline de l'Eglise compromise, la discorde et le trouble introduits dans son sein, étaient autant de maux qui exigeaient un prompt remède. Après beaucoup de ménagements, les évêques d'Asie se rassemblèrent plusieurs fois en synodes, examinèrent mûrement la conduite et la doctrine des montanistes, et d'une voix unanime ils déclarèrent les nouvelles prophéties fausses, profanes, impies; les condamnèrent, et dirent anathème à ceux qui en étaient les auteurs ou les partisans déclarés.

Deux docteurs chrétiens, Miltiade et Apollonius appuyèrent de leurs écrits cette sage décision, et opposèrent aux montanistes de savantes réfutations, dont il ne nous reste plus que des fragments (1).

(1) Eusèbe, Hist. eccl. l. V, cc. 17 et 18.

CHAPITRE QUATRIEME.

L'Eglise de Lyon écrit au Pape et aux Eglises d'Asie, touchant l'hérésie de Montan.

Les chrétiens d'Asie exposaient les progrès et les ravages du montanisme, dans les lettres qu'ils adressèrent à l'Église de Lyon : ils avaient confiance en ses lumières et en ses vertus, et attendaient d'elle des consolations et des conseils. Ils voulaient aussi la prévenir de ces désordres, afin que si l'hérésie de Montan, cause de leurs maux et de leur affliction, s'étendait jusque dans les Gaules, elle la connût d'avance et se tînt prête à la repousser.

D'ailleurs l'Eglise de Lyon, comme nous l'avons déjà remarqué, fille de celle de Smyrne, formée d'abord en grande partie de fidèles venus ou originaires des mêmes contrées, entretint toujours des relations fréquentes avec les Églises de l'Asie-Mineure. Plusieurs des prélats asiatiques qui condamnèrent Montan, avaient connu Pothin et Irénée auprès de Polycarpe ; car ce vénérable disciple de saint Jean était l'oracle de l'Orient, et l'on venait de fort loin entendre ses instructions, puiser, pour ainsi dire à leur source, les traditions apostoliques, admirer l'éclat de sa sainteté et recueillir les leçons de sa longue expérience. Souvent ces nombreux étrangers avaient pu voir avec quelle fidélité saint Pothin d'abord, et plus tard saint Irénée, marchaient sur les traces de leur maître, et, après le départ du premier pour les Gaules, ils avaient admiré dans celui-ci les plus beaux talents unis à l'humilité la plus profonde, ces vertus, cette ardeur pour l'étude, cette piété tendre envers Dieu, ce zèle pour la vérité, qui faisaient la joie et l'admiration de Polycarpe lui-même. Des souvenirs si honorables pour les fondateurs de l'Église de Lyon, étaient encore vivants parmi ceux des prélats qui les avaient connus à Smyrne, et la réputation glorieuse de la chrétienté que gouvernait saint Pothin secondé par saint Irénée, les confirmait dans la bonne opinion qu'ils avaient conçue de l'un et de l'autre. Tous ces motifs engagèrent les Églises d'Asie à écrire à celle de Lyon les lettres dont nous venons de parler.

Lorsqu'elles arrivèrent à leur destination, la chrétienté

de Pothin et d'Irénée était elle-même menacée d'une violente persécution, si déjà elle n'était pas la proie de la barbarie païenne. Mais ces généreux chrétiens, oubliant leurs maux ou leurs angoisses, se préoccupèrent de l'affliction de leurs frères, leur adressèrent des lettres pour approuver leur zèle à combattre l'hérésie, les exhorter à persévérer dans leur constance, à soutenir les faibles, à relever ceux qui étaient tombés, à se tenir unis ensemble contre l'ennemi commun; comme eux, ils condamnèrent la détestable hérésie de Montan, et leur communiquèrent les moyens de confondre ces fanatiques et de rendre la paix à leurs Églises désolées (1). Il est probable, et c'est l'opinion de la plupart des savants, que les chrétiens de Lyon se servirent en cette circonstance de la plume de saint Irénée. En effet, personne n'était plus capable que lui de bien s'acquitter de cette mission, et une affaire si délicate ne demandait pas des connaissances moins profondes et moins étendues que les siennes. C'était trop peu pour la chrétienté de Lyon de s'occuper du bien de celles d'Asie, elle adressa encore au souverain Pontife des lettres, dans lesquelles elle le conjurait de foudroyer la nouvelle hérésie et de mettre ainsi un terme au scandale et aux maux affreux qu'elle causait dans l'Eglise; elle le priait en particulier de don-

(1) Euseb. Hist. eccl. l. V, c. 3.

ner aux chrétiens d'Asie l'appui de son autorité et un témoignage de sa satisfaction, ce qui devait être pour eux la plus précieuse récompense et la plus douce consolation, au milieu de leurs épreuves et de leurs souffrances (1).

Qu'il est touchant le spectacle que présente ici l'Église catholique ! Comme dans une famille unie, des enfants bien nés prient leur père vénéré de bénir des frères qu'ils aiment, ainsi la chrétienté de Lyon s'adresse au père commun des fidèles, et le prie avec respect de consoler des frères affligés. Mais Soter, digne père d'une famille si digne de lui, étendait sa sollicitude sur toutes les Églises du monde : dès que le bruit des excès de cette secte fut parvenu à Rome, il condamna ce qu'elle enseignait de visiblement contraire aux dogmes ou à la discipline de l'Église. Ainsi, parce qu'elle admettait les femmes aux ordres sacrés et leur donnait rang dans la hiérarchie ecclésiastique, Soter défendit à toutes les personnes du sexe, même à celles qui étaient consacrées à Dieu par des vœux, de s'ingérer dans le ministère des autels, de toucher les vases sacrés, de brûler de l'encens dans les cérémonies du culte catholique (2). Il écrivit encore

---

(1) Euseb. Histor. eccl. l. V, c. 3 sub fin.—Baron. Annal. eccl. ad an. 179, § 53-54.

(2) Lib. Pontific. in Soter.

contre cette nouvelle hérésie un ouvrage que Tertullien devenu montaniste tenta vainement de réfuter (1).

Non-seulement saint Soter veillait aux besoins spirituels des Églises les plus éloignées de son siége, il leur envoyait encore des secours temporels avec plus d'abondance même que ses prédécesseurs, qui cependant s'étaient imposé de grands sacrifices pour obéir à l'amour paternel qu'ils avaient toujours eu pour elles. C'est le témoignage que lui rend l'illustre Denys, évêque de Corinthe, dans une lettre qu'il écrivit à ce propos à l'Église de Rome. Ce saint, alors une des lumières de l'Église, et l'un des plus terribles adversaires de l'hérésie, touché du zèle avec lequel saint Soter veillait à l'intégrité de la foi, et de la charité avec laquelle il consolait les Églises éprouvées par la persécution, et subvenait aux besoins temporels que leur créaient l'injustice et l'inhumanité de leurs persécuteurs, témoigna dans les termes suivants, au saint Père et aux chrétiens de Rome, son admiration et sa reconnaissance : « Depuis l'établissement de la religion, votre Église a eu l'usage d'envoyer à toutes celles qui sont répandues dans le monde, les secours abondants de sa charité; c'est ainsi que, fidèle à l'habitude de vos ancêtres, vous subvenez par vos aumônes aux besoins des indigents ou des frères condam-

(1) Prædestinat. c. 26.

nés aux mines. Votre bienheureux évêque Soter ne s'est pas contenté d'entretenir cette pieuse coutume, il l'a fortifiée par des bienfaits plus grands et plus nombreux, qu'il a distribués soit aux Églises, soit aux frères qui, se rendant à Rome des contrées lointaines, trouvaient auprès de lui les consolations et les secours qu'un bon père prodigue à des enfants bien-aimés. » Saint Denys dit ensuite qu'il faisait toujours lire dans son Église la lettre que saint Clément avait autrefois écrite aux Corinthiens, puis il ajoute : « Nous avons célébré aujourd'hui le jour du Seigneur ; nous avons lu votre lettre dans l'assemblée et nous la lirons désormais régulièrement avec celle de saint Clément, pour nous rappeler les excellents préceptes et les beaux exemples contenus dans l'une et dans l'autre (1). »

Un pontife si attentif au bien de la religion n'avait donc pas besoin d'être exhorté à secourir les frères de l'Asie-Mineure ; la chrétienté de Lyon n'en doutait point ; mais elle savait que toutes les églises du monde sont obligées de s'accorder avec l'Église romaine ; en outre elle exprimait à Soter cette tendresse fraternelle qu'il est toujours bien doux à un père de trouver dans sa famille ; et ce saint pape aurait accueilli avec bonté des sentiments si généreux, exposés avec tant de res-

---

(1) Euseb. l. IV, c. 23.

pect; mais la mort vint l'enlever avant qu'elles lui fussent envoyées (1).

Ce fut à saint Eleuthère, son successeur, que les chrétiens de Lyon soumirent la décision qu'ils avaient prise touchant le montanisme; et saint Irénée, comme nous le verrons bientôt, fut chargé de la porter à Rome. Héritier de la sainteté et de la dignité de saint Soter, le nouveau pontife travailla avec la même ardeur au bien de la religion dans toutes les parties du monde ; et sous sa protection les Églises de l'Asie-Mineure virent renaître dans leur sein la paix et le bonheur. C'était à cet heureux succès que tendaient les vœux des chrétiens Lyonnais. Mais la plupart d'entr'eux ne devaient point en voir l'accomplissement sur la terre ; leurs lettres n'étaient point parties pour leur destination, et les enfants de Pothin pleuraient encore les maux des Églises d'Asie, que l'orage, après les avoir long-temps menacés, vint enfin se décharger sur eux. Dieu, qui ne permet jamais que les tentations soient au-dessus de nos forces, avait tenu la tempête loin de ce peuple fidèle, jusqu'à ce que, formé et affermi dans la vertu, il fût capable de combattre les combats du Seigneur, et de remporter la palme du martyre. Or, ces

---

(1) Au commencement de l'an 177.

temps étaient arrivés ; l'ennemi du salut reçut le pouvoir de nuire et de livrer les plus terribles assauts à la fervente chrétienté de Pothin et d'Irénée. C'est sur ce théâtre que nous devons maintenant considérer ces deux grands saints et le peuple de héros qu'ils avaient formé.

HISTOIRE
DE
SAINT IRÉNÉE.

LIVRE TROISIÈME.

PREMIÈRE PERSÉCUTION DE L'ÉGLISE DE LYON,
SOUS MARC-AURÈLE (177).

CHAPITRE PREMIER.

Situation de l'Eglise de Lyon à cette époque. — Commencements
de la persécution.

La chrétienté de Lyon, sous la direction de saint Pothin, prospérait tous les jours par les soins et les travaux de saint Irénée.

Elle s'était recrutée dans tous les rangs de la société et comptait dans son sein des riches et des pauvres, des citoyens romains et des esclaves, des savants et des ignorants, qui, tous confondus dans un même sentiment de foi et d'amour, rendaient des hommages communs au même Dieu, au même Sauveur. « Nous connaissons par leurs noms environ cinquante d'entre eux, et leur souvenir, pour la plupart, n'est réhaussé que par la mention d'un glorieux martyre. Les autres, dit un écrivain distingué, sont oubliés, ou, pour me servir d'une touchante expression de leurs actes, « on ne lit plus leurs noms que là-haut, sur les pages du livre de vie (1); instruments silencieux de la Providence, manœuvres ensevelis obscurément sous les fondements d'un édifice dont leur foi ardente et leur abnégation héroïque ont assuré l'éternité (2). »

« Dans le catalogue des membres du troupeau dévoué figurent, à côté de Pothin et de ses Grecs, quelques prêtres et diacres à physionomie latine, presque tous sans doute Gallo-Romains. Ce sont Marcellus et Valerianus, celui-ci diacre, l'autre prêtre, tous deux amis et proches parents (3); enfin Benignus et Andochius, que la tradition signale comme des envoyés directs de Polycarpe (4),

---

(1) Act. SS. Epipod. et Alexand. 2. — Greg. Turon. Hist. Franc. t. I, p. 27.
(2) M. Amédée Thierry, Hist. de la Gaule sous l'administrat. rom. tom. II, p. 178 et suiv.
(3) Gregor. Turon. Glor. martyr. t. I, p. 54.
(4) Bolland. 17 januar. — Tillemont, Histoire ecclésiast. tom. III, p. 38.

mais qui furent probablement des indigènes gaulois ordonnés prêtres par Pothin. On leur adjoint ordinairement, comme compagnon, le diacre Thyrsus, à qui son nom ferait plutôt supposer une origine orientale.

» C'était là le clergé : le peuple se partageait aussi en Grecs et en Gallo-Romains. Au premier rang des Grecs, on plaçait Attale de Pergame, citoyen romain, de mœurs graves, riche, considéré de tout le monde, usant de son crédit pour servir les fidèles, et surnommé par eux la *colonne de l'Eglise de Lyon* (1). Ensuite venaient Alexandre le Phrygien, médecin établi en Gaule depuis de longues années, et missionnaire infatigable de la foi (2), et Alcibiade, homme d'un caractère dur, porté aux résolutions extrêmes ; il était citoyen romain, ainsi que Philomène et Macaire (3). On ne sait rien d'Aristée, de Zosime, de Zotique, d'Apollonius, qui paraissent avoir été grecs, de même que Ponticus... »

Les femmes grecques étaient nombreuses dans la communauté : on y comptait, parmi beaucoup d'autres, Bibliade (4), destinée à être tour-à-tour l'affliction et

---

(1) Euseb. Hist. eccl. tom. V, c. 1.
(2) Euseb. ibid.
(3) On assure qu'ils avaient cette qualité, parce qu'ils eurent la tête tranchée, au lieu d'être exposés aux bêtes.—Tillem. Hist. ecclés. t. III, p. 27.—Gregor. Turon. De Glor. martyr. 49.
(4) Elle est appelée Biblis dans Grégoire de Tours, De Glor. martyr.

la joie de l'Église, Trophime, Gamnite, Rhodana, Elpis qu'on appelait aussi *Amnas*. Quatre d'entre elles possédaient le droit de cité romaine (1).

« Vettius-Epagathus, né à Lyon de famille indigène illustre, et lui-même citoyen de Rome, ouvrait la série des fidèles Gallo-Romains. C'était un homme considérable dans son pays, et qui sacrifiait tout à sa religion (2). A côté de lui se plaçaient, par leur courage, Maturus..., Silvius, Prinus, Ulpius, Vitalis, Géminus, Comminius, October, citoyens romains (3), affranchis pour la plupart, comme leurs noms semblent l'indiquer; puis Titus, Cornélius, Julius, dont on ne sait rien, sinon qu'ils moururent en chrétiens dévoués. »

« Parmi les femmes Gallo-Romaines, Julia, Albina, Grata, Rogata, Emilia, Posthumiana, Pompeïa, Quarta, Materna, jouissaient des prérogatives de la cité de Rome, à laquelle plus d'une, on peut le supposer encore, était arrivée par l'affranchissement. Elles avaient pour compagnes Antonia, Justa, Alumna, Ausonia (4), sujettes

---

40.—Dans Adon, 2ª jan. En général, les noms de ces martyrs ayant été défigurés dans les manuscrits, il existe de grandes variantes entre le Martyrologe de saint Jérome, Grégoire de Tours et Adon.

(1) Voir *Notes et pièces diverses*, nº II.

(2) Epist. mart. Lugdun.

(3) Euseb. Hist. eccl. tom. V, p. 1. — Greg. Turon. De Glor. Martyr. 49.

(4) Il existe pour ces noms, comme pour les précédents, de gran-

provinciales peut-être, et Lucia, indigente et veuve, qui habitait, au bourg de Pierre-Encise près de Lyon, une chaumière toujours ouverte pour recevoir ses frères, au premier signe de persécution. Ensuite venait l'esclave Blandine, que la mort mit bientôt au même rang que sa maîtresse, martyre comme elle (1).

Du nombre des chrétiens de Lyon étaient encore Epipode et Alexandre, deux jeunes gens doués de vertus précoces, que récompensa aussi la couronne du martyre.

Telle était à-peu-près la situation de l'Eglise lyonnaise lorsque la persécution vint l'éprouver. Son petit nombre avait jusqu'alors fait toute sa sûreté; tant qu'elle avait comme disparu dans la foule, elle avait été dédaignée par les païens; mais l'ennemi du salut veillait à sa perte. L'envie s'alarma de sa prospérité. Tous ceux qui étaient intéressés à maintenir le règne de la superstition, réveillèrent l'attention des magistrats, commencèrent à souffler dans tous les cœurs la haine dont ils étaient animés, et ameutèrent la populace païenne contre les chrétiens; leur religion fut plus que jamais tournée en ridicule; leurs mœurs accusées d'infamie, leur conduite traitée d'insubordination ou de désobéissance aux lois de l'empire, et

---

des variantes dans les écrivains.— *Voyez* Tillem. Hist. ecclés. t. III, p. 27 et not. p. 690.

(1) Act. Martyr. SS. Epipod. et Alexand. ap. Ruinart.

de mépris pour les dieux et pour la religion nationale. Afin de rendre leurs personnes odieuses, on inventait et l'on débitait chaque jour contre eux de nouvelles calomnies. Les chefs et les principaux de la chrétienté étaient ceux que cherchaient les traits les plus envenimés de la haine. Mais saint Pothin attirait surtout les regards et l'attention des ministres des faux-dieux. Les chrétiens se virent partout insultés : on les repoussait des assemblées ; on les expulsait ignominieusement des places publiques; on les huait dans les rues ; souvent même des hommes de la lie du peuple, préludant à la férocité des bourreaux et des bêtes, les frappaient, les poursuivaient à coups de pierres ; des murmures menaçants s'élevaient de toutes parts; des anathèmes terribles éclataient dans la ville ; des cris de mort venaient retentir aux oreilles des chrétiens, dès qu'ils se hasardaient à sortir de leurs demeures. Ces signes présagèrent à saint Pothin et à saint Irénée de sinistres évènements : ils comprirent que le temps des épreuves était arrivé. Pothin vit avec bonheur s'approcher le moment désiré où, à l'exemple des apôtres et de son maître saint Polycarpe, il devait donner sa vie à Jésus-Christ, et cimenter par son sang les fondements de son Église. Il se reprochait en quelque sorte les infirmités et la faiblesse de son âge, qui l'empêchaient d'aller se montrer à son peuple et soutenir sa constance au milieu des maux qui le menaçaient.

Mais il connaissait le zèle et le courage d'Irénée ; il se reposa sur lui de sa sollicitude pastorale. Irénée, dont l'âme semblait s'agrandir à mesure que les dangers augmentaient, exposa cent fois sa vie pour ranimer la constance des fidèles et les préparer au dernier sacrifice que le Seigneur imposait à leur foi et à leur amour. En effet, la populace païenne, poussée, dirigée par des chefs altérés du sang des innocents, arracha de leurs retraites les principaux d'entre les chrétiens, massacra les uns, traîna les autres dans les prisons, d'où ils ne sortirent que pour périr avec plus d'éclat, et amuser par leurs souffrances les barbares loisirs du peuple idolâtre. Au premier bruit des violences exercées contre l'Eglise de Lyon, celle de Vienne, selon la coutume de ces temps éloignés (1), choisit dans son clergé, ou parmi le peuple, des ecclésiastiques ou des fidèles d'une vertu éprouvée, pour aller consoler des frères persécutés et partager leur sort, si le Seigneur l'exigeait. En effet, les généreux enfants de l'Eglise de Vienne furent associés aux souffrances et à la gloire du peuple de saint Pothin.

Mais ce n'est point à nous à raconter ces luttes sublimes ; nous n'avons point assez d'éloquence pour dire dignement un si noble triomphe : laissons les illustres

---

(1) Fr. Florius, De martyr. Lugdun. Dissert. p. 54 et seq.

confesseurs de Vienne et de Lyon nous décrire en traits enflammés les combats dont ils sortirent avec tant de gloire. Les chrétiens de ces deux Églises, qui avaient échappé à la rage des persécuteurs, écrivirent en grec la relation du martyre de leurs frères, et l'adressèrent aux Églises de l'Asie-Mineure et de la Phrygie (1). Au

(1) Duplex hìc quæstio oritur. Prima, cur hæc epistola scripta sit conjunctìm à duobus Ecclesiis Viennensi ac Lugdunensi. Altera, cur Galli Græcè scribant ad Ecclesias Asiæ et Phrygiæ, et ad Eleutherum romanæ urbis episcopum.

Quod ad primam attinet, hoc idcircò factum existimo, quod Ecclesiæ Viennensium ac Lugdunensium non modò loci vicinitate, sed etiam mutui amoris vinculo conjunctæ erant. Et cum in eâdem persecutione simul decertassent, epistolam de suis martyribus simul et conjunctìm scripserunt. Ad hæc, utraque provincia sub unius præsidis jurisdictione, tunc quidem temporis videtur fuisse; ut ex eo conjicitur; quod tam Viennenses quàm Lugdunenses, ob fidem Christi à præside comprehensi et damnati esse dicuntur in hâc epistolâ. Hæ igitur causæ sunt, cur conjunctìm scripserint Viennenses et Lugdunenses. Nam quod suspicati sunt quidam, unum tunc fuisse episcopum Viennæ atque Lugduni, id ex hâc ipsâ epistolâ facilè refellitur, quæ Pothinum episcopum Lugduni fuisse dicit, non item Viennæ. Porrò Lugdunenses honoris causâ Viennensium nomen præponunt, cùm tamen ipsi Lugdunenses epistolam scribant de iis quæ Lugduni gesta fuerant. Vetustati quoque et nobilitati coloniæ Viennensium id tributum videri potest.

Quod verò ad secundam quæstionem attinet, ex ipsâ epistolâ discimus plurimos fuisse græcos in Ecclesiâ Lugdunensi, cujusmodi fuit Attalus et Alexander phryges, et Alcibiades item oriundus ex Phrygiâ, ut opinor : Irenæus quoque oriundus erat ex Asiâ et Polycarpum Smyrnæ audierat unà cum Florino admodùm puer, ut ipse testatur. Pothini quoque episcopi vel nomen ipsum græcam originem desig-

caractère de simplicité, de noblesse et d'onction que porte avec lui cet admirable monument, on reconnaît la foi vive, la charité ardente, le zèle apostolique, en un mot, toute la grande âme de saint Irénée, qui fut en cette occasion l'organe des deux Églises, comme il en était l'oracle (1).

« Qui est celui, nous écrierons-nous ici avec un sa-
» vant évêque, qui oserait entreprendre d'imiter l'élo-
» quence de ces Pères ? Le bienheureux esprit des mar-
» tyrs est encore vivant dans ces paroles, toutes mortes
» qu'elles sont. Le sang répandu pour Jésus-Christ, y
» paraît encore tout bouillant. Ils ne parlent que des
» choses qu'ils ont vues, qu'ils ont touchées, qu'ils
» ont endurées ; et ils ne rapportent que les paroles
» qu'ils ont recueillies de la bouche sacrée de ces saints,
» ou celles qu'ils ont employées pour les exhorter à

---

nat. Proindè non mirum est, si qui ex Asiâ in Gallias venerant, fratribus suis in Asiâ constitutis de rebus suis scribant : à quibus, ut credibile est, epistolam illam de martyrio Polycarpi et aliorum, priùs accepissent.

Hujus autem epistolæ auctorem fuisse arbitror Irenæum, qui quidem eo tempore Ecclesiæ Lugdunensis erat presbyter.

Henr. Vales. Annot. in Euseb. Histor. eccl. l. V, c. 1.—Tillemont. Hist. eccles. tom. III (in-4°) p. 28.)

(1) Henr. Vales. loc. sup. cit.—Longueval, Hist. de l'Egl. gallic. l. I. De Colonia, Hist. littér. de Lyon, tom. I, p. 33.—Tillemont, ibid. p. 2. — Dom. Rivet, Hist. littér. de France, tom. I.

» remporter la victoire sur l'idolâtrie (1). » Non, nous n'oserions pas entreprendre nous-même un récit que des martyrs ou des confesseurs étaient seuls capables de nous faire et dont notre plume ne pourrait qu'affaiblir l'intérêt. A peine nous permettrons-nous d'y entremêler quelques courtes explications sur certains passages qui ont besoin d'être éclaircis, ou dont il importe de montrer toute la portée.

---

(1) Du Bosquet, Eccles. gallic. l. II, c. 18. — Le fameux Scaliger, quoique engagé dans l'hérésie, n'a pas laissé d'écrire ces paroles mémorables touchant les actes de saint Polycarpe et ceux des premiers martyrs de Lyon : « Ea (Gallorum certamina) et Polycarpi martyrium hodiè extant apud Eusebium, in historiâ ecclesiasticâ : quæ sunt vetustissima Ecclesiæ martyria : quorum lectione piorum animus ità afficitur, ut nunquàm satur indè recedat. Quod quidem ita esse unusquisque pro captu suo et conscientiæ modo sentire potest. Certè ego nihil unquàm in historiâ ecclesiasticâ vidi, à cujus lectione commotior recedam ; ut non ampliùs meus esse videar. Idem sentimus de actis martyrum Lugdunensium et Viennensium apud eumdem Eusebium : quibus quid augustius ? Quid venerabilius in antiquitatis christianæ monumentis legi potest ? » (Scalig. animadv. ad Euseb. chronic. n° MMCLXXXIII.

CHAPITRE SECOND.

Plusieurs chrétiens sont arrêtés et jetés dans les prisons, ou tourmentés au Forum. — Vettius Epagathus — Maturus — Blandine — Sanctus — Bibliade.

LETTRE DES EGLISES DE VIENNE ET DE LYON,
CONTENANT LE MARTYRE DE SAINT POTHIN, ÉVÊQUE DE LYON,
ET DE PLUSIEURS AUTRES SAINTS.

« Les serviteurs de Jésus-Christ qui habitent Vienne
» et Lyon, villes des Gaules, aux frères d'Asie et de
» Phrygie, qui ont la même foi que nous et qui espè-
» rent au même Rédempteur; paix, grâce et gloire de
» la part de Dieu le Père et de Jésus-Christ notre Sei-
» gneur.

» La violence de la persécution et la rage des Gentils
» contre les saints; la variété, la cruauté des supplices
» qu'ont supportés nos bienheureux martyrs, nous som-

» mes incapables de vous les raconter ou de vous les
» décrire dignement ; car l'ennemi s'est jeté sur nous
» avec une violence féroce ; les préludes de sa fureur
» nous présagèrent ce que nous devions attendre des
» ministres qu'il avait instruits et exercés à faire la
» guerre aux serviteurs de Dieu. On commença par nous
» interdire non-seulement l'entrée des maisons, des
» bains et du forum ; mais encore partout on nous tra-
» qua. Cependant la grâce de Dieu nous soutint dans
» nos peines ; elle mit les plus faibles à l'abri du péril,
» et exposa aux combats des hommes qui, par leur
» courage, devaient, comme autant de colonnes iné-
» branlables, résister au choc des ennemis. Ces géné-
» reux athlètes, en étant donc venus aux mains, souf-
» frirent toutes sortes d'opprobres ; et les peines qui au-
» raient paru insupportables à d'autres, ils les regar-
» daient comme légères, dans le désir de s'unir au plus
» tôt à Jésus-Christ, nous apprenant, par leur exemple,
» que les afflictions de cette vie n'ont aucune proportion
» avec la gloire qui doit un jour éclater en nous (1).
» Toutes les brutalités qui accompagnent les émeu-
» tes populaires, les vociférations, les outrages, les
» violences, les emprisonnements, les coups de pier-
» res, le pillage, en un mot, tout ce dont est capable

(1) Rom. VIII, 18.

» une populace en fureur et poussée par sa rage contre
» ce qui excite ou ses craintes ou sa haine, fut exercé
» contre eux, mais rien ne put ébranler leur constance.
» Ensuite, traînés au forum par le tribun des soldats et
» par les magistrats de la ville, ils répondirent aux
» questions qu'on leur fit en présence d'une foule im-
» mense, par une généreuse profession de leur foi, après
» quoi ils furent jetés dans la prison jusqu'au retour
» du président. Dès qu'il fut arrivé, on lui présenta
» les confesseurs, qu'il traita avec une cruauté égale à la
» haine qu'il leur portait. Cette injustice révolta un
» de nos frères nommé Vettius Epagathus. C'était un
» jeune homme brûlant de charité pour Dieu et pour le
» prochain, de mœurs si pures et d'une vie si austère,
» qu'il méritait déjà l'éloge que l'Ecriture fait du saint
» vieillard Zacharie; car il marchait avec édification
» dans toutes les voies du Seigneur, toujours prompt à
» servir Dieu et le prochain, toujours animé et rempli
» de l'Esprit divin. Or, Vettius Epagathus, ne pouvant
» contenir son indignation, demanda la permission de
» défendre ses frères et de prouver que parmi nous il
» ne se passait rien d'impie, ni de contraire à la reli-
» gion. A cette proposition, la multitude qui entourait
» le tribunal, se mit à vociférer contre lui, (car il était
» fort connu) et le président, choqué de sa juste de-
» mande, pour toute réponse, s'informa de lui s'il

» était chrétien. Vettius confessa hautement qu'il l'était
» chrétien, et aussitôt il fut mis au nombre des martyrs,
» sous la prévention d'être l'*avocat des chrétiens*, titre
» glorieux qu'il avait bien mérité, puisque, comme Za-
» charie, il avait en lui-même pour avocat et pour con-
» solateur l'Esprit Saint, dont l'inspiration le porta à
» s'offrir à une mort certaine pour la défense de ses
» frères. Disciple digne de Jésus-Christ, il suit aujour-
» d'hui l'agneau partout où il va.

» Ces premières épreuves firent aisément le discer-
» nement entre ceux qui s'étaient préparés au combat
» et ceux qui ne l'avaient pas prévu. Les premiers se
» déclarèrent avec joie et témoignèrent un désir ardent
» de consommer leur martyre. Parmi les autres, dix
» troublèrent la joie des confesseurs; par une chute dé-
» plorable, ils répandirent la tristesse et l'affliction parmi
» tous les frères; leur apostasie refroidit même le zèle
» de ceux qui, n'ayant pas encore été arrêtés, ne ces-
» saient, malgré le péril, d'assister les martyrs dans leurs
» souffrances. Nous étions tous alors dans de terribles
» alarmes et dans une cruelle incertitude sur ce qui ar-
» riverait aux confesseurs; les tourments nous effrayaient
» peu; mais nous tremblions qu'il ne se rencontrât de
» nouveaux apostats.

» Chaque jour cependant amenait de nouvelles arres-
» tations; chaque jour on conduisait dans les prisons

» des fidèles plus constants et dignes de remplacer ceux
» qui étaient tombés. Bientôt les cachots renfermèrent les
» principaux des deux Églises, ceux qui les avaient fon-
» dées et constituées par leur prudence et leurs travaux
» (1). On se saisit aussi de quelques-uns de nos esclaves
» païens; car le président avait ordonné qu'on trouvât
» à toute force des témoins contre nous; ceux-ci, redou-
» tant pour eux-mêmes les supplices auxquels on appli-
» quait les saints, et excités par les démons et les soldats,
» nous reprochaient les repas sanglants de Thyeste,
» les amours incestueuses d'Œdipe, et d'autres crimes
» si énormes, que nous ne saurions y penser, ni les rap-
» peler sans crime, ni croire qu'il se soit trouvé des
» hommes assez méchants pour les commettre. Ces dé-
» positions ayant été publiées parmi le peuple, les païens
» se déchaînèrent aussitôt contre nous; ceux mêmes à
» qui la parenté avait jusqu'alors inspiré quelque modé-
» ration à notre égard, donnèrent enfin un libre cours à
» leur indignation ou à leur fureur. Ainsi s'accomplis-
» sait cette prédiction du Seigneur : *Un temps viendra*
» *où l'on croira faire un acte de religion, en vous livrant*
» *à la mort* (2). Le langage humain ne saurait décrire les

---

(1) Ce passage semble prouver que l'Eglise de Vienne fut fondée dans le même temps que saint Pothin fondait celle de Lyon.

(2) Joan. XVI, 2.

» tortures que l'on fit alors endurer aux saints martyrs,
» à l'instigation de l'enfer, pour leur faire avouer les im-
» piétés dont on nous chargeait. La fureur du président,
» du peuple et des soldats s'attacha d'abord au diacre
» Sanctus, de Vienne; à Maturus, encore Néophyte, mais
» déjà athlète généreux; à Attale, de Pergame, qui fut
» toujours la colonne et le soutien de notre Église; et à
» Blandine, jeune esclave par laquelle Jésus-Christ a
» voulu faire connaître qu'une charité ardente, sincère,
» active, héroïque dans ses actions, ennoblit aux yeux
» de Dieu ce qui paraît vil et méprisable aux yeux des
» hommes. Nous craignions tout pour elle; sa maî-
» tresse surtout qui combattait elle-même vaillamment
» avec les autres martyrs, tremblait de crainte que la
» délicatesse de sa complexion ne lui fit trahir sa foi;
» mais Blandine déploya dans les tourments une telle
» force d'âme, que les bourreaux qui, se relayant les
» uns les autres, s'étaient lassés à exercer sur elle, de-
» puis le matin jusqu'au soir, toute sorte de supplices,
» s'avouèrent vaincus, et comme ils avaient épuisé sur
» ses membres déchirés tout ce que leur rage ingénieuse
» avait su inventer, ils furent étrangement surpris que
» son ame animât encore un corps qui n'était plus qu'une
» plaie. Mais la sainte martyre, comme une athlète in-
» vincible, tirait une nouvelle force de la confession de
» sa foi; elle trouvait dans ces paroles : *Je suis chré-*

» *tienne... Il ne se passe rien de criminel parmi nous* (1),
» une vertu secrète qui adoucissait ses douleurs et chan-
» geait ses tourments en délices. »

» Le diacre Sanctus supportait de son côté avec un
» courage supérieur aux forces humaines, tous les sup-
» plices que les bourreaux s'imaginèrent de lui faire
» souffrir, dans l'espoir d'en arracher quelque aveu hon-
» teux à la charge de la religion : il leur opposa toujours
» un si grand courage, qu'il ne voulut dire ni son nom,
» ni sa patrie, ni sa condition. A toutes les interroga-
» tions, il répondit : *Christianus sum*, *Je suis chrétien*,
» comprenant dans cette qualité, son nom, sa patrie, sa
» condition, tout ce qu'il était ; et les païens ne purent
» jamais arracher de lui d'autre réponse. Le président ne
» se possédait plus de fureur ; la barbarie des bourreaux
» demandait vengeance. Ne sachant plus quel tourment
» employer, ils s'avisèrent de faire rougir au feu des la-
» mes de cuivre et de les lui appliquer aux parties les
» plus sensibles du corps. Le saint martyr vit tranquille-
» ment brûler sa chair, et demeura inébranlable dans
» la confession de la foi, Jésus-Christ versant sur ses
» plaies la céleste rosée de sa grâce, qui tempérait sa
» douleur. Son corps mutilé témoignait de son héroïs-

---

(1) Sainte Blandine appuyait beaucoup sur ce témoignage pour
er . âches calomnies des autres esclaves.

» me et de la cruauté de ses bourreaux : il ne conser-
» vait presque plus rien de l'apparence humaine : c'était
» un amas informe de chairs calcinées, déchirées, tom-
» bant en lambeaux, d'os et de membres broyés. Mais
» Jésus-Christ, qui souffrait en lui, faisait par lui éclater
» sa gloire, confondait l'ennemi et animait les fidèles,
» en leur montrant par un si bel exemple qu'on n'a
» rien à craindre quand on porte en soi la charité du
» Père; qu'on ne souffre rien quand on envisage la gloire
» du Fils. En effet, quelques jours après, les impies ap-
» pliquèrent le martyr à de nouvelles tortures; ils espé-
» raient qu'en remettant le fer et le feu dans ses plaies
» encore ouvertes et enflammées, sa constance céderait
» enfin à des tourments si affreux, puisqu'alors même
» le plus léger attouchement devait lui être insupporta-
» ble, ou que du moins, expirant dans les supplices, son
» sort épouvanterait les autres. Mais l'évènement trom-
» pa toutes leurs prévisions; par un miracle inespéré,
» son corps parfaitement rétabli dans sa forme et sa
» force premières se trouva disposé à de nouveaux
» supplices, et la seconde torture qu'on lui fit endurer
» fut, par la grâce de Jésus-Christ, un remède à la pre-
» mière, plutôt qu'un nouveau tourment. »

L'ennemi ainsi confondu s'attaqua à des adversaires
plus faciles à vaincre. « Bibliade était du nombre de
» ceux qui avaient renié la foi de Jésus-Christ ; le dé-

» mon qui connaissait sa faiblesse par expérience, la re-
» gardait comme une proie assurée et voulait encore la
» forcer à ajouter le blasphème à l'infidélité; il la pous-
» sa donc au supplice, afin que la douleur l'obligeât à
» nous accuser des crimes les plus honteux; mais elle
» rentra en elle-même au milieu de ses souffrances, et
» parut revenir comme d'un profond assoupissement. Le
» sentiment de ses douleurs temporelles lui rappelant le
» souvenir des peines éternelles, elle adressa ce repro-
» che aux impies : *Comment peut-il se faire que les chré-*
» *tiens mangent leurs enfants, eux à qui il n'est pas même*
» *permis de goûter du sang des animaux?* Elle confessa
» ensuite qu'elle était chrétienne, et on lui réserva le
» sort des martyrs.

» Jésus-Christ ayant ainsi, par sa grâce, rendu la
» constance des confesseurs victorieuse de tous les sup-
» plices des tyrans, le démon dressa contre eux de nou-
» velles machines; il les fit jeter dans un cachot téné-
» breux et incommode; là, on mit leurs pieds dans des
» entraves de bois et on les écarta avec violence jus-
» qu'au cinquième trou; on leur fit souffrir tous les
» tourments que la rage vaincue, et excitée par le dé-
» mon, est capable d'exercer sur des captifs sans dé-
» fense. Dieu, pour faire éclater sa gloire, permit qu'un
» grand nombre de ces saints confesseurs mourussent
» étouffés dans leur cachot. D'autres, au contraire, qui

» avaient été si cruellement tourmentés qu'ils ne pa-
» raissaient pas devoir prolonger leur existence au milieu
» de maux contre lesquels tout remède était inutile,
» purent encore vivre dans cet affreux séjour. Les se-
» cours humains leur manquaient; mais Dieu réparait
» leurs forces et soutenait leur courage, en sorte qu'ils
» pouvaient à leur tour consoler leurs compagnons, et
» ranimer leur ardeur. Des chrétiens nouvellement ar-
» rêtés et peu accoutumés aux souffrances, expirèrent
» bientôt dans une prison dont ils ne purent suppor-
» ter les incommodités. »

CHAPITRE TROISIÈME.

Martyre des SS. Pothin, Maturus et Sanctus. — Nouveaux tourments de sainte Blandine et de saint Attale. — Le président consulte Marc-Aurèle.

Il manquait un prêtre à un si grand sacrifice : Le vénérable Pothin, âgé alors de plus de quatre-vingt-dix ans, ne semblait plus respirer que pour offrir au Seigneur ce dernier holocauste : tandis que son peuple luttait avec tant de courage contre l'enfer, il priait à l'écart, et, les mains levées vers le Ciel, il lui demandait la victoire. Irénée qui paraît être l'auteur de cette admirable relation, n'a pas voulu par humilité, mêler son nom à ceux des martyrs dont il raconte les combats; mais son caractère et son zèle bien connus nous font croire que ce saint prêtre se multipliait alors pour aller porter les secours de son ministère partout où l'appelaient les besoins de ses frères. Après avoir pris les ordres et reçu la bénédiction de saint Pothin, il allait consoler les confesseurs, ranimer leur foi, relever leurs espérances, soutenir leur constance, quand il pouvait pénétrer dans leurs ténébreuses prisons; ou bien il visitait dans leurs retraites, les fidèles qu'on n'avait point encore arrêtés, les disposait à offrir au Seigneur le sacrifice de leur vie, et leur distribuait le pain des forts qu'il avait consacré. Il retournait ensuite vers son père vénéré, lui rendait compte de l'état de son Église, lui disait le triomphe des martyrs et la chute des faibles. Le respectable vieillard, adorant alors la volonté du Seigneur, lui renvoyait la gloire de ses enfants martyrisés, implorait sa miséricorde pour ceux d'entre eux qui avaient eu le malheur de céder à la violence des tourments, le conjurait d'excuser leur faiblesse et de leur donner la force de réparer leur crime par une confession généreuse de leur foi. Chaque jour saint Pothin célébrait les redoutables mystères de nos autels, et tandis que ses mains pures, ajoute saint Eucher, élevaient vers le ciel la victime du salut, il témoignait à Dieu le désir de souffrir pour son peuple, comme Jésus-Christ avait donné sa vie pour le monde (1). Ses vœux furent bientôt exaucés; le Seigneur qui l'avait conservé jus-

(1) S. Eucher. Orat. de S. Bland.

qu'alors pour sa gloire, agréa son sacrifice ; il permit que son serviteur tombât entre les mains de ses ennemis, afin qu'un triomphe éclatant couronnât de si longs et de si nobles travaux. Qui pourrait exprimer les sentiments que dut alors éprouver Irénée? Sans doute, comme un autre Laurent, il voulait accompagner le saint pontife jusqu'à l'autel du sacrifice, et y mourir avec lui ; mais le grand saint Pothin, qui depuis long-temps avait fondé sur son prêtre tout l'avenir de son Eglise, dut le conjurer de se conserver pour le bien de la religion, ajoutant que la Providence le destinait à recueillir les pierres du sanctuaire dispersées par l'orage, et à réparer ses ruines. Irénée se soumet à une volonté si respectable, et tombe aux pieds de son père ; l'auguste vieillard levant vers le ciel des yeux baignés de larmes et des mains tremblantes, appelle les bénédictions divines sur une tête sur laquelle reposent désormais les espérances de la chrétienté de Lyon. La tyrannie força ces deux illustres personnages de s'arracher à ces célestes émotions. Saint Pothin fut porté plutôt que conduit par les soldats, au lieu de son supplice ; et saint Irénée, sous la protection de la providence, courut aux bonnes œuvres où le poussait l'Esprit du Seigneur.

Cependant le bruit se répand dans la ville qu'on a découvert et saisi le chef des chrétiens : à cette nouvelle la population s'agite ; on accourt en foule aux portes des prisons, on se précipite vers le forum où doit se faire l'interrogatoire : on se presse, on s'agite, on veut voir le chef des chrétiens. Bientôt le saint est tiré de son cachot; porté par les soldats, il essuie les injures des magistrats inhumains qui l'entourent, les outrages de la populace qui accompagne le cortége; dès qu'il paraît au lieu de l'interrogatoire, la multitude confuse et furieuse pousse des huées ou de longs hurlements, et les cris de mort se prolongent sous les vastes portiques du forum. L'auguste pontife, affaibli par les ans, les travaux et les infirmités, porte sur son front une douce majesté qu'y ont imprimée la vieillesse et les vertus; il est calme et tranquille; jamais un triomphateur romain ne monta au capitole avec plus de dignité parmi les chants de victoire et les louanges d'un peuple enthousiasmé ; la vue des bourreaux, l'attente du martyre font briller ses regards d'une joie surnaturelle ; il a dans tous ses traits quelque chose de divin : les idolâtres croient reconnaître en lui le Christ lui-même ; l'étonnement succède au tumulte, le silence s'établit. Alors le président demande à saint Pothin :

Quel est le Dieu des chrétiens?

— *Si vous en êtes digne, vous le connaîtrez,* » répond le pontife. A ces mots les assistants se jettent tumultuairement sur le saint vieillard, et, dépouillant tout sentiment d'humanité, ils l'accablent d'injures et d'outrages; ceux qui l'environnent le frappent à coups redoublés, sans égard ni pour son grand âge ni pour son extrême faiblesse ; ceux qui ne peuvent l'approcher, lancent sur lui tout ce que rencontre leur aveugle fureur. Tous se croiraient coupables d'un crime, s'ils ne l'insultaient pour venger l'honneur de leurs dieux. Le saint martyr fut arraché mourant à la rage frénétique du peuple, et jeté dans un cachot, où deux jours après il rendit le dernier soupir (1). Son ame, dit saint Eucher, délivrée si violemment de ses liens, alla jouir dans les cieux de la gloire qu'il avait conquise, prier le Seigneur de soutenir la foi de ses disciples, et leur préparer les palmes qu'allait bientôt remporter leur vertu aidée de la grâce divine (2).

Après avoir rapporté le martyre de saint Pothin, les Eglises de Vienne et de Lyon continuent leur relation dans les termes suivants :

« Il plut alors à Dieu de manifester l'admirable éco-
» nomie de sa providence et de son infinie miséricor-
» de, par un de ces contrastes qui nous révèlent jus-
» qu'où Jésus-Christ porte pour les siens les attentions
» de son amour. Ceux qui avaient renié leur foi étaient

---

(1) On montre encore, à l'hospice de l'Antiquaille, un cachot dans lequel on croit que saint Pothin expira.
(2) S. Eucher. Orat. in S. Bland.

» renfermés dans la même prison et souffraient les
» mêmes peines que les confesseurs ; car leur apostasie
» ne leur avait servi de rien, et ceux qui s'étaient géné-
» reusement avoués *chrétiens*, étaient jetés dans les fers
» en qualité de *chrétiens*, et non comme coupables de
» quelque crime ; les apostats au contraire étaient déte-
» nus comme des homicides ou des scélérats, et avaient
» beaucoup plus à souffrir que leurs compagnons, dont
» les peines étaient adoucies par la joie d'avoir confessé
» leur foi, l'attente du martyre, l'espérance d'un bon-
» heur éternel, l'amour pour Jésus-Christ, et par l'Esprit
» de Dieu le Père. Mais ceux-là étaient tellement tour-
» mentés par les remords de leur conscience, que, lors-
» qu'ils paraissaient devant le peuple, on les distinguait
» à leur air triste et consterné. Ainsi, on voyait le bon-
» heur et la majesté briller avec une sainte gaîté sur le
» visage des confesseurs, et leurs chaînes leur don-
» naient autant de grâces que les bracelets et les fran-
» ges d'or en donnent à l'épouse, au jour de ses no-
» ces : ils répandaient autour d'eux la céleste odeur de
» Jésus-Christ, de telle sorte que plusieurs pensaient
» qu'ils étaient oints de parfums précieux. Pour les au-
» tres, l'œil morne et baissé, la contenance embarras-
» sée, la démarche pénible, l'air abattu et consterné,
» ils étaient les objets des railleries amères des gentils,
» qui les taxaient de trahison et de lâcheté, et parce

» qu'ils avaient renoncé au nom glorieux et salutaire
» de Jésus-Christ, on les poursuivait du titre infâme
» d'homicides. Ce triste spectacle contribuait beau-
» coup à fortifier les confesseurs dans la foi. Si quel-
» qu'autre chrétien venait à être arrêté, il s'empres-
» sait de la confesser, pour prévenir toute pensée,
» toute tentation d'apostasie. »

. . . .

« Il faut maintenant vous raconter les divers genres
» de supplices par lesquels ils ont consommé leur mar-
» tyre, car ces saints confesseurs ont présenté au Père
» céleste une couronne tressée de fleurs aussi variées
» que leurs couleurs. Il était juste, certes, que de si géné-
» reux athlètes, vainqueurs dans tant de combats, re-
» çussent une couronne d'immortalité. Maturus, Sanc-
» tus, Blandine et Attale furent les premiers condamnés
» à être dévorés par les bêtes dans l'amphithéâtre : à
» cette occasion on donna au peuple un jour de *pre-*
» *sents* (1) dont nos saints martyrs devaient faire tous les
» frais. Maturus et Sanctus supportèrent de nouveau
» toute sorte de supplices, comme s'ils n'eussent rien
» souffert auparavant, ou plutôt comme de braves athlè-
» tes qui, déjà vainqueurs plusieurs fois de leurs adver-
» saires, combattaient pour le prix de la dernière vic-

(1) Voir *Notes et pièces diverses*, n° III.

» toire. Ils furent d'abord déchirés à coups de verges,
» selon la coutume, ensuite abandonnés aux bêtes, dont
» la férocité se réveillait à la vue d'un corps sanglant et
» enfin livrés à tous les tourments que demandait à
» grands cris la capricieuse barbarie de l'assemblée.
» Elle voulut que l'on fît asseoir les martyrs sur la
» chaise de fer rougie au feu. De leurs chairs grillées
» s'exhalait une odeur dont l'incommodité ne rebuta
» point les bourreaux; leur fureur, au contraire, s'irritait
» d'autant plus qu'ils faisaient de vains efforts pour vain-
» cre la constance des martyrs; mais ils ne purent ja-
» mais tirer de Sanctus d'autres paroles que celles
» qu'il avait cent fois répétées dès le commencement
» de ses souffrances : *Christianus sum, je suis chrétien*.

« Ces invincibles martyrs, donnés en spectacle au mon-
» de, servirent une journée entière, à tous les barba-
» res divertissements que plusieurs *paires de gladia-*
» *teurs* (1) avaient coutume de donner dans les jeux; et
» comme on vit qu'après tant de tourments ils respiraient
» encore, ils furent enfin égorgés dans l'amphithéâtre.

» Pour Blandine, elle fut attachée à un poteau, et là
» livrée aux morsures des bêtes. Suspendue ainsi par
» les deux bras en forme de croix, elle adressait à Dieu
» de ferventes prières, et son exemple remplissait d'ar-

---

(1) Voir *Notes et pièces diverses*, n° III.

» deur les autres martyrs. Il leur semblait voir des yeux
» du corps, dans la personne de leur sœur, celui qui,
» crucifié pour leur salut, avait voulu laisser dans la croix,
» à tous ses fidèles disciples, une preuve que ceux qui
» souffrent pour l'amour de leur Sauveur, jouiront un
» jour de la présence et de la gloire du Dieu vivant. Les
» bêtes ayant respecté Blandine, elle fut détachée du
» poteau, et reconduite en prison; elle en devait bientôt
» sortir pour de nouveaux combats, afin que, victorieuse
» de l'ennemi dans les attaques nombreuses qu'il lui li-
» vrait, elle rendît certaine et inévitable la condamna-
» tion du dragon infernal, et enflammât par son exemple
» le courage de ses frères; car, quoique délicate, faible et
» méprisée, elle était revêtue de la force de Jésus-Christ,
» le Roi des martyrs; elle avait remporté plusieurs triom-
» phes sur son adversaire, et conquis, dans une lutte
» glorieuse, une couronne immortelle.

» Cependant les vociférations du peuple appelaient
» au supplice Attale, qu'une généreuse confession de
» foi, plus que sa haute naissance, avait rendu illustre.
« Attale était préparé au combat, le témoignage de sa
» conscience le soutenait; rompu dans tous les exerci-
» ces de la milice chrétienne, il avait toujours été par-
» mi nous un témoin fidèle de la vérité. » Attale parut. « Des frémissements de fureur l'accueillirent et
» l'accompagnèrent tandis qu'on le promenait autour

» de l'amphithéâtre, aux regards de la multitude, pré-
» cédé de cette inscription latine : *C'est ici le chrétien*
» *Attale* (1). Le président, informé qu'il était citoyen
» romain, le fit reconduire en prison avec les autres.
» Ensuite il écrivit à l'empereur (Marc-Aurèle) au sujet
» des chrétiens qu'il retenait dans les fers. »

(1) Voir *Notes et pièces diverses*, n° III.

CHAPITRE QUATRIÈME.

Humilité des confesseurs. — Leur charité et leurs prières ramènent à Dieu les apostats. — Marc-Aurèle condamne à la mort les chrétiens de Lyon.

Les saints martyrs « mirent ce délai à profit pour
» faire briller, par leur douceur, la grande miséricorde
» de Jésus-Christ. En effet, plusieurs membres morts
» du corps mystique de l'Eglise furent ranimés par le
» secours de ceux qui étaient vivants. Les confesseurs
» de la foi obtinrent grâce pour les apostats, et dans des
» transports de bonheur, l'Église, cette mère vierge de
» tous les fidèles, embrassa vivants ceux qu'elle avait
» rejetés de son sein comme autant d'avortons. Ainsi,
» la piété des martyrs les conçut, les forma dans le sein
» de l'Eglise et les enfanta de nouveau à la vie spiri-
» tuelle, pleins de vigueur et instruits à confesser la foi. »

Peu contents de relever ceux qui étaient tombés, ces admirables confesseurs ranimaient les faibles et consolaient les affligés; ils écrivirent plusieurs lettres aux fidèles qui leur demandaient des conseils et des prières; mais, ne comptant pour rien leurs combats, leurs blessures et leurs souffrances, ils ne voulaient pas que dans les lettres ou les entretiens on leur donnât la qualité de martyrs, parce que, disaient-ils, un titre si glorieux n'est dû qu'au Sauveur et à ceux dont il a agréé le sacrifice; ils osaient à peine se dire confesseurs (1), et conjuraient avec larmes leurs frères en Jésus-Christ de leur obtenir du Seigneur le don de la persévérance. La main du Tout-Puissant, sous laquelle ils s'abaissaient, se plut à relever leurs vertus et à les couronner d'une gloire éclatante. Les chrétiens soumis à des peines canoniques recouraient à leur intercession, et les prières que ces saints martyrs faisaient monter pour eux vers le ciel, du fond des cachots, leur obtenaient du Seigneur la contrition et le repentir, et de ses ministres, l'absolution de leurs peines temporelles.

La charité de nos saints confesseurs ne se borna point à ces œuvres de charité. Parmi eux se trouvait un chrétien nommé Alcibiade, qui, aux horreurs de sa prison et au poids de ses chaînes, ajoutait les rigueurs d'un

---

(1) Euseb. l. V, c. 2.

jeûne quotidien et d'une abstinence continuelle. Des mortifications si louables dans l'intention d'Alcibiade, pouvaient alors produire de fâcheux effets : on parlait beaucoup du rigorisme et des abstinences hypocrites des montanistes, et il était à craindre que dans de pareilles circonstances, ses austérités excessives ne donnassent lieu à quelqu'un de suspecter en lui un penchant secret pour la nouvelle hérésie. Les frères lui exposèrent leurs inquiétudes à ce sujet : Attale appuya même ses paroles de l'autorité du Seigneur, qui, dans une vision, lui avait témoigné que la conduite d'Alcibiade ne lui était pas agréable. Celui-ci ne cherchait en tout que la gloire et le bon plaisir de son Dieu ; dès qu'on lui eut montré que ses actions pouvaient tromper son intention, il se troubla à la seule pensée d'un scandale, et cessa aussitôt de pratiquer des austérités qu'une profonde humilité lui avait suggérées.

Plusieurs auteurs pensent que les martyrs écrivirent alors, contre les Cataphrygiens, les lettres dont nous avons parlé, et qu'ils chargèrent saint Irénée d'aller les porter aux Églises d'Asie et de Phrygie, en passant par Rome, où il devait déposer aux pieds du Vicaire de Jésus-Christ les vœux et les supplications respectueuses de la chrétienté de Lyon (1). Mais nous croyons que cette

---

(1) Des savants dont nous respectons l'autorité, ont pensé que saint

commission ne devait être remplie que lorsque les circonstances seraient moins difficiles. Le saint prêtre aimait trop ses frères et ses enfants, pour les quitter dans des temps si malheureux ; pour les priver de ses conseils, de son secours et de ses lumières au moment même où ils en avaient un plus grand besoin. Il voulut, sans doute, prendre part à la lutte engagée entre les martyrs et les ministres de l'enfer.

Cependant le peuple païen attendait avec impatience l'ordre qui devait rendre à son avide barbarie les victimes qu'on lui avait soustraites. La réponse de l'Empereur ne se fit pas long-temps désirer ; elle était telle qu'on pouvait se la promettre d'un prince superstitieux : Marc-Aurèle ordonnait de faire périr tous ceux qui confesseraient Jésus-Christ et de relâcher les traîtres et les apostats. A peine la réponse de l'Empereur eut-elle été connue à Lyon, qu'une joie universelle éclata parmi les habitants : les martyrs se réjouirent les premiers en apprenant que Dieu agréait le sacrifice de leur vie; les païens goûtèrent cette satisfaction que cause à un peuple volup-

Irénée fit le voyage de Rome, tandis qu'on en attendait la réponse de Marc-Aurèle, et que cette circonstance le préserva du sort de ses confrères. Cette conjecture est très-vraisemblable ; mais la charité bien connue de ce saint nous fait pencher à croire qu'il n'abandonna point alors le peuple dont il était le père et le pasteur depuis la mort de saint Pothin.

tueux l'annonce d'une fête brillante. Le président, qui avait à la fois à exécuter les ordres de son souverain, à satisfaire sa propre haine contre les chrétiens et à contenter la populace, n'épargna rien pour rendre cette fête agréable. Comme on approchait du mois d'août, il voulut donner au supplice des chrétiens une nouvelle solennité en le faisant coïncider avec les fêtes que l'on célébrait tous les ans, à la même époque, en l'honneur d'Auguste et de Rome (1). De pompeux sacrifices, des exercices littéraires, les jeux du cirque, du théâtre, les courses de chars, les combats des gladiateurs et des bêtes féroces amusaient, pendant plusieurs jours, cent peuples divers accourus à Lyon de toutes les parties des Gaules, et rassemblés autour du temple d'Auguste, au confluent des deux fleuves. Mais, cette année, les tourments des chrétiens devaient ajouter aux réjouissances publiques un spectacle nouveau.

Lorsque ce jour fut arrivé, les martyrs le saluèrent comme l'aurore de leur bonheur éternel : des flots de peuples, que l'annonce de leur supplice avait attirés plus nombreux, se portèrent tumultuairement au lieu où devait se faire leur interrogatoire. Là entouré d'un

---

(1) Euseb. Hist. eccl. l. V, c. 1, p. 162. — H. Vales. annot. in eumd. loc. — De Marca, De Primat. n. 101. — Maffei, Musæum veron. p. 317 et 338. De Colonia, Hist. litt. de Lyon, 1 part. p. 114.

appareil imposant et en présence d'une multitude innombrable qui inondait la place et ses vastes portiques (1), le président ordonna d'amener aux pieds de son tribunal les prisonniers chrétiens. Nos saints martyrs se présentèrent chargés de leurs chaînes, conduits par des licteurs, suivis des regards de l'assemblée et accablés de ses grossières injures. Ils comparurent devant leur juge inique, avec cette sainte fierté que leur donnait le sentiment de leur dignité de chrétiens et de martyrs.

« Le président leur ayant fait subir leur interrogatoire,
» dit la relation des Églises de Vienne et de Lyon,
» condamna les citoyens romains à avoir la tête tranchée,
» et les autres, à être dévorés par les bêtes féroces.
» Procédant ensuite à l'interrogatoire de ceux qui
» avaient renié, il se les fit amener séparément, dans
» l'intention de les renvoyer absous, après qu'ils au-
» raient renouvelé publiquement le témoignage de leur
» apostasie. Mais tous, contre l'attente des gentils, ils
» se déclarèrent chrétiens avec un courage qui glorifia
» le nom de Jésus-Christ, effaça la honte de leur fai-
» blesse, et leur mérita l'honneur d'être associés aux
» martyrs. »

» Quelques enfants de perdition, qui, n'ayant jamais
» eu la foi ni la crainte de Dieu au fond de l'ame, avaient

(1) Euseb. ibid.

» profané, par leurs mœurs criminelles, la robe nup-
» tiale, dont ils avaient été revêtus au jour de leur bap-
» tême, et déshonoré leur auguste religion, persévérè-
» rent dans leur impiété, et restèrent séparés de l'Eglise;
» mais tous les autres rentrèrent dans son sein. »

CHAPITRE CINQUIEME.

Martyre des saints Alexandre—Attale—Ponticus et de sainte Blandine.

« Un chrétien, nommé Alexandre, phrygien de
» naissance, mais depuis long-temps établi dans les
» Gaules, où il exerçait la médecine, avait jusqu'alors
» échappé aux perquisitions des magistrats, quoique
» sa piété ardente, son zèle intrépide et vraiment apos-
» tolique l'eussent rendu célèbre. Il profita de sa liber-
» té pour se placer auprès du tribunal du juge pendant
» l'interrogatoire, afin d'encourager par ses gestes les
» confesseurs de la foi, et de les exhorter à la persévé-
» rance. Il le faisait d'une manière si expressive, que ses
» voisins le disaient, par raillerie, dans les douleurs de
» l'enfantement. Cependant le peuple, irrité d'enten-

» dre confesser la foi à ceux qui l'avaient déjà reniée,
» dénonça à grands cris le pieux Alexandre, comme
» l'auteur de cette défection prétendue. Le président
» n'était là que pour le plaisir de la populace; il s'em-
» pressa de lui faire la justice qu'elle exigeait : il
» demanda donc brusquement à Alexandre qui il était.
» — *Je suis chrétien*, répondit-il vivement; et le ju-
» ge, dans un accès de colère, le condamna aux
» lions. Dès le lendemain Alexandre parut dans l'am-
» phithéâtre avec Attale, que le président livrait de
» nouveau aux bêtes féroces. » Attale était citoyen romain, et l'ordre de l'empereur le condamnait au glaive;
le peuple païen exigeait un supplice moins prompt et
moins doux, et pour flatter ses goûts, le président
désobéit à son souverain. Disciple de celui dont le
peuple d'une autre cité avait, par ses vociférations, arraché l'arrêt de mort à la conscience d'un juge timide,
Attale accepta cette sentence avec la même joie que si
le Sauveur lui avait commandé en personne de s'y soumettre. Mais, sorti vivant, ainsi que saint Alexandre, de
cette épreuve et de tous les tourments qu'une cruauté
raffinée avait inventés contre eux, ils périrent enfin par
le glaive. Au milieu de si horribles douleurs, « Alexan-
» dre ne laissa échapper ni plainte, ni soupir; recueilli
» en lui-même, il s'entretenait doucement avec son
» Dieu. Pour Attale, pendant qu'on le grillait sur une

» chaise de fer, et que l'odeur de ses membres brûlés
» se répandait au loin, il fit en latin aux spectateurs
» ce grave et juste reproche : *C'est ce que vous faites*
» *maintenant qui peut s'appeler manger des hommes;*
» *pour nous, non-seulement nous ne mangeons point de*
» *la chair humaine, mais nous évitons encore toute autre*
» *sorte de crime.* On lui demanda ensuite comment
» s'appelait Dieu. — *Dieu*, répondit-il, *n'a pas de nom,*
» *comme nous autres mortels.* On avait forcé Blandine et
» Ponticus, jeune homme d'environ quinze ans, d'as-
» sister aux supplices de leurs frères. Enfin, le dernier
» jour des spectacles amena leur tour. On les presse
» d'abord de jurer par les idoles des gentils. Les deux
» martyrs méprisent les dieux et persistent dans
» leur refus; le peuple entre en fureur, et sur sa de-
» mande, sans compassion pour la jeunesse de Ponti-
» cus, sans égard pour le sexe de Blandine, on les
» soumet successivement à des supplices aussi doulou-
» reux que variés; on les presse de jurer par les dieux;
» ils refusent, et leur constance est soumise à de nou-
» veaux tourments. Ponticus, encouragé par Blandine
» qui l'exhortait et le fortifiait sous les yeux des gen-
» tils, consomma son martyre avec un courage plus
» grand que ses souffrances.

» Restait encore Blandine; semblable à une mère
» généreuse qui aurait animé au combat ses dignes

» enfants, et les aurait envoyés victorieux devant elle
» vers le Roi de gloire, elle se réjouissait d'aller enfin
» les rejoindre dans les cieux : elle parcourut la même
» carrière avec une joie si rayonnante, qu'on l'eût dite
» appelée à un festin nuptial plutôt que condamnée aux
» lions. Déjà flagellée par les bourreaux, déchirée par
» les bêtes, brûlée sur la chaise de fer, elle fut encore
» enveloppée dans des réseaux et en cet état exposée à
» un taureau qui, plusieurs fois, la lança violemment
» dans les airs ; mais la sainte martyre, occupée tout
» entière de l'espérance des biens que sa foi lui pro-
» mettait, n'était pas même distraite par ces tourments,
» de ses entretiens familiers avec Jésus-Christ ; enfin le
» glaive acheva d'immoler cette innocente victime ; et
» les païens furent forcés d'avouer que jamais on n'avait
» vu parmi eux une femme souffrir avec tant de cons-
» tance des tourments si longs et si affreux. »

» La mort des saints ne put cependant point assouvir
» la rage de ces peuples barbares. L'infernal dragon qui
» l'avait excitée, ne la laissa pas si facilement étein-
» dre. Privés par leur frénétique fureur de l'usage de la
» raison, ils poursuivirent leurs victimes jusqu'au delà
» du tombeau, et inventèrent contre ces restes inani-
» més, un nouveau genre de persécution dont les bêtes
» féroces semblaient seules capables. La haine sangui-
» naire du peuple et du président s'allumait contre nous

» avec d'autant plus de violence, qu'elle était plus ini-
» que. Il fallait que cet oracle de l'Ecriture s'accomplît :
» *Que la malice du méchant croisse encore ; que la jus-*
» *tice du juste augmente toujours* (1). Ils jetèrent donc à
» la voierie les corps de ceux qui avaient succombé à
» l'infection et aux autres incommodités de la pri-
» son ; et de peur que quelqu'un d'entre nous ne leur
» rendît le devoir de la sépulture, ils les firent garder
» nuit et jour : ils ramassèrent aussi en monceaux les
» débris des corps qu'avaient épargnés les bêtes ou les
» flammes, les têtes et les troncs de ceux que le glaive
» avait immolés, et confièrent à des sentinelles la garde
» de ce trophée de leur barbarie. A la vue de ces restes
» vénérés, les uns frémissaient encore de rage et re-
» grettaient qu'ils ne fussent point animés, pour exer-
» cer sur eux des supplices inouïs ; les autres leur in-
» sultaient et élevaient jusqu'aux nues la gloire des
» fausses divinités, à la puissance desquelles ils attri-
» buaient la mort de nos martyrs. Les plus modérés
» semblaient prendre en pitié notre foi, et, comme
» pour nous la reprocher, ils disaient : *Où est leur Dieu ?*
» *A quoi leur a servi cette religion qu'ils ont préférée à*
» *leur vie ?* Tels sont les divers sentiments que la haine
» inspirait aux païens à notre égard. »

(1) Apocal. c. XXI, v. 11.

» Pour nous, nous n'étions sensibles qu'à la douleur
» de ne pouvoir pas ensevelir les corps de nos martyrs :
» rien ne put favoriser notre désir, ni les ténèbres de
» la nuit, ni les prières que nous faisions aux senti-
» nelles, ni l'appât des récompenses que nous leur
» promettions. La plus douce récompense pour ces ames
» féroces, c'était de voir tomber en pourriture les ca-
» davres confiés à leur garde. » . . . .

» Ces corps précieux restèrent ainsi pendant six jours
» exposés à toute sorte d'outrages. Enfin les païens
» les brulèrent et en jetèrent les cendres dans le Rhône,
» afin qu'il ne restât plus d'eux aucune trace sur la terre.
» Ils prétendaient ôter ainsi aux martyrs l'espoir de la
» résurrection, et à Dieu le pouvoir de les ressusciter.
» C'est, disaient-ils, l'attente de leur résurrection qui les
» porte à introduire parmi nous cette nouvelle religion,
» et à braver les tourments et la mort la plus cruelle,
» plutôt que d'y renoncer. Nous verrons bien si leur
» Dieu est assez fort pour les arracher de nos mains et
» les ressusciter. »

Ces reproches du sensualisme païen excitaient la compassion des chrétiens pour des malheureux qui, plongés dans la matière, ne comprenaient pas les grandeurs de la foi. Ils savaient que rien n'échappe à la providence et que lorsque le grand jour de la résurrection sera venu, il sera aussi facile à sa puissance de donner la vie à la poussière des tombeaux que de tirer les créatures du néant.

Si nous en croyons saint Grégoire de Tours, Dieu n'aurait pas attendu le dernier des jours pour glorifier les saints martyrs dont nous venons de raconter les combats (1) ; les flots, selon lui, semblèrent respecter leurs précieuses cendres : au lieu de les entraîner dans leur cours impétueux, ils les déposèrent sur les rivages,

---

(1) Quelque respectable que soit cette tradition, nous ne saurions cependant lui garantir la certitude historique : on s'étonne en effet que les Eglises de Vienne et de Lyon ne parlent pas d'un si grand miracle, après avoir raconté les outrages que les païens avaient faits aux reliques des martyrs. Il est vrai que cette relation ne nous est point parvenue entière, et que saint Grégoire de Tours pouvait avoir tiré ce fait de ce qui nous en manque.

Saint Augustin, lui non plus, ne connaissait pas ce prodige, lorsqu'il écrivait ces sages et pieuses réflexions, à propos des traitements barbares que les païens firent aux restes de nos saints martyrs.

Legimus in ecclesiasticâ historiâ quam græcè scripsit Eusebius et in latinam linguam vertit Ruffinus, martyrum corpora in Galliâ canibus exposita, canumque reliquias (quæ à canibus fuerant relicta) atque ossa mortuorum usque ad extremam consumtionem ignibus concremata ; eosdemque cineres fluvio Rhodano, ne quid ad memoriam qualemcumque relinqueretur, inspersos. Quod non ob aliud credendum est divinitùs fuisse permissum, nisi ut discerent christiani, in confitendo Christum, dùm contemnunt hanc vitam, multò magis contemnere sepulturam. Hoc enim quod ingenti sævitiâ de corporibus martyrum factum est, si eis quidquam noceret, quò minùs beatè requiescerent eorum victoriosissimi spiritus, non utique fieri sineretur. Re ipsâ ergò declaratum est non ideò dixisse Dominum : *Nolite timere eos qui corpus occidunt et posteà non habent quid faciant,* quòd

où des fidèles, avertis dans une vision par les saints martyrs eux-mêmes, vinrent les recueillir, et les transportèrent avec respect dans la crypte si long-temps témoin des prières de saint Pothin et de ses illustres enfants. Ces lieux, dépositaires de souvenirs si précieux, attiraient tous les ans, au second jour du mois de juin, une foule immense de fidèles qui venaient honorer la mémoire des saints martyrs, et célébrer en leur honneur la *fête des miracles* (1).

La fin de ces barbares solennités mit un terme au massacre des chrétiens de Lyon : les magistrats païens n'avaient plus besoin de victimes humaines pour amuser le peuple. D'ailleurs ils croyaient peut-être avoir anéanti le christianisme ou du moins avoir répandu parmi le reste des fidèles une telle épouvante, que désormais ils n'oseraient plus pratiquer extérieurement leur religion, s'ils l'aimaient encore au fond de leur cœur.

En effet, les colonnes de la chrétienté de Lyon

---

non esset permissurus aliquid eos facere de suorum corporibus mortuorum : sed quoniam quidquid facere permissi essent, nihil quo minueretur christiana defunctorum felicitas fieret, nihil indè ad sensum post mortem viventium perveniret ; nihil ad detrimentum saltem ipsorum corporum, quominùs integra resurgerent, pertineret. Div. Aug. De cur. ger. pro mart. § 8, tom. VI, op. edit. Bened. p. 520.)

(1) Voir *Notes et pièces diverses*, n° IV.

étaient brisées : les pasteurs avaient été frappés et leurs ouailles dispersées ou égorgées avec eux. Les fidèles qui leur survivaient, errant çà et là, se dérobaient comme ils pouvaient aux regards des loups ravisseurs. Le Seigneur les protégeait; de même qu'il avait permis que la religion fût cimentée dans le monde par le sang des martyrs, de même aussi il avait voulu que des martyrs fussent à Lyon les fondements d'une Eglise qui devait dans la suite des siècles donner tant de gloire à son nom.

Les païens avaient cru noyer cette Eglise naissante dans le sang de ses enfants; mais Irénée lui restait encore : c'était lui que le Seigneur avait chargé de cultiver un sol fécondé par le sang des martyrs. Ce grand homme comprit toute l'importance et les difficultés de sa mission; mais rien n'effrayait son cœur magnanime. Son courage, toujours supérieur aux obstacles, croissait avec eux; toutefois, avant de mettre la main à l'œuvre, il crut devoir religieusement obtempérer aux dernières volontés des martyrs qui l'avaient chargé d'aller à Rome, pour déposer aux pieds du souverain pontife les peines qu'avaient causées à ses plus fidèles enfants, les ravages des nouvelles hérésies et les vœux qu'ils avaient formés pour la paix de l'Église et l'union de tous ses membres.

Lorsque les martyrs confièrent cette mission à Irénée,

les circonstances semblaient devoir les forcer de le retenir auprès d'eux; *mais la charité de Jésus-Christ les pressait.* D'ailleurs, la persécution venait d'immoler leur père, et l'Église de Lyon était sans pasteur; il était urgent de lui en donner un, et personne ne pouvait occuper plus dignement qu'Irénée la chaire de saint Pothin. Ils l'avaient donc député à Rome avec une lettre particulière de recommandation, dans laquelle ils faisaient au saint pape Eleuthère le plus bel éloge des vertus et des qualités de celui qu'ils avaient choisi pour premier pasteur. « Nous avons chargé, disaient-ils, Irénée, notre
» frère et notre collègue, de vous porter ces lettres. C'est
» un zélateur ardent du Testament de Jésus-Christ que
» nous recommandons à votre paternité. Il est aussi
» élevé à la dignité sacerdotale, et nous ferions enco-
» re valoir ce titre, si le rang donnait le mérite. » Il ne nous reste plus de cette lettre qu'un fragment conservé par Eusèbe; le reste contenait sans doute la prière que les saints martyrs faisaient au Vicaire de Jésus-Christ d'honorer tant de vertus de son approbation, et de confirmer leur choix en conférant à saint Irénée l'onction et la dignité épiscopale (1). »

Une prière que des martyrs faisaient à un saint Pape,

---

(1) M. l'abbé Rohrbacher Hist. univ. de l'Egl. cath. tom. 5, p. 156.

en faveur d'un saint prêtre, ne pouvait pas être rejetée. Eleuthère fut heureux d'avoir à préposer à la garde d'une partie du troupeau confié à ses soins, un pasteur si zélé, si vigilant et si habile. Irénée, dont la modestie égalait le mérite, dut seul se plaindre d'un rang qui allait le donner en spectacle à toute l'Eglise; mais c'était un honneur qui lui imposait d'effrayants sacrifices, et, pour les subir, il se résigna à la dignité épiscopale.

HISTOIRE
DE
SAINT IRÉNÉE.

LIVRE QUATRIÈME.

ADMINISTRATION DE SAINT IRÉNÉE. — SES DISCIPLES.

CHAPITRE PREMIER.

Sentiments de saint Irénée sur la dignité et les devoirs d'un évêque.

L'histoire n'entre pas dans le détail des soins et des peines que se donna saint Irénée, pour réparer les pertes de son Église. Trop préoccupée à le suivre dans les circonstances solennelles que son génie dominait toujours, elle ne s'arrête point à chercher dans des actions obscures, quoique précieuses, des vertus, des mérites et des talents qui faisaient l'admiration de son siècle.

C'est pourquoi, sans nous parler de son administration, elle nous montre tout-à-coup une chrétienté florissante, née, en quelque sorte, du sang des martyrs, et Lyon presque tout converti par son zèle, à la loi de Jésus-Christ. Mais que de travaux, que de fatigues ne dut-il pas essuyer pour obtenir un si brillant succès! L'imagination s'effraye au seul souvenir des obstacles auxquels sa grande ame dut être obligée de faire face, pour relever la religion dans cette cité. En effet, une longue et cruelle persécution venait d'y ruiner presque toutes ses espérances : à peine restait-il quelques chrétiens sans influence, que la prudence, plutôt que la crainte, retenait à l'écart. Les païens triomphaient : ils se vantaient d'avoir enfin anéanti cette secte nouvelle dans le sang de ses adhérents. L'idolâtrie, après avoir égorgé dans l'amphithéâtre, ou étouffé les chrétiens dans les cachots, régnait fièrement dans Lyon, et son trône élevé sur les cadavres de ses adversaires, paraissait désormais inébranlable. Irénée restait seul pour l'abattre, et c'était assez. Persuadé que le Seigneur avait un grand peuple dans cette cité, il n'épargna rien pour le lui former. Il commença d'abord par relever le courage des chrétiens qui avaient survécu à leurs frères; il consola les uns, fortifia les autres, et leur inspira à tous cet esprit de foi dont ils avaient besoin au milieu de leurs tribulations. De ferventes exhortations, des instructions solides, soutenues des exemples de ses vertus, furent, après la prière et les jeûnes, les principaux moyens que son zèle mit en usage pour rétablir et augmenter l'Eglise dont le Seigneur lui avait confié le soin (1).

Mais on ne saurait se faire une juste idée de la sollicitude d'Irénée, si l'on ne connaissait l'importance qu'il attachait à la dignité épiscopale et dans quel esprit il en remplissait les sublimes fonctions. Voici donc comment il s'explique à ce sujet dans ses ouvrages. Après avoir prouvé que Jésus-Christ est dans les Ecritures comme un trésor caché, il ajoute que les évêques et les prêtres ont seuls la mission et le pouvoir de l'y découvrir, puis il continue en ces termes (2) : « C'est donc aux
» évêques qu'il faut obéir, à ceux qui, en succédant
» aux apôtres, en ont reçu le dépôt de la foi, selon la vo-
» lonté du Père; pour ceux qui ne peuvent point allé-
» guer une si glorieuse succession, il faut toujours fuir
» leurs assemblées, quel que soit le lieu où ils les tien-
» nent, les regarder comme suspects, ou les tenir pour

(1) Conabimur.... quoniam in administratione Sermonis positi sumus,.... secundùm nostram virtutem,... errantes retrahere et convertere ad Ecclesiam Dei, neophytorum quoque sensum confirmare, ut stabilem custodiant fidem quam benè custoditam ab Ecclesiâ acceperunt, ut nullo modo transvertantur ab his qui malè docere eos et abducere à veritate conantur. (Adv. hæres. l. V præfat.)

(2) Iren. adv. hæres. l. IV, c. 26.

» hérétiques, pour des docteurs de mensonge, des
» hommes turbulents, enflés d'orgueil et pleins d'eux-
» mêmes, ou comme des hypocrites qui n'agissent que
» dans un esprit d'avarice et de vaine gloire. Or, tous
» ceux-là ont quitté la voie de la vérité. . . . .

» Quant à ceux qui dérobent aux yeux de la multitu-
» de, sous un extérieur sacerdotal, un cœur vide de la
» crainte de Dieu et rempli de passions qu'ils satisfont
» en secret, sous prétexte que *personne ne les voit,* ceux-
» là seront jugés par le Verbe, qui scrute les consciences
» et ne se laisse point prendre aux apparences, quel-
» que éblouissantes qu'elles soient. C'est à eux que s'a-
» dressent ces menaces du prophète Daniel : *Race de*
» *Chanaan et non de Juda, ta beauté t'a séduite, et la con-*
» *cupiscence a dégradé ton cœur. Tu as vieilli dans le mal;*
» *maintenant les péchés que tu as commis pèsent sur toi;*
» *tu rendais des jugements iniques, tu condamnais les in-*
» *nocents, tu absolvais les coupables contre la volonté*
» *du Seigneur, qui a dit : Tu ne condamneras à mort, ni*
» *le juste, ni l'innocent* (1). C'est encore de ces mauvais
» serviteurs qu'il est écrit : *Si ce mauvais serviteur dit*
» *en son cœur : Mon maître n'arrive pas, et se mette à*
» *frapper les autres serviteurs de la maison, à manger,*
» *à boire et à s'enivrer; le maître de ce serviteur infidèle*

---

(1) Dan. XIII.

» *viendra au jour, au moment qu'il l'attendra le moins,*
» *le chassera de sa maison, et le reléguera parmi les cri-*
» *minels* (1). »

« Il faut donc se séparer de tous ceux que ces pa-
» roles regardent, pour s'attacher seulement à ceux
» qui conservent pure la doctrine des apôtres, et tien-
» nent le langage de la vérité conformément à la dignité
» sacerdotale, et dont les discours ne tendent qu'à
» corriger les uns et à affermir les autres dans la foi.
» L'évêque, appuyé sur le temoignage d'une bonne con-
» science, doit pouvoir parler comme Moïse, que le Sei-
» gneur avait chargé d'une si haute mission et qui se
» justifiait en ces termes auprès de lui : *Je n'ai rien*
» *désiré; je n'ai rien pris d'eux; je n'ai fait tort à per-*
» *sonne* (2); ou comme Samuel, qui, après avoir gou-
» verné Israël si long-temps et avec tant d'intégrité,
» rendait ainsi compte au peuple de son administra-
» tion : *J'ai vécu au milieu de vous depuis mon enfance*
» *jusqu'à ce jour : répondez-moi devant Dieu et devant*
» *l'oint du Seigneur : dites-moi si j'ai pris l'âne ou le*
» *bœuf de quelqu'un; si j'ai opprimé qui que ce soit, si j'ai*
» *reçu de la main de quelqu'un un salaire ou des pré-*
» *sents, et je vous restituerai tout aujourd'hui. Le peuple*

(1) Matth. XXIV.
(2) Numer. XVI.

» *répondit : Non, jamais vous n'avez blessé ni opprimé*
» *personne ; jamais vous n'avez rien reçu de qui que ce*
» *soit.* Alors Samuel ajouta : *Dieu et l'oint du Seigneur*
» *me sont témoins en ce jour que vous ne trouvez en moi*
» *aucune injustice. Tous répondirent : Oui* (1); ou enfin
» comme l'apôtre saint Paul, qui, fort de sa conscience,
» disait aux Corinthiens : *Nous n'avons pas, comme beau-*
» *coup d'autres, altéré la parole divine; mais nous l'avons*
» *annoncée en toute sincérité, comme de la part de Dieu,*
» *en présence de Dieu et de son Christ; nous n'avons fait*
» *tort à personne, nous n'avons séduit personne, nous*
» *n'avons trompé qui que ce soit* (2). »

« Tels sont les ministres que nourrit l'Eglise et dont
» le prophète a dit : *Je te donnerai des princes pacifiques*
» *et des pontifes pleins de justice* (3). C'est d'eux encore
» que le Seigneur disait : *Quel est donc le serviteur fidèle,*
» *bon et sage, que son maître a commis sur sa famille, pour*
» *lui fournir à propos la nourriture ? Heureux le servi-*
» *teur que son maître trouvera occupé de son emploi* (4)!
» Où trouve-t-on de pareils ministres? Saint Paul ré-
» pond : *Dieu a établi dans son Eglise d'abord des apô-*
» *tres, ensuite des prophètes, en troisième lieu des doc-*

(1) I. Reg. XII.
(2) II. Corinth. 11-17.
(3) Isa. LX.
(4) Matth. XXIV.

» *teurs* (1). Or, il faut chercher la vérité là où le Sei-
» gneur en a mis le dépôt, auprès de ceux qui conservent
» la succession des apôtres de l'Église, qui conservent
» dans toute sa pureté, dans toute son intégrité, la doc-
» trine apostolique. Car ce sont ceux-là qui gardent no-
» tre foi en un seul Dieu, auteur de toutes choses; qui
» accroissent en nous l'amour pour le Fils de Dieu, le-
» quel a accompli en notre faveur tant de grands mys-
» tères; ce sont ceux-là qui nous expliquent les Ecritures
» sans danger, qui ne blasphèment point le Seigneur,
» ne déshonorent pas les patriarches, ne méprisent pas
» les prophètes. »

Saint Irénée réduisait donc à six principaux les devoirs d'un pasteur légitime, d'un évêque : à donner l'exemple des vertus qu'il prêche aux autres, de manière que sa conduite ne donne jamais prise à la malice et à la calomnie; à acquérir une connaissance approfondie de l'Ecriture sainte, de la doctrine de l'Eglise et même des erreurs qui leur sont opposées ; à instruire dans les vérités de la foi les peuples confiés à ses soins ; à réfuter les erreurs qui la combattent ; à réformer le dérèglement des mœurs; enfin, à conduire ses ouailles à la perfection de la piété.

Pénétré de la grandeur de ses obligations, Irénée les

---

(1) I. Corinth. c. XII.

remplissait toutes avec une scrupuleuse exactitude ; il prêchait la parole de vie, et ne se lassait jamais de l'annoncer à son peuple ; il réfutait les hérésies, écrivait contre elles, et, dans l'ardeur de son zèle, il reprenait, priait, menaçait les chrétiens qui ouvraient les oreilles à l'erreur; il formait les fidèles à la vertu et les prévenait contre la séduction (1).

La grâce seconda son zèle, et bientôt il eut le bonheur de se voir entouré d'une fervente communauté. Les néophytes trouvèrent d'abord leur sûreté dans leur petit nombre; mais dès qu'ils commencèrent à être assez nombreux pour laisser apercevoir aux païens que la religion chrétienne renaissait de ses cendres, l'intérêt des ministres des faux dieux, la haine des magistrats et l'aveugle barbarie de la populace s'éveillèrent et prirent l'alarme. Si saint Irénée n'eût pas été animé de cette foi vive qui se joue des obstacles et triomphe du monde, il aurait eu lieu de désespérer du sort de son Eglise renaissante; mais il espéra contre toute espérance, et ses vœux furent exaucés.

(1) Iren. adv. hæres. l. V. præfat.

CHAPITRE SECOND.

La persécution se rallume à Lyon. — Arrestation des saints Epipode et Alexandre. — Martyre de saint Epipode.

Les mêmes signes avant-coureurs qui avaient précédé la première tempête, en présagèrent bientôt une seconde. Les chrétiens de Lyon furent de nouveau soumis à une surveillance tracassière, exposés aux calomnies, aux délations de leurs ennemis, et enfin traqués dans leurs paisibles retraites. Le feu de la dernière persécution, qui n'avait jamais été entièrement éteint, se ralluma de nouveau, et les violences recommencèrent. Irénée l'avait prévu; il savait que son ouvrage n'était pas celui de l'homme, et que Dieu voulait encore des victimes qui fussent comme le gage de la grandeur future de son Eglise.

Les premiers holocaustes que la nouvelle chrétienté
de Lyon offrit au Seigneur, furent Epipode et Alexandre (1). Disciples dignes d'Irénée pendant leur vie, ils
partagèrent après leur mort, avec lui, les pieux hommages des fidèles; aujourd'hui encore leur culte se
trouve souvent mêlé à celui de leur saint maître.

Epipode et Alexandre, issus l'un et l'autre d'un sang
illustre, celui-ci Grec et celui-là Lyonnais de naissance,
étaient dignes de cette préférence. Doués tous les deux
des dons les plus précieux de la nature et de la grâce,
une éducation chrétienne et soignée avait développé
en eux ces belles qualités. Une piété tendre, un caractère aimable, des mœurs pures, avaient établi entre
eux des rapports d'une amitié sainte, qui fut à la fois
et la douceur de leur vie et la sauve-garde de leur vertu.
Au milieu des écoles florissantes de Lyon, ils présentèrent le beau spectacle que devaient reproduire plus tard,
dans un autre pays, saint Basile et saint Grégoire de
Nazianze. Nos deux jeunes saints se reposaient des travaux de l'étude, dans la prière et la pratique des bonnes

---

(1) Il y a dans la *Bibliothèque des Pères*, une belle homélie en
l'honneur de ces deux jeunes martyrs. Saint Eucher à qui elle est
généralement attribuée, paraît être aussi l'auteur des actes de leur
martyre, soit qu'il les ait retouchés, soit qu'il les ait faits sur des
mémoires ou sur des traditions encore vivantes de son temps à Lyon,
c'est-à-dire vers le milieu du V° siècle.

œuvres. Une céleste simplicité réglait leurs rapports intimes, et une émulation angélique entretenait le feu divin dans leur cœur. Afin de ne point partager leurs soins et leurs affections entre Dieu et le monde, ils renoncèrent à toute alliance, et se consacrèrent sans réserve au service du Seigneur (1).

Ils secondaient le zèle de saint Irénée, faisaient parmi leurs frères tout le bien dont ils étaient capables, lorsque s'éleva l'effroyable persécution qui sacrifia saint Pothin et menaça son Eglise d'une ruine totale. Au premier souffle de la tempête, peut-être par l'ordre de saint Pothin ou de saint Irénée, mais du moins pour obéir au conseil de Jésus-Christ et protester contre la présomption montaniste, ils crurent devoir se soustraire à la persécution, et chercher, contre des supplices redoutables à leur jeune âge, les moyens de sûreté que leur prescrivait la prudence chrétienne. Ils rentrèrent dans leur demeure lorsque le sang de saint Pothin et de ses compagnons eut paru éteindre le feu de la persécution, et se livrèrent

---

(1) Act. Mart. SS. Epipod. et Alex. ap. D. Ruinart et inter Act. sanctor. 22 april. D'après ce passage des actes de leur martyre, ces deux saints n'avaient pas moins de vingt ans, lorsqu'ils furent arrêtés en 178. L'un et l'autre étaient d'une famille chrétienne ; ce qui prouve qu'il y avait quelques chrétiens à Lyon, ou Grecs, ou Gallo-Romains, lorsque saint Pothin arriva dans cette ville, entre l'an 140 et l'an 150 au plus tôt. Voir Tillemont, Hist. eccl. tom. III, in-4°, p. 31.

en secret aux exercices de leur religion. Mais, quelques mois après, trahis par un de leurs serviteurs, ils furent de nouveau contraints de prendre la fuite, pour échapper aux poursuites du président.

Sous les murs de Lyon, du côté de Pierre-Scise, une pieuse veuve, nommée Lucie, leur ouvrit, dans sa modeste demeure, un asile qu'ils acceptèrent avec reconnaissance. L'obscurité de leur retraite les déroba pendant plusieurs mois à toutes les explorations de leurs ennemis; mais enfin le hasard ou l'habileté des espions mit le gouverneur sur la voie. Ses agents cernèrent la chaumière et se saisirent des deux amis au moment où, avertis trop tard du danger, ils cherchaient à s'y soustraire. Dans la précipitation de sa fuite, Epipode laissa tomber une de ses chaussures, que la pieuse Lucie ramassa et conserva religieusement. Les deux jeunes chrétiens furent jetés dans une noire prison, avant même qu'on leur eût fait les interrogations préalables, requises par les lois romaines; mais il n'y avait ni loi, ni justice en faveur des chrétiens, parce que leurs souffrances ou leur mort étaient non les châtiments de quelque crime, mais des témoignages d'amour rendus à la gloire de Jésus.

Trois jours après, on les conduisit, les mains liées derrière le dos, au forum de Trajan, où s'était rendue une foule innombrable de païens, prévenue d'avance

du jour de leur jugement. La colère était dans tous les regards, disent les actes, et les cris de fureur sur toutes les lèvres. Cependant le juge, dont le tribunal dominait les flots tumultueux du peuple, ayant fait amener à ses pieds les deux nobles chrétiens, leur demanda leur nom et leur profession. Epipode et Alexandre se nommèrent et confessèrent hautement leur foi. A ces mots, la populace fait de nouveau retentir les airs de ses cris menaçants, et le juge enflammé de colère : « Quoi, s'é-
» crie-t-il, deux jeunes téméraires osent encore braver
» les immortels ! violer les édits de nos princes ! et
» par le même crime outrager la majesté de l'empereur
» et celle des dieux ! A quoi ont donc servi les tour-
» ments que nous avons infligés aux autres chrétiens ?
» A quoi ont servi les croix, les glaives, les bêtes fé-
» roces, les lames ardentes et les autres peines prolon-
» gées même au-delà du trépas ? Ils sont morts, ces
» hommes, et leurs tombeaux n'existent point, et le
» nom du Christ n'est pas anéanti ! Et vous, scélérats,
» comment osez-vous persévérer dans une religion
» proscrite ? Eh bien ! vous payerez la peine due à vo-
» tre témérité. Mais, afin qu'ils ne puissent s'encou-
» rager ni par paroles, ni par gestes, qu'on les sé-
» pare l'un de l'autre, qu'on reconduise en prison
» Alexandre, le plus âgé des deux, et qu'on applique
» Epipode à la torture. » Epipode, resté seul, parais-

sait plus facile à vaincre au juge qui, avant de le tourmenter, essaya de le gagner par ses caresses et ses flatteries empoisonnées. « Mon enfant, lui dit-il, tu es bien
» jeune, il ne faut pas t'obstiner à périr pour une si
» mauvaise cause. Nous adorons, nous, des dieux im-
» mortels que nos sacrés empereurs et tous les peuples
» de la terre adorent également; nous les honorons
» dans la joie, les festins, les chants, les jeux et les
» plaisirs; vous autres, vous adorez un homme crucifié,
» à qui l'on déplaît en usant de tous ces agréments,
» qui condamne la joie et les douceurs des sens, qui
» ne commande que des jeûnes, qu'une chasteté triste
» et stérile. Quel bienfait pourrait-il accorder à ses par-
» tisans, lui qui n'a pu se soustraire aux violences des
» derniers des hommes? Je te rappelle tout cela, afin
» que, renonçant à cette austérité, tu passes avec nous
» ta jeunesse dans la joie, les plaisirs et le bonheur
» de la vie. »

Epipode, qui avait écouté froidement tous ces propos, répondit au juge : « La grâce de Jésus-Christ et l'a-
» mour de sa religion ne me laisseront point surpren-
» dre à votre feinte pitié. Votre compassion est une
» cruauté ; vivre avec vous, c'est mourir éternellement;
» du reste, il m'est glorieux de périr par vos ordres.
» Vous ignorez que notre éternel Seigneur, Jésus-Christ,
» dont vous me rappelez la mort, est sorti vivant du

» tombeau, et que par ce mystère ineffable cet Hom-
» me-Dieu a montré à ses serviteurs la route de l'im-
» mortalité, et leur a ouvert le royaume des cieux.
» Mais, pour ne point vous parler de ces sublimes vé-
» rités que vous ne comprenez pas, êtes-vous donc
» assez aveugle pour ignorer que l'homme se compose
» de deux substances : du corps et de l'ame ; que dans
» lui, l'ame doit commander et le corps obéir? Les
» turpitudes par lesquelles vous honorez vos dieux,
» flattent le corps, mais elles tuent l'ame. Quelle vie que
» celle où la partie la plus noble de l'homme est sacri-
» fiée à l'autre? Quant à nous, nous prenons contre
» notre corps le parti de notre ame; en faveur de notre
» ame, nous déclarons la guerre à nos vices. Votre
» Dieu, à vous, c'est votre ventre ; et après vous être
» gorgés de plaisirs, comme des bêtes, vous mourez
» dans la persuasion que tout finit avec la vie. Nous
» autres chrétiens que vous faites mourir, nous sommes
» certains qu'en abandonnant les choses temporelles,
» nous entrons en possession des biens de l'éternité. »

Le juge, d'abord étonné de cette généreuse réponse, éclata enfin en transports de fureur, et ordonna de briser les dents au martyr. Mais Epipode, plus fort que la douleur, ne fit entendre que ces paroles : « Je crois que
» Jésus-Christ est Dieu, ainsi que le Père et le Saint-
» Esprit ; il est juste que je rende mon ame à celui qui

» m'a créé et racheté; ainsi la vie ne me sera point ôtée,
» mais elle me sera donnée meilleure. La mort tempo-
» relle m'importe peu, pourvu que mon ame retourne
» aux cieux vers son créateur. » La profession de foi d'E-
pipode augmenta encore la cruauté du juge. A son ordre, des licteurs l'étendant rudement sur le chevalet,
lui déchirèrent les côtés avec des ongles de fer.

Cependant un bruit effroyable s'élève dans le forum;
le peuple qui trouve trop lente la barbarie du juge, demande à grands cris qu'on lui livre ce chrétien, pour
l'accabler sous une grêle de pierres, ou pour le mettre
en pièces. A cette manifestation, le juge, prévoyant
que son autorité allait être compromise, fait écarter
précipitamment Epipode de son tribunal, et ordonne
de lui trancher la tête; et le glaive consomma le martyre de notre jeune saint (1).

---

(1) Act. Martyr. SS. Epipod. et Alexand. int. act. martyr. à D. Ruinart. collect. et int. Act. sanct. 22 april. — Martyrolog. Adon. 22
april.—Martyrol. gallic. eâd. die.—Tillemont, Hist. eccles. tom. III,
p. 32 (in-4").

CHAPITRE TROISIÈME.

Martyre de saint Alexandre.

Après un jour d'intervalle, le juge qui voulait assouvir sur Alexandre sa propre fureur et celle du peuple, le fit comparaître à son tribunal, et cachant de son mieux ses véritables sentiments : « Tu peux encore, lui dit-il,
» profiter des exemples de ceux qui t'ont précédé, et
» voir quel parti tu dois prendre. Nous avons fait si
» bonne guerre aux chrétiens, que tu es, je crois, le seul
» qui reste ; car, outre ceux que nous avons envoyés par
» troupes à la mort, le compagnon de ta folie est tombé ;
» penses-y : tu subiras le même sort, si tu ne brûles de
» l'encens en l'honneur des dieux. »

— « Je rends grâce au Seigneur, répondit Alexandre,

» de ce qu'en me rappelant les glorieux triomphes des
» martyrs et les tourments qu'on leur a fait souffrir,
» vous me confirmez dans ma foi par leurs exemples.
» Pensez-vous que les âmes de vos victimes aient péri?
» Non, elles sont aux cieux ; ce sont leurs persécuteurs
» qui ont péri dans ce combat. Vous vous trompez, le
» nom chrétien ne peut périr; selon les dispositions de
» la providence, il se conserve par la vie des hommes
» et se propage par leur mort. Notre Dieu habite le
» ciel qu'il a créé ; il est maître de la terre et domine
» dans les enfers; le royaume céleste reçoit les âmes
» que vous prétendez anéantir; mais vous, vous au-
» rez avec vos dieux l'enfer pour partage. Et parce que
» je sais que mon frère chéri est maintenant dans la
» joie éternelle, j'entre avec plus de confiance dans
» la carrière. Je suis chrétien pour la gloire de Dieu,
» je l'ai toujours été et ne cesserai jamais de l'être.
» Tourmentez ce corps qui, fait de terre, est soumis
» aux puissances de la terre ; mais celui qui m'a créé,
» recevra et conservera mon âme. »

« Le président ne répondit à ce discours que par l'ordre d'étendre Alexandre sur le chevalet, et de meurtrir son corps à coups redoublés. Toujours inébranlable au milieu de ces tourments, le saint martyr invoquait la protection de son Dieu, et les bourreaux furent plutôt las de frapper, qu'Alexandre de souffrir. Le président lui demanda s'il persistait toujours dans sa résolution. Le martyr répondit avec une noble fierté, que les dieux des gentils étaient des démons ; que le Dieu tout-puissant, invisible, éternel, était sa force et le gardien de sa foi.

— « Les chrétiens, reprit le juge, en sont venus à un
» tel point de folie, qu'ils mesurent leur gloire sur la
» longueur des tourments, et croient triompher, en souf-
» frant, de ceux qu'ils appellent leurs persécuteurs. Il
» faut les détromper. Puisque Alexandre persévère dans
» son insolente et criminelle opiniâtreté, qu'il soit mis
» en croix et qu'il meure, comme il l'a mérité. » Les bourreaux se saisirent aussitôt d'Alexandre et l'attachèrent, les bras étendus, au signe de notre salut. Mais il ne prolongea pas long-temps son martyre ; car son corps avait tellement été déchiré, qu'on voyait ses entrailles à travers ses côtes décharnées. Recueilli en Jésus-Christ, il le priait toujours, et mourut en invoquant son saint nom.

» La mort avait séparé ces deux jeunes martyrs ; le même tombeau les réunit ; car les chrétiens étant parvenus à ravir leurs corps aux idolâtres, les portèrent hors de la ville, et les enterrèrent dans un lieu solitaire : sur une colline voisine de Lyon se trouvait une espèce de caverne humide dont l'entrée était dérobée aux regards des passants par d'épaisses broussailles. Ce fut dans cette grotte que les fidèles déposèrent ces précieux restes, pour les soustraire à la barbarie païenne, qui refusait aux chrétiens même le repos de la sépulture. Dans la suite, les miracles nombreux que Dieu opérait par l'intercession de ces deux saints, attirèrent à leur tombeau un nombreux concours de pieux pélerins. »

» On rapporte que lorsqu'une peste affreuse exerçait ses ravages sur la ville de Lyon, un jeune homme de haute naissance, attaqué de l'épidémie, fut averti dans une vision de demander un remède contre son mal à celle qui avait conservé la chaussure d'Epipode. Lucie répondit qu'elle ne connaissait point la médecine, mais elle avoua qu'elle opérait beaucoup de guérisons par le moyen de la précieuse dépouille dont elle était en possession. Elle bénit ensuite une potion par le contact de cette relique, la présenta au malade, dont la guérison fut si prompte, que tous l'attribuèrent à un miracle (1). Le tombeau de ces deux jeunes saints devint

---

(1) Voltaire dont l'ignorance en histoire est presque proverbiale, a voulu critiquer à sa manière le fait que nous rapportons ici d'après les Actes de nos deux saints martyrs.

« Que dirons-nous, s'écrie Voltaire, que dirons-nous du soulier de *la martyre sainte Epipode*, qui guérit un gentilhomme de la fièvre? » Rien, monsieur, sinon que vous faites une bévue en métamorphosant un jeune martyr en une pieuse veuve. (Œuv. de Volt. tom. 43 pag. 152, édit. de Beuchot). L'erreur que nous signalons a déjà été relevée

dès-lors un pélérinage célèbre, où les fidèles, qui y affluaient, recevaient souvent des bienfaits temporels et toujours des grâces abondantes.

Lorsque des temps plus heureux permirent aux chrétiens de donner à leurs martyrs une sépulture plus convenable, les corps des saints Epipode et Alexandre furent enterrés à côté de saint Irénée, dans la basilique que l'on avait élevée sous le vocable de saint Jean, au lieu même où avait été déposé le corps de ce grand évêque. Du temps de saint Grégoire de Tours nos deux jeunes martyrs partageaient avec saint Irénée les hommages et les respects des peuples qu'y attiraient en foule les nombreux miracles dont le Seigneur honorait leur mémoire (1).

---

par M. Péricaud (Lettres lyonnaises de M. Breghot du Lut, pag. 141) et par M. Collombet (Vies des saints du diocèse de Lyon pag. 17-18).

Lucie, hôtesse des saints Epipode et Alexandre, fut enterrée, dit saint Grégoire de Tours, dans un des faubourgs de la ville; le Seigneur illustra par un grand nombre de miracles le lieu de sa sépulture. (Gregor. Turon. Glor. confes. c. 64.) On ne trouve cependant point son nom dans les martyrologes.

(1) Hic (Irenæus) in cryptâ basilicæ beati Johannis sub altari est sepultus. Et ab uno quidem latere Epipodius, ab alio verò Alexander, martyr, est tumulatus. De quorum monumentis si pulvis cum fide colligatur, extemplò medetur infirmis. De glor. Martyr. c. 50.

Sepulti ambo ex utroque altaris latere, in cryptâ, quæ in colle superposito civitati, pulchro et antiquo opere extructa. Euseb. Emes. Hom. 49 — Adon. Martyrol. 24 april. et les autres martyrol.

Tous les martyrologes qui parlent des saints Epipode et Alexandre, leur joignent trente-quatre martyrs dont leurs actes ne disent rien.

CHAPITRE QUATRIEME.

Martyre des saints Marcel—Valérien—Bénigne—Thyrsus et Andochius.

Vers le même temps, deux autres chrétiens de l'Église de Lyon honoraient leur foi par les mêmes vertus et le même courage : Marcel et Valérien, nés probablement l'un et l'autre dans cette ville et peut-être de la même famille (1), avaient échappé comme par miracle aux poursuites des païens ; et s'éloignant de leur patrie, ils avaient remonté la Saône, soit pour se soustraire à la persécution, soit pour enseigner l'Evangile dans les contrées voisines, si l'occasion s'en présentait.

(1) Huic martyri (Marcello) adjungitur et sanguine et agone propinquus beatus athleta Valerianus. Gregor. Turon. de Glor. martyr. c, 54.

Valérien s'arrêta à Tournus, où peu de temps après il trouva dans un glorieux martyr la récompense des efforts qu'il avait faits pour y établir la foi (1). Marcel poursuivit ses courses apostoliques jusqu'à Châlons ; c'est là que l'attendait le sort de son bienheureux compagnon. Pris et condamné par le président Priscus, il fut attaché à de grosses branches d'arbres qu'on avait courbées avec force, afin que reprenant violemment leur état naturel, elles le démembrassent ; mais l'évènement trompa la barbarie. Ce tourment n'ayant pas eu l'effet qu'on s'en était promis, et le saint martyr persévérant toujours à mépriser et Saturne et le soleil dont on voulait lui faire adorer les statues, il fut enterré tout vif jusqu'à la ceinture, et au bout de trois jours il expira dans ce supplice (2).

Non loin de là, la même persécution frappait d'aures apôtres dont saint Irénée avait été ou le chef ou le compagnon. Les saints Bénigne, Thyrsus et Andochius avaient aussi reçu de saint Polycarpe la mission d'annoncer l'Évangile dans les Gaules. Quelques auteurs disent qu'ils formaient à eux seuls une de ces nombreuses

---

(1) Chifflet. Hist. Trenorc. et Chronic. Trenorc. ibid. int. Probat.— Tillemont. Histoire ecclesiast. tom. III, pag. 35 et annot. in h. loc.— Juenin, Nouv. Hist. de Tournus, 1 part. chap. II.—Longueval, Hist. de l'Egl. gallic. l. I.

(2) Iid. ibid.

colonies de missionnaires que le grand évêque de Smyrne distribuait dans les diverses parties de la terre ; d'autres croient qu'ils accompagnèrent saint Pothin ou saint Irénée jusqu'à Lyon, et que là ils se partagèrent les contrées méridionales ou centrales des Gaules. Enfin, plusieurs ont pensé que les saints Benigne et Andochius, à physionomie latine, étaient Gallo-Romains, qu'ils reçurent directement à Lyon leur mission de Pothin, et que le même saint leur adjoignit un de ces Grecs-Asiatiques établis dans cette ville, c'est-à-dire Thyrsus, dont le nom accuse en effet l'origine orientale. Quoi qu'il en soit, ces trois saints atteignirent la fameuse ville d'Augustodunum, aujourd'hui Autun, où ils trouvèrent un asile chez un citoyen de noble extraction, nommé Faustus, qui avait exercé la magistrature dans cette cité. On ne sait comment ils entrèrent en rapport avec lui. On a dit que Faustus ayant entendu parler de Jésus-Christ, avait peut-être admiré dans les récits des voyageurs l'héroïsme de ses disciples et la pureté de leur vie pourtant si calomniée. On peut croire, ajoutent les mêmes auteurs, qu'en voyant en Gaule, à quelques lieues de lui, une communauté de ces hommes extraordinaires frappés par la plus violente persécution, il se sentit ému de pitié pour les victimes. On pourrait aussi conjecturer que Faustus avait reçu la connaissance de l'Evangile des Grecs-Asiatiques établis à Autun, ou des premiers prédicateurs que l'on suppose être venus dans les Gaules avant saint Pothin. Ce qu'il y a de certain, c'est que les trois missionnaires recueillis par Faustus échappèrent long-temps par ses soins aux coups de la persécution, et établirent la religion dans le pays des Eduens, avec la coopération de leur hôte généreux. Dieu, qui récompense même un verre d'eau accordé en son nom, reconnut l'accueil fait à ses serviteurs par le plus grand de tous les bienfaits ; il toucha de sa grâce Faustus et toute sa famille, que le sacrement du baptême lui consacra pour toujours. Le fils du décurion éduen, Symphorien, alors encore enfant, illustra dans la suite et son pays et son nom par un des plus glorieux martyres dont s'honore l'Eglise.

Non loin d'Autun, dans la ville d'Autoritum, capitale des Lingons, aujourd'hui Langres, vivait une des sœurs de Faustus, nommée Léonilla, que Dieu comprit dans la distribution de ses faveurs. Ce fut peut-être à la prière de son hôte que Bénigne se rendit à Langres, où, secondé par Léonilla, qui se convertit la première, il établit le règne de l'Evangile.

Andochius et Thyrsus se transportèrent de leur côté à Sedolocum, ou Saulieu, sur les bords de l'Ain, chez un riche marchand, nommé Félix, qui les accueillit aussi généreusement que Faustus; aussi Dieu lui accorda-t-il, comme à celui-ci, la grâce du baptême, et peu de temps après, la gloire du martyre ; car, ayant été saisi par les persécuteurs, il souffrit, avec les ministres de la religion, les tourments et la mort pour le nom de Jésus-Christ.

Le sang de Bénigne coulait presque en même temps pour la même cause. De la capitale des Lingons, il était allé se fixer à Divio, aujourd'hui Dijon ; il y fonda une chrétienté qu'il consacra bientôt par le sacrifice de sa vie. Enfermé, dit-on, dans une prison avec des chiens affamés qui le déchiraient pour se rassasier, il fut enfin assommé à coups de barres de fer. La pieuse Léonilla vint de Langres à Dijon, pour recueillir ses précieux restes, et Faustus, son frère, aidé du jeune Symphorien, rendit le même devoir aux apôtres de Saulieu (1).

Ce ne furent point les seuls martyrs qui partageassent les souffrances du peuple d'Irénée : un grand nombre d'autres, dont le nom n'est écrit que dans le livre de vie, scellèrent de leur sang la religion qu'ils avaient, comme lui, étudiée et appris à aimer à l'école de l'illustre Polycarpe.

Mais Dieu, qui se rit des projets et des efforts des prin-

---

(1) Gregor. Turon. De Glor. martyr. c. 51 (edit. D. Ruinart.) — Chronic. monast. Divion. ap. Achery tom. I Spicileg. — D. Ruinart, Act. sancti Symphoriani int. Act. martyr. — Bolland. 17 januar. — Tillemont, Hist. ecclés. tom. III, p. 38 et suiv. — Longueval, Hist. de l'Egl. gallic. l. I. — Gall. christian. tom. IV, p. 316.

ces et des peuples conjurés contre lui et contre son Christ, fit cesser la tempête qu'il n'avait permise que pour sa gloire et celle de son Eglise. D'ailleurs, il destinait Irénée à des travaux qui exigeaient le silence des orages : il devait l'opposer à des troupes d'adversaires dont on ne triomphait pas en mourant. La persécution finit donc avec le règne et la vie de Marc-Aurèle. Ce prince, coupable de tous les excès que ses officiers exercèrent contre les chrétiens, quoiqu'il ne les eût pas tous commandés, s'était vu de nouveau forcé de prendre les armes contre les indomptables Marcomans : il était déjà parvenu dans leur pays, lorsque, se sentant attaqué d'une maladie grave, il se refusa toute nourriture, et se fit mourir de faim. Marc-Aurèle a laissé après lui la réputation d'un stoïcien vaniteux jusqu'au ridicule et à la bassesse, égoïste jusqu'à la cruauté, austère et fataliste dans ses maximes, inconséquent dans sa conduite. Mauvais époux, père négligent, monarque bizarre, il ne régnait que pour lui, et toute son ambition était d'obtenir l'estime ou les flatteries du philosophisme.

Il eut pour successeur son fils Commode, âgé alors de dix-neuf ans (180). L'on s'aperçut bientôt que ce prince, pour avoir été élevé sous les yeux d'un père philosophe, par des hommes de la même profession, n'en était ni meilleur ni plus sage. Ses premiers actes présagèrent un tyran à l'empire et un persécuteur à la religion. En effet, l'empire gémit pendant plus de douze ans sous le joug de l'ignoble Commode ; mais le Seigneur ne lui permit pas de sévir contre son Eglise, et les chrétiens purent, à l'abri du bras de leur Dieu, se multiplier sous un prince qui avait tous les vices des persécuteurs.

CHAPITRE CINQUIÈME.

Progrès du christianisme à Lyon.

Irénée comprit les devoirs et les avantages que ce calme donnait à son zèle; on peut croire que, pour le mettre à profit, il n'épargna ni veilles ni sacrifices : sa vie fut un dévouement de tous les jours : nul repos lui paraissait légitime. Plein d'admiration pour l'illustre Polycarpe son maître, il avait le souvenir ou plutôt le cœur rempli de ses vertus, et il en reproduisait dans sa conduite les admirables exemples (1). Lorsque le caractère épiscopal lui eut donné avec son maître vénéré une ressemblance de plus, il s'efforça aussi d'imiter, dans

(1) Epist. Iren. ad Florin.

l'administration de son Eglise, un modèle formé lui-même à l'école du disciple qui avait reposé sur le cœur de Jésus-Christ. Aussi remarque-t-on, dans le caractère et la conduite de saint Irénée, les grandes qualités qu'avaient déployées l'apôtre saint Jean et saint Polycarpe son disciple ; toutes celles de ses actions dont l'histoire nous a conservé le souvenir, révèlent une douceur inaltérable, une charité ardente pour Dieu et pour le prochain, le même amour de la paix, une fermeté inébranlable, un courage héroïque. Il savait que sa nouvelle dignité le mettait en quelque sorte à la disposition de tous, et donnait à chacun des droits à son zèle; il s'enchaînait donc au bien et aux besoins de tous. Le Ciel répandit des bénédictions abondantes sur des travaux entrepris pour sa gloire et poursuivis avec tant de dévouement. Irénée voyait chaque jour venir se ranger autour de lui, à l'ombre de la croix, un grand nombre d'infidèles qui, ne pouvant résister à l'ascendant de ses vertus ni à la force de ses instructions, désertaient les autels des faux-dieux et grossissaient les rangs des chrétiens. Les conversions furent si nombreuses, que lorsque, un peu plus tard, l'empereur Sévère voulut détruire dans Lyon la religion chrétienne, il fut obligé de faire périr presque toute la population de cette grande cité.

Le zèle d'Irénée ne se bornait point à son Église. Le paganisme régnait encore dans l'empire, et le gnosticisme tentait partout d'arracher à l'Evangile ses nouvelles conquêtes. Cependant la providence et l'amour de son peuple tenaient notre saint fixé à ce poste, et il ne pouvait l'abandonner pour voler partout où il y avait des ennemis à combattre. Il s'efforça donc de se multiplier dans ses disciples, et suscita au paganisme et à l'hérésie des adversaires redoutables, qui allassent en son nom les attaquer et les combattre sur tous les points.

C'est pourquoi, sans cesser de se dévouer à son peuple, Irénée donna une attention particulière au clergé de son Église, à l'imitation du grand évêque de Smyrne, dont le clergé avait toujours été un séminaire d'apôtres. L'exemple de ses vertus, l'éclat de ses lumières, les leçons de son expérience, formèrent au sanctuaire des ministres dignes de leurs hautes fonctions et conformes à l'idée qu'il s'était faite de la sainteté de leur état.

Sous l'inspiration de l'illustre docteur, dit un docte écrivain, Lyon devint en Occident ce qu'avait été Smyrne en Orient, le foyer de la tradition, le gymnase où l'orthodoxie se fortifia par la discussion des doctrines, par la lutte contre l'hérésie. On y vint de tous les points du monde chrétien, et il s'y forma des docteurs célèbres à leur tour, qui, s'appuyant sur les enseignements d'Irénée, entourèrent ce nom du vif et pieux souvenir dont Irénée lui-même avait entouré le nom de ses maîtres (1).

De l'école de ce grand homme sortirent des saints et des docteurs qui furent, comme lui, la gloire de l'Eglise et la terreur de l'hérésie. Parmi les premiers se distinguaient surtout deux saints prêtres, Clément et Zacharie, dont l'histoire fait l'éloge. Clément seconda toujours le zèle d'Irénée dans la chrétienté de Lyon, qu'il édifia par ses exemples, en même temps qu'il l'instruisit dans la doctrine de Jésus-Christ ; enfin, il obtint sous Septime-Sévère, avec son illustre maître, la palme du martyre, due à ses travaux et à ses vertus (2). Zacharie partagea avec Clément la sollicitude pastorale de leur commun maître. Nous le verrons plus tard siéger sur la chaire d'Irénée. Les autres membres du clergé qu'avait formé ce grand prélat, ne le cédaient pas à ceux que nous venons de nommer.

(1) M. Amédée Thierry, Hist. de la Gaule sous l'administ. rom. tom. II, p. 255.
(2) Le martyrol. de saint Jérome fait mention de saint Clément sous le 20 janv. Du Saussay en parle sous le même jour en ces termes : Lugduni, sancti Clementis præsbyteri, qui B. Irenæi episcopi et martyris, ab eo ob insignia scientiæ et pietatis merita presbyterii honore exornatus, sacerdotalis officii munia sub eo, pleno spiritûs apostolici vigore, obiit. Illo autem sub Severo diro Cæsare, ob pietatis assertionem et gregis tutelam obtruncato, etc... — Bolland. Act. sanct. 20 januar.

CHAPITRE SIXIEME.

Églises fondées par les disciples de saint Irénée.

De tels ministres pouvaient être des apôtres, et en effet saint Irénée détacha de son Eglise plusieurs de ses disciples, qui tous conquirent cette glorieuse qualité au prix de leur sang, dans les pays où les avait envoyés leur maître vénéré. Alors s'accomplit de nouveau cette prophétie d'Isaïe : « *Le seigneur prit, au mulieu d'un peuple qui le connaissait déjà, des prêtres et des lévites qu'il envoya à ceux qui ne le connaissaient pas encore; et ils les gagnèrent à Dieu* (1). »

La ville de Valence, située sur les bords du Rhône, au-dessous de Lyon, fixa la première l'attention d'Iré-

(1) Isa. cap. ult. v. 19-20.

née ; le commerce y avait attiré plusieurs familles de négocianls asiatiques. La voix des premiers prédicateurs de l'Evangile n'y avait que faiblement retenti jusqu'alors, ainsi que dans les autres parties des Gaules. Le paganisme y régnait sans rival ; et le gnosticisme accouru de l'Orient, loin de lui donner de l'inquiétude, lui aidait au contraire à détruire dans ce pays les traces qu'aurait pu y laisser le passage de la religion. Mais leur empire ne pouvait ni s'établir, ni subsister à côté, pour ainsi dire, d'Irénée. Ce saint évêque leur suscita trois adversaires qui devaient détruire leur ouvrage. Envoyés à Valence par Irénée, les saints Félix, prêtre (1), Fortunat et Achillée, diacres, vinrent donc élever dans cette ville l'autel de Jésus-Christ contre les autels des faux-dieux. Les trois saints missionnaires

---

(1) Comme dans les premiers siècles de l'Eglise, les prêtres qui étaient chargés d'aller établir la religion dans quelque ville, recevaient ordinairement la qualité d'évêque avec leur mission, des auteurs ont pensé que Félix, chef de la mission de Valence, était revêtu de cette dignité. Cette opinion n'est point invraisemblable.

Un auteur espagnol, jaloux de faire remonter au grand saint Irénée l'origine de l'Eglise de Valence en Espagne, et fondé seulement sur la ressemblance du nom, a prétendu que les saints Félix, Fortunat et Achillée ne furent point envoyés à Valence en Dauphiné, mais à Valence en Espagne. Nous concevons que des Eglises tiennent à honneur d'avoir reçu leurs premiers apôtres d'un si grand saint, mais en présence de l'histoire, la piété devrait se contenter de désirer.

Voir Théoph. Raynaud, Indic. sanct. Lugdun. voc. ACHILLÆUS.

s'abritèrent dans une espèce de cabane, à l'extrémité orientale de la ville, où l'on voyait naguère quelques restes de l'Eglise que la piété des Valentinois éleva dans la suite en leur honneur.

La porte de la ville qui en est la plus voisine, et la rue à laquelle elle donne entrée, portent encore aujourd'hui le nom de Saint-Félix.

La prédication de ces trois disciples d'Irénée, jointe à la sainteté de leur vie, et soutenue de l'autorité des miracles, gagnèrent en peu de temps un grand nombre d'âmes à Jésus-Christ.

Les saints Ferréol et Ferrution, amis intimes des trois premiers apôtres de Valence, et, comme eux, formés à l'école du grand Irénée, obtenaient les mêmes succès par les mêmes moyens, dans le pays des Séquanais que leur saint maître avait assigné à leur zèle (1). Les uns et les autres reçurent, quelques années après, sous Caracalla, une récompense digne de leurs travaux, la palme du martyre. Quoique leur mort n'arrivât que neuf ou dix ans après celle de saint Irénée, nous en parlerons ici pour ne pas interrompre dans la suite le fil de l'histoire.

---

(1) Bolland. 16 jun. p. 5.—Dunod, Hist. de l'Egl. de Besanç. tom. I, p. 24. Cet auteur pense que saint Ferréol fut envoyé par saint Irénée à Besançon, avec la qualité d'évêque ; son opinion n'est pas dépourvue de fondement.

Les païens de Valence, irrités des succès qu'obtenait la prédication des saints Félix, Fortunat et Achillée, résolurent leur perte. Le Ciel fit connaître à ses serviteurs le sort qui les attendait, pour les disposer d'avance au témoignage de sang que sa providence exigeait d'eux. Saint Félix, leur chef, eut une vision qu'il leur raconta en ces termes (1) : « J'ai vu, mes bien chers frères, des lieux
» enchantés qu'éclairait une céleste splendeur, qu'ornaient et embaumaient des fleurs de diverses couleurs.

» Au milieu était un tabernacle étincelant d'or et de
» pierres précieuses. J'ai vu encore cinq agneaux sans
» tache aussi blancs que la neige, qui, dans ce jardin de
» délices, paissaient au milieu des lis. Tandis que j'admirais ce séjour ravissant, j'entendis une voix qui me
» criait avec force : *Courage, courage, bons et fidèles ser-*
» *viteurs; parce que vous avez été fidèles dans de petites*
» *choses, je vous établirai sur de plus grandes, entrez*
» *dans la joie du Seigneur votre Dieu* : Venez, disciples
» d'Irénée, joignez-vous à vos frères.' » A ces mots, Fortunat et Achillée, remplis de l'Esprit Saint, s'écrièrent, dans le transport de leur amour : « Gloire vous soit
» rendue, ô divin Jésus, lumière éternelle, splendeur,
» grâce et gloire des anges, Seigneur du ciel et de la

---

(1) Act. SS. Ferreol. et Ferrut. ap. Boll. 16 jun.

» terre, qui daignez soutenir notre faiblesse par les pro-
» messes que vous avez faites à votre serviteur Félix.
» Maintenant donc, Seigneur, Roi des rois, remplissez
» nous tous de vos célestes consolations, afin que nous
» soyons dignes de souffrir la mort pour votre gloire.
» Accordez les secours de votre grâce à ceux que vous
» avez daigné charger d'annoncer votre parole. Non,
» Seigneur, Dieu de notre force, nous ne pourrions,
» sans votre puissante assistance, résister aux embûches
» ou aux traits d'un ennemi implacable, ni supporter
» la cruauté des tourments. »

A peine avaient-ils terminé cette prière, qu'un chrétien envoyé par les bienheureux Ferréol et Ferrution vint leur remettre de leur part, une lettre conçue en ces termes : « Ferréol et Ferrution, aux très-pieux frères en
» Jésus-Christ, Félix, Fortunat et Achillée, salut dans
» notre Seigneur : Celui dont la sagesse gouverne les
» temps et régit le monde, a bien voulu découvrir à ses
» serviteurs les secrets de son cœur, et les exhorter à une
» courageuse profession de leur foi. M'étant endormi
» dans une des veilles de la nuit, je vis au ciel, autour
» d'une croix lumineuse, cinq anges resplendissants de
» clarté, qui tenaient, chacun dans les mains, une
» couronne brillante faite de l'or le plus pur et ornée
» de pierres précieuses. Comme je considérais, hors de
» moi-même, un spectacle si ravissant, une voix cé-

» leste me dit avec force : « *Venez, disciples d'Irénée,*
» *recevez la récompense que le Père vous a préparée. Vous*
» *avez fait sur la terre la volonté de Dieu, possédez main-*
» *tenant dans les cieux un royaume éternel.* » « Je crois,
» mes bienheureux frères, que le Seigneur nous ap-
» pelle au martyre. Ranimons donc notre courage,
» veillons, prions avec ferveur, afin que Satan ne nous
» dérobe pas notre trésor (1). » Les apôtres de Valence répondirent à ceux de Besançon, par le récit de
la vision de Félix; et dès-lors les cinq disciples d'Irénée,
adorant les desseins du Seigneur, redoublèrent de zèle et
multiplièrent encore leurs travaux et leurs prières. La
persécution les trouva donc prêts. Le jour même que
Cornélius faisait solennellement son entrée dans Valence, accompagné d'un brillant cortége et suivi d'une
foule innomblable, les saints Félix, Fortunat et Achillée vaquaient à leurs pieux exercices, dans leur modeste
demeure, qui se trouvait sur le passage du général romain. Ni le tumulte, ni la curiosité, ni la crainte ne furent capables de les détourner de leur prière. Au moment où le cortége défilait devant leur chaumière, ils
chantaient le verset 4 du psaume 65 : *Omnis terra ado-*

---

(1) Ap. Bolland. l. c. Le récit de la vision de saint Félix et la lettre des SS. Ferréol et Ferrution se trouvent dans différents manuscrits, avec des variantes qui ne changent rien au sens.

ret te, Deus, et psallat tibi; Psalmum dicat nomini tuo. Alors Cornélius se retournant brusquement du côté d'où venait la voix : « Qu'ai-je entendu, s'écria-t-il ? » Est-ce que depuis le juste et terrible massacre que » l'empereur Sévère a ordonné à Lugdunum, il reste » encore ici quelques chrétiens qui osent blasphémer » nos dieux et mépriser les décrets de nos princes ? » — Il y a là trois hommes, lui répondit-on, trois habiles sé- « ducteurs, qui par leurs discours importuns ont converti au culte de Christ la troisième partie de la ville, et ont inspiré à tous le mépris de nos dieux. » Cornélius aussitôt ordonna de les arracher de leur cabane et de les traîner dans les prisons. Il les fit ensuite comparaître à son tribunal, les menaça, les flatta, les appliqua à une cruelle question; mais rien ne put ébranler la constance de ces généreux athlètes : ils confessèrent toujours hautement le Dieu pour l'amour duquel ils souffrirent à plusieurs reprises, les tourments les plus affreux et les plus variés. Enfin Cornélius ne sachant plus à quels supplices les soumettre, ordonna de les conduire ou de les porter hors de la ville et de leur trancher la tête. Cet ordre fut exécuté parmi les bruyants applaudissements de la populace païenne, qui regardait cette exécution comme le triomphe de ses dieux; mais les chrétiens, plus éclairés, rendirent gloire au Seigneur, de la victoire de la foi sur l'enfer ; et pleins de vénération pour les trois martyrs dont la mort rendait à la religion un témoignage si éclatant, ils enlevèrent leurs corps à la faveur des ténèbres de la nuit, et les cachèrent dans un réduit secret, en attendant que des temps plus heureux leur permissent de rendre à leur mémoire des honneurs plus solennels (1). »

Un païen fanatique, nommé Claudius, personnage distingué, et peut-être préfet de la capitale des Séquanais, était venu de cette ville à la rencontre de Cornélius, jusqu'à Valence. Là, témoin des dispositions hostiles du général romain contre le christianisme, il crut sans doute lui faire plaisir, ou du moins servir la cause du prince et des fausses divinités, en lui dénonçant les deux apôtres de la Séquanie : « Seigneur, lui dit-il, il y a dans notre ville deux hommes de la même secte, nommés Ferréol et Ferrution, qui déjà ont entraîné la moitié de votre peuple au culte de leur Dieu crucifié par des hommes. Ils ont même attiré dans leur religion mon épouse, votre servante : ils persuadent aux vierges de ne point se marier ; enfin leurs discours ont inspiré un tel mépris pour les dieux, que l'on n'ose plus leur donner cette qualité : l'encens ne fume plus, le sang des victimes a cessé de couler sur leurs autels. Que dis-je ? peu contents d'em-

---

(1) Bolland. 23 april. — De Catellan, Antiquités de l'Eglise de Valence, l. 1, §§ 8 et 9.—Théoph. Raynaud. Indic. SS. Lugdun. voc. Felix, Fortunatus et Achillæus.

pêcher leurs adhérents de sacrifier à nos divinités, ils leur ordonnent d'abattre leurs statues. »

— « Dieux invincibles, s'écrie alors Cornélius, votre nom serait donc méprisé, votre puissance serait partout anéantie par ces chrétiens! Que faisons-nous, cher Claudius? Pourquoi ne défendons-nous pas nos dieux? Qu'a donc de si terrible le signe de ce crucifié, pour les faire trembler?............ Mais non; leur loi ne remplacera point notre religion ; je vais vous donner mes volontés par écrit ; vous irez dans le pays des Séquanais, et là vous ferez subir à ces deux hommes des tourments tels que leurs partisans renoncent à leur religion pour ne point s'y exposer,— Vos ordres, Seigneur, seront exécutés, repritClaudius. » Celui-ci tint sa promesse. A peine arrivé à Besançon, il fit arracher les saints Ferréol et Ferrution de la crypte où ils avaient coutume de se retirer pour vaquer à de pieux exercices, leur déclara les volontés du prince et de Cornélius, et leur donna le choix ou de sacrifier ou de mourir. Ferréol et Ferrution avaient été formés à l'école du grand Irénée; aimer Jésus-Christ, prêcher sa loi sainte, c'était leur vie; pour eux le martyre était une récompense; ils ne balancèrent donc point sur le choix qu'on leur proposait. « Nous sommes prêts, répondirent-ils avec dignité ; faites ce que le démon vous inspire. Pour nous, nous espérons en notre Seigneur Jésus-Christ; quelques tourments que vous nous fassiez souffrir, notre foi nous soutiendra, et notre Sauveur, le réparateur de notre vie, nous recevra dans sa gloire, après que nous aurons combattu pour lui dans ce monde. Que les récompenses que vous nous promettez tournent à votre perte; l'amour de notre Dieu nous suffit. »

Claudius voyant bien que des flatteries et des promesses ne fléchiraient pas ces cœurs magnanimes, donna un libre cours à sa fureur. Tout ce qu'une cruauté raffinée put inventer de supplices, il le fit souffrir aux saints Ferréol et Ferrution, qui ne cessèrent de bénir Dieu qu'en finissant de vivre. Les chrétiens de Besançon enlevèrent secrètement leurs corps, et les cachèrent à quinze cents pas de la ville, dans la crypte où ils avaient coutume de se réunir, pour prier le Seigneur et chanter ses louanges. Ils y furent retrouvés vers l'an 370, du temps de saint Agnan, évêque de Besançon, et depuis lors cette église fait au 5 septembre, la fête de l'invention de leurs reliques (1).

On rapporte à la même persécution le martyre de saint Andéol, que les uns font disciple, et d'autres, compa-

---

(1) Bolland. 16 jun. p. 5 et seq. — Dunod, Histoire de l'Eglise de Besançon, tom. I, p. 25.—Gregor. Turon. De Glor. mart. c. 71.— Theoph. Raynaud, Indic. SS. Lugd. voc. SS. FERREOLUS et FERRUTIO. —Baillet, Vies des saints, 16 juin.—Joan. Jacob. Chifflet, Vesontio, tom. II, p.17 et seq.

gnon de saint Irénée. On dit qu'il fut martyrisé au bourg qui porte aujourd'hui son nom, et qu'il eut la tête fendue en quatre parties avec une épée de bois. L'Église célèbre sa fête le premier du mois de mai (1).

(1) Bolland. 1 maii.
Nous n'avons garde ni de garantir, ni de rejeter les visions que nous venons de rapporter, d'après des Actes auxquels on ne saurait, sans témérité, refuser toute autorité, pour quelques difficultés chronologiques, ou quelques variantes qu'il faut peut-être attribuer aux copistes. Un homme raisonnable est également éloigné et de la faiblesse qui croit tout sans discernement, et de l'incrédulité qui se fait un pitoyable mérite de ne rien croire.

CHAPITRE SEPTIEME.

Autres disciples de saint Irénée : Gaïus et saint Hippolyte.

C'était peu pour Irénée d'établir dans les Gaules la religion de Jésus-Christ. Il forma encore d'autres disciples qui, avec le titre d'*évêques des nations*, allassent prêcher et défendre l'Évangile dans toutes les parties de l'univers. Ces hommes admirables, dit Eusèbe de Césarée (1), imitant le zèle de leurs maîtres, élevaient l'édifice de la religion là où les apôtres en avaient jeté les fondements : ils travaillaient avec une application infatigable à la prédication de la foi, répandaient par toute la terre la semence de la divine parole, faisaient connaître Jésus-Christ à ceux qui ignoraient encore son nom, et leur expliquaient sa loi sainte. Lorsque ces hommes apostoli-

(1) Euseb. Hist. eccl. l. III, c. 37.

ques avaient établi solidement la religion dans un pays infidèle, ils confiaient à des pasteurs stables le soin des âmes qu'ils avaient acquises à Jésus-Christ; puis ils poursuivaient dans d'autres pays le cours de leurs conquêtes spirituelles. Dieu les accompagnait partout, sa grâce les fortifiait, et le Saint-Esprit opérait, par ses serviteurs et en faveur de leur ministère, des prodiges aussi éclatants que nombreux; aussi n'était-il pas rare de voir des peuples entiers s'ébranler à leur voix, et entrer en foule dans l'Église de Jésus-Christ.

Irénée forma plusieurs de ces apôtres à la religion. Ajoutons que les deux plus illustres évêques des nations du second et du troisième siècle, sortirent de l'Église de Lyon. En effet, Gaïus ou Caïus et Hippolyte, dont nous voulons parler, brillèrent en ce temps-là d'une gloire à laquelle le nom illustre d'Irénée (1), leur maître, ajoutait un nouvel éclat.

Caïus, après avoir puisé à l'école de notre saint (2) la connaissance des traditions apostoliques, la science de la religion, le zèle pour l'intégrité de la foi, se rendit

---

(1) La Chronique d'Alexandrie, parlant de saint Irénée, ne lui consacre qu'une phrase, mais d'un laconisme qui en dit plus qu'un long discours : Εἰρηναῖος ἐπίσκοπος πόλεως Λουγδούνου τῆς Γαλλίας διέπρεπεν. Irenæus episcopus civitatis Lugduni Galliæ, inter alios excellit. (Chronic. Alexand. ϛμ ΟΛΥΜΠΙΑΣ.

(2) Epist. Eccles. Smyrn. sub fin.

à Rome, où l'on croit qu'il fut envoyé soit pour les affaires de l'Église de Lyon, soit pour combattre les montanistes, qui faisaient des efforts incroyables pour propager leurs erreurs au centre de la catholicité. Caïus remplit toutes les espérances de son illustre maître. Proclus, l'oracle du parti montaniste, causait alors parmi les fidèles de Rome de déplorables ravages; une éloquence emphatique, un extérieur grave, une morale sévère, des sentences fastueuses, faisaient un grand nombre de dupes, que le zèle du saint pape Victor et de son clergé, ne pouvait pas toujours ramener. Le malheureux Tertullien lui-même s'était laissé prendre à une austérité dont la dureté de son caractère lui relevait le mérite (1). Si les conquêtes de Proclus n'étaient pas toutes aussi brillantes, elles étaient du moins fort nombreuses. Il prêchait effrontément contre la doctrine des apôtres, et ne craignait pas de dire que le Saint-Esprit annonçait plus de vérités par la bouche de Montan, que n'en contenait l'Ecriture. Gaïus, pénétré pour l'Evangile et les traditions apostoliques de cet amour ardent qu'Irénée savait inspirer à ses disciples, ne put voir sans indignation ces doctrines vénérables, méprisées, dédaignées par un sectaire. Il résolut donc de faire retomber sur Proclus et sur sa secte tout le discrédit que ce-

(1) Tillemont, Hist. eccl. tom. III, p. 664.

lui-ci voulait jeter sur l'enseignement de l'Eglise. Il le provoqua à une dispute publique, qui eut lieu en effet, en présence d'une foule considérable de chrétiens et de montanistes. Supérieur à son adversaire de tout l'avantage que lui donnaient et ses grands talents et la bonté de sa cause, Gaïus n'eut pas de peine à montrer à Proclus le ridicule des prophéties de son patriarche et la fausseté de son système. La vérité triompha, et plusieurs de ceux qui l'avaient abandonnée, l'embrassèrent de nouveau pour ne plus la trahir. Mais, afin que cette victoire pût encore consoler et affermir dans la foi d'autres églises que l'hérésie s'efforçait aussi de corrompre, le disciple d'Irénée écrivit cette célèbre conférence ; et l'antiquité chrétienne admira dans ce livre, ainsi que dans les autres ouvrages du même auteur, une grande érudition et une connaissance complète des affaires et des dogmes de la religion. Personne donc n'était plus propre que lui à prêcher l'Evangile dans les diverses parties du monde où l'hérésie l'attaquait avec plus d'acharnement ; c'est pourquoi le souverain pontife l'ayant nommé évêque des nations (1), ne fixa aucune borne à son zèle, et le chargea d'annoncer l'évangile partout où le pousserait l'Esprit saint. L'Orient était

---

(1) Phot. Biblioth. Cod. 48.—Tillemont, Hist. eccl. tom. III, p. 174 et suiv.

alors en proie à une multitude de sectes qu'enfantaient avec une effrayante fécondité le philosophisme et l'hérésie. L'histoire se taît sur le reste de la vie de Caïus ; mais on peut croire que la foi trouva toujours en lui un défenseur intrépide, et l'erreur, un adversaire indomptable.

Hippolyte défendit avec non moins de zèle et avec autant de succès, la doctrine qu'il avait apprise d'Irénée (1). Les uns lui donnent aussi la qualité d'évêque des nations, et lui font annoncer l'Evangile dans l'Orient ; d'autres prétendent qu'il était fixé au siége de Porto, ce que saint Jérôme n'a point su, mais que semble cependant confirmer une statue en marbre blanc de ce saint, trouvée dans les fouilles de Rivoli, en 1551. Quoi qu'il en soit, Hippolyte consacra, ainsi que son illustre condisciple, toute sa vie à la défense ou à la propagation de la foi, comme le prouvent ses nombreux et savants écrits.

Ses travaux, ses succès et ses ouvrages rendirent célèbre dans tout le monde chrétien, le nom de saint Hippolyte, et l'Église le place encore à côté de l'admirable Irénée, parmi les docteurs qui font sa gloire. Les anciens ont célébré à l'envi son génie élevé, son éloquence persuasive et entraînante (1); ils lui ont donné

---

(1) Phot. Biblioth. cod. 121.

les titres les plus glorieux et les mieux mérités; ils l'ont appelé tantôt un foyer de lumières, tantôt un témoin irréprochable de la vérité, un organe fidèle de l'Esprit Saint. Le grand nombre de livres qu'il composa sur toutes les parties des sciences ecclésiastiques, confirment ces honorables témoignages, et attestent en effet que saint Hippolyte fut un des génies les plus vastes, un des hommes les plus savants de son siècle, cependant si fécond en grands docteurs. Car alors florissaient saint Pantænus, Clément, Ammonius Saccas, à Alexandrie, Tertullien en Afrique, saint Denys à Corinthe, et d'autres encore, et ces noms fameux n'étaient point capables d'éclipser les disciples que formait Irénée. « Il semble même, dit un sage critique, que saint Hippolyte, qui était sorti de l'Eglise de Lyon, ait accumulé tous les titres dont un seul faisait la réputation de plusieurs de ces savants hommes. En effet, comme il a excellemment traité tous les genres, on peut, sans exagérer son éloge, le ranger à la fois parmi les interprètes, les canonistes, les théologiens, les controversistes, les historiens, les orateurs, les chronologistes, etc. (1) » Hippolyte posséda toutes les connaissances que supposent des qualités aussi variées, et qui auraient débordé une capacité moins vaste que la sienne. Il n'est donc pas étonnant

(1) Hist. littér. de France. tom. I, part. I.

qu'Origène l'ait pris pour modèle ou pour guide dans la direction de ses travaux exégétiques.

L'Église admirait en même temps qu'elle bénissait Hippolyte; mais ce grand homme, qui, comme nous l'avons déjà dit, avait puisé à l'école d'Irénée la science des saints avec les connaissances ecclésiastiques, opposait une humilité profonde à ce concert unanime de louanges; et comme s'il eût borné toute son ambition ici-bas à être le disciple du saint évêque de Lyon, il renvoyait à son maître tout le mérite de ses œuvres et de ses écrits, et se faisait un devoir et une gloire de n'exposer que sa doctrine (1). On remarque, en effet, dans les ouvrages qui nous restent d'Hippolyte, les mêmes principes, la même fidélité aux traditions apostoliques, le même zèle pour l'intégrité de l'Évangile, et souvent sur un même sujet les mêmes termes que dans les livres d'Irénée; en sorte que, si le malheur des temps nous avait ravi tous ses ouvrages, nous pourrions juger de sa doctrine par celle de ses savants disciples (2).

---

(1) Phot. Biblioth. cod. 121.

(2) Consulter, sur saint Hippolyte, Photius, l. c. —Tillem. Histoire ecclés. tom. III, p. 238 et suiv. — Bénédict. aut. de l'Hist. littér. de France, tom. I, 1re part. p. 361 et suiv. — Ceillier, Hist. des écriv. ecclés. tom. II, p. 316 et suiv. et surtout M. l'abbé Greppo, Dissertat. sur saint Hippolyte, docteur de l'Eglise et martyr.

CHAPITRE HUITIEME.

Saint Irénée écrit contre Blastus et Florin.

Tandis que saint Irénée formait à la religion des apôtres et des docteurs, il s'efforçait de ramener à l'Église les ministres infidèles qui l'avaient désertée pour le schisme et l'hérésie. Blastus et Florin, venaient, par une horrible apostasie, d'introduire l'affliction et le scandale dans le clergé de Rome et dans toute la chrétienté. Le saint pape Eleuthère n'avait rien épargné pour le faire cesser, mais tous ses efforts ayant échoué contre l'opiniâtreté de ces malheureux, il se vit contraint de les retrancher de l'unité.

Irénée ne présumait pas être plus heureux qu'Eleuthère, mais l'amour filial qui l'attachait au Saint Siége, le zèle dont il était dévoré pour la maison de Dieu, ne lui permirent pas de garder le silence dans une occasion où la cause de la religion était si lâchement trahie et sa gloire outragée par ces deux indignes ministres. D'ailleurs, l'amitié qui l'avait autrefois uni à ces deux infortunés, semblait lui imposer le devoir de s'intéresser à leur sort. Quoique des sentiments plus élevés que ceux de l'amitié, portassent Irénée à travailler à leur conversion, il mit néanmoins au service de la charité, tous les moyens de persuasion que pouvait lui fournir une circonstance si touchante. Il avait connu l'un et l'autre en Asie. On a peu de détails sur la vie de Blastus; on sait seulement que, venu de l'Orient à Rome, il fut élevé à la dignité du sacerdoce qu'il ne tarda pas à profaner par sa présomption et ses criminelles intrigues. Esprit brouillon, vain, plein de soi-même, il divisait et détruisait autant qu'il lui était donné de le faire, le corps mystique de Jésus-Christ, pour faire triompher ses idées; ne parlant jamais que de paix, il ne se plaisait que dans le désordre, et démentait par une rébellion ouverte contre l'autorité ecclésiastique, ses protestations d'attachement et de fidélité aux traditions apostoliques. Il prétendait, avec les montanistes, que toute l'Église devait, dans la célébration de la Pâque, se conformer à la loi mosaïque, qui la fixait au quatorzième jour de la lune du premier mois. Il était parvenu à rassembler autour de lui un parti turbulent qui s'efforçait de gagner le clergé romain ou de mettre la division parmi ses membres. Le pape Eleuthère frappa Blastus d'excommunication, après l'avoir dégradé; et Irénée appuya la détermination du saint Pontife par un savant traité *du schisme*, qu'il composa contre Blastus. Si nous en croyons Théodoret, ce malheureux, chargé des anathèmes de l'Église et couvert de la honte de sa cause, mais fièrement obstiné dans ses prétentions, se jeta par dépit dans la secte des Valentiniens.

L'hérésie attira sur la tête de Florin le sort épouvantable que le schisme avait mérité à Blastus. Florin avait suivi quelque temps, avec saint Irénée, les leçons de saint Polycarpe. Ensuite, de retour à Rome, il avait renoncé aux grandeurs du monde pour embrasser l'état ecclésiastique; il fut donc promu aux ordres sacrés et admis dans les rangs du clergé romain. Si des motifs purs avaient déterminé le changement de Florin, il ne tarda pas à les oublier; car, cédant aux instigations des hérétiques, peut-être de Valentin, qui se trouvait alors à Rome, il donna dans des écarts qui le firent dégrader de la dignité sacerdotale et expulser de l'Église qu'il déshonorait. Loin de le corriger, ce châtiment produisit l'effet qu'une juste correction opère toujours sur des esprits superbes, qui se croyant dignes de l'estime publique, se regardent comme victimes de l'injustice, quand on dédaigne, ou quand on condamne leurs travers. Florin s'enfonça de plus en plus dans l'erreur et tenta contre l'Église tout le mal qu'il voulut lui faire, et comme l'abîme invoque l'abîme, il s'en prit à Dieu lui-même; il l'accusa d'être l'auteur du mal. Irénée frémit à cet horrible blasphème, et sans s'abandonner à une stérile indignation, il prit aussitôt le parti de venger la gloire outragée de Dieu et de son Église. Il écrivit donc contre Florin un livre intitulé : *De la monarchie*, dans lequel il prouvait que Dieu n'est point l'auteur du mal. Aux arguments qu'il tirait de la raison, Irénée ajouta les motifs les plus touchants, les expressions les plus tendres pour le persuader; tantôt il lui rappelait ses premiers sentiments de piété; tantôt il évoquait le souvenir de leur commun maître, du grand évêque de Smyrne; ou bien il lui mettait devant les yeux la grandeur de son crime, et le menaçait des jugements de Dieu; enfin il le conjurait, par le respect dû à la mémoire du vénérable Polycarpe, de revenir au Seigneur : il employa tous les moyens que pouvait lui suggérer un cœur brûlant de charité.

» Florin, lui disait-il, vos opinions sont contraires à la saine doctrine, pour ne rien dire de plus dur; elles ne sont point conformes à l'enseignement de l'Église, et précipitent dans l'abîme de l'impiété ceux qui les embrassent; elles réjouissent les ennemis de l'Église les plus acharnés; elles attaquent et tendent à renverser la doctrine que nous a transmise la tradition apostolique. Est-ce là, Florin, ce que nous apprenait Polycarpe? Car, il m'en souvient encore, je vous ai vu dans l'Asie-Mineure, descendre du faîte des honneurs, et venir vous confondre parmi les auditeurs de ce grand homme dont vous recherchiez même l'estime et la faveur. Ces temps sont présents à ma mémoire; oui, je vois encore le lieu où enseignait notre saint maître; je le vois entrer et sortir avec cette majestueuse gravité qu'il gardait toujours dans sa démarche : je crois encore assister, avec une multitude innombrable, à ces entretiens célestes où il nous apprenait tout ce que lui avaient dit saint Jean et d'autres hommes apostoliques, qui avaient eu le bonheur de considérer les traits du Verbe Incarné, de recueillir de sa bouche sacrée les vérités qu'il nous enseignait lui-même. Oh! avec quel bonheur je gravais dans mon cœur ces sublimes leçons! Qu'il m'est doux de les rappeler et d'en nourrir mon ame! Florin, je proteste devant Dieu que si ce respectable et apostolique vieillard eût entendu des erreurs comme les vôtres, il se serait écrié en se bouchant les oreilles : Bon Dieu, pourquoi m'avez-vous destiné à des temps où l'on ose proférer de tels blasphèmes? et il aurait fui avec horreur des lieux témoins de ces impiétés. Il l'a témoignée plusieurs fois cette horreur, et nous la voyons encore consignée dans les admirables lettres qu'il écrivit aux Églises d'Asie, pour les prévenir contre les nouveautés. »

C'était renvoyer Florin aux lettres de saint Polycarpe, écrits pleins de l'esprit des apôtres et dépositaires de leur enseignement. Mais ce malheureux, déterminé à se perdre, n'était plus en état de les comprendre. Insensible aux raisons aussi bien qu'aux touchantes sollicitations d'Irénée, il continua à s'enfoncer dans les ténèbres de l'erreur, pour ne point voir la lumière que lui présentait son charitable adversaire. Cependant, afin d'échapper à ses arguments, il se jeta dans le parti de Valentin, qui avait accordé à sa manière l'existence du mal avec la nature d'un Dieu essentiellement bon ; mais Irénée n'était pas homme à l'y laisser en repos : il aimait trop la vérité, il connaissait trop le prix d'une âme, pour laisser cet infortuné s'endormir entre les bras de l'hérésie ; il le força jusque dans ses derniers retranchements, et composa contre lui un nouvel écrit intitulé : de l'*Ogdoade*, où il combattait la généalogie chimérique de la divinité dans laquelle Valentin mettait huit êtres distincts, les huit principaux de ses *œons*.

Par un de ces terribles jugements de Dieu que l'esprit humain doit adorer en tremblant, Florin persista et mourut dans son endurcissememt ; mais les écrits que lui avait adressés Irénée vengèrent la vérité, et ses efforts réparèrent le mal qu'avait fait la conduite criminelle d'un prêtre apostat auprès des chrétiens faibles ou ignorants, qui rendaient la religion responsable des fautes de ses ministres. S'il n'eut pas la consolation de ramener à de meilleurs sentiments un insensé obstiné à périr, il eut du moins devant Dieu la gloire de prouver que Florin s'était perdu, parce qu'en sortant de l'Eglise, il avait quitté la voie qui peut seule conduire au salut.

Les travaux que soutint Irénée pour rendre à l'Église le schismatique Blastus et l'hérétique Florin, et détruire leurs prétentions ou leurs erreurs, préludèrent glorieusement à la lutte qu'il allait soutenir seul en Occident contre l'hydre du gnosticisme, et à l'office plus sublime encore de pacificateur qu'il remplit avec tant de bonheur et de modestie, dans la question fameuse sur la célébration de la Pâque, qui menaça l'Église entière des horreurs d'un schisme ; mais, pour procéder selon l'ordre des temps, nous devons d'abord parler des audacieuses hérésies qu'il combattit et des rudes attaques qu'il leur livra.

HISTOIRE
DE
SAINT IRÉNÉE.

LIVRE CINQUIÈME.

LUTTE DE SAINT IRÉNÉE AVEC LE GNOSTICISME.

CHAPITRE PREMIER.

Progrès du gnosticisme.—Saint Irénée s'y oppose.—Accusations iniques de quelques écrivains modernes contre ce saint docteur.

La mort de Marc-Aurèle avait suspendu les fureurs de la persécution; les cris féroces: *Mort aux chrétiens !... Les chrétiens aux lions !....* avaient cessé pour quelque temps de retentir dans l'empire : les cirques, les amphithéâtres fumaient encore du sang des fidèles; la multitude accourait toujours, il est vrai, à ces théâtres de carnage et d'horreur; mais c'était pour se distraire, pour passer son temps à voir des gladiateurs se tuer là où elle avait vu naguère des chrétiens égorgés par des bourreaux, à voir des *bestiaires* lutter avec des animaux féroces, là où les tigres et les lions avaient déchiré les disciples de Jésus-Christ. Sans doute, des violences, des persécutions locales, faisaient souvent des martyrs; mais alors c'étaient des chrétientés qui étaient persécutées, et non l'Eglise universelle. Le Dieu dont elle est destinée à combattre les combats sur la terre, lui ménageait ce moment de calme pour lui donner la liberté de lutter avec les nouveaux ennemis qui allaient fondre sur elle. Des légions d'hérétiques, fiers du faux titre de *gnostiques*, dont se parait leur présomption, s'efforcèrent alors avec une nouvelle ardeur de lui arracher, pour le profaner, le trésor des vérités révélées que le Seigneur lui a confiées.

Le gnosticisme, immense cahos de rêveries, sorti des sanctuaires ou des écoles philosophiques de l'Orient, s'était rapidement étendu en Egypte et en Asie, ramassant sur son chemin tout ce qu'avaient enfanté de plus monstrueux, la magie chaldéenne, la cabale juive, la théurgie hellénique et l'école païenne d'Alexandrie : il avait franchi les limites de l'Europe et débordé dans les provinces occidentales ; il menaçait même d'envahir l'Italie et les Gaules, où déjà il avait fait des adeptes, lorsqu'il rencontra Irénée. Ce grand homme s'opposa terrible à ces troupes d'adversaires, il les refoula vers les pays qui les avaient vomis et où ils trouvèrent d'autres docteurs que son zèle leur avait suscités, ou que son exemple avait instruits et encouragés à les combattre.

Depuis trois siècles, il est vrai, l'hérésie a suscité des hommes qui, sans craindre de se souiller, ont entrepris de relever de la boue où ils étaient tombés, les systèmes des gnostiques, pour les réhabiliter, et laver leurs auteurs de l'humiliation que leur avait infligée Irénée. Mais comme la tâche leur a paru trop difficile, ils ont effrontément prêté à notre saint docteur des dispositions qui lui furent toujours étrangères : ils l'ont accusé d'avoir exagéré les torts de ses adversaires, dans l'intérêt de son amour-propre. Ces calomnies dictées par une mauvaise conscience peuvent flétrir leurs auteurs, mais elles ne sauraient atteindre le saint dont nous écrivons l'histoire. Lors même que l'autorité d'Irénée ne nous serait pas recommandée par son éminente sainteté, par ses vastes connaissances, par son admirable talent, tout ce qu'il nous apprend des hérétiques de son temps, n'a plus lieu de nous étonner, depuis que la *réforme* et le *philosophisme* ont étalé au monde leurs extravagances et leurs fureurs ; et c'est sans doute la crainte d'un rapprochement incommode qui a suggéré une si injuste accusation. D'ailleurs, l'amour de S. Irénée pour l'unité, les témoignages éclatants qu'il a rendus au Saint-Siége, expliquent assez le déchaînement des hérétiques contre lui.

Mais ces hommes qui ne veulent pas de l'autorité d'Irénée, toutes les fois que son témoignage couvre de honte les anciens hérétiques, sur quels fondements appuient-ils leur censure? De quel droit viennent-ils accuser d'exagération et de partialité un écrivain religieux qui leur a fourni sur le gnosticisme, les documents les plus précis et les plus étendus?.... Il nous semble voir les misérables débris d'une armée taillée en pièces, venir gratter par dépit un monument gigantesque, sur lequel sont représentés les trophées de leur vainqeur.

On n'ose pas dire ouvertement que saint Irénée a sciemment calomnié ses adversaires, mais on fait entendre que son zèle l'a trompé, et qu'il a attribué aux gnostiques bien des monstres qui n'existaient que dans son imagination pieusement exaltée; que sa présomption ou ses préjugés lui ont souvent dérobé le sens véritable de la doctrine de ses adversaires. Et ceux qui font à saint Irénée des reproches si impertinents sont des auteurs qui écrivent l'histoire *à priori*, qui rejettent l'autorité des faits pour ne pas renoncer à leurs systèmes et à leurs préoccupations ; qui s'arment de l'injure et de la calomnie, pour combattre des écrivains consciencieux, dont le tort impardonnable est de dire exactement la vérité !...

Nous l'avons déjà dit : la science profonde, le jugement sain et solide, la charité ardente de ce grand docteur, nous garantissent l'exactitude et la fidélité de ses assertions. Mais n'aurions-nous pas ces motifs de confiance, peut-on raisonnablement supposer que, vivant au milieu des hérétiques qu'il réfute, il ait été assez imprudent, assez aveuglé par la haine, pour attribuer à des adversaires effrontés, des erreurs et des crimes dont ils n'auraient pas été coupables? Si des accusations si graves eussent porté à faux, à quelle honte, à quel danger sa témérité n'aurait-elle pas exposé et la chrétienté de Lyon et l'Eglise tout entière? Son cynisme ne le cèderait pas même à celui de la réforme et du philosophisme.

Mais c'est accorder trop d'importance à une accusation qui ne mérite que le dédain, et qui n'a d'autre fondement que la conscience criminelle de ceux qui la font : imitons plutôt à l'égard des calomniateurs d'Irénée, la conduite de ce saint évêque à l'égard de ses adversaires : abandonnons-nous à la pitié plutôt qu'à l'indignation. Inaccessible aux petites passions des partis, ce grand homme n'avait d'autres intérêts que ceux de la foi : les injures de ses ennemis étaient pour lui un mérite et une récompense ; il n'en ressentait de la peine qu'à cause du

mal qu'elles faisaient à leurs auteurs ; le désir de leur salut, autant que le zèle pour la maison de Dieu, lui dicta ses ouvrages : il n'écrivit contre les hérétiques que pour les convaincre et les ramener au sein de l'unité ; il n'exposa si fidèlement le hideux tableau de leurs systèmes que pour leur inspirer l'amour de la vérité : il attaquait l'erreur pour lui arracher des victimes dont le triste sort le touchait de compassion. « Nous souhaitons
» ardemment, dit-il dans les transports de sa charité,
» que les hérétiques ne restent pas plus long-temps au
» fond du précipice qu'ils ont eux-mêmes creusé sous
» leurs pas : nous désirons que, revenant à l'Eglise,
» ces infortunés reprennent une nouvelle vie en Jésus-
» Christ.... Tels sont nos sentiments à leur égard : nous
» les aimons plus qu'ils ne s'aiment eux-mêmes ; notre
» amour est aussi sincère que bien entendu ; puissent-
» ils le satisfaire en se sauvant, en revenant à Dieu !
» Nous leur paraissons peut-être durs et sévères, parce
» que nous pressons leurs plaies pour en faire sortir les
» mauvaises humeurs de la vanité et de l'orgueil, sem-
» blables à un médecin habile qui, avec la pierre in-
» fernale, brûle quelque partie d'un membre malade
» ou menacé de l'être, et consume les chairs mortes
» et corrompues : ils nous haïront peut-être pour cela ;
» n'importe, nous, nous les aimerons ; nous ne cesse-
» rons jamais de leur tendre une main secourable, et

» de leur rendre tous les services que nous pourrons (1). »
Saint Irénée recommandait la même charité à ceux qui
partageaient ses travaux : « Nous désirons, écrivait-il à
l'un d'eux, vous fournir les moyens de combattre les
hérétiques, afin que les forçant jusque dans leurs derniers retranchements, vous ne les laissiez pas s'enfoncer davantage dans le mal; il faut les retirer du gouffre
de leurs erreurs, et les ramener au port de la vérité,
où ils trouveront leur salut (2). » Ailleurs saint Irénée
déclare que, loin de croire légèrement les crimes dont
les accusait la voix publique, il ne peut pas même se
persuader qu'ils soient coupables de tous ceux qu'autorisent leurs ouvrages (3). Après avoir prouvé que le Dieu
de l'Ancien Testament est le même que le Dieu du Nouveau, saint Irénée demande en ces termes au Seigneur
la conversion de ses adversaires : « Je vous invoque,

---

(1) Iren. contrà hæres. l. III, c. 25.

(2) Hunc quartum librum, dilectissime, transmittens tibi, operis quod est de detectione et eversione falsæ cognitionis, quemadmodum promisimus, per Domini sermones ea quæ prædiximus, confirmabimus : uti et tu, sicut postulasti, undique à nobis accipias occasiones ad confutandos omnes hæreticos, et eos omnimodo retusos non longiùs sinas in erroris procedere profundum, neque ignorantiæ præfocari pelago; sed convertens eos in veritatis portum, facias suam percipere salutem. (Lib. IV in Præfat.)

(3) Καὶ εἰ μὲν πράττεται παρ' αὐτοῖς τὰ ἄθεα, καὶ ἔκθεσμα, καὶ ἀπειργμένα, ἐγὼ οὐκ ἂν πιστεύσαιμι. ἐν δὲ τοῖς συγγράμμασιν αὐτῶν οὕτως ἀναγέγραπται, καὶ αὐτοὶ οὕτως ἐξηγοῦνται. Lib. I, c. 25, n. 5.

Seigneur, Dieu d'Abraham, d'Isaac et de Jacob, Père de notre Seigneur Jésus-Christ; Dieu qui, dans votre immense miséricorde, vous vous êtes révélé à nous, qui avez fait le ciel et la terre, qui êtes Maître absolu du monde, Dieu unique, Dieu grand, Dieu seul véritable, je vous en conjure par notre Seigneur Jésus-Christ, établissez dans nous le règne de votre Saint-Esprit; faites, ô mon Dieu, que tous ceux qui liront ces pages vous reconnaissent et persévèrent dans votre saint amour; qu'ils ne vous abandonnent pas pour embrasser l'impiété de l'hérésie (1)!

Ce n'est point ainsi que s'expriment la haine et la calomnie : Irénée soutient dans tous ses ouvrages le langage noble, calme et confiant de la vérité, qui ne s'enflamme que contre le malheur d'un adversaire déterminé à se perdre.

Le reproche d'ignorance que lui ont fait des critiques injustes (2), n'est pas mieux fondé que le reproche de partialité. La connaissance qu'il avait acquise des systèmes des gnostiques était aussi profonde, que sa charité pour eux était sincère. « Avant de travailler à la con-
» version des hérétiques, dit saint Irénée, il faut faire
» une étude approfondie de leurs erreurs et des argu-

---

(1) Lib. III, c. 6.
(2) Martini, Hist. de la divin. de J. C. p. 64. — Henke, etc.

» ments dont ils veulent les étayer. Car il n'est pas pos-
» sible de guérir des infirmes dont on ignore la maladie.
» C'est pourquoi ceux qui, avant nous, ont entrepris
» cet ouvrage, quoiqu'ils nous fussent bien supérieurs,
» n'ont pas réussi à confondre les valentiniens dont ils
» ne connaissaient qu'imparfaitement le système que
» nous vous avons exposé dans notre premier livre avec
» toute l'exactitude dont nous avons été capable (1). »

M. Matter, auteur protestant, moins injuste envers saint Irénée que plusieurs de ses coreligionnaires, n'a donc pas exagéré le mérite de notre Saint, lorsqu'il en a porté le jugement suivant : « Saint Irénée, le plus ancien antagoniste des gnostiques, a publié contre eux un ouvrage étendu et savant, en cinq livres, dont le premier seul nous est parvenu intégralement, tandis que nous ne possédons plus des autres que des fragments et une traduction barbare. Cet écrivain, né d'une famille grecque et chrétienne, apparemment en Asie mineure, florissait précisément en même temps que les principales écoles des gnostiques. L'un des hommes les plus marquants de son siècle, soit par sa dignité épiscopale, soit par son génie et son érudition, il connaissait également bien le christianisme apostolique, les sectes principales, les écoles gnostiques, les traditions de la mythologie et

---

(1) Lib. IV in præfat.

les écrits des philosophes. Il avait reçu de Polycarpe et de Papias, disciples de saint Jean, le christianisme *tel que pouvait le transmettre* la tradition jointe aux textes sacrés. Il était plein de zèle pour la pureté de cette doctrine, et il ne s'éleva guère d'enseignement nouveau de son temps qu'il ne s'en instruisît aussitôt pour pouvoir mieux le combattre.... Il avait en général, sur beaucoup d'auteurs chrétiens, l'avantage de bien connaître les anciens poètes et les philosophes, ainsi qu'on le voit par ses citations et par ses révélations sur les emprunts faits à l'antiquité par les gnostiques.

» Tertullien avait donc raison de l'appeler *un avide explorateur de toutes les doctrines* ; il les suivait toutes avec attention, malgré l'éloignement où le tenait son diocèse.

» Il joignait à ces qualités une grande modération dans ses jugements.... Son grand ouvrage tout entier le fait connaître comme un homme aussi sage qu'instruit; ce n'est point pour briller qu'il l'a écrit; rien n'y décèle la passion, et tout y inspire la confiance (1). »

L'auteur de l'histoire du gnosticisme a quelquefois oublié dans le cours de son ouvrage l'aveu que nous venons de reproduire, mais nous lui rendons grâces d'avoir un instant imposé silence à ses préoccupations,

---

(1) Hist. du Gnostic. introd. p. 28 et suiv.

pour rendre franchement hommage à un des plus grands hommes dont s'honore la religion.

Au témoignage d'un auteur hérétique, nous ajouterons ici celui d'un docteur catholique, et par conséquent plus capable de juger de la doctrine d'un Père de l'Église. L'illustre Moelher apprécie en ces termes le mérite des ouvrages de saint Irénée : « Il surpassait en érudition tous ceux qui, avant lui, avaient pris la défense de l'Eglise; quant à la clarté du jugement, à l'habileté et à la supériorité de l'esprit, il peut être placé à côté d'Origène; tandis que, pour la manière de concevoir et de traiter les dogmes surtout contre les hérétiques, il n'a été surpassé par aucun Père des siècles suivants. Certains dogmes même qui jusqu'à lui n'avaient pas encore été expliqués, ou ne l'avaient du moins pas été avec autant d'étendue, non-seulement sont exposés par lui avec une sûreté parfaite, mais encore leur importance pour la liaison organique de la doctrine chrétienne est développée dans toute sa vérité. Son style, simple et sans art, se change en une dialectique vigoureuse par l'effet de la vivacité et de la finesse de son esprit..... Ces dons firent d'Irénée un des astres les plus brillants de l'Eglise, et Théodoret l'appelle à bon droit la lumière de l'Eglise d'Occident (1). »

(1) Moelher, Patrologie trad. par M. Cohen, tom. I, p. 367 et suiv

Nous pourrions multiplier ici les témoignages non moins justes que des hommes compétents ont rendus à notre saint docteur, si les jugements que nous venons de reproduire, les protestations de saint Irénée lui-même et une lecture attentive de ses œuvres ne suffisaient pas pour le venger de l'absurde accusation d'ignorance et de mauvaise foi que n'ont pas rougi de lui intenter des écrivains téméraires.

CHAPITRE SECOND.

Des gnostiques réfutés par saint Irénée : Simon-le-Magicien — Nicolaïtes — Ebionites — Cérinthe — Basilide — Marcion — Saturnin — Valentin.

Après avoir étudié à fond les systèmes des gnostiques, saint Irénée les expose dans toute leur laideur, soit pour prévenir les fidèles que ces sectaires trompaient par un extérieur hypocrite et par l'emphase de leurs discours, soit pour mettre au grand jour des doctrines dont le mystère et le secret faisaient souvent toute la fortune, soit enfin pour les vouer au mépris et aux anathèmes de la raison. C'est à cette source que nous allons puiser les notions générales que nous devons donner ici sur les principaux gnostiques et sur leurs systèmes réfutés par notre saint docteur. Le lecteur s'effraiera peut-être des mots *Iadalbaoth*, *Achamot* et d'autres termes non moins barbares qu'ils trouveront dans cette exposition; mais, forcé de faire connaitre des systèmes où tout est ridicule, nous avons dû aussi nous servir de la bizarre terminologie des gnostiques, puisque leur langage peut seul exprimer leurs rêveries.

Saint Irénée appelle *Simon le Magicien* le chef ou le père des hérétiques (1). En effet, Simon, le premier, osa profaner la religion chrétienne, en lui empruntant quelques vérités, pour les mêler aux autres éléments de son système qu'il avait tirés de l'Ancien Testament, du paganisme et de la philosophie. Il se présenta aux hommes comme une vertu du Dieu suprême, et se donna la mission de rétablir partout l'ordre et l'harmonie. Hélène, sa femme, qu'il faisait passer pour l'*âme du monde*, fut le premier être qu'il remit à sa place; car, quoique émanée de Dieu comme son époux, elle avait été jusqu'à lui retenue captive dans la matière. Les humains trouvaient aussi en lui leur salut et tout leur espoir : ce bonheur n'exigeait d'eux aucun effort pénible, aucune pénitence, aucun sacrifice, si ce n'est celui de la raison; croire en Simon, mettre sa confiance en lui ou en Hélène, voilà les seules conditions que l'hérésiarque samaritain imposait aux hommes qui voulaient faire leur salut (2).

---

(1) S. Iren. contr. hæres. l. I, c. 23.
(2) S. Iren. ibid.

Ses disciples modifièrent dans la suite son système, mais ce fut pour y ajouter de nouvelles extravagances.

Les *Nicolaïtes* qui se disaient disciples de Nicolas, un des sept diacres établis par les apôtres à Jérusalem, s'abandonnaient aux mêmes désordres que les Simoniens. Saint-Irénée de qui nous empruntons ces détails, pense que les Nicolaïtes mentionnés dans l'Apocalypse, appartenaient à la même secte (1).

Les *Ebionites* avaient aussi tiré du judaïsme et du christianisme un système de religion qui défigurait également l'Ancien et le Nouveau Testament. Ils restèrent attachés aux cérémonies mosaïques, et n'admirent de la nouvelle loi que l'Evangile selon saint Matthieu : ils rejetèrent les écrits des autres apôtres, mais surtout les epîtres de saint Paul, qu'ils traitaient d'apostat (2).

Cérinthe, après s'être rempli la tête des opinions philosophiques enseignées dans les écoles d'Alexandrie, était venu fonder à Ephèse une secte de syncrétistes dans le temps même que l'apôtre saint Jean travaillait à y propager le christianisme. D'après cet hérésiarque, dit saint Irénée (3), le monde aurait été créé par un être profondément inférieur à Dieu, et ce formateur du monde aurait aussi

---

(1) L. I, c. 26, n° 3.
(2) L. I, c. 26, n° 2.
(3) L. I, c. 26, n° 1.

été le chef et le législateur du peuple juif. Il ajoutait qu'il n'y avait rien eu de miraculeux dans la conception et la naissance de Jésus, dont il faisait un homme distingué des autres seulement par sa justice, sa prudence et sa sagesse. Au moment de son baptême, Christ, puissance supérieure à tous les êtres célestes, et envoyée par le Dieu suprême, s'unit à lui, l'éclaira, et par son entremise il communiqua aux hommes la connaissance du Dieu inconnu, opéra des miracles, fit d'autres actions éclatantes, après quoi il remonta au ciel et abandonna Jésus à la fureur de ses bourreaux (1).

Cérinthe ouvrait à ses disciples la perspective d'un règne terrestre du Christ pendant mille ans dans Jéruralem glorifiée, où ils pourraient savourer les plaisirs sensuels. D'après le témoignage de saint Irénée, les impiétés de cet hérésiarque engagèrent l'apôtre saint Jean à exposer aux fidèles l'éternelle génération du Verbe, les grands mystères de l'Incarnation et de la Rédemption et les témoignages que Jésus-Christ donna de sa divinité pendant sa vie mortelle (2).

Basilide, né probablement en Egypte, fréquenta de bonne heure les écoles d'Alexandrie, où il en ouvrit une lui-même au commencement du second siècle. Il y pui-

---

(1) S. Iren. contr. hæreses. l. I, c. 26, n. 1.
(2) S. Iren. contr. hæres. l. III, c. 11, n. 1.

sa, comme beaucoup d'autres, cet amour des nouveautés qui alors enfanta tant d'extravagances. Il disait que l'Etre primitif, comme incréé, n'avait point de nom et que par conséquent il était inexprimable. Selon lui encore, du fond des secrètes profondeurs de l'essence absolue étaient émanées d'abord sept puissances qui étaient ses qualités divines, tant intellectuelles que morales, à l'état d'hypostase, et qui formaient avec leur source la première *ogdoade* parfaite et bienheureuse. Mais du sein de ce premier cercle du monde des esprits s'était développé un second cercle, image affaiblie du précédent, et ainsi de suite, jusqu'à trois cent soixante cinq cieux, ou royaumes spirituels, lesquels comprenaient toute l'émanation sortie de l'Etre suprême, et exprimée par *abraxas*, mot mystique formé des lettres grecques dont les valeurs numériques réunies donnent en effet le nombre 365(1). De toute éternité subsistait un royaume du *mauvais* opposé au monde de l'émanation. Or, par suite d'un mélange de germes du royaume de la lumière avec la matière, l'*Archon*, premier ange du dernier royaume spirituel, avait, comme instrument de la providence, formé le monde, et le monde était travaillé dès le commencement par la disproportion qui existait entre l'âme descendue du royaume de la lumière et la

---

(1) S. Iren. contr. hæres. l. I, c. 24, n° 7.

matière dans laquelle elle était retenue captive. Tout le mouvement du monde tendait à séparer des éléments appartenant à deux royaumes si divisés et si hostiles. Cette séparation devait être le fruit de la victoire définitive du royaume lumineux sur la matière qui, privée ainsi de sa force vitale, devait retomber dans sa première impuissance.

Quant à la personne de Jésus-Christ, Basilide enseignait à-peu-près la même chose que Cérinthe.

La rédemption, selon lui, consistait en ce que les natures spirituelles retenues captives ici-bas, reçurent du Messie la connaissance de l'Etre suprême et de leur propre origine, et apprirent à mettre en pratique les moyens de vaincre la tyrannie de la matière.

Ces principes le conduisirent à nier la possibilité de la résurrection des corps (1).

Le système de Basilide renfermait encore d'autres points que quelques auteurs rejettent sur ses disciples, mais que saint Irénée attribue au maître lui-même. Ainsi, d'après notre saint docteur, Basilide représentait l'Archon ou Dieu des Juifs, comme un être orgueilleux et avide de domination, enseignait que Simon de Cyrène avait été crucifié sous la forme apparente de Jésus, tandis que le Sauveur, sous les traits de Simon, trompait les

---

(1) Iren. contr. hæres. l. I, c. 24, n. 5. — Doelling. orig. du christ.

Juifs et prenait son essor vers le royaume de la lumière ; de là il concluait qu'il était insensé de souffrir le martyre, puis qu'on pouvait renier sans crime le fantôme du crucifié et qu'on devait même le renier, sous peine d'être asservi au royaume des ténèbres (1).

Basilide et ses disciples s'abandonnèrent, comme leurs devanciers, à la magie, aux enchantements et aux évocations (2).

Après Valentin et Marc, il n'est pas d'adversaire que saint Irénée attaque avec plus de vigueur et de persévérance que *Marcion*. En effet, son hérésie, moins antichrétienne que les autres, était d'autant plus dangereuse, qu'elle était plus astucieuse et moins éhontée. Cependant les mœurs de Marcion ne furent pas plus honnêtes que celles des autres hérétiques : la dépravation le jeta aussi dans l'erreur. Son père, évêque de Sinope, le chassa de la communauté de l'Eglise pour le punir du crime honteux dont il s'était rendu coupable et des erreurs qu'il commençait déjà à répandre parmi ses concitoyens. Après avoir erré quelque temps en Orient, il vint à Rome, où ses efforts n'eurent pas un succès plus heureux. Le clergé de cette ville démasqua ce loup ravisseur et le repoussa de ses rangs où il prétendait se placer. Mar-

---

(1) Iren. contr. hæres. l. I, c. 24, n°ˢ 3-4.
(2) Ibid. n. 5.

cion tira de ce refus la vengeance qu'on devait en attendre. Il s'unit à un gnostique syrien nommé *Cerdon*, avec les opinions duquel il combina les siennes et les formula dans un nouveau système. Il consacra son repos et sa vie à le faire triompher. Marcion admettait trois principes éternels : le Dieu bon, dont l'essence est l'amour et la miséricorde; le *Démiourgos*, créateur du monde, dont tous les attributs se réduisaient à la justice, être d'ailleurs qui n'était ni entièrement bon, ni entièrement mauvais, enfin la *matière*, source du mal, œuvre impure de Satan. Celui-ci ayant cédé au *Démiourgos* une portion de la matière, le *Démiourgos* en forma ce monde d'après ses vues bornées et sa volonté trop faible pour arracher son ouvrage à l'influence du mal. Tout ce qu'il produisit se ressentit de ses imperfections; l'ame en particulier en reçut cette fatale inclination qui la porte au mal; ce ne fut qu'après la descente du Dieu bon que celle-ci se trouva capable de résister aux penchants vicieux, et aux mauvais instincts de son corps.

Le *Démiourgos* jouit quelque temps sans rival des honneurs du genre humain; mais Satan, jaloux de sa gloire, trompa les hommes par de belles promesses et les détacha du service de leur auteur. La verge de fer de ce nouveau maître leur fit expier leur désobéissance.

Les patriarches, restés seuls fidèles au *Démiourgos*, reçurent de lui tous les biens qu'il aurait distribués aux autres. Il accorda les mêmes faveurs à leurs descendants avec la promesse de leur donner un jour l'empire sur tous les autres peuples de l'univers. Le monde était dans cet état lorsque le Dieu bon résolut de se révéler lui-même à la terre. Il descendit donc un jour du haut des cieux, se présenta aux Juifs, sous une forme humaine comme le Messie qui leur avait été promis; il s'annonça comme l'organe d'un autre Dieu, et s'offrit pour les délivrer du joug du *Démiourgos*. Les nombreux miracles qu'il opéra autorisèrent sa mission, beaucoup mieux que les figures et les prophéties qui ne le regardaient point. Le *Démiourgos*, irrité et effrayé tout à la fois des œuvres et des succès de ce Dieu, résolut de le perdre, pour prévenir sa propre ruine. Il alluma donc contre lui la haine des Juifs qui exercèrent d'affreuses atrocités sur son corps aérien. Les souffrances que ce Dieu fit semblant de supporter furent le sceau de la rédemption du monde.

Toutefois l'œuvre du Christ ne détruisit pas entièrement le règne du *Démiourgos*, et le Messie que celui-ci avait promis, ne laissera pas de venir un jour recueillir les Juifs de toutes les parties de la terre et en former un puissant empire. Mais ceux qui par la foi sont entrés en communauté avec le Dieu crucifié, seront pour toujours exempts du joug du *Démiourgos*. Leur ame, séparée de ce corps terrestre, revêtira un corps éthéré, et ira en cet état jouir de la félicité du père céleste.

La doctrine de Marcion conduisait à une morale sévère, de laquelle il sut bien s'abstenir; néanmoins, pour être conséquent dans sa doctrine, il condamnait l'état du mariage, interdisait l'usage des viandes, et commandait de courir au-devant du martyre, ce qu'il se garda bien de faire lui-même.

Marcion faisait un crime à l'Eglise catholique d'avoir retenu les livres de l'Ancien Testament et admis la doctrine qu'ils contiennent. Selon lui, Paul était le seul de tous les apôtres qui eût saisi et conservé dans sa pureté la doctrine du Christ; les autres l'avaient altérée par l'indigne mélange de leurs préjugés judaïques, ce qui avait forcé le Christ de donner à Paul la mission particulière de réintégrer la doctrine évangélique et de la prêcher ainsi purgée de ces opinions délétères. Il s'était lui-même imposé une mission semblable; car, avec l'arbitraire le plus effréné, il mutilait les livres du Nouveau Testament, les admettait, les rejetait à son gré, ou les modifiait de manière à leur donner quelque conformité avec son système. Comme les épîtres de saint Paul ne s'accordaient pas avec ce qu'il soutenait de cet apôtre, il prétendait qu'elles avaient été falsifiées et sous ce pretexte, il se donnait la liberté de les corrompre.

Peu content de falsifier les évangiles, ou d'en faire de nouveaux, Marcion avait encore composé, sous le titre *Antithèse*, un livre où il se proposait de montrer les prétendues contradictions qui existent entre le mosaïsme et l'Evangile, et ce qui distingue le Christ envoyé par le Dieu bon, du Messie promis par le *Démiourgos*. Ne pouvant accorder dans son esprit, l'existence du mal avec l'idée d'un Dieu bon par essence, Marcion avait imaginé une espèce de Dieu intermédiaire, le *Démiourgos*, qui n'ayant rien d'infini dans son être, était sujet aux passions humaines. Le Christ tenait autant du Dieu bon, que le Messie tiendra du *Démiourgos*. Celui-ci rétablira le royaume temporel d'Israël; le Christ au contraire a établi le royaume spirituel de Dieu, dans tous les hommes qu'il a affranchis du joug du *Démiourgos*. De là vient encore la supériorité de la loi du Christ sur la loi donnée aux Juifs par le créateur du monde, et l'opposition que Marcion trouvait entre les deux Testaments.

Les disciples de Marcion surpassèrent l'audacieuse licence de leur maître dans la manière de traiter l'Écriture sainte; ils tronquaient le texte des évangiles et y mettaient le sens qu'ils voulaient. Comme il arrive toujours dans les sectes qui rejettent l'autorité de l'Eglise, ils firent subir de telles modifications au système de Marcion, que bientôt ils s'en trouvèrent presque aussi éloignés que de la vérité. Apelles surtout, placé sous l'influence de la gnose d'Alexandrie où il vivait, tenta de les corriger d'après les opinions valentiniennes, de telle sorte qu'il était moins disciple de Marcion dont il retenait le nom, que de Valentin lui-même.

Saturnin, qui vivait à Antioche en même temps que Basilide, enseignait à peu près les mêmes erreurs. Saint Irénée nous apprend que, d'après cet hérésiarque, au dernier degré du monde spirituel, sorti de l'Etre ineffable, se tiennent les sept anges formateurs et dominateurs du monde visible, rivaux de Satan, qui les regarde comme d'injustes spoliateurs. Pour maintenir dans leur domaine la lumière qui, du ciel le plus élevé, rayonne jusqu'à eux, ils se dirent : *Faisons l'homme à notre image et à notre ressemblance;* mais, être défectueux, leur créature se ressentit de leur impuissance, et l'homme, sorti de leurs mains, rampa comme un vermisseau dans la fange, jusqu'à ce que le Dieu suprême, touché de compassion, lui communiquât enfin une étincelle de sa force vitale.

Les âmes humaines ainsi produites doivent un jour retourner à leur principe; en attendant, les hommes unis à Dieu se trouvent en présence des hommes animés par Satan, et continuellement en butte à leurs attaques et à leurs vexations; mais le Dieu suprême a envoyé à leur secours l'œon le plus élevé, qui, revêtu d'un corps fantastique, leur a donné les moyens de se sauver (1).

Sous prétexte de s'abstenir des œuvres de Satan, ajoute saint Irénée, Saturnin et ses disciples condamnaient le mariage et professaient à l'extérieur une morale dont l'apparente sévérité faisait beaucoup de dupes (2).

Le système de *Valentin* renferme avec ce qui lui est propre, tous ceux que nous venons de mentionner ; c'est pourquoi, sans s'attacher à l'ordre chronologique, saint Irénée expose, dès le commencement de son grand ouvrage, les erreurs de cet hérésiarque, parmi lesquelles il distingue ensuite les opinions trouvées par les autres. Valentin tenait son école vers l'an 133, dans la ville d'Alexandrie, d'où il vint dans la suite à Rome ; mais la vigilance pontificale démasqua son hypocrisie, dévoila toute la perfidie, tous les dangers de sa doctrine, et en arrêta la propagation.

Le *plérôma* de Valentin consistait en trente *œons*, les uns mâles, les autres femelles, tous émanés de l'Être primitif, du *Bythos* (βυθος) et de son *Ennoia* ou *Sigé*,

---

(1) S. Iren. cont. hæres. l. I, c. 24, n° 1-2
(2) .... per fictam hujusmodi continentiam seducentes multos. Ibid. n° 2.

c'est-à-dire, de la pensée divine. Le seul *œon* suprême, Monogénès, auteur de tous les êtres, regardait le Bythos. La *Sophia*, dernier des *œons*, ayant conçu un désir violent de connaître par elle-même l'Etre primitif, fut retenue par *Horus*, œon produit à cet effet, dans les limites de son être; de cette passion ainsi comprimée sortit *Achamot*, avorton informe qui, ne pouvant rester dans le Plérôma, tomba dans le chaos, le *Kénôma*. L'harmonie qu'avait troublée la passion de Sophia, fut rétablie dans le Plérôma par Christ ($\rho\iota\varsigma\tau o\varsigma$) et l'Esprit ($\pi\nu\epsilon\upsilon\mu\alpha$), deux *œons* qu'avait produits le Monogenès (1). Le retour de l'ordre dans le Plérôma causa aux *œons* une joie qu'ils voulurent témoigner au Bythos, en formant un être qui réunît tout ce qu'il y avait de plus beau dans leur nature : ce fut l'*œon Jésus*. Le premier acte de ce nouvel œon fut de délivrer l'Achamot de tout élément étranger.

Celle-ci produisit par son mélange avec la matière, trois sortes d'êtres : 1° les natures *pneumatiques*, alliées au Plérôma en leur qualité d'images des anges apparus à l'Achamot; 2° les natures *psychiques*, déjà plus affectées par la matière, et dès-lors susceptibles d'être dirigées vers le mal, comme vers le bien; 3° les natures

---

(1) S. Iren. contr. hæres. l. I. c. 1. — Dœlling. Orig. du christian.

matérielles ou *hyliques*, esclaves de la matière et des passions, au milieu desquelles règne Satan.

A la tête des natures psychiques, se tient le Démiourgos, auteur d'un monde qui est l'image imparfaite du Plérôma, ou monde supérieur. Le Demiourgos avait reçu, sans le savoir de la Sophia, l'élément pneumatique, qu'il communiqua aussi à son insu, aux hommes destinés à révéler dans ce bas monde le Dieu suprême. Le combat engagé entre les natures pneumatiques et un monde étranger, ne cessera que lorsque tous les êtres seront remis à leur rang et à leur place.

L'œon Jésus fut destiné à rétablir l'ordre dans ce monde, comme Christ l'avait rétabli dans le Plérôma, et reçut aussi pour la même raison le surnom de Christ. Après avoir délivré la mère Achamot, il travailla à la délivrance des hommes : elle s'opéra au moment du baptême dans le Jourdain, par l'union de l'œon Jésus ou Sauveur, avec l'homme que le Démiourgos avait intention de donner aux siens pour Sauveur. Le Christ psychique ayant revêtu un corps d'air, passa par Marie, comme par un canal ; alors le Christ du Plérôma s'unit hypostatiquement à lui, et délivra d'abord les hommes psychiques, de l'élément mauvais, puis les pneumatiques, de la domination du Démiourgos, auteur des prescriptions judaïques, leur fit connaître la noblesse de leur origine, la grandeur de leurs destinées, et les rattacha au Dieu suprême. Cet enseignement suffit à la rédemption des *pneumatiques* ; mais il fallut de plus des miracles pour la délivrance des *psychiques*, parce que, privés du témoignage intérieur de la vérité, ils ne pouvaient être amenés à la foi que par l'autorité extérieure. Pour opérer ce grand ouvrage, l'homme *psychique* uni au Christ avait seul supporté les tourments que les Juifs trompés crurent faire souffrir à celui-ci (1).

Les hommes *hyliques* rejettent nécessairement le salut ; les *psychiques* sont libres dans leur choix ; les *pneumatiques* ne peuvent pas se perdre : infailliblement ils arriveront à leur dernière destination, c'est-à-dire qu'à la fin du monde ils retourneront au plérôma où ils s'uniront aux anges. Les *psychiques* partageront alors avec le *Démiourgos* dans le monde intermédiaire un bonheur limité ; mais la matière, avec ce qui y tient, sera dépouillée de la vie qu'elle avait usurpée et consumée par le feu renfermé dans son sein (2).

Les nombreux disciples de Valentin apportèrent dans la suite quelques modifications au système de leur maître. Ainsi Secundus soutenant que le désordre n'avait pas pu s'introduire dans le Plérôma, ne plaçait point la Sophia au rang des trente œons qu'il renfermait, mais il la

---

(1) Saint Iren. cont. hæres. l. I, cc. 1-2-4-5.
(2) Ibid. c. 7.

faisait sortir d'une génération inférieure d'anges (1). Colorbase et Ptolémée altérèrent même l'essence de la doctrine de Valentin sur les œons.

(1) S. Iren. contr. hæres. l. I, cc. 11-12.

CHAPITRE TROISIÈME.

Marc—Carpocrate—Ophites—Caïnites.

L'hérésie des Marcosiens offrant plus de dangers à la chrétienté lyonnaise, saint Irénée la poursuivit aussi avec plus de vigueur ; c'est pourquoi il s'attache à la mieux faire connaître. Il entre, sur les mœurs et les systèmes de Marc et de ses partisans, dans de plus longs détails que sur les autres sectes gnostiques. Il nous apprend que cet hérétique décomposait l'Etre primitif en une tétrade qui n'avait été manifestée qu'aux plus parfaits, c'est-à-dire à lui et à ses disciples. Cette tétrade de laquelle émanaient tous les œons, était venue sous la forme d'une femme, des régions invisibles, lui révéler les secrets du monde des œons.

Il en bornait le nombre à vingt-quatre ; voici pourquoi : les Grecs exprimaient les nombres par des lettres de l'alphabet, en sorte que pour eux l'alphabet grec était l'expression de tous les nombres possibles. Marc en tira cette conclusion que le nombre 24 était le plus parfait de tous les nombres, et qu'il renfermait toutes les perfections et toutes les vertus possibles ; ce qu'il appuyait de l'autorité de Jésus-Christ, qui avait dit : Je suis l'*alpha* et l'*ômega*. Il avait même, disait-il, découvert dans les nombres une force capable de déterminer la puissance des *œons* et d'opérer par leurs moyens tous les prodiges qu'il voulait ; car il avait su trouver les nombres à la vertu desquels les *œons* ne pouvaient résister. Marc profita de son invention : il exerça la magie et fit des jongleries qu'il donnait pour autant de miracles. Il parvint à persuader aux adeptes qu'il changeait l'eau en vin et le vin en sang. Ces prétendus prodiges lui firent un grand nombre de prosélytes, surtout parmi les femmes, auxquelles il promettait la même puissance. Marc leur faisait verser du vin d'un petit vase dans un plus grand, et prononçait en même temps la prière suivante : « Que la grâce qui est au-dessus de tout, que nous
» ne pouvons ni concevoir, ni exprimer, perfectionne
» en toi l'homme intérieur, qu'elle augmente en toi sa
» connaissance, en jetant le grain de semence sur la

» bonne terre(1). » Marc avait à peine prononcé ces paroles et d'autres semblables, que la liqueur débordait du calice et coulait dans le vase. La prosélyte étonnée croyait avoir fait un miracle ; transportée de joie, elle s'échauffait, s'agitait jusqu'à la fureur, était hors d'elle-même. Marc, profitant de ces impressions, disait à l'initiée : « Je te permets de participer à ma grâce, puisque
» ton ange voit la face du père de toute la nature. Ta
» grandeur est en moi.............. Reçois donc de moi et
» par moi la grâce................ Ma grâce est descendue
» en toi : ouvre la bouche et prophétise. — Je ne suis
» point prophétesse, répondait l'initiée, je ne connais
» point l'art de prédire. » Marc renforçait donc sa grâce par de nouvelles opérations magiques, puis, s'adressant de nouveau à la prosélyte haletante de stupeur : « Ouvre la bouche, criait-il, dis tout ce qui te viendra à la pensée et tu prophétiseras (2). » Celle-ci s'animait, s'échauffait, se battait les flancs, entrait dans une fureur de sibylle, prononçait de toute la force de sa voix, mais sans ordre et sans suite, les premières paroles qui s'offraient à son esprit, et Marc les recueillait comme autant de prophéties. La malheureuse dupe de l'impudence du

---

(1) S. Iren. contr. hæres. l. I, c. 14, n°s 2-3.
(2) S. Iren. contr. hæres. l. I, c. 13, n° 3.

séducteur se croyait prophétesse et payait cette faveur de ses richesses et de son honneur (1).

C'est par ces moyens et dans cette classe que ce prodige de corruption propageait et recrutait sa secte. Les disciples que la lubricité, encore plus que ses jongleries, lui avait attachés, étaient venus infecter la chrétienté de Lyon et tous les pays qu'arrose le Rhône. Ils y firent des victimes qu'Irénée s'efforça de retirer du bourbier dans lequel les avaient précipitées leurs infâmes séductions (2).

Si *Carpocrate* et ses disciples ne surpassèrent pas, ils égalèrent du moins en horreurs la secte de Marc. Comme celui-ci, ils mettaient plutôt le crime en système qu'ils ne combinaient des opinions.

Carpocrate était aussi sorti des écoles d'Alexandrie, véritable Pandémonium qui vomissait chaque jour de nouveaux monstres contre la religion. D'après cet hérésiarque, tout était sorti du Père universel et devait retourner dans son sein. Des esprits révoltés contre la monade avaient formé le monde visible, sur lequel ils exerçaient leur empire; mais leurs lois, ajoutaient les carpocratiens, sont tellement injustes, qu'il est nécessaire de les transgresser par la connaissance de la monade; c'est

---

(1) S. Iren. contr. hæres. l. I, c. 13, n. 6.
(2) S. Iren. l. I, c. 13, n° 7.

par ce moyen que Pythagore, Platon, Aristote, Jésus, dont ils vénéraient les images, s'étaient affranchis des lois de ce monde et de toutes les étroites religions du vulgaire (1). Celui qui possède cette *gnose* est semblable à Dieu et jouit comme lui d'un bonheur inaltérable. Les carpocratiens se vantant de pouvoir s'élever aussi haut que Jésus par les mêmes moyens, se mettaient au-dessus des apôtres à qui ils refusaient ce privilége prétendu.

La *gnose* élevait l'homme au-dessus des faiblesses de la nature humaine; il restait incorruptible au milieu des voluptés qui, n'étant que de simples mouvements de la matière, ne l'assujettissaient point.....

D'après ces idées, continue saint Irénée, les Carpocratiens rejetaient la distinction du bien et du mal; selon eux, les actions extérieures étaient indifférentes; l'opinion seule et les préjugés les faisaient bonnes ou mauvaises. Il y en eut même parmi eux qui, poussant plus loin encore les conséquences de leur système, regardaient les plaisirs les plus honteux comme une contribution dont l'homme était redevable aux anges créateurs de la matière, et qu'il devait payer pour recouvrer sa liberté originelle (2)... De tels principes conduisaient les Carpocratiens à des crimes si énormes, que

---

(1) S. Iren. l. I, c. 25, n° 6.
(2) Ibid. l. I, c. 25, n° 4.

saint Irénée n'a pas osé croire que des hommes en fussent capables (1); mais il nous apprend que leur vie déréglée faisait blasphémer le nom de Jésus parmi les nations, et rendaient odieux et méprisables tous les chrétiens que les païens affectaient de confondre avec ces sectaires (2).

Ces hérétiques avaient leurs enchantements et leur magie comme toutes les sectes qui attribuaient aux mauvais génies la formation de la matière et le gouvernement du monde; et prétendaient par ces moyens se soustraire aux lois tyranniques de ces esprits, et s'arracher aux influences de la matière.

Du carpocratianisme sortirent plusieurs petites sectes dont les mœurs furent dignes de leur origine. Les *barbelonites* que saint Irénée appelle aussi *borboriens*, prirent leur nom d'un œon femelle pour laquelle ils avaient une vénération particulière. Ils s'accordaient avec la secte mère au sujet de l'antinomisme, mais ils avaient modifié et amplifié son œonologie (3).

Les *Ophites*, ainsi appelés à cause du culte qu'ils rendaient au serpent, enseignaient que le bythos et le chaos existaient de toute éternité, l'un à côté de l'autre. Du

(1) S. Iren. l. I, c. 25, n° 5.
(2) Ibid. n. 3.
(3) Ibid. l. I, c. 29.

bythos était sorti le dieu, père de toutes choses, appelé aussi premier homme ; de celui-ci émana l'*ennoïa*, le fils de l'homme, ou l'autre homme. Ensuite vint le *pneuma*, œon femelle, mère de tout ce qui a vie. Elle enfanta Christ et la Sophia ou Prunique. Le Père, le Fils, le pneuma et le Christ formait par leur union dans le bythos, la sainte Eglise céleste ; mais la Sophia étant tombée dans la matière humide, fut environnée d'un corps lourd qui l'empêchait de remonter au monde de la lumière. A force d'efforts elle parvint cependant à s'élever dans la région intermédiaire ; là, elle enfanta Ialdabaoth, mauvais fils qui engendra six êtres semblables à lui ; ils se firent des royaumes particuliers, qui furent les sept cieux des planètes ; ensuite ils créèrent l'homme à leur image avec un corps éthéré, et Ialdabaoth lui communiqua l'esprit de vie. Mais l'homme, loin de se soumettre à ses auteurs, ne voulut dépendre que du Dieu suprême. Dans sa haine contre sa créature, Ialdabaoth tira de la matière l'*Ophiomorphée*, l'Esprit du mauvais serpent; mais la Sophia appliquée à déjouer les plans ambitieux de son fils, se servit de l'Esprit du serpent pour fomenter la désobéissance des hommes à qui la vengeance de Ialdabaoth, voulait cacher leur pouvoir et la conscience de leur destination supérieure. A la suggestion de la Prunique, ils mangèrent du fruit qui leur avait été défendu, et cette jouissance les ayant éclairés, ils se révoltèrent ouvertement contre Ialdabaoth ; outré de tant d'insolence, Iadalbaoth les précipita de la région éthérée, du paradis où il les avait soufferts jusqu'alors, dans le monde inférieur, où leurs corps, auparavant légers comme l'éther, devinrent lourds et opaques. L'Ophiomorphée fut enveloppé dans leur disgrâce, mais il engendra six esprits du monde semblables à lui, qui depuis lors partagent sa haine et secondent ses fureurs contre les hommes, causes de sa chute. Ceux-ci trouvent leur refuge et leur secours dans la Sophia, qui persévère à entretenir dans eux la connaissance de l'Etre primitif avec la conscience de leur dignité, et à les préserver également de la colère d'Ophiomorphée et de la vengeance d'Ialdabaoth. Les Juifs toutefois se sont soumis à Ialdabaoth, les idolâtres et tous les criminels servent l'Ophiomorphée (1). Mais la Sophia, trop faible pour défendre les hommes contre des ennemis si acharnés, implora l'assistance de Christ; celui-ci se hâta de descendre du ciel pour secourir sa sœur et sauver les hommes pneumatiques, qui portent au fond de leur ame la semence de la lumière. Il s'unit d'abord à la Prunique délivrée, et ensuite à l'homme né de la Vierge, à Jésus que Ialdabaoth avait destiné à être son Messie. Ialdabaoth trompé, déchaîna contre

(1) S. Iren. l. I, c. 30.

Jésus les Juifs, ses sujets. Mais Christ et la Sophia se séparèrent alors de Jésus, et le laissant seul exposé aux fureurs des ministres de Ialdabaoth, ils remontèrent au royaume de la lumière, d'où ils lui envoyèrent néanmoins une force vivifiante, qui lui rendit la vie que ses bourreaux lui avaient arrachée. Jésus sortit donc vivant du tombeau avec un corps éthéré. Dans cet état, Jésus est chargé de porter au Christ et à la Sophia, dans le royaume des *œons*, tous les germes de lumière du monde inférieur; la fin du monde arrivera, lorsque sa mission sera remplie (1).

La division qui se mit dans cette secte, fit aussi subir des modifications essentielles à son système. Il y eut des ophites panthéistes qui enseignèrent une âme universelle du monde, d'où tout découle, et dans laquelle tout doit rentrer.

Saint Irénée unit aux ophites d'autres hérétiques appelés *Séthiens* du nom de Seth qu'ils reconnaissaient et honoraient comme le représentant et le père commun des pneumatiques. Selon eux, Seth, substitué par la Sophia au malheureux Abel, après que celui-ci eut expiré sous les coups de Caïn, était dans la suite réapparu comme Sauveur, dans la personne de Jésus.

Les *caïnites* soutenaient, comme beaucoup d'autres

---

(1) S. Iren. cont. hæres. l. I, c. 30.

gnostiques, que le Dieu des Juifs était l'adversaire du Dieu suprême ; de cette opposition supposée ils concluaient que les hommes dont l'Ecriture raconte les crimes et les châtiments avaient été calomniés et injustement persécutés par le Dieu des Juifs, qui voulait punir en eux leur attachement au Dieu suprême. En conséquence, ils honoraient Caïn, Cham, Esaü, Coré, les Sodomites, et ils donnaient à Judas Iscariote la préséance sur les autres apôtres, esprits bornés, au-dessus desquels la *gnose* avait élevé ce traître. Grâce à cette gnose, Judas n'avait pas craint de préparer la mort de Jésus pour détruire le règne du Démiourgos. On conçoit facilement ce que pouvaient être des hommes qui prenaient pour patrons et pour modèles tous les grands criminels dont l'Ecriture a flétri la mémoire. Saint Irénée n'a pas osé nommer les infamies auxquelles ils s'abandonnaient (1).

(1) S. Iren. contr. hæres. l. 1. c. 31, n°^{s} 1-2.

CHAPITRE QUATRIÈME.

Ouvrage de saint Irénée contre les hérésies. — Analyse des premier, second et troisième livres.

Si saint Irénée ne se fût proposé que de confondre les gnostiques, il aurait rempli sa tâche dans son premier livre où il expose leurs erreurs, puisque c'est réfuter de pareilles extravagances que de les faire connaître; mais il voulait encore instruire et préserver les fidèles, et fournir à d'autres des armes pour combattre les mêmes ennemis. Surmontant ses dégoûts et n'écoutant que son zèle, il fit alors cet admirable ouvrage où les hérésies de tous les siècles devaient trouver leur condamnation.

1er *Livre.* — Après avoir fait connaître dans son premier livre les systèmes des gnostiques et indiqué en passant la corruption de leurs mœurs, saint Irénée les attaque de front dans les livres suivants.

2° *Livre*. Pour abattre du premier coup la tête à l'hydre de l'hérésie, il prouve par la dialectique qu'il n'y a et ne peut y avoir qu'un Dieu. En effet, dit-il, l'idée de Dieu emporte nécessairement l'idée d'un être infini, qui contient tout en lui-même, hors duquel par conséquent il n'y a ni Plérôma, ni aucune divinité supérieure. Si vous admettez plus d'un Dieu, pourquoi ne pourrais-je pas en imaginer une infinité? Est-il moins absurde d'en supposer deux que des milliers?... S'il y avait deux dieux, il y aurait partage de puissance; ni l'un ni l'autre ne pourrait se dire *tout-puissant*, puisque celui-ci ne jouirait pas de la puissance de celui-là; or, qu'est-ce qu'un Dieu qui n'est pas tout-puissant, sinon une chimère (1)?...

L'unité de Dieu ainsi établie, saint Irénée prouve que ce Dieu est aussi l'auteur de la création. S'il était vrai, comme le prétendent les gnostiques, que des esprits subalternes eussent fait le monde visible, leur pouvoir égalerait, surpasserait même celui de l'Etre-Suprême.... Mais, puisque ces esprits n'avaient pas toujours existé, de qui tenaient-ils donc le pouvoir de créer, sinon de celui

---

(1) S. Iren. cont. hæres. l. II, c. 1.

à qui il était propre ? Car ces anges créateurs ont agi par la volonté ou contre la volonté de Dieu : la première hypothèse ramène tout à une cause première, à un seul Dieu ; la seconde en détruit jusqu'à l'existence. Les gnostiques sont donc forcés, ou d'admettre un dieu unique, ou de nier la divinité. En voulant échapper à l'une et à l'autre de ces conséquences, ils tombent dans des contradictions déplorables, dans des absurdités énormes.

Les anges peuvent tout au plus être les ministres des volontés divines, mais non ses rivaux en puissance. La raison éclairée des lumières de la foi sait bien que Dieu a tout créé par son Verbe et rien par les anges; elle rejette au nombre des fables et le Plérôma, et le Bythos, et le Démiourgos, et les autres rêves des gnostiques (1). Dans tous les temps et dans tous les pays, les hommes ont pensé, Jésus-Christ a confirmé, l'Eglise enseigne que Dieu est créateur... et des hommes nés d'hier viennent s'élever contre cette croyance universelle et nous prêcher je ne sais quel Bythos qu'aucun cerveau n'avait enfanté avant eux.

Les gnostiques, semblables au chien de la fable qui lâcha le pain qu'il tenait entre ses dents, pour en attraper l'ombre, laissent la vérité et courent après le men-

---

(1) S. Iren. c. 2 ad 8.

songe. Comme si Dieu n'eût pas été assez puissant pour tout tirer du néant, ils veulent que les passions de leur Achamoth aient fourni la matière et les éléments (1).

Saint Irénée, quittant un instant le sérieux de la dialectique, tourne en ridicule les œons et le Plérôma des valentiniens : il détruit leur triacontade et leur ogdoade, en leur prouvant que certains œons ne pouvaient pas subsister avec d'autres qui en faisaient aussi partie, parce que les propriétés de ceux-ci étaient contradictoires aux qualités qu'ils attribuaient à ceux-là; puis saint Irénée ajoute :

Si, malgré l'absurdité de votre système, vous en êtes fiers, sachez qu'il ne vous appartient pas : ce n'est qu'un centon; vous l'avez pris dans ceux qu'on appelle philosophes, quoiqu'ils ne connaissent pas mieux la vérité que vous : vous avez à peine le mérite de la forme et de la façon. Thalès, Homère, Anaximandre, Anaxagore l'athée, Démocrite, Epicure, Platon, Empédocle, Hésiode, Pythagore, les Stoïciens, les cyniques, vous en ont fourni le fond (2).

Saint Irénée déploie ici une érudition immense : il montre à chaque secte ce qu'elle a pris dans tels auteurs, ce qu'elle a imité des autres, avec une assurance qui sup-

---

(1) S. Iren. lib. II, cc. 9-12.
(2) Ibid. cc. 13-15.

pose en lui une connaissance profonde, et des ouvrages des philosophes ou des poètes, et des systèmes des gnostiques.

Saint Irénée demande ensuite à ces hérétiques la raison des créations successives de leurs œons et leur montre en même temps l'impossibilité de satisfaire à sa question ; car enfin, dit-il, ou le créateur du monde a trouvé en lui-même le type de toutes ces créations et le pouvoir de créer ; ou bien il a reçu ce type de quelqu'un des dieux du *Plérôma*, avec la puissance créatrice. La première supposition n'est autre que la doctrine de l'unité de Dieu ; dans le second cas, il faudra supposer une série infinie d'êtres qui se transmettent et ce type et cette puissance ; il faudra supposer l'absurde. Notre saint poursuit l'examen des œons des gnostiques et en montre le ridicule (1).

Ces hérétiques prétendaient prouver leurs systèmes par des raisons tirées de l'Écriture faussement interprétée, ou déduites des nombres combinés des lettres alphabétiques. Saint Irénée leur donne cette règle herméneutique : Lorsqu'on veut s'autoriser du témoignage de l'Écriture, leur dit-il, il faut éclaircir les passages obscurs par d'autres plus faciles qui les expliquent, et non torturer ceux dont le sens est évident, pour les plier à des interprétations arbitraires et capricieuses.

(1) Iren. l. II, c. 16-19.

Je sais que Dieu fait tout avec ordre, poids et mesure; mais est-ce à nous à soumettre sa sagesse et son opération à nos calculs? à une combinaison de mots et de syllabes? N'est-ce pas au contraire sur cette règle immuable que nous devons régler nos calculs? car la règle ne vient pas des nombres, mais les nombres dépendent de la règle, comme la création dépend de Dieu, et non Dieu, de la création. Il n'y a qu'un créateur : la variété de la nature n'est pas la confusion ; il règne dans ses diverses parties une harmonie qui fait la gloire de son auteur autant qu'elle prouve son indépendance. Vous ne saisissez pas les rapports que ces parties ont entre elles ; pensez que, possédant l'existence depuis hier, pour la perdre demain, petits êtres dans cet immense univers, vous ne sauriez mesurer l'éternité, l'immensité, l'immutabilité, l'infinité de Dieu ; c'est folie à vous que de vouloir porter si loin vos prétentions ; contentez-vous d'apprendre du Verbe les desseins et les attributs de celui qui vous a créés... Oh ! combien l'emporte sur votre prétendue sagesse, sur votre science superbe, la simplicité d'un homme ignorant qui s'en rapporte avec amour et confiance à la providence et à la bonté de Dieu; qui, content de ce que le Verbe veut bien lui révéler des secrets divins, n'envie point à Dieu des connaissances auxquelles un être fini ne peut prétendre ! Je ne veux point dire par là qu'il ne faille jamais occuper l'esprit des mystères et des attributs de Dieu; mais ces études et ces réflexions doivent être inspirées par l'amour du Seigneur, et faites avec l'humilité que nous commandent notre bassesse et sa grandeur. Pénétrons toujours dans ces matières au flambeau de la foi, à la suite du Verbe fait chair; elles sont la règle de notre esprit et le terme de nos connaissances. Eh quoi! nous ne pouvons pas expliquer le grain de sable que nous foulons aux pieds, et nous voudrions scruter les secrets de la Divinité!... C'est à ce degré cependant que monte votre présomption, superbes, lorsque vous prétendez expliquer la nature incompréhensible de Dieu, l'ineffable génération du Verbe; votre ignorance est égale à votre orgueil; vous ne pouviez pas mieux nous le prouver... Insensés, qui nous promettez de nous expliquer ce que vous ne comprenez point, apprenez du Verbe incarné à ne pas rougir d'ignorer ce que Dieu seul doit savoir. Le Fils a voulu laisser au Père la connaissance du dernier jour, pour nous apprendre, par son exemple, à ne pas scruter témérairement ce que Dieu n'a pas révélé. Pourquoi voudriez-vous être plus sage que le Seigneur? le disciple est-il au-dessus du maître (1).

Mais revenons, ajoute saint Irénée, aux autres prétentions des gnostiques. Ils veulent que toutes les ames

---

(1) S. Iren. contr. hæres. l. II, cc. 20-31.

soient sauvées, à cause de leur substance et non à cause de leur mérite ; mais alors à quoi bon la foi ? à quoi bon l'incarnation de Jésus-Christ? D'un autre côté, les gnostiques ne veulent point que les corps puissent ressusciter. Nous, au contraire, nous croyons que le Seigneur accordera l'immortalité à des corps qui auront été comme les instruments dont les ames se seront servies pour exercer de bonnes actions. Dieu le veut, car il est bon ; il le peut, car il est tout-puissant; il le fera, car il est le bien et la perfection même.

Des gnostiques s'imaginent encore être au-dessus du Démiourgos, auquel cependant ils attribuent la création du monde. Nous demandons pardon à Dieu de nous arrêter à une pareille impiété et d'oser mettre un instant son nom sacré à côté des insensés qui le blasphèment, (ce serait de notre part un sacrilége, si notre intention n'était pas de les confondre). Que leurs œuvres nous prouvent donc la justice de leurs prétentions ; qu'ils nous montrent par leurs actions qu'ils sont au-dessus du créateur... Où sont les cieux qu'ils ont déroulés ; les terres qu'ils ont affermies ; les astres qu'ils ont lancés dans l'espace ? Est-ce vous qui avez peuplé la terre de mille êtres divers ; qui avez établi l'ordre régulier des saisons ; qui appelez les nuages, les accumulez et en faites tomber la pluie sur nos campagnes altérées ; qui émaillez nos jardins de fleurs aux mille couleurs différentes; qui couvrez nos champs de moissons jaunissantes ; qui lâchez ou retenez les orages et les tempêtes ; qui apaisez les flots courroucés ?... Est-ce trop peu pour leur pouvoir : montons au ciel; qu'ils nous disent s'ils ont aussi fait les innombrables et glorieux esprits qui l'habitent, les anges, les archanges, les trônes, les dominations et les puissances. Qu'ils nous montrent donc leur ouvrage... Insensés !... Qu'on leur donne de l'ellébore, si la terre en produit assez pour eux (1)...

C'est avec cette énergie que saint Irénée veut que l'on traite les esprits superbes et entêtés dans leurs erreurs; mais il avertit de ménager et d'éclairer ceux qui sont dans l'erreur plutôt par surprise que par malice (2).

Revenant ensuite à la puissance que s'attribuaient si follement quelques gnostiques, il leur fait d'autres reproches dont voici la substance : les disciples de Simon, de Carpocrate et d'autres jongleurs mettent leur audace, leur effronterie au service de l'erreur ; pour le malheur des hommes, ils s'adonnent à la magie, et leurs prestiges, leurs enchantements trompent les simples. De-

---

(1) S. Iren. l. II. c. 30.

(2) Eos quidem qui sunt mitiores eorum et humaniores avertes et confundes, ut non blasphement suum conditorem et factorem et nutritorem et Dominum, neque de labe et ignorantiâ genesim ejus affingere ; feroces autem et horribiles et irrationabiles effugabis à te longè, ne ampliùs sustineas verbositates eorum.—S. Iren. cap. 31.

puis les apôtres, l'Eglise dans toutes les contrées où elle est répandue, obtient du Seigneur, par ses jeûnes et ses prières, des guérisons miraculeuses et même la résurrection de plusieurs morts ; la charité la plus ardente forme tous ses vœux ; c'est toujours sur des malheureux qu'en retombent les effets........ Mais dignes de leur père, ces enfants du mensonge n'agissent jamais que pour nuire ou pour tromper (1).

Leurs œuvres sont conformes à leurs principes de morale : il n'y a aucune action, disent-ils, dont on ne doive faire l'expérience... toutes les actions sont indifférentes ; leur malice ou leur bonté ne consiste que dans l'opinion et les préjugés des hommes.... Et cependant les auteurs de cette doctrine impie osent s'égaler à Jésus-Christ, et même s'élever au-dessus de lui ! Mais ce divin Maître dont ils approuvent l'enseignement, défend non-seulement les actions, mais encore les pensées mauvaises ; à ceux qui observent cette loi, il promet une récompense éternelle ; il menace les autres d'un feu inextinguible. Si les gnostiques veulent se comparer à quelqu'un, qu'ils se mettent à côté de Simon le magicien, dont ils imitent les œuvres diaboliques (2).

Jésus-Christ ressuscita certainement le troisième jour

---

(1) S. Iren. contr. hæres. l. II, c. 31.
(2) Ibid. cap. 32.

après sa mort; après s'être plusieurs fois montré à ses disciples, il s'éleva dans les airs en leur présence et retourna aux cieux d'où il était descendu. Les prophètes avaient prédit de lui ces grands évènements et tous les mystères de sa vie. Ceux qui croient et qui se confient en lui en reçoivent le pouvoir d'opérer en son nom un grand nombre de merveilles, toujours pour le bonheur et le bien de leurs semblables; les uns délivrent des possédés qu'ils attachent ainsi à la religion; les autres jouissent du don de prophétie et lisent dans l'avenir; ceux-ci guérissent miraculeusement de graves maladies par la prière et l'imposition des mains; nous avons vu nous-mêmes des morts rendus à la vie, nous avons long-temps vécu avec eux; il serait trop long d'énumérer ici les miracles que l'Église opère chaque jour dans tout l'univers en faveur des infidèles, au nom de Jésus-Christ crucifié sous Ponce-Pilate. Si le Messie n'a été qu'un fantôme, que les hérétiques nous expliquent les prophéties qui le regardent et les nombreuses merveilles qu'opère l'invocation de son nom sacré (1).

Le dogme de la résurrection conduit saint Irénée à parler de la métempsycose, invention de quelque philosophe, qu'il tourne en ridicule; il prouve ensuite que notre ame n'anime pas d'autre corps que le nôtre, et

(1) S. Iren. contr. hæres. l. II, c. 32.

qu'après en avoir été séparée par la mort, elle l'animera encore au jour de la résurrection, pour ne plus s'en séparer ; car l'un et l'autre possèdent l'immortalité au milieu des biens ou parmi les maux que leur auront procurés leur conduite et la justice du Seigneur (1).

Notre saint docteur rapproche cette doctrine du système de la métempsycose dont il montre le ridicule et l'absurdité.

Le second livre est terminé par la réfutation des erreurs de Basilide et de quelques autres gnostiques qui concluaient la pluralité des dieux du grand nombre de titres que l'Écriture donne à l'Être suprême, et prétendaient que les prophètes n'avaient pas été inspirés par le même esprit. A la première assertion, saint Irénée répond qu'aucune expression humaine ne pouvant rendre exactement l'idée de Dieu, l'Ecriture lui donne plusieurs titres pour exprimer ses perfections; à la seconde, il oppose l'accord admirable qui règne parmi tous les vrais prophètes (2).

3ᵉ *Livre.* — Après avoir battu les gnostiques par la dialectique et par leurs propres écrits, saint Irénée les combat, dans le troisième livre, par l'autorité de l'Écri-

---

(1) S. Iren. contr. hæres. l. II, cc. 33-34.
(2) Ibid. c. 35.

ture et de la tradition apostolique que ces hérétiques admettaient ou rejetaient selon le besoin du moment.

Les apôtres ou les compagnons de leurs travaux ont si clairement enseigné l'unité de Dieu dans leurs écrits, que nos adversaires ne pouvant s'empêcher d'y voir leur condamnation, se sont imaginé d'en nier l'authenticité et d'en supposer l'altération. Ils en appellent à la tradition ; mais convaincus encore par cette tradition même, ils se retranchent dans leur orgueil et nous disent fièrement que, plus instruits, plus habiles, plus clairvoyants que les prêtres, les évêques et les apôtres, ils n'ont besoin ni de leurs écrits, ni de leurs traditions. Nous avons affaire, ajoute saint Irénée, à des ennemis qui, semblables à des serpents tortueux, glissent et font mille détours pour échapper à ceux qui les poursuivent. Mais étudions leurs ruses, suivons-les partout, forçons-les dans toutes leurs positions, jusqu'à ce qu'ils se réfugient dans la vérité ; si nous ne réussissons pas à les amener à ce point, nous aurons du moins confondu l'erreur (1).

C'est pourquoi notre saint docteur montre, au moins en faveur des fidèles, combien est sûre la tradition des apôtres dont la doctrine nous a été transmise intacte par leurs successeurs dans les Églises qu'ils avaient fon-

(1) S. Iren. contr. hæres. l. III, c. 1-2.

dées, surtout dans celle de Rome, la première de toutes. Il lui est aussi facile de faire remonter jusqu'aux apôtres l'enseignement de l'Eglise que de désigner la source ou l'origine récente de toutes les hérésies. Saint Irénée développe cette doctrine par l'histoire, et lui donne une force à laquelle l'hérésie n'a jamais rien pu opposer de raisonnable.

Après avoir développé contre les gnostiques le principe de la tradition apostolique, saint Irénée établit la vérité du dogme catholique d'un seul Dieu créateur des choses visibles et invisibles, auteur de l'ancienne et de la nouvelle loi, et père de notre Seigneur Jésus-Christ il le prouve par la confrontation des livres de l'Ancien Testament, avec les quatre Evangiles et les autres écrits apostoliques, et réfute les objections que faisaient ses adversaires contre l'autorité des apôtres. Il oppose ensuite les décisions des auteurs sacrés sur la réalité de l'union hypostatique du Fils de Dieu avec la nature humaine, aux théories qu'inventait chaque secte ou plutôt chaque hérétique sur la personne de Jésus-Christ. Les ébionites ne voyaient dans Jésus-Christ qu'un saint homme ; Irénée prouve contre eux la divinité du Sauveur ; les docètes n'en faisaient qu'un fantôme, il leur prouve aussi que Jésus-Christ était vraiment Dieu et homme. Tatien bornait la rédemption, Irénée lui montre qu'elle est universelle. Marcion voyait dans la distribution des biens et des maux de cette vie, des marques de l'injustice du Dieu qui les donnait; notre saint docteur lui fait voir que dans cet état de choses, s'il y a de l'injustice, elle est du côté des hommes. Saint Irénée prouve toutes ces vérités dans une suite d'admirables chapitres (1), avec une richesse de citations, une lucidité d'exposition, une force de raisonnement, une vigueur d'expression, une précision de termes, qui révèlent de suite un esprit transcendant, le profond philosophe, le grand saint, le savant consommé.

(1) S. Iren. contr. hæres. l. III, c. 5 ad finem.

CHAPITRE CINQUIÈME.

Analyse du quatrième et du cinquième livre.

4ᵉ *Livre.* Dans le quatrième livre, saint Irénée pénètre encore plus avant dans les mêmes questions. Dès le commencement il avertit qu'il va réfuter, par les paroles de Jésus-Christ lui-même, les erreurs qu'il a combattues dans le livre précédent, par les témoignages des apôtres : il établit que Jésus-Christ n'appelle Dieu que son Père céleste, et que son Père céleste est le Dieu des patriarches et des prophètes. Il le prouve par la conformité de l'Ancien Testament avec la doctrine du Sauveur; ce qui le conduit à prouver encore que les deux lois ont été inspirées par le même Esprit, et que Jésus-Christ, qui était l'objet des prophéties et de toute l'Ecriture, en était aussi l'auteur. Il ajoute que le Verbe, avant son incarnation, s'était manifesté de plusieurs manières aux patriarches, et leur avait révélé la divinité de son Père céleste, seul Seigneur et Dieu unique.

Quelques gnostiques, au contraire, appuyés sur ce texte : *Nemo cognoscit Patrem, nisi Filius; neque Filium, nisi Pater et quibuscumque Filius revelaverit* (1), soutenaient que Dieu était resté inconnu au monde avant Jésus-Christ. Notre saint docteur leur explique le véritable sens de ce passage, et rappelle les apparitions qui confirment sa thèse (2).

Pourquoi donc, demandaient les hérétiques, Jésus-Christ est-il venu anéantir l'ancienne loi ? Il n'est point venu pour anéantir la loi, répondait Irénée, mais pour lui donner son complément et sa perfection, en accomplissant ce qui avait été prédit et figuré. Notre saint entre ici dans des réflexions profondes sur la loi de Moïse dans ses rapports avec la loi morale, telle qu'elle était avant Jésus-Christ, telle qu'elle est après lui et telle qu'elle sera sans cesse, c'est-à-dire toujours la même, mais allant en se perfectionnant dans ses développements.

Après avoir prouvé aux hérétiques que Dieu ne con-

---

(1) Matth. XI, 27, etc.
(2) S. Iren. contr. hæres. l. IV, c. 1 ad 8.

sulte jamais que le bien de l'homme, soit qu'il lui accorde des bienfaits, soit qu'il lui donne des ordres et des lois, il leur découvre les motifs particuliers pour lesquels Dieu imposa aux Hébreux les préceptes et les cérémonies de la loi mosaïque et leur commanda des sacrifices et des oblations qui n'avaient pas par eux-mêmes le pouvoir de justifier l'homme; mais lorsque ces motifs n'eurent plus lieu, ajoute saint Irénée, Dieu dispensa les chrétiens de cérémonies qui, ayant atteint leur but, étaient désormais inutiles... Aux sacrifices sanglants de l'ancienne alliance, Jésus-Christ a substitué celui de son corps sacré, dont ils n'étaient que l'ombre; sacrifice auguste que l'Eglise, selon la prophétie de Malachie, offre au Seigneur dans toutes les parties de l'univers.... Elle seule a le droit de l'offrir.... Les hérétiques veulent s'arroger aussi le droit d'immoler l'hostie sans tache... Mais comment pourront-ils être assurés que le pain eucharistique qu'ils consacrent est le corps de Jésus-Christ, et que le calice est son sang, s'ils ne le reconnaissent pas pour le Fils du Créateur.... Comment osent-ils dire que la chair nourrie du corps et du sang de Jésus-Christ est assujettie pour toujours à la corruption et qu'elle ne ressuscitera jamais?.. Ou qu'ils changent d'opinion, ou qu'ils cessent d'offrir notre sacrifice...

Dans les chapitres suivants, saint Irénée prouve, par l'Ecriture et par le raisonnement, l'immensité de Dieu, et montre combien étaient ridicules les opinions des gnostiques, qui avaient imaginé un Plérôma, un Bythos, des œons ; il ajoute que, quoiqu'incompréhensible aux hommes, Dieu se manifeste suffisamment à eux par ses œuvres visibles, c'est-à-dire, dans ce monde qu'il a créé par son Verbe et son Saint-Esprit, auxquels il s'adressait, lorsqu'il disait : *Faciamus hominem ad imaginem et similitudinem nostram.* Et comme ces mêmes hérétiques niaient que le Fils de Dieu se fût jamais manifesté aux prophètes, notre saint docteur soutient et prouve le contraire par les Ecritures, et démontre que les prophètes l'ont annoncé, ou plutôt qu'il a prédit lui-même par l'organe des prophètes, toute l'économie de notre rédemption, tous les mystères de sa vie mortelle, son alliance avec la nature humaine, la société des fidèles qu'il devait former et combler de bonheur. Il conclut que les saints de l'ancienne loi ont cru ce que nous croyons ; qu'ils ont connu ce que nous savons ; que les prophètes ont annoncé ce que nous voyons ; que la croyance des patriarches et des prophètes était dans son objet la croyance des chrétiens ; seulement, ils attendaient, nous avons reçu (1). Il faudrait transcrire ici toutes ces admirables pages pour montrer avec quelle justesse saint Irénée applique à son sujet les passages de l'Ecriture, avec

---

(1) S. Iren. l. IV. c. 19 ad 25.

quelle exactitude il s'exprime sur ces sublimes mystères, avec quelle magnificence il déroule à l'esprit étonné toute l'économie de la Rédemption ; vous diriez un prophète à qui Dieu révèle et sa nature et ses secrets, tant il en parle exactement, tant il lui est facile de les expliquer. On voit qu'il avait profondément médité sur ces grandes vérités ; son esprit en est tellement nourri, qu'il y paraît comme dans son élément, comme dans sa vie. On admire tour-à-tour la beauté de la doctrine, la sainteté, la profondeur du grand docteur qui l'explique et la développe. Oui, un si vaste génie était digne d'une doctrine si sublime; une si sublime doctrine était seule digne d'un si beau génie ! C'est encore ce que le lecteur se dit en parcourant les chapitres suivants du même livre.

Lorsque saint Irénée a montré Jésus-Christ dans l'ancienne loi, il ajoute que, toute prédiction présentant quelque obscurité avant l'évènement, Jésus-Christ était dans les Ecritures comme le trésor caché dont il est parlé dans l'Evangile. C'est aux successeurs des apôtres, aux évêques, à le découvrir aux fidèles ; car, dit-il, il n'y a que ceux qui ont succédé au ministère des apôtres, et qui ont hérité de leur foi et de leur doctrine, qui aient reçu de Dieu le droit et le pouvoir d'expliquer les saintes Ecritures. Il est des hommes qui, par orgueil, par malice, ou par haine contre l'Eglise, s'attribuent le même privilége; mais qu'on ne les écoute point : ce sont des

docteurs de mensonge ; nouveaux Nadab et Abiu, ils apportent à l'autel du Seigneur un feu étranger qui les consumera ; comme Coré, Dathan et Abiron, ils s'élèvent contre la vérité, ils excitent les peuples à se révolter contre l'Eglise ; mais ils expieront leurs crimes dans les abimes de l'enfer. Enfin, semblables à Jéroboam, ils s'efforcent de causer et de fomenter le schisme dans l'Eglise : malheur à eux ! le sort de Jéroboam leur est réservé. S'il était quelque ministre du Seigneur dont la conduite déshonorât la dignité, qu'il tremble à son tour; Jésus-Christ, auquel un extérieur hypocrite ne cache point le fond des consciences, les jugera un jour. Voilà les interprètes infidèles dont les chrétiens doivent s'éloigner, pour s'attacher aux religieux dépositaires de la doctrine du Sauveur; à ceux qui peuvent dire comme saint Paul : « Nous ne sommes pas comme plusieurs
» qui altèrent *et falsifient* la parole de Dieu; mais nous la
» prêchons avec sincérité, comme de la part de Dieu, en
» la présence de Dieu, dans *l'esprit* et la personne de Jé-
» sus-Christ... Nous n'avons fait tort à personne.... Nous
» n'avons enseigné l'erreur à personne.... Nous n'avons
» pris le bien de personne (1). »

---

(1) II. Corinth. II.-17.—Non enim sumus sicut plurimi adulterantes verbum Dei, sed ex sinceritate, sicut ex Deo, coràm Deo, in Christo loquimur.

II. Corinth. VII, 2. Neminem corrupimus, neminem circumvenimus.

Tels sont les ministres que l'Eglise forme et reconnait pour siens.... C'est à eux que les fidèles doivent demander l'interprétation des Ecritures... Ce sont eux qui leur apprendront l'unité d'un Dieu et ses admirables desseins sur les hommes.

Saint Irénée, qui s'est approprié ces marques distinctives d'un interprète du Seigneur, montre combien le simple fidèle, instruit par ses pasteurs légitimes, est plus éclairé sur la religion que les plus savants hérétiques ; il ajoute que l'Église seule peut donner cette supériorité à ses enfants, car dans elle seule se trouve la véritable doctrine, comme dans elle seule se trouve cette parfaite charité qui fait les martyrs.

A l'uniformité de l'enseignement de l'Eglise catholique, saint Irénée oppose les contradictions et les variations perpétuelles des hérétiques qui, loin de pouvoir enseigner la vérité, ne sont pas même capables de s'entendre sur un seul point de doctrine, et ne peuvent pas dire en quoi consiste la vérité.

Quelques textes de l'Ecriture sophistiquement interprétés, semblaient autoriser l'opinion de certains hérétiques, qui soutenaient que les hommes étaient bons ou mauvais naturellement et nécessairement ; saint Irénée explique le vrai sens de ces passages, et réfute cette erreur, soit par l'Ecriture, soit par la dialectique. De là il est amené à expliquer pourquoi Dieu n'a pas créé, dès l'origine, l'homme parfait ou impeccable, comme l'auraient voulu les mêmes adversaires. Ce n'est point à dire pour cela, ajoute-t-il, que Dieu soit l'auteur du mal. Il a créé l'homme libre, afin que celui-ci pût mériter, en glorifiant spontanément son créateur ; ce qu'il n'aurait pu faire, s'il n'eût pas été maître de lui-même; c'est à lui à faire de sa liberté l'usage pour lequel Dieu la lui a donnée.

5° *Livre.* Dans le cinquième et dernier livre, saint Irénée explique et développe l'enseignement de l'Eglise sur les effets et l'accomplissement de la Rédemption de Jésus-Christ dans les hommes et sur les hommes. Rattachant cette partie de son ouvrage aux vérités qu'il a prouvées dans les livres précédents : Le Dieu qui nous a créés, dit-il, est le Dieu qui nous a rachetés ; le Dieu qui nous a rachetés, est le Dieu qui nous ressuscitera. Il prouve donc que le dogme de la résurrection est intimement lié à celui de l'incarnation. C'est pourquoi saint Irénée, avant de passer outre, s'applique à bien établir contre les gnostiques la vérité de l'incarnation du Verbe. Il prouve ensuite la vérité de la résurrection par des arguments tirés du dogme de la présence réelle de Jésus-Christ dans l'Eucharistie (admis également par ses adversaires), de la bonté et de la toute-puissance de Dieu, enfin des saintes Ecritures, et il les confirme par le témoignage de l'Apôtre des nations et par l'exemple de la résurrection de Jésus-Christ, la figure et le gage de la nôtre, comme nous en assurent les grâces dont nous comble l'Esprit saint.

A la vérité, saint Paul a dit : *Caro et sanguis regnum Dei hæreditare non possunt*; mais la chair et le sang signifient ici les hommes charnels qui, n'étant pas animés de l'esprit de Dieu, sont morts à la grâce, et ne peuvent point, par conséquent, prétendre au royaume du Ciel ; car il y a deux sortes de vies : l'une naturelle, qui est commune à tous les hommes en général; l'autre spirituelle, particulière à ceux qui mortifient leurs sens et leurs passions. Saint Paul n'a donc pas voulu nier ici la résurrection qu'il prouve ailleurs avec beaucoup de force, que les prophètes ont prédite et dont Jésus-Christ a voulu nous rendre sensible la possibilité, soit par la résurrection de Lazare, du jeune homme de Naïm, de la fille de Capharnaüm, soit par la sienne.

Saint Irénée entre ensuite dans quelques détails sur les rapports de l'Eglise et des fidèles avec Jésus-Christ, avec Satan; sur les choses qui arriveront à la fin du monde; sur l'apparition et la personne de l'Antechrist ; enfin sur l'état des ames après la mort.

Telle est l'importante réfutation dont saint Irénée écrasa le gnosticisme. Les Pères de l'Eglise en ont fait les plus grands éloges : en effet, tout est admirable dans cet ouvrage : la solidité du raisonnement, la force des preuves, l'élévation des pensées, la concision, la vigueur de l'expression, les richesses d'une imagination sage et brillante, une érudition vaste et variée, une connaissance parfaite du sujet. Le lecteur, saisi de prime abord par la grandeur, l'importance et l'intérêt que saint Irénée sait attacher à sa matière, s'en remplit tout entier, sans se préoccuper, ni du style, ni de la forme.

Le triomphe de notre saint docteur est d'autant plus glorieux, que le style de la traduction latine qui nous est restée de son ouvrage n'a rien de cet éclat, de cette élégance qui suppléent si souvent au fond, ou du moins en voilent la pauvreté. Rien ne frappe ici que la grandeur et la justesse des idées.

Saint Irénée avait composé un grand nombre d'autres ouvrages, soit pour combattre les ennemis de la foi, soit pour instruire les fidèles, soit pour pacifier l'Eglise; car il était de la destinée de ce grand homme d'être à la fois le fléau des hérésies, la lumière de l'Eglise, l'oracle et le modèle des évêques, le pasteur et le père des fidèles (1).

(1) Voir *Notes et pièces diverses*, n° V.

HISTOIRE
DE
SAINT IRÉNÉE.

LIVRE SIXIÈME.

ESPRIT ET DOCTRINE DE SAINT IRÉNÉE.

CHAPITRE PREMIER.

Considérations générales sur la doctrine de saint Irénée.—De Dieu—De la création—Du libre arbitre.

Après avoir fait connaître la marche qu'a suivie saint Irénée dans son grand ouvrage contre les hérésies, et la suite des vérités qu'il prouve contre ses adversaires, nous allons maintenant réunir, dans un tableau rapide, les points principaux de la doctrine qu'il y enseigne avec tant de force et de grandeur.

Aux systèmes des hérétiques dont il expose les variations et les extravagances, saint Irénée oppose le symbole que les apôtres ont transmis à leurs successeurs et que l'Eglise enseigne à ses enfants dispersés dans toutes les contrées de l'univers. « L'Église, dit-il, croit en Dieu, le Père tout-puissant, créateur du ciel, de la terre, de la mer et de tout ce qu'ils renferment; et en un seul Jésus-Christ, Fils de Dieu, incarné à cause de notre salut; et au saint Esprit qui a prédit, par les prophètes, les desseins de Dieu, l'avènement, la naissance miraculeuse, la passion, la résurrection d'entre les morts et l'ascension de notre Seigneur Jésus-Christ aux cieux, où il s'est élevé avec sa chair, d'où il viendra dans la gloire de son Père, pour compléter son œuvre, pour ressusciter tous les hommes dans leur propre chair, afin que, selon l'ordre qu'en a porté le Père, par amour pour lui, au nom de Jésus-Christ, notre Seigneur, notre Dieu, notre Sauveur, notre Roi, tout genou fléchisse au ciel, sur la terre et dans les enfers, et que toute langue le confesse et que Jésus lui-même juge tous les hommes ; qu'il condamne au feu éternel les anges rebelles et apostats, les hommes impies, injustes, iniques, blasphémateurs; qu'il admette à l'incorruptibilité, à une vie bienheureuse, à une gloire éternelle, les hommes justes, équitables, soumis à ses préceptes, fidèles à son amour, ou depuis le commencement de leur vie, ou depuis leur retour à Dieu par la Pénitence (1). »

Le symbole de foi transmis à l'Église par les apôtres est, pour ainsi dire, le thème que saint Irénée développe et prouve dans son grand ouvrage contre les hérésies. A la suite de l'aigle de Pathmos, il s'élève jusqu'au trône de l'Éternel ; là, il contemple les perfections de Dieu, pénètre dans ses secrets, assiste à ses conseils, adore ses grandeurs et revient révéler à la terre des merveilles dont son ame s'est remplie dans le ciel. Il nous montre d'abord dans Dieu l'origine de la religion dont il défend la cause et déroule les destinées. C'est pourquoi, après nous avoir parlé de la nature et des perfections de Dieu, il expose à nos regards le magnifique tableau de la création, nous fait assister à la chute du premier homme, à son châtiment, à la promesse solennelle que le créateur lui fit d'envoyer au milieu des temps, à sa postérité, le seul *Sauveur* qui pût dignement expier son crime et venger la majesté de Dieu outragée. Jamais saint Irénée n'est plus éloquent que lorsque, ravi du mystère de la rédemption des hommes, il en développe le plan divin, fait concourir à son accomplissement tous les temps et tous les évènements. Traversant les siècles depuis le commencement du monde jusqu'au jour où la grande

---

(1) Adv. hæres. l. I, c. 10. — Voir *Notes et pièces diverses*, n° VI.

victime devait être immolée sur le Calvaire, il nous la montre partout, dans les patriarches, dans la loi de Moïse, dans les prophètes; tout annonce, tout prédit, tout appelle ce grand évènement, la raison de tous les autres... Les temps en sont pleins : il s'accomplit sur le Calvaire... Le ciel, apaisé par cet holocauste, sourit à la terre. Du sang de Jésus-Christ naît un peuple nouveau, qui, sous la conduite des apôtres et de leurs successeurs, les yeux fixés sur ce divin Sauveur, son chef et son modèle, tend, à travers les obstacles que lui suscitent d'innombrables ennemis, au séjour du bonheur et de la gloire, où, réuni enfin à son Dieu, il jouira à jamais de sa présence et de son amour.

Telle est en peu de mots la doctrine qu'enseigne saint Irénée. Suivons cet admirable génie dans l'immense carrière qu'il parcourt, et recueillons avec piété les oracles qui tombent de sa bouche éloquente.

De Dieu. Tout le genre humain, depuis l'origine du monde jusqu'à nos jours, a reconnu l'existence d'un Etre suprême. Le premier homme a transmis cette vérité à ses enfants, qui, à leur tour, l'ont transmise à leurs descendants; les Hébreux ont reçu cette vérité de leurs prophètes; les gentils la découvrent et la lisent, s'ils veulent, dans la nature entière. Jésus-Christ, dans la suite des âges, est venu l'appuyer de son autorité, et l'enseigner à son Eglise, qui la publie dans toutes les parties de l'univers (1).

Lorsque Dieu pense, il agit et fait ce qu'il se propose ; lorsqu'il veut, il pense à ce qu'il veut ; il pense lorsqu'il veut ; il veut lorsqu'il pense ; car en Dieu, il ne peut y avoir qu'un acte. Celui qui applique à Dieu les modes de son propre esprit, fait de Dieu un être fini, c'est-à-dire qu'il tend à détruire son essence (1).

Dieu est un être simple et non composé ; il est tout lui-même, tout pensée, tout esprit, tout raison, la source unique de tout bien, de toute existence, être infini dont le langage humain ne peut exprimer que très-imparfaitement la nature. On ne peut concevoir rien qui ait existé avant lui, rien qui puisse exister après lui ; on ne peut le concevoir que simple, inaltérable, éternel, toujours égal, toujours semblable à lui-même (3).

La pensée, l'intelligence de Dieu, c'est son Verbe, son Fils unique. On reconnaît le Père dans le Fils, et le Fils dans le Père. Le Père, tout immense qu'il est, se trouve mesuré dans le Verbe, parce que le Fils est la

---

(1) Lib. II adv. hæres. c. 9.

(2) Lib. II adv. hæres. c. 28.

(3) ibid. cap. 13.

mesure du Père (1). Le Fils a donc toujours coexisté avec le Père (2).

Dans toutes choses et par toutes choses, il n'y a qu'un vrai Dieu qui ne fait qu'*un* avec le Verbe ou son Fils et avec le Saint-Esprit, comme il n'y a qu'un seul et même salut pour tous ceux qui croient en lui (3). C'est par son Verbe et par son Esprit que Dieu a tout fait, tout coordonné (4).

Au commencement, Dieu créa l'homme, non pour tirer de lui quelque service, mais pour lui communiquer ses bienfaits. Car non-seulement avant le premier homme, mais même avant le commencement de toutes choses, il était glorifié par son Verbe, qui coexiste toujours en lui. Dieu a d'autant moins besoin de l'homme que l'homme a plus besoin de lui. Se suffisant à lui-même, il veut bien se communiquer à ceux qui ne peuvent pas se passer de lui. Il veut que l'homme dépende entièrement de lui,

---

(1) Lib. IV. adv. hæres. c. 4. Tanta est horum verborum majestas et dignitas, ut ad commendandam Patris à Filio absolutam æqualitatem instar sint amplissimi voluminis. Nam si immensus est Pater et infinitus ; et hunc tamen capit et metitur Filius, æquari cum illo necesse est, ac proindè infinitum et immensum esse ; ut cùm extrà infinitum nihil sit, nihil prorsùs desit ei, qui mensura est infiniti. (Petav. Theolog. dogmat. tom. II de Trinit. præfat. c. III.

(2) Lib. II, c. 30 sub. fin.
(3) Lib. IV, c. 6.
(4) Ibid. et c. 20.

afin que cette dépendance soit pour lui une occasion de répandre ses bienfaits sur ceux qui le servent avec constance. La gloire de l'homme, c'est de dépendre de Dieu, de le servir (1).

Dieu reste toujours le même; rien ne l'affecte; il est parfait en tout, toujours semblable à lui-même. Mais l'homme, dès-lors qu'il a un commencement, est susceptible de perfection; or, la créature raisonnable sera d'autant plus parfaite, qu'elle se rapprochera plus de Dieu (2). En élevant jusqu'à lui ses serviteurs fidèles, Dieu ne partage sa suprématie avec aucun homme. L'obéissance à Dieu nous mérite la perfection et l'immortalité, et nous admet ainsi à la gloire et au bonheur de l'Etre suprême (3).

Dieu a créé l'homme libre dès le commencement; il l'a laissé maître de son choix, afin que, se déterminant spontanément, il pût mériter son sort à venir. Le bonheur, il est vrai, est un don de Dieu; mais il en laisse à l'homme le dépôt. Le mal ne provient que de l'abus que celui-ci fait de sa liberté; l'homme, par conséquent, ne devra son malheur qu'à lui seul. Ainsi, Dieu nous a donné le pouvoir de faire le bien, et ceux qui l'opère-

(1) Lib. IV, c. 14.
(2) Ibid. c. 11.
(3) Ibid. c. 38.

ront, recevront de lui la gloire et la récompense, parce qu'ils l'auront fait, lors qu'il leur était libre de ne point le faire ; ceux, au contraire, qui commettent le mal, tomberont sous les coups de la justice céleste, parce qu'ils n'auront pas fait le bien qu'ils avaient le pouvoir de faire.

Car, si les hommes étaient les uns naturellement bons, les autres naturellement méchants, quelle récompense mériteraient les bons ? de quel châtiment les méchants seraient-ils coupables, puisque les uns et les autres ne pourraient pas être autrement? Où serait alors la sagesse de Dieu? A quoi bon tous les préceptes de morale, les commandements que Dieu nous a prescrits, les promesses et les menaces qu'il nous a faites (1)?

C'est par sa bonté que Dieu a fait bon tout ce qu'il a fait, et que l'homme partageant le privilége de Dieu, est maître de sa liberté; mais il avait prévu quelle serait la faiblesse de l'homme et quelles conséquences funestes en découleraient; et, dans son amour, il a trouvé le moyen de donner à la nature créée de l'homme les priviléges de l'être incréé.

Dieu pouvait, sans doute, douer l'homme d'une perfection relative à son être; mais l'homme n'était pas capable de s'approprier cette perfection; ou même, s'il eût

---

(1) S. Iren. contr. hæres. l. IV, c. 37.

pu en être doué, il n'eût pas été capable de la conserver en lui. Il fallait que la nature de l'homme se développât suivant les lois de sa formation ; et qu'ensuite ce qu'il y avait en lui de mortel fût absorbé par l'immortel, et que l'homme, arrivant enfin à la connaissance du bien et du mal, devînt fait à l'image et à la ressemblance de Dieu (1).

(1) Lib. IV adv. hæres. c. 38.

CHAPITRE SECOND.

Du péché originel.—De la promesse d'un rédempteur.

Adam, le premier des hommes, méconnut l'ordre et l'intention du Créateur. Il avait été avec Eve placé dans un paradis terrestre, où par un abus déplorable de sa liberté, voulant ajouter à toutes les délices que Dieu lui avait livrées, le plaisir qu'il lui avait défendu, il céda à l'esprit tentateur. Mais la désobéissance d'Adam et d'Eve causa leur ruine; dès ce moment, ils devinrent la conquête de la mort et furent débiteurs envers elle (1).

Le péché de nos premiers parents a soumis leurs descendants aux douleurs, au travail, à la mort. Mais Adam et Eve témoignèrent à Dieu le repentir de leur faute et

(1) L. V, c. 23.

la pleurèrent pendant toute leur longue existence (1). Et Dieu, dont la miséricorde est infinie, leur promit un réparateur qui écraserait la tête du serpent infernal, et qui, en les rétablissant dans leurs anciens droits, leur en accorderait de plus glorieux encore (2).

Cependant il était impossible que l'homme, une fois vaincu et déchu de son premier état, pût y rentrer par lui-même et arracher la victoire à son ennemi; il était impossible que l'homme, une fois assujetti au péché, pût opérer son salut; c'est pour triompher de cette double impossibilité qui pesait sur le genre humain, que le Fils de Dieu, son Verbe co-éternel, est sorti, pour ainsi dire, du sein de son Père, s'est incarné et s'est abaissé jusqu'à mourir pour consommer l'œuvre de notre salut.

En se faisant homme, le Verbe a résumé en lui toutes les générations de l'espèce humaine, au salut de laquelle il s'est dévoué, afin que sa mort nous rendît ce privilége de notre nature, d'être faits à l'image et à la ressemblance de Dieu, privilége dont nous avait dépouillés la désobéissance de notre premier père (2).

Le Verbe de Dieu, le Fils de Dieu s'est fait homme, afin que par ce moyen l'homme devînt l'enfant adoptif

---

(1) L. III, c. 23.
(2) L. V, c. 21.
(3) Lib. III, c. 18.

de Dieu. Car nous ne pouvions prétendre ni à l'incorruptibilité, ni à l'immortalité, sans avoir reçu la faculté d'être incorruptibles et immortels (1).

Le Verbe incarné a donc uni dans sa personne l'homme à Dieu : il fallait en effet, pour que notre salut fût assuré, qu'un Dieu nous le garantît. D'ailleurs, si notre humanité n'eût pas été unie à sa divinité, comment aurait-elle pu participer à l'incorruptibilité divine? Il fallait donc, entre Dieu et l'homme, un médiateur qui, par son alliance avec chacune de ces deux natures, opérât entre elles une réconciliation telle, que Dieu adopterait l'homme et que l'homme se donnerait à Dieu (2).

C'est pourquoi le Seigneur s'appelle lui-même *Fils de l'homme*, c'est-à-dire, cet homme principal qui représente l'humanité tout entière.

Ainsi, de même qu'un homme avait introduit la mort dans le genre humain, de même la victoire d'un homme a rendu la vie aux mortels, et comme la mort nous avait vaincus en triomphant d'un homme, ainsi nous triomphons de la mort par la victoire d'un homme (3).

Pour effacer la désobéissance à laquelle l'arbre de la science du bien et du mal avait donné occasion, Jésus-

---

(1) Lib. III, c. 19.
(2. Ibid. c. 18.
(3) Lib. V, c. 21.

Christ s'est rendu obéissant jusqu'à la mort, et jusqu'à la mort de la croix; ainsi l'acte d'obéissance accompli sur le bois de la croix a réparé la désobéissance commise sur l'arbre de la science du bien et du mal. Le mérite de l'obéissance a donc racheté le crime de la désobéissance. Nous avions offensé Dieu dans le premier Adam, en méprisant ses ordres ; le second Adam nous a réconciliés avec Dieu en lui obéissant jusqu'à la mort. En effet nous n'étions débiteurs que de celui dont nous avions transgressé la loi (1). On ne peut être guéri de la plaie de l'antique serpent qu'en croyant en celui qui a pris sur lui-même les menaces et la colère du Tout-Puissant; qui en mourant sur le bois de la croix a tout attiré à lui, a donné la vie aux morts (2).

Avant d'opérer le grand œuvre de la rédemption, le Verbe de Dieu a voulu y préparer le monde ; il l'a fait connaître aux patriarches, à Abraham qui a désiré voir les jours du Fils de Dieu, à Jacob qui a prédit que le sceptre resterait dans les mains de Juda jusqu'à l'avènement de celui qui était l'attente des nations (3).

La connaissance de ce grand évènement s'est développée avec le cours des siècles : ainsi nous le voyons plus

---

(1) Lib. V, c. 16.
(2) Lib. IV, c. 2.
(3) Lib. IV, c. 18 et passim.

nettement exprimé dans les écrits de Moïse et des prophètes; car non-seulement ils annoncent la venue du Fils de Dieu, mais ils détaillent encore les circonstances de sa naissance, de sa vie et de sa passion. Le Fils de Dieu est répandu, semé, pour ainsi dire, dans les saintes Écritures : *inseminatus est ubique in Scripturis* (1). Toutes les prophéties en sont pleines. Or, ces prophéties, nous les avons vu s'accomplir à la lettre. Les hérétiques diront-ils qu'elles se sont accomplies par hasard en la personne du Sauveur? Singulier hasard, qui fait parler tous les prophètes de la même manière touchant le Messie, qui accomplit tout ce qu'ils ont prédit, précisément au temps marqué, en Jésus-Christ lui seul, et non dans quelque patriarche, ni dans quelque prophète.... Le soleil s'est-il voilé, la terre a-t-elle tremblé, les tombeaux ont-ils vomi leurs morts, le voile du temple s'est-il déchiré à la mort de quelqu'un de ces patriarches ou de ces prophètes? Quel est celui d'entre eux qui a scellé par son sang une alliance de liberté? C'est donc ce divin Sauveur, c'est lui que les prophètes ont prédit et annoncé au monde; c'est donc à lui seul que peuvent et doivent s'appliquer les prédictions relatives au Messie (2).

(1) Lib. IV, c. 10.
(2) Lib. III passim et lib. IV, c. 32.

CHAPITRE TROISIÈME.

De l'incarnation du Verbe. — De l'Eucharistie comme sacrement et comme sacrifice.

Celui que les prophètes avaient prédit, l'ange Gabriel l'annonce à Marie : il lui déclare au nom de l'Éternel qu'elle sera mère d'un fils qui en même temps sera Fils du Très-Haut, héritier du trône de David, le chef d'une race nouvelle, dont le royaume n'aura point de fin. Marie, aussi docile qu'elle était chaste et pure, s'appelle la servante du Seigneur, soumise humblement à sa volonté sainte. Par son obéissance, Marie assura son salut et celui du genre humain, et par sa foi elle rompit les chaines dans lesquelles l'infidélité d'Eve avait jeté les hommes (1).

Les prophètes qui nous avaient annoncé qu'Emma-

(1) Lib. III, c. 32.

nuel naîtrait d'une vierge, nous avaient signifié par là l'union du Verbe de Dieu avec sa créature, c'est-à-dire avec l'homme ; selon eux, le Verbe devait être chair, et le Fils de Dieu devait aussi être le fils de l'homme, afin que l'homme devînt fils de Dieu; mais, en devenant ce que nous sommes, il est resté le Dieu fort, dont la génération est inénarrable. C'est du sein virginal de l'auguste Marie qu'il a voulu naître, et cette Vierge admirable a conçu et enfanté purement le Dieu de pureté (1).

Dans une extase d'admiration et d'amour, elle entonna, au nom de toute l'Eglise, cette hymne prophétique : « Mon ame bénit le Seignenr et mon esprit a tressailli dans Dieu, mon salut. Rappelant sa miséricorde, il a relevé Israël, son serviteur, comme il l'avait promis à Abraham et à toute sa postérité. » Zacharie, plein du même esprit, sent sa langue se débarrasser des liens dont sa désobéissance l'avait enchaînée, et chante à son tour le Dieu qui, sortant d'en haut, est venu dissiper les ombres de la mort qui couvraient la terre, rendre la lumière aux infortunés qui gisaient au milieu de cette nuit obscure, et les précéder dans la carrière de paix qu'il était venu leur ouvrir.

Enfin le Désiré des nations entra dans le monde, et

---

(1) Lib. IV, c. 33.

les messagers du ciel firent alors retentir les airs de leurs louanges : « Gloire à Dieu au plus haut des cieux ; paix sur la terre aux hommes de bonne volonté. » Cet hymne céleste était l'écho de ces paroles prophétiques de David : « Le monde est en ses mains ; les montagnes lui appartiennent; la terre et la mer sont ses ouvrages et son domaine; venez, prosternons-nous devant lui et adorons-le, et pleurons en présence du Seigneur, notre créateur et notre Dieu. » L'enfant dont les anges célébraient la gloire, était le Dieu aux pieds duquel le prophète avait déjà convoqué les peuples. Les ames simples que représentaient les bergers, sont toujours les plus empressées à s'approcher de Dieu, comme elles en sont toujours accueillies les premières. Dans cet Enfant, les bergers de Bethléem adoraient et glorifiaient le Dieu annoncé par les prophètes. Le saint vieillard Siméon l'appelait de tous ses vœux, lorsqu'il lui fut donné de contempler ce Sauveur tant promis et si impatiemment attendu; et comme si ses regards eussent dû être profanés par tout autre objet après s'être reposés sur cet enfant de bénédictions, il s'écria qu'il avait assez vécu : rendant grâces au Seigneur de l'avoir conservé jusqu'à ce jour, il le pria de le retirer de ce monde, puisque ses yeux avaient vu le salut envoyé aux hommes (1)

(1) Lib. III, c. 10.

Ce divin Enfant était encore à Bethléem, ville de David, où il était né, quand une étoile miraculeuse conduisit à son berceau les mages de l'Orient, qui venant l'adorer, déposèrent à ses pieds de l'or, de l'encens et de la myrrhe; par ce dernier présent, ils le reconnaissaient comme la victime du monde; par l'or, ils témoignaient reconnaître la domination de ce roi éternel; ils rendaient hommage à sa divinité en lui offrant de l'encens; c'est ainsi que s'accomplissait la prophétie : *Orietur, stella ex Jacob et surget dux in Israël* (1).

Les autres actions du Sauveur ne réalisèrent pas les prophéties avec moins d'exactitude; toute sa vie fut en outre le modèle de celle des hommes.

Dieu est notre Père, selon son amour; notre Seigneur selon sa puissance; notre Créateur, selon sa sagesse; mais nous avions encouru sa disgrâce par la transgression de sa loi. Lorsque les temps annoncés furent arrivés, le Verbe incarné, se faisant le médiateur entre Dieu et l'homme, nous rétablit dans la bienveillance de Dieu le Père que nous avions offensé. Il est venu lui-même annoncer aux hommes de bonne volonté, que leurs péchés leur étaient remis (2).

Jésus-Christ, Fils unique du Dieu unique qui l'envoyait

---

(1) Lib. III, c. 9.
(2) Lib. V, c. 17.

sur la terre pour le salut des hommes, opérait des miracles pour forcer les incrédules à glorifier son Père. C'est pourquoi s'adressant aux pharisiens qui ne voulaient pas le reconnaître pour le Fils de Dieu : « Or, leur disait-il, afin que vous sachiez que le Fils de l'homme a le pouvoir de remettre les péchés sur la terre..... je vous le dis, levez-vous, paralytique, prenez votre lit et allez. »

En remettant les péchés aux malades qu'il guérissait, Jésus-Christ manifestait hautement sa nature divine ; car Dieu seul peut remettre les péchés. Or, Jésus-Christ les remettait en même temps qu'il opérait des guérisons miraculeuses ; il prouvait donc par là qu'il est le Verbe de Dieu, devenu par bonté le Fils de l'homme, qui avait reçu de son Père le pouvoir de remettre les péchés. Il était donc à la fois homme et Dieu ; homme, il a été sujet à la souffrance ainsi que nous ; Dieu, il a eu pitié de nous et nous a remis la dette du péché que nous avions contractée en offensant notre créateur (1).

Avant d'accomplir son grand sacrifice sur l'arbre de la croix, Jésus-Christ voulut instituer l'Eucharistie, qui devait donner aux chrétiens le moyen de le renouveler. Saint Irénée s'étend avec complaisance sur ce dogme

---

(1) Lib. V, c. 17.

fondamental, autant pour satisfaire son amour qu'à cause de l'importance de la matière.

Jésus-Christ, dit-il, prit le pain qui est l'ouvrage du créateur, et rendit grâce (à son Père) en disant : *Ceci est mon corps*. De même ayant pris le calice, il déclara que c'était son sang. Ainsi il institua la nouvelle oblation du Nouveau Testament, que l'Eglise a reçue des apôtres et qu'elle offre à Dieu par toute la terre.... C'est ce sacrifice nouveau qu'annonçait le prophète Malachie, quand il disait : « Je ne me complais point en vous, dit le Seigneur tout-puissant, et je ne recevrai plus de sacrifice de vos mains ; parce que de l'Orient à l'Occident mon nom est glorifié parmi les nations, et qu'en tout lieu on offre à mon nom un encens et un sacrifice pur, car mon nom est grand parmi les peuples, dit le Seigneur tout-puissant(1). » Le sens de cette prophétie est évidemment que lorsque l'ancien peuple cessera de sacrifier, alors un sacrifice plus pur sera offert au Seigneur par toute la terre; dès-lors le nom de Dieu sera glorifié parmi les nations.

Or, quel est ce nom qui est glorifié par toute la terre, si ce n'est celui de notre Seigneur, qui est à la fois la glorification du Père et de l'humanité : *Per quem glorificatur Pater, et glorificatur homo* (2).

---

(1) Malach. I, 10–11.
(2) Adv. hæres. l. IV, c. 17.

Donc, poursuit saint Irénée, l'oblation que notre Seigneur a voulu que l'Eglise offrît chaque jour par toute la terre, est un sacrifice pur et agréable à Dieu... Observons cependant qu'en rejetant les oblations de l'ancienne loi, Dieu n'a point rejeté le sacrifice en lui-même; car il y a ici des oblations, comme il y en avait là; il y avait des sacrifices dans la synagogue, il y en a aujourd'hui dans l'Eglise; l'espèce seule en est changée : c'étaient autrefois des esclaves qui les faisaient; ils sont offerts maintenant par des cœurs libres... Mais il n'y a que l'Eglise qui puisse offrir cette oblation pure au Créateur, parce qu'elle seule l'offre avec simplicité... Les Juifs ne peuvent point l'offrir... leurs mains sont souillées de sang... Les hérétiques ne le peuvent point non plus, puisqu'ils ne reconnaissent pas notre Dieu. Comment pourraient-ils se persuader que le pain sur lequel on fait des prières est le corps du Seigneur, et que le calice contient son sang, s'ils ne croient pas que le Verbe de Dieu soit Fils du Créateur ? *Quomodo autem constabit eis cum panem in quo gratiæ actæ sunt, corpus esse Domini sui, et calicem sanguinis ejus, si non ipsum Fabricatoris mundi filium dicant, id est Verbum ejus ?* Et comment peuvent-ils dire que la chair qui est nourrie du corps et du sang du Seigneur, est sujette à la corruption et ne reçoit point la vie ? Ou qu'ils changent de sentiment, ou qu'ils cessent d'offrir notre sacrifice. Notre sentiment, à nous, prouve l'Eucharistie; et l'Eucharistie confirme notre sentiment (1). Nous faisons à Dieu l'offrande de ce qu'il nous a donné... Nous la faisons à Dieu, non pour subvenir à ses besoins; mais pour rendre grâces à sa bonté, et offrir à sa toute-puissance les hommages de sa créature; sans doute Dieu n'a pas besoin de nos offrandes, mais c'est pour nous un besoin de les lui faire. Le Seigneur, qui n'a besoin de rien, veut bien accepter et exiger nos bonnes œuvres pour pouvoir les récompenser; ainsi, lorsqu'au dernier des jours il dira aux élus : Venez, les bénis de mon Père ; montez sur les trônes qui vous ont été préparés; car vous avez apaisé ma soif, vous m'avez donné l'hospitalité, les vêtements et la nourriture ; vous avez soulagé mes douleurs; vous m'avez visité dans les fers ; lors, dis-je, que Jésus-Christ donnera ses trésors pour nos bonnes œuvres, il ne nous paiera point une dette, mais il nous récompensera d'avoir assisté notre prochain pour son amour (2).

(1) Ergo aut sententiam mutent aut abstineant offerendo quæ prædicta sunt. Nostra autem consonans est sententia Eucharistiæ, et Eucharistia rursùs confirmat sententiam nostram. Lib. IV, c. 18; n° 5.

(2) Advers. hæres. l. IV, c. 18. — Voir la magnifique et profonde exposition que Moelher donne de ce passage. *Patrologie*, tom. I, p. 103 et suiv.

CHAPITRE QUATRIÈME.

De l'Eglise, sainte dépositaire de la doctrine chrétienne.

Lorsque le temps d'accomplir ce grand sacrifice fut arrivé, Jésus-Christ livra son corps aux puissances des ténèbres : alors furent vérifiées toutes les prophéties relatives à sa passion ; alors on vit l'homme de douleurs livré à des bourreaux inhumains qui, après l'avoir bafoué, flagellé, traîné de tribunal en tribunal, parmi les huées d'une populace féroce, le clouèrent à une croix ignominieuse, l'abreuvèrent de fiel et d'outrages ; alors l'astre du jour voila sa lumière, comme s'il eût refusé d'éclairer un pareil spectacle, et les ténèbres de la nuit remplacèrent la clarté du jour; et ce fut au milieu du deuil de la nature, qu'expira son auteur. Son corps inanimé fut déposé dans un tombeau ; mais la mort ne pouvait pas garder longemps celui qui avait subi sa loi pour la vaincre. Jésus-Christ, vainqueur du trépas, retourna triomphant au séjour céleste d'où il était descendu : les portes éternelles s'ouvrirent devant le Roi de gloire; et le Fils bien-aimé du Père, le Pontife éternel, l'héritier des nations, le maître du monde alla s'asseoir sur le trône étincelant du haut duquel il gouverne son Église (1).

Car Jésus-Christ a laissé ici-bas une société, une famille dont il a confié la direction et la culture au zèle de ses apôtres et de leurs successeurs; ou plutôt une Église à laquelle il donne pour ministres des apôtres, des docteurs, des hommes favorisés des dons de l'Esprit Saint qui la dirige : car là où est l'Église, là est aussi l'Esprit Saint; là où est l'Esprit Saint, là est aussi l'Église et la grâce divine; là où est l'Esprit Saint, là se trouve la vérité; donc la vérité est dans l'Église. Les hérétiques redoutent la foi de l'Église qui les condamne; ils rejettent l'Esprit Saint, pour rester dans leur ignorance.

Ceux donc qui se séparent de la vérité, sont justement condamnés à s'agiter dans un cercle d'erreurs; à n'avoir sur un même sujet que des opinions qui varient selon les temps, n'en pouvant jamais avoir de fixes sur aucune

---

(1) Adv. hæres. l. IV, c. 33.

chose; sophistes, plus occupés à arranger des phrases qu'à chercher la vérité, ils ne sont pas comme nous, appuyés sur le roc inébranlable de l'Église; mais mal assurés sur le sable mouvant et pierreux de leurs opinions, ces aveugles se fatiguent à inventer des dieux, sous prétexte qu'ils cherchent la vérité. Le vrai Dieu, le seul qu'il importe de connaître, ils le blasphèment, en prétendant en trouver un au-dessus de lui, une autre providence, ou une autre puissance infinie. Aussi la lumière qui vient de Dieu ne les éclaire point, parce qu'ils le méprisent, le dédaignent, le déshonorent, et refusent de reconnaître que, dans son ineffable bonté et dans son amour pour les hommes, il s'est manifesté au monde par son Verbe; je ne veux point dire qu'il ait manifesté l'immensité, la nature infinie de Dieu, car personne ne peut ni la mesurer, ni la concevoir; mais Dieu s'est manifesté dans ce sens qu'il nous a révélé qu'il était seul l'auteur de toutes choses, qu'il donnait l'être et la vie aux créatures, soutenant et affermissant tout par son Verbe et par sa sagesse(1).

Nous avons reçu la science du salut de ceux qui nous ont communiqué la connaissance de l'Evangile. Les apôtres le prêchèrent après avoir reçu la force d'en haut et les dons de l'Esprit Saint. Dès lors ils possédèrent la

(1) Lib. III, c. 23.

science parfaite, et ils publièrent par toute la terre les bienfaits du Seigneur, annonçant la paix du ciel à tous ceux qui embrassaient sa loi sainte.

Ainsi saint Matthieu écrivit l'Evangile en hébreu en faveur de ceux qui parlaient cette langue, tandis que saint Pierre et saint Paul le prêchaient à Rome, où ils jetaient les fondements de l'Église. Marc, interprète et disciple fidèle de Pierre, nous transmit par l'écriture les choses que Pierre avait annoncées; et Luc, disciple de Paul, écrivit l'Evangile tel que son maître l'annonçait. Ensuite, Jean, le disciple bien-aimé, qui reposa sur le sein du Seigneur, écrivit aussi un Evangile, tandis qu'il séjournait à Ephèse.

Or tous ensemble, ils furent unanimes pour prêcher un seul Dieu créateur du ciel et de la terre, celui qu'avaient annoncé la loi et les prophètes, et pour rendre témoignage à Jésus-Christ, Fils unique de Dieu. Celui qui rejette ces vérités, méprise les amis de Dieu; il méprise Jésus-Christ lui-même; il méprise Dieu le Père, et se condamne lui-même, en résistant à son salut. Voilà ce que font tous les hérétiques (1).

Leur oppose-t-on les Ecritures? ils répondent que les Ecritures ne sont ni certaines, ni dignes de foi, soit,

---

(1) Lib. III, c. 2.

disent-ils, parce qu'elles ne s'accordent pas avec elles-mêmes, soit parce qu'elles ne sauraient dire la vérité à ceux qui ne savent pas la tradition. En effet, la tradition s'est transmise par la parole et non par l'Ecriture; c'est pour cela que saint Paul a dit : « *Nous prêchons la sagesse aux parfaits; mais non la sagesse de ce monde* (1). » Chacun des hérétiques prétend posséder la sagesse, c'est-à-dire, celle qu'ils ont rêvée et qu'ils prennent pour la véritable. Or cette sagesse aurait été représentée tantôt par Valentin, tantôt par Marcion, un jour par Cérinthe, une autre fois par Basilide, et enfin par quiconque voudra disputer à tort et à travers contre la foi établie. Car chacun d'eux foulant aux pieds les règles de la vérité, peut impunément dire que cette vérité réside en lui-même (2).

Lorsque nous les rappelons à la tradition que nous ont transmise les apôtres, et dont les évêques leurs successeurs conservent le dépôt dans l'Eglise, ils rejettent la tradition en disant que plus sages que les évêques et les apôtres, ils ont eux-mêmes découvert la vérité tout entière ; que les apôtres ont altéré l'enseignement de Jésus-Christ; et par le plus affreux des blasphèmes, ils

---

(1) I. Corinth. II, 6.
(2) Adv. hæres. l. III, c. 1.

osent ajouter que Jésus-Christ lui-même a parlé tantôt d'une manière, tantôt d'une autre.

Il faut conclure de là que les hérétiques ne veulent ni de l'Ecriture ni de la tradition.

CHAPITRE CINQUIÈME.

De la Tradition.—Primauté de l'Eglise de Rome.

Examinons donc et montrons à ceux qui veulent la vérité de bonne foi, comment la tradition que l'Eglise a reçue des apôtres, s'est propagée avec elle dans tout le monde chrétien. Nous pouvons compter ceux que les apôtres ont établis évêques dans les Eglises, et leurs successeurs jusqu'à nous, tous exempts de ces rêveries qui déshonorent les hérétiques. Si les apôtres eussent connu des mystères trop relevés pour être enseignés aux peuples, ils en auraient réservé la connaissance à ceux de leurs disciples qui étaient plus avancés dans la perfection, et auxquels ils confiaient la direction des

Eglises, puisqu'ils choisissaient leurs successeurs parmi les plus parfaits et les plus sages (1).

Comme il serait trop long de compter ici tous ceux qui ont successivement dirigé chacune de ces Eglises, il suffira de rappeler les noms de ceux qui se sont succédés dans le gouvernement de la plus grande, de la plus ancienne, de la plus illustre, de celle que les glorieux apôtres Pierre et Paul ont fondée et constituée à Rome, qui a reçu d'eux le dépôt de la tradition et de la foi annoncée chez tous les peuples. En suivant ainsi cette succession depuis les apôtres jusqu'à nos jours, nous confondons tous ceux qui, de quelque manière que ce soit, ou pour contenter leurs passions, ou pour satisfaire leur vanité, soit par aveuglement, soit par perversité, tiennent des assemblées illégitimes. Car c'est à cette Eglise (de Rome), à cause de sa primauté particulière, que doivent nécessairement s'unir toutes les Eglises, tous les chrétiens répandus sur la terre; c'est dans elle que les fidèles trouvent pure la tradition transmise par les apôtres.

Après avoir fondé, établi l'Eglise, les apôtres en confièrent le gouvernement à Linus, dont parle saint Paul dans ses épîtres à Timothée. A Linus, succéda Anaclet, qui eut à son tour pour successeur Clément, le troisième

(1) Lib. III, c. 3.

après les apôtres, dont le siége fut occupé successivement par Alexandre, Sixtus, Télesphore, Hygin, Pius, Anicet, Soter et Eleuthère qui règne aujourd'ui (1). C'est dans cet ordre et par cette succession que la tradition des apôtres et le témoignage de la vérité sont venus jusqu'à nous : ainsi nous démontrons avec évidence que la foi unique et vivifiante enseignée à l'Eglise par les apôtres, est la même que l'Eglise conserve aujourd'hui dans toute sa pureté (2).

(1) Voir *Notes et pièces diverses*, n° VIII.
(2) Iren. adv. hæres. l. III. c. 3. — Voir *Notes et pièces diverses*, n° VI.

» Accoutumé, dit Moore, à regarder la juridiction papale comme
» l'usurpation des siècles d'ignorance, je ne pus voir sans honte
» cette suite non interrompue de pontifes qui la font remonter et
» qui l'attachent à ce roc sur lequel l'Eglise elle-même est bâtie ; et
» bien que je ne fusse moi-même qu'un *embryon* en fait de protes-
» tantisme, il m'était impossible de ne pas plaindre celui qui est
» pleinement imbu des principes de cette religion, quand il lira le
» témoignage que rend saint Irénée à la suprématie de la papauté·
» On sait que ce saint était si proche du temps des apôtres, qu'il
» eut pour maître, en fait de christianisme, un des disciples de
» saint Jean l'Evangéliste. »

. . . .

« Irénée, il faut l'avouer, malgré son éducation tout apostolique
» et les éloges de Photius, qui le nomme le *divin Irénée*, n'aurait
» pas été un zélé partisan des 39 articles. (*Voyage d'un Irlandais
à la recherche d'une religion*, tom. I, c. 5.

» Si nous pouvions faire revenir sur la terre, pour un instant,
» l'ombre de cet illustre Père, de ce saint, *nourri de la parole de
» foi et des bonnes doctrines*, avec quel front un protestant, un
» parvenu de la réforme oserait-il s'opposer à un esprit aussi ortho-

Tous les théologiens frappés de l'importance du principe de la tradition catholique que saint Irénée a reconnu et développé le premier, ont reproduit ou commenté ses paroles pour prouver la même vérité contre les hérésies de leur temps. Mais aucun peut-être n'a mesuré plus juste la portée des preuves de notre saint que le docteur Moelher, qui les a exposées avec autant de précision que de force. L'importance de ce passage nous en fera pardonner la longueur :

« Quant à la lecture et à l'interprétation des saintes Écritures, dit-il, les plus grands ravages y avaient dèslors été faits, par la manière arbitraire dont les hérétiques l'expliquaient. La cause d'un résultat si douloureux ne pouvait pas échapper à Irénée, puisque l'on arrachait l'Écriture et son interprétation à l'unité avec la tradition vivante des apôtres. C'est aussi en cet endroit qu'il développe avec la plus grande clarté les rapports réciproques entre l'Eglise, l'épiscopat, l'Ecriture et la tradition. Suivons son raisonnement.

« Les hérétiques, dit-il, (1) quand on les convainc

» doxe, et soutenir que la parole non écrite de l'Eglise catholique, » n'est que l'héritage de l'imposture, la juridiction de la chaire de » saint Pierre, une usurpation....? (*Ibid.*)

(Voir aussi Thomassin, *Traité historique et dogmatique des édits*, etc., *pour maintenir l'unité de l'Eglise catholique*, I part. c. 2.

(1) Ibid., III, 2, § 1, 2.

» par l'Écriture, accusent l'Écriture de n'être point juste
» ou de ne pas être une autorité, parce qu'elle renferme
» plusieurs décisions différentes sur le même point, et
» parce que ceux qui ne connaissent point la tradition,
» n'y peuvent pas trouver la vérité.... Si après cela nous
» les renvoyons à la tradition qui nous vient des apô-
» tres, et qui a été conservée dans l'Eglise par la suc-
» cession des évêques, alors ils contredisent la tradition
» et soutiennent qu'ils sont plus sages, non-seulement
» que les évêques, mais encore que les apôtres, et que
» ce sont eux qui ont trouvé la pure vérité...; d'où il
» suit qu'ils ne sont d'accord ni avec l'Ecriture ni avec
» la tradition. »

» Pour prévenir toute objection de la part des hérétiques, il tire ses preuves contre eux, d'abord de la tradition apostolique et puis de l'Écriture. La tradition des
apôtres ne saurait être d'aucune utilité aux hérétiques ;
mais l'Église catholique peut au contraire montrer ce
que les apôtres ont enseigné et transmis, puisque c'est
elle, et non pas les hérétiques, qui est en état de dire les
pasteurs qui, depuis les apôtres, dans une succession
non interrompue, ont annoncé et transmis la même parole apostolique. « Tous ceux qui veulent connaître à
» fond la vérité, peuvent trouver, dans chaque église,
» la tradition des apôtres telle qu'elle a été révélée au
» monde entier, et nous pouvons énumérer ceux qui

» ont été placés par les apôtres comme évêques sur les
» Églises, et leurs successeurs jusqu'à nos jours, aucun
» desquels n'a jamais connu ni enseigné aucune des
» choses que ces hérétiques nous racontent. Car si les
» apôtres avaient connu encore quelques mystères ca-
» chés, dans lesquels ils auraient initié en particulier,
» et sans la connaissance des autres, les personnes qui
» tendaient à une haute perfection, ils auraient, à plus
» forte raison, enseigné ces mystères à ceux à qui ils
» confiaient le soin des Églises (1). » La parole vivante
des apôtres ne s'est donc pas éteinte avec leur mort;
elle se fait entendre toujours et de la même manière
chez leurs successeurs, aux chaires établies par eux dans
les églises. De même qu'avaient fait les apôtres, les
évêques qui leur succédèrent, formèrent à leur tour,
par une instruction fidèle, d'après le type qui leur avait
été transmis, ceux qui leur parurent capables de remplir après eux les fonctions épiscopales. A la mort d'un
évêque, on choisissait, pour le remplacer, celui d'entre
eux qui en était le plus digne par la pureté de sa doctrine et la dignité de sa conduite ; cet homme était sacré
par ses co-évêques, sous la condition d'une foi orthodoxe et éprouvée ; il était admis à partager leurs travaux

(1) Adv. hæres., III, 3, § 1.

et en demeurait chargé tant qu'il croyait et enseignait, comme il le faisait au temps de son ordination. De cette manière, le type traditionnel de la doctrine des apôtres demeura toujours le même ; c'était toujours l'ancien type, mais qui se renouvelait avec chaque nouvel évêque. Ainsi parle Irénée ; puis il continue : « Car les
» apôtres voulaient que ceux qu'ils laissaient pour suc-
» cesseurs, et à qui ils transmettaient la charge d'ensei-
» gner, fussent parfaits et sans reproche en toutes cho-
» ses, parce qu'ils étaient convaincus que s'ils remplis-
» saient bien leurs fonctions, l'Église en retirerait le
» plus grand avantage ; tandis que sa ruine pourrait être
» le résultat de leur chute. »

« L'organisation de l'Eglise par Jésus-Christ lui-même, a assuré l'immutabilité et l'inviolabilité du dogme, et des précautions ont été prises pour qu'il pût être propagé sans obstacle à l'avenir. Mais tout cela n'est d'aucun service aux hérétiques, et ne peut être utile qu'à l'Église catholique. C'est pourquoi elle renvoie avec raison à l'épiscopat tous ceux qui veulent connaître la vérité chrétienne. « La véritable connaissance est la doc-
» trine des apôtres et l'ancienne organisation de l'É-
» glise (το ἀρχαιον της ἐκκλησιας συστημα) dans le monde
» entier ; elle est le caractère du corps de Jésus-Christ,
» d'après la suite non interrompue des évêques aux-
» quels ils ont confié l'Eglise existante partout. Elle est

» l'interprétation la plus parfaite des Ecritures, parve-
» nue jusqu'à nous, sans imposture, augmentation ou
» soustraction; c'est le texte, sans falsification; l'ex-
» plication légitime et exacte de l'Écriture, sans danger
» ni blasphème (1). » Ainsi, d'après la foi de l'Eglise
primitive, telle qu'Irénée nous l'expose dans ce passage, les successeurs des apôtres, les évêques jouissaient
d'une autorité apostolique pour le maintien et la propagation de la doctrine transmise, afin d'expliquer
l'Ecriture-Sainte d'une manière certaine. De là suit nécessairement que toute séparation de leur communion
est par elle-même condamnable. « Il faut s'attacher aux
» évêques de l'Église, à eux qui ont la succession des
» apôtres, ainsi que nous l'avons fait voir, et qui, avec
» l'héritage des fonctions épiscopales, ont reçu le pré-
» sent assuré de la vérité, d'après la volonté du Père.
» Mais les autres qui se sont écartés de la succession
» primitive et qui se réunissent quelque autre part, il
» faut les tenir pour suspects, comme hérétiques et
» docteurs de l'erreur, ou comme schismatiques, gens
» orgueilleux et vains, ou bien enfin comme des hypo-
» crites qui agissent comme ils le font, par amour pour
» l'argent ou pour une vaine ambition. Tous ceux-là

---

(1) Adv. hæres., IV, 33, § 8.

» sont déchus de la vérité.... Il faut se tenir en garde
» contre eux tous ; mais se rattacher à ceux qui con-
» servent la doctrine émise par les apôtres, et qui, dans
» leurs fonctions de prêtres, maintiennent la saine pa-
» role et une conduite irréprochable pour l'encourage-
» ment et l'amélioration des autres.... C'est donc là où
» les dons du Seigneur ont été déposés, que l'on doit
» apprendre la vérité, c'est-à-dire chez ceux où se trou-
» vent la succession ecclésiastique des apôtres, une
» conduite irréprochable et la doctrine véritable et non
» falsifiée. Car ceux-là conservent la foi en un seul Dieu,
» créateur de l'univers, et au Fils de Dieu, et augmen-
» tent l'amour pour celui qui a fait des dispositions
» semblables pour nous ; ils expliquent les Ecritures
» sans danger, car ils ne blasphèment pas Dieu, ne
» déshonorent pas les patriarches, ne méprisent pas les
» prophètes (1). » Aussi la succession des évêques catholiques aux fonctions des apôtres, n'est pas seulement
une marque distinctive et essentielle de la véritable Eglise, en sorte que le manque de cette succession carac-
térise comme non chrétienne toute société religieuse
qui n'est pas catholique, mais encore la conservation
de la vérité chrétienne est absolument attachée à l'épiscopat. Où celui-ci n'est pas, l'Eglise ne saurait être. »

(1) Adv. hæres., IV, 26, § 2, 4, 5.

» Ceci une fois établi, on avait gagné sur les hérétiques une position inexpugnable. Ils avaient contre eux l'unité de la tradition apostolique, se présentant avec toute sa dignité, tandis qu'eux « suivent tantôt un chemin et
» tantôt un autre, et que les traces de leur doctrine sont
» éparses sans liaison et sans accord. Mais la route de
» ceux qui se rattachent à l'Eglise fait le tour du mon-
» de ; car elle possède la saine tradition des apôtres,
» et nous procure l'assurance que tous ont la même
» foi...., que tous observent les mêmes commande-
» ments, que tous sont soumis à la même forme de
» gouvernement ecclésiastique (*eamdem figuram ejus,*
» *quæ est erga ecclesiam, ordinationem*) et soutiennent
» le même salut de l'homme tout entier, corps et âme.
» Et la prédication de l'Église, qui indique une seule
» voie de salut pour le monde entier, est vraie et in-
» contestablement établie. Car la lumière de Dieu lui
» est confiée, et elle est le chandelier à sept branches
» qui porte la lumière de Jésus-Christ (1). » Et, « cette
» foi qu'elle a reçue, l'Église, quoique répandue sur
» toute la terre, la conserve avec beaucoup de soin,
» comme si elle n'habitait qu'une seule maison, et elle
» la croit, comme si elle n'avait qu'une ame et qu'un

---

(1) Adv. hæres., V, 20, § 1.

» cœur; elle l'annonce, elle l'enseigne, la transmet
» avec une merveilleuse unanimité, comme si elle n'a-
» vait qu'une bouche. Car, quoique les langages de la
» terre soient différents, le contenu de la tradition est
» toujours le même...., et comme le soleil, créature
» de Dieu, éclaire seul toute la terre, ainsi le flam-
» beau de la vérité brille partout et éclaire les hommes
» qui désirent la connaître (1). » Or, les hérétiques,
par leurs opinions particulières et anti-catholiques, étant
placés en dehors de cette unité ordonnée par Dieu, ils
étaient, par cela même, condamnés comme falsifica-
teurs de la parole divine. »

« La nouveauté de l'hérésie est encore pour elle une
partie très-vulnérable ; soit que son origine soit placée
évidemment après les temps apostoliques, soit que du
moins ils ne puissent pas faire remonter la série de leur
doctrine jusqu'à un apôtre quelconque, qui ait été leur
fondateur. Loin de là, Irénée remarque déjà que de
tous les hérétiques, on peut indiquer avec exactitude les
personnes et les temps auxquels ils doivent leur existence. « Car ils sont tous beaucoup plus récents que les
» évêques auxquels les apôtres ont confié les Églises (2).
» — Avant Valentin, il n'y avait point de valentiniens ;

---

(1) Ibid., I, 10, § 2.
(2) Ibid., V, 20, § 1.

» avant Marcion, point de marcionites ; il en est de
» même de tous les autres hérétiques que nous avons
» nommés plus haut, et qui n'existaient point avant
» ceux qui ont inventé et qui leur ont communiqué
» leurs erreurs. Car Valentin vint à Rome sous Hygin,
» il s'éleva sous Pie, et vécut jusqu'au temps d'Anicet,
» etc. (1). » A cette nouveauté de l'hérésie, Irénée oppose, comme seconde règle pour asseoir son jugement, l'antiquité de la doctrine catholique et son origine évidemment apostolique. Dans chaque Eglise particulière on peut faire remonter jusqu'aux apôtres la suite des évêques, qui tous et chacun ont partout et toujours enseigné la même tradition avec le plus parfait accord. »

« Personne ne peut nier que cette manière d'argumenter ne soit parfaitement solide et convaincante. Irénée était prêt à la poursuivre jusqu'au bout ; mais il l'abrége, parce qu'il est certain de parvenir au même but par un chemin plus court, sans nuire à l'évidence. Il prouve l'unité et l'apostolicité de la doctrine catholique par l'Église romaine. Il dit, III, § 2 : « Sed quoniam
» valde longum est, in hoc tali volumine omnium ec-
» clesiarum enumerare successiones : *maximæ et antiquissimæ et omnibus cognitæ, a gloriosissimis duobus*
» *apostolis Petro et Paulo Romæ fundatæ et constitutæ*

---

(2) Ibid., III, 4, § 3.

» *ecclesiæ, eam quam habet ab Apostolis traditionem et*
» *annuntiatam hominibus fidem per successiones episco-*
» *porum pervenientem usque ad nos indicantes*, confun-
» dimus omnes eos, qui quoquomodo vel per sibi pla-
» centia vel vanam gloriam, vel per cæcitatem et ma-
» lam sententiam præterquam oportet colligunt. *Ad*
» *hanc enim ecclesiam propter potiorem principalitatem*
» *necesse est omnem convenire ecclesiam, hoc est, eos,*
» *qui sunt undique, fideles, in qua semper ab his, qui*
» *sunt undique, conservata est ea, quæ est ab Apostolis,*
» *traditio.* » Il énumère ensuite les évêques de Rome,
au nombre de douze, et il ajoute : « Hac ordinatione et
» successione ea, quæ est ab Apostolis in Ecclesia tra-
» ditio et veritatis præconatio, pervenit usque ad nos.
» Et est plenissima hæc ostensio, unam et eamdem vi-
» vificatricem fidem esse quæ in Ecclesia ab Apostolis
» usque nunc sit conservata et tradita in veritate. »

« Pour bien comprendre ce passage, dont on a beaucoup parlé, et que l'on a souvent mal interprété, il faut remarquer qu'Irénée dit : 1° Que, dans toutes les Églises, la tradition des apôtres a été conservée jusqu'alors, toujours la même et sans aucun changement : elle est égale dans l'une comme dans l'autre ; 2° que de prouver cela, comme il vient de le dire, pour chaque Église particulière, en énumérant tous les évêques représentant la foi dans leurs Églises respectives, serait la preuve

la plus évidente, la plus incontestable, la plus décisive contre les innovations des gnostiques. Aussi ne manquerait-il pas d'y procéder, si cette énumération ne dût l'entraîner dans trop de longueurs, et s'il n'avait pas sous la main un autre moyen plus simple et plus court pour le conduire au même but. Il suffit, dit-il, au lieu de prendre *toutes* les Églises, de prouver la tradition par la suite des évêques *de la seule Église romaine.* Celle-ci lui tient lieu de toutes : « *Est plenissima hæc ostensio,*
» *unam et eamdem vivificatricem fidem esse, quæ in Eccle-*
» *sia ab Apostolis usque nunc sit conservata et tradita in*
» *veritate.* » 3° Qu'il indique pourquoi la tradition de toutes les autres Églises peut être contemplée et reconnue dans celle de l'Eglise de Rome : « *Ad hanc enim ec-*
» *clesiam propter potiorem principalitatem necesse est*
» *omnem convenire Ecclesiam.* » Il accorde à cette Église quelque chose qu'aucune des autres Églises ne partage avec elle, *potiorem principalitatem*, pour *représenter* la foi de l'Eglise tout entière. La préférence qu'il lui accorde dans ce passage n'est point arbitraire ; elle ne la doit pas au hasard ; cette préférence est réelle et fondée sur certains faits historiques. L'Église de Rome s'élève au-dessus des autres Églises par sa grandeur, son antiquité, son autorité, qui fixe tous les regards sur elle; mais, plus que tout cela, par sa glorieuse origine, dont aucune autre ne peut se vanter. *Elle a été fondée et af-*

fermie par les deux apôtres les plus glorieux, Pierre et Paul, qui y ont déposé concurremment leur tradition commune. 4° Que, selon Irénée, la haute dignité des fondateurs de cette Église, l'un desquels, Pierre, était le chef des apôtres, a passé à l'Église fondée par eux, et que cette préséance a été léguée par eux à celui qu'ils ont nommé pour leur succéder dans la chaire du plus glorieux des apôtres. D'après cela, la préséance de cette Église est, d'après Irénée, fondée historiquement et incontestablement sur la préséance réelle de ces deux apôtres. 5° Que si cela est juste, tout le reste suit de lui-même. Si, en vertu de sa fondation, l'Église de Rome possède dans ses évêques un privilége qui l'élève au-dessus de toutes les autres, il s'ensuit naturellement et inévitablement que toutes doivent fixer leurs regards sur elle seule, et conserver une étroite communion avec elle seule. Par la même raison, toute direction qui se sépare et s'éloigne de cette seule Église et suit sa propre route (*qui præterquam oportet colligunt*), doit être considérée comme erronée et condamnable d'après le principe du Christianisme. 6° Que toutes les Églises, c'est-à-dire tous les fidèles répandus sur la terre, s'étant toujours attachées et s'attachant toujours à la communion de l'Église de Rome, il s'ensuit d'une part que l'unité de la tradition apostolique se conserve pour eux dans le centre commun de l'Église de Rome (*in qua semper ab his, qui sunt undique, conservata est ea, quæ est ab Apostolis, traditio*); et de l'autre, que les diverses Eglises éparses sont liées entre elles et maintenues dans l'unité par la seule Eglise de Rome. »

« Il suit encore de là que la position de l'Eglise de Rome envers l'Église universelle n'est pas seulement représentative, mais encore conservatrice. Toutes s'unissent en elle ; elle ne représente pas seulement la doctrine unique que toutes croient et enseignent, mais elle réunit encore en elle et sous elle toutes celles qui sont répandues dans les diverses contrées, afin qu'elles croient et enseignent cette doctrine unique que les apôtres ont transmise. »

« Il est sans doute inutile d'en dire davantage pour démontrer que, dans ce passage, Irénée établit la primatie de l'Eglise romaine de la manière la plus positive. Il ne rend pas seulement témoignage de sa prérogative, il dit comment et pourquoi cette prérogative lui appartient dans le lien organique du Christianisme. De là suit encore que la preuve de l'unité et de la conformité de la tradition apostolique, développée par la suite des évêques de Rome, est aussi complète et aussi valable que si elle avait été donnée de la même manière de toutes les Églises de la terre. Par la même conséquence, il est également vrai de dire que toute Église qui se sépare de la communion de l'Eglise de Rome, dans laquelle la vérité commune à toutes se conserve, doit nécessairement s'écarter de la vérité et tomber dans l'erreur (1).

(1) Mœlher, Patrologie, tom. I. pag. 371 et suiv.

CHAPITRE SIXIÈME.

L Eglise de Lyon, toujours fidèle à la saine doctrine et au Saint-Siége.

Après avoir rendu un si éclatant témoignage au siége apostolique, saint Irénée passe à l'Eglise de Smyrne et s'arrête avec complaisance sur le grand saint Polycarpe, qui avait élevé son enfance. « Non-seulement, dit-il, Polycarpe a été le disciple des apôtres, mais il leur a succédé sur le siége qu'ils avaient fondé à Smyrne. »

Le souvenir de son saint maître réveille dans Irénée toute la tendresse filiale qu'il avait conçue et conservée pour lui : « Nous l'avons vu, s'écrie-t-il dans l'effusion de son cœur, nous l'avons vu, cet auguste vieillard, ce glorieux martyr, oui, nous l'avons vu dans notre jeune âge : ce qu'il avait appris des apôtres, il l'a enseigné à son Eglise, et son enseignement seul est véritable ; c'est le témoignage que lui rendent toutes les Eglises d'Asie et ceux qui ont après lui gouverné celle de Smyrne. Or, ce grand homme n'est-il pas un témoin plus digne de foi que Valentin, Cérinthe, Marcion et que tous les autres hérétiques (1)? »

En parlant de saint Polycarpe et des Eglises qu'il avait fondées ou gouvernées après les apôtres, saint Irénée se trouvait naturellement amené à mentionner l'Eglise de Lyon, qui jouissait de tous les glorieux priviléges dont il loue celles de l'Asie-Mineure ; mais il aurait dû parler de lui ; il est arrêté par cette considération et laisse deviner à ses admirateurs une preuve de plus en faveur de sa cause. En effet, Irénée enseignait à l'Eglise de Lyon la doctrine qu'il avait reçue de saint Polycarpe ; l'illustre évêque de Smyrne l'avait reçue du disciple bien-aimé qui l'avait puisée dans l'intime familiarité de la Sagesse incarnée ; en sorte que saint Irénée n'est séparé de Jésus-Christ que par deux saints qui ont reflété dans leur conduite et leur doctrine la conduite et la doctrine de leur divin Maître, et que notre docteur à son tour a fait revivre en lui-même. C'est ainsi que

(1) Lib. III, c. 3.

l'Eglise de Lyon a reçu de saint Pothin et de saint Irénée la doctrine de Jésus-Christ aussi pure qu'elle était tombée de sa bouche sacrée, un siècle auparavant; une suite d'illustres prélats la lui a conservée d'âge en âge, dans la même intégrité. L'on a donc eu raison de dire : « Si l'Eglise de Rome manquait, je m'attacherais à celle de Lyon. » Qu'elle s'applaudisse cette glorieuse Eglise d'avoir conservé pour les vicaires de Jésus-Christ le respect et l'attachement que lui a légué dans ses écrits saint Irénée son second évêque, le premier docteur de l'Église gallicane, un des plus grands docteurs de l'Eglise universelle, le fléau des hérésies (1).

---

(1) « C'est de là (de l'Orient), que nous avons eu le vénérable
» vieillard saint Pothin, fondateur de la célèbre Église de Lyon; et
» encore le grand saint Irénée, successeur de son martyre, aussi
» bien que de son siége; Irénée, digne de son nom et véritablement
» pacifique, qui fut envoyé à Rome et au pape saint Eleuthère de la
» part de l'Eglise gallicane; ambassadeur de la paix, qui depuis la
» procura aux saintes Églises d'Asie, d'où il nous avait été envoyé;
» qui retint le pape saint Victor, lorsqu'il les voulait retrancher de
» la communion; et qui, présidant au concile des saints évêques des
» Gaules, dont il était réputé le père, fit connaître à ce saint pape
» qu'il ne fallait pas pousser toutes les affaires à l'extrémité, ni tou-
» jours user d'un droit rigoureux. Mais comme l'Eglise est *une* par
» tout l'univers, cette mission orientale n'a pas été moins favorable
» à l'autorité du Saint-Siége, que ceux que le Saint-Siége avait im-
» médiatement envoyés; et le même saint Irénée a prononcé cet ora-
» cle révéré de tous les siècles : *Quand nous exposons la tradition*
» *que la très-grande, très-ancienne et très-célèbre Eglise romaine,*

Quiconque a lu l'Evangile avec quelque attention, aura observé ce zèle enflammé, cette foi vive, qui firent de saint Pierre et de saint Jean les deux plus ardents disciples du Sauveur, l'union intime que des sentiments si conformes établirent entre l'un et l'autre et la déférence que le disciple bien-aimé témoigna toujours à Pierre, depuis que Jésus-Christ lui eut remis les clefs de son royaume, et déclaré qu'il serait le fondement de son Eglise. Saint Jean, fidèle interprète de son divin et tendre maître, se montra aussi le plus fidèle observateur de ses volontés. Non moins ardent à propager sa doctrine qu'à la défendre contre l'esprit d'erreur, il fonda des Eglises dans l'Asie-Mineure et en confia la direction à des hommes dignes de son choix, auxquels il inspira pour le Saint-Siége le respect qu'il avait eu lui-même pour saint Pierre. C'est pourquoi l'histoire nous montre les disciples de saint Jean accourant à Rome, lorsque les

---

» *fondée par les apôtres saint Pierre et saint Paul, a reçue des apô-*
» *tres, et qu'elle a conservée jusqu'à nous par la succession de ses*
» *évêques, nous confondons tous les hérétiques ; parce que c'est*
» *avec cette Église que toutes les Églises et tous les fidèles qui sont*
» *par toute la terre doivent s'accorder à cause de sa principale et ex-*
» *cellente principauté, et que c'est en elle que ces mêmes fidèles*
» *répandus par toute la terre, ont conservé la tradition qui vient*
» *des apôtres.*
» Appuyée sur ces fondements, l'Eglise gallicane a été forte comme
» la tour de David. » (Bossuet, *Discours sur l'unité de l'Eglise*, 2me partie.)

affaires de leurs Eglises les y appellent. Saint Polycarpe, le plus illustre d'entre eux, consacra par son exemple l'usage et la nécessité, pour tous les évêques du monde catholique, de communiquer avec leur chef, avec le successeur de saint Pierre, avec le vicaire de Jésus-Christ sur la terre. Saint Pothin, pénétré de l'enseignement de saint Jean et de saint Polycarpe, inspira si bien les mêmes sentiments à l'Eglise naissante de Lyon, que, même aux jours mauvais, ces généreux chrétiens, oubliant leurs fers, tournaient respectueusement leurs regards vers le siége apostolique, faisaient porter aux pieds du successeur de saint Pierre les douleurs et les alarmes que leur causait le sort de leurs infortunés frères d'Asie, et recommandaient au Saint Père celui que leurs vœux élevaient sur le siége d'où la persécution venait de renverser saint Pothin. Après lui, saint Irénée montra dans sa conduite le même respect au siége apostolique, qu'il exalte et préconise dans ses immortels écrits.

Le monde catholique a toujours admiré le même spectacle dans la suite imposante des évêques de Lyon, depuis saint Pothin jusqu'à l'illustre pontife qui gouverne aujourd'hui cette Eglise avec tant de sagesse, et l'honore par tant de vertus et par un dévouement si tendre au vicaire de Jésus-Christ. Héritiers du siége et de la doctrine de saint Irénée, ils sont toujours restés fidèles à l'enseignement de l'Eglise en se tenant unis inséparablement à son chef (1).

Saint Irénée prouve en effet que l'union au Saint-Siége est une garantie de la pureté de la doctrine. Ne cherchons donc point la vérité hors de l'Eglise, ajoute-t-il; c'est dans l'Eglise que les apôtres ont mis le dépôt des vérités de la religion comme dans un riche réservoir, où chacun peut aller puiser la vie (2).

---

(1) « Si cet évêque, dit le savant Thomassin, ce martyr, ce doc-
» teur de l'Église des premiers siècles, revenait au monde, il trouve-
» rait dans son Eglise de Lyon, dans l'Eglise gallicane, dans toute
» l'Eglise catholique, les mêmes maximes fidèlement observées, de
» la succession des prélats dans les siéges apostoliques et épisco-
» paux, de la mission ou de l'ordination continuée des pasteurs, de
» la tradition de la même foi, sans qu'aucun y prétende jamais
» rien altérer. Mais il n'est que trop visible, qu'il ne trouverait pas
» la moindre ombre de toutes ces preuves dans les sectes séparées
» de nous, particulièrement pour les dogmes. »
(Thomassin, Traité historique et dogmatique des édits, etc., pour maintenir l'unité de l'Eglise catholique. Ire partie, chapitre 2, tome I, pag. 39.

(2) Irenæ. adv. hæres. l. III, c. 5.

CHAPITRE SEPTIÈME.

Variations des hérétiques.—Uniformité de l'enseignement de l'Eglise.

Voyez l'admirable uniformité dans la doctrine que l'Église enseigne par toute la terre, reprend saint Irénée! Dans toutes les parties du monde elle prêche Dieu le Père, l'incarnation du Verbe, les dons du Saint-Esprit : partout elle impose les mêmes préceptes, partout elle montre la même voie de salut et fait espérer l'avènement du même juge, du même rémunérateur. C'est à elle seule qu'il a été donné de promener dans l'univers la lumière de Dieu et de la faire briller aux yeux de tous les hommes (1).

Vainement l'hérésie s'est efforcée de lui arracher ce divin flambeau pour l'éteindre : l'erreur se roulant dans les ténèbres, crie du milieu des ombres qu'elle est

(1) Lib. V, c. 20.

la vérité (1). Ses adeptes, pour surprendre les enfants de la lumière, leur tiennent quelquefois un langage orthodoxe, et se plaignent même de ce que l'Eglise les flétrit du titre d'hérétiques et les repousse avec horreur de son sein (2). Mais leurs plus puissants moyens de séduction, ce sont les prestiges, les jongleries, les enchantements et les farces, qu'ils osent appeler miracles et les opposer comme tels aux miracles dont le Seigneur favorise tous les jours son Eglise. Qu'ils nous montrent donc ces prétendus thaumaturges, les aveugles dont ils ont ouvert les yeux, les sourds auxquels ils ont rendu l'ouïe, les malades qu'ils ont guéris, les morts qu'ils ont ressuscités (3).

Et puis, quelle confusion dans leurs doctrines! quelle inconstance dans leurs docteurs! quel tourbillon dans leurs opinions! En est-il un seul qui soutienne aujourd'hui ce qu'il enseignait hier? en est-il un seul qui pense ou qui rêve comme l'autre? Non, il y a parmi eux, sur un même sujet, autant d'opinions que de têtes: *Quotquot sunt hæretici tantas de uno gestantes sententias* (4). Privés des lumières de la vérité, que peuvent-ils faire, les

---

(1) Lib. III, c. 24.
(2) Lib. III, c. 15.
(3) Lib. II, c. 31.
(4) Lib. IV, c. 35.

malheureux, sinon errer incertains et inquiets dans les voies de l'erreur (1). Ah! plût à Dieu que ces aveugles volontaires vissent du moins l'abîme ouvert sous leurs pas et le danger qu'ils courent d'y tomber! Plût à Dieu qu'ils reconnussent avec sincérité la présomption qui leur met un bandeau sur les yeux, et qu'ils comprissent enfin combien l'ignorance d'un simple fidèle l'emporte sur la science d'un sophiste impudent et blasphémateur! Le simple fidèle, pour être assuré de la doctrine véritable de l'Eglise, n'a qu'à recourir à ses pasteurs qui l'ont reçue des apôtres avec la charge de l'expliquer aux peuples : ils sont les dépositaires, les gardiens et les docteurs de notre foi et de la doctrine de Jésus-Christ (2).

---

(1) Lib. V, c. 20.
(2) Lib. IV, c. 26.

« L'histoire de cette chaire unique (de saint Pierre), dit en-
» core le voyageur Irlandais, présente un phénomène tel que nulle
» autre forme de pouvoir humain, dans aucun temps, ne saurait y
» être comparée. Pendant une suite de dix-huit siècles, au milieu
» du flux et du reflux des destinées des nations, tandis que les au-
» tres pays de l'Europe ont vu crouler et reconstruire plus d'une
» fois leurs institutions usées, que de nouvelles races de rois se
» sont élevées comme des météores pour disparaître aussitôt.... Le
» Siége apostolique, la chaire de saint Pierre, a seul bravé les vi-
» cissitudes du temps, et est resté, *comme une ville bâtie sur une*
» *montagne*, un point de ralliement pour l'Eglise de Dieu, dans tous
» les temps, et présentant une succession non interrompue de pon-
» tifes depuis saint Pierre jusqu'à ce jour.....

.... Dans tous les temps, les pasteurs les plus éclairés de l'Eglise

Le simple fidèle docile à la voix des ministres de l'Église, est le juge de tous les mécréants et de tous les sectaires : il condamne les gentils qui aiment mieux servir et adorer la créature que le créateur ; il condamne les juifs qui ont rejeté le salut et la liberté spirituelle

se sont principalement appliqués à maintenir un esprit d'union parmi ses enfants. Or, puisqu'il est manifeste qu'ils regardaient une union de tous ses membres comme indispensables à la paix et à la durée de leur Eglise, il est de la plus grande importance de nous informer des moyens qu'ils ont constamment employés pour parvenir à ce but. Etait-ce en mettant les Ecritures entre les mains de la multitude ? Etait-ce en accordant une libre carrière à la raison individuelle, comme l'ont fait les réformateurs modernes, et en permettant que chacun interprétât les saintes Écritures selon son propre caprice ? Nullement : en cela, comme en tout le reste, ils différaient totalement des protestants. A l'exemple de saint Paul, ils demandaient *si tous étaient prophètes, si tous étaient docteurs.* Comme saint Pierre, ils savaient qu'il y a dans les Ecritures *des choses difficiles à comprendre, et des passages que les ignorants et les esprits faibles tournent à leur propre perte.* Ils voyaient, par l'exemple des hérétiques, leurs contemporains, jusqu'où peut aller l'imagination quand elle est affranchie du joug de l'autorité. Aussi le langage dont ils se servaient, en parlant de ces hommes égarés, est-il le même que celui que les catholiques modernes ne cessent d'employer dans leurs discussions avec les protestants. »

« Aussi saint Irénée qui vécut, si je puis m'exprimer ainsi, au soleil couchant de l'âge apostolique, et qui était encore environné de ses derniers rayons, après avoir remarqué les variations innombrables des hérésies d'alors en fait de doctrine, s'exprime ainsi : « Quand ils se seront entendus entre eux sur les inductions qu'il faut tirer des saintes Ecritures, nous pourrons alors les réfuter. Mais à présent, ayant des idées fausses et ne s'accordant pas sur le sens des mêmes passages, ils se réfutent mutuellement ; quant à nous, qui n'avons

que le Verbe de Dieu était venu leur offrir; il condamne tous les hérétiques : ceux qui admettent deux dieux, ceux qui divisent la personne de Jésus-Christ, ceux qui nient la réalité de l'incarnation du Verbe; il condamne les faux-prophètes qui, poussés par des motifs d'ambition et de vaine gloire ou par un vil intérêt, se donnent pour des gens inspirés, afin de surprendre les simples; il condamne les schismatiques et tous les ennemis de l'Eglise; mais personne n'a le droit de le juger. Pour lui, il est assuré dans ses croyances : il a une foi certaine en un seul Dieu tout-puissant, auteur de la nature ; en Jésus-Christ, Fils de Dieu, par qui tout a été fait, et dans les bienfaits de sa providence, dont le plus grand est de s'être fait homme pour nous sauver; il a une foi égale en l'Esprit de Dieu qui donne la connaissance de la vérité, qui a révélé les desseins du Père et du Fils en faveur du genre humain (1).

Tels sont les glorieux priviléges de l'Église de Jésus-Christ; attachée au sort de son divin fondateur, elle tend à la même gloire à travers les mêmes souffrances

qu'un seul et vrai Dieu pour maître, et qui faisons de sa parole la règle de la vérité, nous nous exprimons toujours de même sur les mêmes choses. »

(Voyage d'un Irlandais à la recherche d'une religion, chap. 19).
(1) Lib. IV, c. 33.

et les mêmes persécutions. En attendant qu'elle puisse être réunie à son chef, elle immole à son amour une multitude de ses enfants qui la précèdent au ciel, le front orné de la couronne du martyre. Les souffrances de l'Eglise et de ses enfants sont seules dignes de ce nom de martyre : les souffrances et les peines de ses ennemis sont des châtiments ; mais qu'ils tremblent ses persécuteurs ; son Dieu, son chef règne aux cieux ; c'est lui qui la vengera, lorsqu'il viendra sur les ruines du monde, juger les vivants et les morts (1). Car nous ressusciterons tous alors : le Dieu qui a créé nos corps, leur donner une seconde vie : oui, la chair que nous portons maintenant, ressuscitera à la fin des temps, exempte de ses faiblesses, pour participer au bonheur ou au malheur de l'ame immortelle qui l'animait ici-bas (2). Que les impies ne s'y trompent point ; ils ressusciteront aussi dans la même chair qu'ils flattent maintenant et à laquelle ils refusent la possibilité de la résurrection; mais leur incrédulité les privera du bonheur éternel des justes (3). Le Dieu qui fait lever son soleil sur tous les hommes, qui fait tomber dans les champs une rosée féconde, pour les bons comme pour les méchants, jugera sévèrement

---

(1) Lib. IV, c. 33.
(2) Lib. V, c. 6.
(3) Lib. I, c. 22.

les ingrats qui, comblés de ses bienfaits, méconnaissent et outragent sa bonté ; qui, vivant dans le luxe et la débauche, blasphèment encore et son nom et sa miséricorde (1).

Sans doute, l'homme n'a point par lui-même la faculté de voir Dieu ; mais Dieu a le pouvoir de se manifester à qui il veut, quand il veut et comme il le veut; car sa puissance est infinie. Les prophètes l'ont vu en esprit; il s'est montré dans la personne du Fils, sur la terre; aux cieux, il sera vu dans la personne du Père. L'Esprit a d'abord préparé les hommes à voir le Fils, le Fils les prépare à voir le Père, et le Père donne aux hommes la vie éternelle qui consiste à contempler l'Etre divin.

Les hommes verront Dieu, et ils puiseront la vie et l'immortalité dans la contemplation de ses perfections. L'homme vivant est la gloire de Dieu; la vie de l'homme, c'est la vision intuitive de Dieu : *Gloria Dei vivens homo, vita autem hominis visio Dei* (2).

Admis enfin au séjour des bienheureux ; les justes jouiront des fruits de leur foi et de leurs œuvres ; là, immortels de l'éternité de Dieu, nous serons en lui comme ceux qui voient la lumière sont dans la lumière, nous serons heureux de son bonheur, nous vivrons de

(1) Lib. III, c. 25.
(2) Lib. IV, c. 20.

sa vie, nous participerons à ses biens pendant tous les siècles des siècles (1).

C'est avec regret que nous terminons ici le tableau de la doctrine d'Irénée : quand on parcourt les ouvrages de ce grand homme, on croit lire les pages sublimes du prophète de Pathmos : du moins, on y voit partout le même zèle pour la vérité, le même amour pour Jésus-Christ, la même horreur pour l'hérésie et l'impiété, enfin la même compassion pour les hérétiques et les impies. Instruit à l'école des disciples de ce grand apôtre, notre saint docteur en reproduit la doctrine dans ses écrits, comme il en retraçait dans sa conduite la bonté, la force, la douceur et toutes les vertus apostoliques. Aussi ardent à prêcher la vérité qu'à combattre l'erreur, saint Irénée, comme saint Jean, détruit les systèmes de ses adversaires, et sur leurs ruines il élève toujours un trophée à la vérité.

Aussi incapable de mollir dans ses devoirs que désireux de la paix fraternelle, saint Irénée ne cessait de tonner contre les adeptes du schisme et de l'hérésie, que pour recommander la paix aux enfants de l'Eglise. C'est ce que nous prouveront les faits rapportés dans le livre suivant.

(1) Lib. IV, c. 10.

HISTOIRE
DE
SAINT IRÉNÉE.

LIVRE SEPTIÈME.

DISPUTE SUR LE JOUR DE LA CÉLÉBRATION DE LA PAQUE.
DE L'AN 196 A L'AN 198.

CHAPITRE PREMIER.

État de la question.

Un meurtre avait renversé du trône l'empereur Commode, et livré à Pertinax un diadème ensanglanté, que de nouveaux attentats firent passer tour-à-tour sur la tête de nouveaux usurpateurs. Ces monarques éphémères trop préoccupés de leur sûreté personnelle au milieu de tant d'horreurs, ou trop pressés de jouir des honneurs et des plaisirs que leur enviaient d'autres ambitieux, n'avaient pas eu le temps de renouveler contre la religion les persécutions de Néron et de Marc-Aurèle. Pendant ce calme qu'allaient bientôt suivre d'autres tempêtes, l'hérésie et le schisme, comme nous venons de le voir, s'efforcèrent de déchirer l'Eglise et de lui faire des apostats, quand la persécution ne lui faisait plus de martyrs. Irénée les écrasa sous le poids de son autorité redoutable, et l'Eglise bénissait encore le nom de son illustre défenseur, lorsque, dans des circonstances qui la menaçaient d'une scission déplorable, elle réclama de nouveau les efforts de son zèle et le secours de ses talents.

La question de la célébration de la Pâque prit alors une tournure et une gravité dont tous les véritables chrétiens furent effrayés.

Comme cette dispute fameuse a été exploitée avec une indigne mauvaise foi par les ennemis de l'Eglise, en faveur de leurs passions, de leurs partis et de leurs systèmes, il importe de rétablir les faits dans leur intégrité : c'est ce qui nous engage à reprendre brièvement les choses de plus haut.

En décidant que les chrétiens n'étaient pas obligés de se soumettre aux observances et aux cérémonies légales des Juifs, les apôtres n'avaient rien statué sur le jour auquel devait se célébrer, parmi les disciples de Jésus-Christ, la mémoire de la passion et de la résurrection de leur divin Maître ; en sorte que parmi les apôtres eux-mêmes, il ne paraît pas y avoir eu de l'uniformité sur ce point de discipline : les Eglises dont ils furent les fondateurs, suivirent en cela la coutume que leur exemple avait établie et consacrée. Saint Pierre, qui avec saint Paul avait fondé à Rome la première de toutes les Eglises, avait célébré la fête de la résurrection le premier dimanche après le quatorzième jour de la lune de l'équinoxe du printemps, pour honorer en même temps et le mystère de la résurrection et le jour auquel il s'était opéré ; ils avaient aussi établi l'usage de faire, le vendredi précédent, la commémoraison de la passion de Jésus-Christ. Il paraît que la plupart des autres apôtres s'étaient conformés à la même coutume ; au moins est-il certain qu'elle était observée dans les Eglises qu'ils avaient fondées en Orient. Si nous en croyons Polycrate, évêque d'Ephèse, l'apôtre saint Jean, qui gouverna long-temps les Eglises de l'Asie-Mineure, par condescendance pour la faiblesse des Juifs convertis, dont ces chrétientés étaient presqu'exclusivement composées, avait conservé la pâque judaïque et l'époque de sa célébration. Quoi qu'il en soit, du temps de saint Irénée, dans les Eglises d'Ephèse, de Smyrne et dans quelques autres des mêmes contrées, l'on mangeait, comme les Juifs, l'agneau pascal dans la nuit du treize au quatorze du mois de Nisan. Le quatorzième jour, on célébrait la mémoire de la passion du Sauveur, et trois jours après la fête de sa résurrection. Leur intention était de rappeler le souvenir de la Cène que Jésus avait faite avec ses apôtres, la veille de sa passion, s'appuyant sur ces paroles de saint Paul : *Ego enim accepi à Domino quod et tradidi vobis, quoniam Dominus Jesus in quâ nocte tradebatur, accepit panem, et gratias agens fregit et dixit : accipite et manducate : hoc est corpus meum quod pro vobis tradetur : hoc facite in meam commemorationem. Similiter et calicem, postquàm cœnavit dicens : hic calix novum Testamentum est in meo sanguine, hoc facite quotiescumque bibetis, in meam commemorationem* (1).

Ces Eglises prétendaient aussi que la manducation de l'agneau pascal était nécessairement liée à la commémoraison du sacrifice de la croix, dont l'agneau pascal était la figure. Dans la primitive Eglise le jour anniversaire de la passion et celui de la résurrection étaient également appelés Pâques; mais afin de les distinguer, on appelait ordinairement la première fête : *Pâque de la pas-*

---

(1) I. Cor c. XI, v. 23, 24, 25.

sion (1) et la seconde : *Pâque de la résurrection* (2). Quelquefois le mot *Pâque* signifiait simplement la commémoraison de la passion du Sauveur. Les fidèles de l'Asie-Mineure célébraient régulièrement l'anniversaire de la résurrection le troisième jour après le quatorzième de la lune, quelque jour de la semaine que ce fût, de manière que très-souvent leur fête de la résurrection ne tombait point un dimanche. Cette diversité put subsister dans l'Eglise tant qu'elle ne s'opposa point à la charité, tant qu'elle resta à l'état de coutume disciplinaire. Quoique l'uniformité même en ce point eût été plus convenable aux disciples d'un seul et même maître, les vicaires de Jésus-Christ, par cet esprit de douceur avec lequel ils dirigeaient l'Eglise, laissèrent cependant subsister cet usage dans les lieux où il avait été établi, même après que les motifs de la condescendance des apôtres eurent cessé d'exister. Mais lorsque cet usage commença dans la suite à prendre force de loi auprès des Eglises d'Asie; lorsque les chrétiens de ces contrées commencèrent à se faire de leur coutume particulière un point de religion et une gloire, l'attention des souverains pontifes, chargés de veiller à l'unité de l'Eglise, dut s'éveiller sur de pareilles prétentions et sur l'usage qui en était la

---

(1) πασχα σταυρωσιμον.

(2) πασχα ἀνακτασιμον.

source. Déjà le saint pape Anicet avait manifesté là-dessus ses désirs et ses craintes ; et saint Polycarpe, dont l'Eglise suivait l'usage particulier aux Eglises de l'Asie-Mineure, avait exposé sa vieillesse aux fatigues et aux dangers d'un long voyage, pour traiter de cette matière avec le vicaire de Jésus-Christ. Anicet, qui occupait alors la chaire de saint Pierre, certain de la pureté des intentions du grand évêque de Smyrne, ne voulut point forcer ce vénérable vieillard à renoncer à un usage que lui rendaient cher le respect et l'amour pour son saint maître, le disciple bien-aimé. Plût à Dieu que les intentions de tous ses successeurs et des autres évêques de l'Asie, fussent restées aussi pures ! mais l'évènement montra bientôt le contraire. A peine ce grand homme eut-il fermé les yeux à la lumière, qu'une hérésie violente et présomptueuse sortit des montagnes de la Phrygie et porta le ravage au milieu des Eglises que la mort de saint Polycarpe venait de laisser dans la désolation. Parmi les lois que Montan prétendait imposer à ses adhérents, une des plus absolues, était celle qui prescrivait de célébrer la pâque le quatorzième jour de la lune de mars ; selon lui, la pratique contraire était hétérodoxe et coupable. Ses raisons ou ses ordres, quoique dénués de toute autorité, ne laissèrent pas que d'affermir les asiatiques dans leur ancienne pratique. Dès-lors la question changeait de face : ce n'était plus une affaire de simple discipline, mais une question qui touchait au dogme et sur laquelle les souverains pontifes ne pouvaient plus, sans crime, garder le silence (1).

(1) Si cette observation ne fût point échappée au savant Massuet, il aurait été plus juste envers le Saint-Siége et envers saint Irénée. (Dissertat. 2ª præv. in Opp. sancti Irenæi. n. 19). Ce que nous disons ici s'applique également aux auteurs de la Gallia Christiana, à Noël Alexandre, et à quelques autres auteurs qui ont adopté sans examen le récit passionné de Socrate, sans doute, parce qu'il favorisait certaines opinions erronées, auxquelles ces savants, d'ailleurs respectables, ne restèrent malheureusement point étrangers. (P. Daniel, De la Discipline des Quartodecimans, art. I. et suiv.)

CHAPITRE SECOND.

Victor—Polycrate—Irénée—Conciles tenus par ordre de Victor touchant cette question.

Mais Dieu, en envoyant cette nouvelle épreuve à son Eglise, avait mis à sa tête un homme selon son cœur, zélé pour la pureté de la doctrine dont le dépôt lui était confié, incapable de trahir ses devoirs, terrible contre l'erreur, la poursuivant partout où elle se montrait, disposé à pousser les choses à la dernière extrémité, plutôt que de transiger avec elle, peu en peine de déplaire aux hommes, pourvu qu'il plût au Seigneur, d'autant plus ardent dans ses entreprises qu'elles tendaient toutes à la gloire de Jésus-Christ et de son Eglise, doué d'une ame élevée, d'un caractère indomptable ; tel était le pape saint Victor. Il ne fallait rien moins que toutes les qualités de ce grand pontife pour résister à Polycrate, évêque d'Ephèse : issu d'une illustre famille qui avait donné plusieurs prélats à l'Eglise, Polycrate ajoutait à un grand nom des mœurs sévères et des vertus austères ; l'autorité d'un long épiscopat, l'ascendant de la science, de la vieillesse et de l'expérience, la dignité du siége d'Ephèse, le premier de l'Asie mineure, et d'autres titres encore l'avaient rendu recommandable aux évêques de ces contrées. Tous le regardaient comme leur chef et leur oracle ; ils n'agissaient que par ses ordres ou d'après ses conseils. Tant d'avantages avaient changé en fierté la vigueur du caractère de ce prélat, l'avaient accoutumé à une indépendance, à une autorité qu'il crut dans la suite pouvoir exercer sur ceux qui ne partageaient point son opinion. Son Eglise lui parut être le modèle des autres, comme il était lui-même de fait le chef des évêques de l'Asie-Mineure : successeur de l'apôtre saint Jean, il ne voulait point dépendre des successeurs de saint Pierre ; ses prétentions lui paraissaient autant de droits inaliénables et il se faisait un devoir et une gloire de les soutenir. Connaissant le langage de la vertu, mieux encore qu'il n'en connaissait l'esprit, il la faisait parler en sa faveur : il refusait de se soumettre à ses supérieurs, sous prétexte d'obéir à Dieu ; la gloire du Seigneur était le motif avoué de ses entreprises ; sa volonté était toujours la raison, comme le succès en était toujours le dernier terme : rien n'était capable de l'ébranler dans sa résolution, pas même les funestes conséquences d'un schisme. Victor et Polycrate étaient donc bien loin de s'entendre : le saint Père, pénétré de la grandeur de la mission que le Ciel lui avait donnée sur la terre, y avait consacré son existence tout entière ; il était chargé des intérêts de l'Eglise et d'autant plus déterminé à les défendre, que ce n'étaient point les siens ; Polycrate, au contraire, placé par les circonstances à la tête d'un parti d'opposants, soutenait ses prétentions comme son ouvrage, avec toute l'opiniâtreté d'une fierté intéressée. Il était bien difficile de fléchir, sans la briser, cette tête superbe, et Victor, dont l'ame était aussi grande que celle de son rival était fière, n'était pas homme à reculer devant des mesures extrêmes, quand il s'agissait des intérêts de la religion. Tout faisait craindre une rupture éclatante ; et l'Eglise, à peine sortie d'une violente persécution, allait encore être déchirée par un schisme lamentable. Mais le Seigneur qui a promis d'être toujours avec elle, ne lui manqua point dans des circonstances si critiques : il lui envoya un ange de paix pour l'arracher à tant de maux. Irénée, chargé de cette grande mission, possédait toutes les qualités propres pour la remplir : outre qu'il avait blanchi dans les fatigues du ministère et de l'épiscopat, il était le plus savant évêque de son temps, et il ne le cédait à aucun autre en sainteté ; son nom s'était répandu dans toute l'Eglise avec ses ouvrages, avec le bruit de ses vertus et la nouvelle du massacre des chrétiens de Lyon, sous Marc-Aurèle ; il était surtout connu à Rome, depuis qu'il avait combattu Blastus et Florin avec tant de zèle et de succès, et dans l'Asie-Mineure, sa patrie, où il avait fait sa première éducation, où la faveur du grand saint Polycarpe lui avait attiré l'estime de toutes les chrétientés de ce pays, avec lesquelles l'Eglise de Lyon n'avait pas cessé d'entretenir des rapports de fraternité. Sa médiation était aussi agréable à Rome qu'à Ephèse ; et ses prières ne devaient pas avoir moins d'efficacité auprès de Victor, que ses avis auprès de Polycrate. Irénée usa de toute son influence auprès des uns et des autres pour le bien de la religion, et ce grand homme, que nous avons vu livrer à l'hérésie une guerre si terrible et si persévérante, travailla avec la même ardeur à pacifier l'Eglise et à maintenir en elle cette unité qui en faisait le triomphe et la gloire. Nous verrons bientôt que le succès le plus heureux couronna son zèle et ses efforts.

Les circonstances avaient donc donné à la dispute sur la célébration de la Pâque une gravité qu'elle n'avait jamais eue jusqu'alors : on l'avait toujours regardée comme une affaire de discipline ; mais Montan en faisait un dogme, et Polycrate favorisait cette hérésie, en soutenant que la pratique de son Église était obligatoire pour tout le reste de la chrétienté. La question se compliquait et s'aggravait : il était temps enfin que le Vicaire de Jésus-Christ la décidât. Victor ne faillit point à son devoir. Il assembla un concile à Rome, où cette question fut sérieusement discutée (1). Les Pères de ce concile, considérant que les prétentions des Eglises asiatiques taxaient indirectement d'hérésie l'Eglise romaine et toutes celles qui suivaient ses usages ; que la coutume de célébrer la Pâque le quatorzième jour de la lune favorisait le Montanisme et le Judaïsme ; qu'il ne convenait point que dans une même famille, comme était l'Eglise, les uns honorassent par le jeûne et les larmes les souffrances de Jésus-Christ, tandis que les autres, dans les transports de l'allégresse, célébraient son triomphe sur la mort, décidèrent tous d'une voix que le jeûne du carême ne devait se terminer que le jour de la Résurrection ; que cette fête devait se célébrer un jour de dimanche ; que toutes les Eglises devaient se conformer sur ce point comme sur les autres, à la première d'entre elles, à l'Eglise romaine qui avait reçu de l'apôtre saint Pierre l'usage de célébrer la fête de la Résurrection de Jésus-Christ le premier dimanche après le quatorzième jour de la lune du mois de

---

(1) Mansi, Collect. concil. tom. II, p. 710.

mars (1). Victor approuva cette sage décision et l'envoya à toutes les Eglises du monde, avec l'ordre aux évêques de se rassembler en concile, dans leurs provinces respectives, sous la présidence des principaux d'entre eux. Le monde chrétien s'ébranla à la voix du vicaire de Jésus-Christ. Le Dieu qui tient dans ses mains les cœurs des peuples et des rois, enchaînait alors la fureur des princes et des magistrats, afin que son Eglise eût le temps de régler une affaire si importante. D'ailleurs, la grande querelle qui s'agitait en Orient entre Sévère et Niger, fixait l'attention des peuples. A la faveur de ces circonstances providentielles, les évêques purent obéir à leur chef et se rassembler en conciles. Irénée donna le premier l'exemple de l'obéissance au Saint-Siége : il convoqua à Lyon les évêques des Gaules ; tous le respectaient, ou comme leur père, ou comme leur maître ; persuadés que le Dieu dont il était rempli parlait par sa bouche, ils recueillaient ses paroles comme autant d'oracles. Aussi ce premier concile de Lyon fut-il moins une assemblée de prélats venus pour agiter une question, qu'une assemblée de famille réunie pour écouter et recevoir avec respect l'avis d'un père vénéré (2). Quoiqu'élevé dans une église qui, touchant la

---

(1) Eusèb. hist. ecclés. l. V, c. 22. — Lib. pontif. in vit. Victoris.
(2) Voir *Notes et pièces diverses*, n° VIII.

célébration de la Pâque, observait un usage contraire à celui de l'Eglise romaine, saint Irénée protesta que sur ce point, comme sur tous les autres, la décision du souverain pontife serait la règle de sa conduite; et toute cette respectable assemblée applaudit à une si sage détermination (1). Les synodes convoqués dans les autres provinces par les principaux évêques, se conformèrent aussi aux vœux du père commun des fidèles ; et de toutes les parties du monde, saint Victor recevait les témoignages d'une soumission respectueuse à sa décision (2). Un homme toutefois osa protester contre l'approbation de l'Eglise : Polycrate, dont les prétentions avaient nécessité cette mesure générale, avait reçu l'ordre du Saint-Père de convoquer les évêques de l'Asie-Mineure pour le même sujet, et d'examiner avec eux la nécessité de se conformer, par une décision commune, à la décision des autres conciles et à l'usage des autres Églises. A cet ordre, saint Victor avait ajouté la menace d'excommunier Polycrate et ses adhérents, s'ils s'obstinaient plus long-temps à entretenir la division dans l'Eglise. L'évêque d'Ephèse rassembla donc dans sa ville épiscopale tous les prélats de sa province ; non pour délibérer avec eux sur la question qui leur était

---

(1) Mansi. — Ibid. pag. 717.
(2) Euseb. l. c.

soumise, mais pour les exhorter à ne pas renoncer à l'usage de leurs Églises. Il ne lui fut pas difficile d'enchaîner à sa cause des hommes accoutumés à lui obéir, sur lesquels il avait su prendre un ascendant irrésistible. La résolution de ce conciliabule fut telle qu'on devait l'attendre d'une réunion de dissidents auxquels Polycrate avait imposé son avis et peut-être inspiré ses sentiments : on convint de résister au souverain pontife, de se mettre en opposition avec toute la chrétienté, et de garder inviolablement la coutume des Eglises de l'Asie-Mineure. Polycrate signifia cette résolution au Saint-Père : il lui adressa, au nom de ses suffragants, une lettre hautaine et inconvenante, dans laquelle il lui disait en l'insultant (1) : « Oui, c'est nous qui, d'après
» l'usage légitime que nous avons reçu de nos prédé-
» cesseurs et que nous conservons avec soin, célébrons
» la Pâque le jour véritable où l'on doit la célébrer.
» Dans nos contrées reposent, en attendant le jour où
» le Seigneur viendra du ciel, environné de gloire et
» de majesté, ressusciter tous les saints, les grands
» hommes qui les éclairèrent des lumières de la foi :
» je veux parler de saint Philippe, un des douze apô-
» tres, mort à Hiéraple ; de ses filles, dont la troisième
» ajouta à la virginité commune aux deux autres le don

(1) Ap. Euseb. Hist. eccl. l. V, c. 24.

» de prophétie, et qui est enterrée à Ephèse ; de saint
» Jean, qui reposa sa tête sur le cœur du Seigneur,
» dont la lame d'or décora le front épiscopal, qui
» fut et docteur et martyr. Or, ce grand apôtre ter-
» mina ses jours à Éphèse. Polycarpe, son disciple,
» occupa le siége de Smyrne, et l'honora par un glo-
» rieux martyre ; à Smyrne encore repose l'illustre
» martyr Thraséas, évêque d'Euménie. Qu'est-il besoin
» de nommer ici le saint pontife Sagaris, martyrisé à
» Laodicée ? Qu'est-il besoin de rappeler les noms d'un
» Papirius, d'un Méliton, cet organe de l'Esprit saint,
» qui termina sa carrière apostolique dans la ville de
» Sardes, où il attend, dans la paix, l'avènement du
» souverain Juge. Or, tous ces grands hommes, fidèles
» à l'Evangile, à la règle de la foi, célébrèrent cons-
» tamment la fête de Pâque le quatorzième jour de
» la lune. Moi, le dernier de vous tous, j'ai reçu la
» même tradition de mes ancêtres, car je suis le hui-
» tième évêque que ma famille ait donné à l'Église ;
» tous mes parents ont célébré la Pâque le jour même
» où les Juifs, en ôtant de leur maison tout ce qui y
» restait de levain, célèbrent ce premier jour des azy-
» mes. J'ai vécu soixante-cinq ans dans le service du
» Seigneur ; j'ai entretenu des relations habituelles
» avec les frères dispersés dans tout l'univers ; j'ai lu
» toute l'Écriture sainte ; ce ne sera point moi qu'é-

» branleront les menaces que l'on me fait : des hom-
» mes plus grands et plus sages m'ont appris qu'il
» valait mieux obéir à Dieu qu'aux hommes. Je pour-
» rais citer ici les noms des évêques que vous avez jugé
» à propos (1) de me faire convoquer ; mais la liste en

(1) οὓς ὑμεῖς ἠξιώσατε μετακληθῆναι ὑπ'ἐμοῦ : Quos vos dignum duxistis convocandos esse à me. Ce passage dont le sens est cependant si clair, a été rendu différemment selon les différentes dispositions des traducteurs. Ruffin traduit : Quos ipsi petiistis ut evocarem.

H. de Valois : Quos petistis ut convocarem : le sens de ces deux auteurs est le même ; mais il ne rend point l'idée d'autorité que renferme le verbe grec ἠξιώσατε.

Fleury (Hist. eccl. l. IV, c. 44) et dom Gervaise, (Vie de saint Irénée, l. III.) ont trouvé que le mot *petiistis* accordait trop à l'Eglise de Rome ; pour éviter cet inconvénient, ils ont fait un contre-sens et changé l'ordre du pape en une prière : ils ont donc fait dire à Polycrate : *Que j'ai convoqué à votre* PRIÈRE. C'était compter, comme on voit, sur l'ignorance du lecteur.

Tillemont dit aussi : « Victor écrivit aux principaux évêques de l'Eglise pour les *prier* d'assembler ceux de leur province. Les jansénistes avaient à cœur de représenter Victor, tout au plus comme l'égal des autres évêques.

D. Ceillier a commis la même erreur. Hâtons-nous cependant d'avertir que cet auteur parle convenablement du souverain pontife dans l'exposé de cette affaire. (Hist. génér. des aut. ecclés. tom. II, p. 198).

Dom Gervaise a trouvé si *édifiant* ce qui nous reste de la lettre de Polycrate, qu'il l'a traduit pour ce motif en faveur de ses lecteurs, et l'on a vu avec quelle fidélité ! C'était pour lui une belle occasion de justifier son opposition au Saint-Siége, par l'exemple d'un autre dissident, et inspirer à ses lecteurs les mêmes sentiments ; mais son intention était trop honteuse ; il fallait la couvrir d'un voile hypocrite ; ne pouvant pas dire qu'il voulait séduire les lecteurs, il a dit qu'il voulait les édifier : c'est de la loyauté janséniste.

» serait trop longue. Tous, par respect pour ces che-
» veux blancs que j'honore par une vie conforme aux
» préceptes de Jésus-Christ, ils ont applaudi à mes sen-
» timents et approuvé la lettre que je vous adresse (1). »

(1) Ap. Euseb. l. c.

CHAPITRE TROISIEME.

Saint Victor menace d'excommunier les évêques d'Asie.

Si dans toute cette affaire la conduite du pape saint Victor n'eût pas été irréprochable, les bravades de Polycrate suffiraient seules pour la justifier. Après une lettre si peu digne du rang, du caractère et de l'âge de son auteur, il n'était plus possible d'excuser la résistance de cet évêque et de ses adhérents ; leur révolte concertée, délibérée et résolue était enfin ouvertement déclarée : ils avaient d'abord reconnu l'autorité du Saint-Siége, puisqu'aux ordres de saint Victor, Polycrate les avait rassemblés en concile : ils rompaient donc alors avec leur supérieur avoué, secouaient son autorité, et usurpaient sur l'Eglise, c'est-à-dire, sur le souverain pontife, le droit d'interpréter les Ecritures, de déterminer leur sens véritable et de décider en matière de foi, car ils faisaient de cette dispute une question de dogme, comme le prouvent ces paroles de Polycrate : « Tous ces grands » hommes fidèles à l'Evangile, à la règle de la foi, » célébrèrent la Pâque le quatorzième jour de la lune. » Ils se séparaient donc eux-mêmes de la communion de l'Eglise, qu'ils accusaient indirectement d'hérésie ; de leur part le schisme était consommé : il l'aurait été peut-être pour toujours, si le vicaire de Jésus-Christ eût fait tomber sur les coupables toutes les peines que provoquait leur rébellion. Mais à une fermeté magnanime qui le rendait inaccessible à la crainte et à la faiblesse, Victor joignait une charité tendre pour les malheureux dont la conduite exigeait l'exercice de son autorité, une prudence éclairée qui mûrissait ses démarches et accueillait avec empressement des conseils compétents et fondés (1). Irénée en fit bientôt une nouvelle expérience. La conduite de Polycrate avait causé un scandale qu'il fallait réparer, et donné un pernicieux exemple

---

(1) Le novatien Socrate, qui nourrissait contre le Saint-Siége toute la haine de l'hérésie, s'est imaginé qu'à la réception de cette lettre, *Victor entra dans une étrange colère;* les hérétiques et les ennemis de l'Eglise, dans les siècles suivants, n'ont pas manqué de se faire ses échos et de répéter ses calomnies. Pour ces sortes de gens, un mensonge qui favorise leur haine, est une bonne fortune.

Dom Gervaise fait encore ici cause commune avec eux.

dont il était urgent de détruire les effets ; car, outre que Victor devait à sa dignité de punir l'outrage que Polycrate avait fait au Vicaire de Jésus-Christ, il était encore pour lui d'une obligation stricte de ne pas laisser établir des antécédents dont les esprits turbulents auraient bien su se prévaloir dans la suite des siècles, et qui, par conséquent, auraient toujours été fatales à l'indépendance et à la paix de l'Église. Victor comprenait ses devoirs : il convoqua donc un nouveau concile à Rome, où, après la lecture de l'insolente lettre de Polycrate, et une mûre délibération, il fut décidé que l'évêque d'Ephèse et ses adhérents étaient indignes de la communion de l'Eglise. Victor cependant ne crut pas devoir fulminer l'excommunication contre les rebelles avant d'avoir tenté de nouveaux moyens de les ramener : il fit gronder la foudre avant de la lancer contre les coupables ; il exprima aux Asiatiques toute l'indignité de leur conduite, leur représenta leurs torts avec autant de force que de dignité, les menaça de les retrancher de l'unité de l'Eglise et de les frapper d'excommunication, s'ils ne revenaient à résipiscence (1). Comme un père ten-

---

(1) ἐπὶ τούτοις ὁ μὲν τῆς ῥωμαίων προεστὼς Βίκτωρ ἀθρόως τῆς Ἀσίας πάσης ἅμα ταῖς ὁμόροις ἐκκλησίαις τὰς παροικίας ἀποτέμνειν ὡς ἑτεροδοξούσας, τῆς κοινῆς ἑνώσεως πειρᾶται· καὶ στηλιτεύει γε διὰ γραμμάτων, ἀκοινωνήτους ἄρδην πάντας τοὺς ἐκεῖσε ἀνακηρύττων ἀδελφούς. (Euseb. Hist. eccl. l. V, c. 24.)

De Valois traduit ainsi : His ità gestis, Victor quidem Romanæ ur-

dre s'efforce par les exhortations et les menaces de ramener dans leur devoir des fils rebelles et se plaint

bis episcopus illicò omnes Asiæ vicinarumque provinciarum ecclesias tanquàm contraria rectæ fidei sentientes, à communione abscindere conatur ; datisque litteris, universos qui illìc erant fratres proscribit, et ab unitate Ecclesiæ prorsus alienos esse pronuntiat.

En interprétant les auteurs de cette manière, on peut leur faire dire ce qu'on veut, et trouver dans l'histoire, les faits tels qu'on les souhaite. Ce passage ainsi forcé, peut, à la vérité, signifier que Victor excommunia les Asiatiques, mais nous pensons que ce n'est point là le sens du texte grec, et que le savant éditeur d'Eusèbe a trop accordé ici, comme en plusieurs autres endroits, à ses préjugés gallicans. A notre avis, le sens d'Eusèbe serait plus fidèlement rendu par la traduction suivante : Post hæc quidem urbis romanorum episcopus Victor, statìm Asiæ omnis, simul (cum) finitimis ecclesiis, paræcias separare ut aliter sentientes, (ab) communitate tentat (*ou* probat); et publicat etiam per epistolas, incommunicabiles omninò omnes illos illìc denuntians fratres. Ce qui doit se rendre ainsi en français : « Sur cela, Victor, évêque de la ville de Rome, essaie ou menace de séparer de l'unité les Eglises de toute l'Asie, ainsi que les Eglises voisines, comme pensant autrement que les autres; et écrivant partout des lettres, il dénonce comme ne voulant pas communiquer avec les autres, comme opposants, comme ennemis de l'unité, tous les frères qui habitaient ces contrées.

Or, le texte traduit ainsi littéralement et mot pour mot, dit-il tout ce qu'on a voulu faire dire à Victor ? Ne signifie-t-il pas au contraire clairement que ce saint Pape dénonça à toute l'Eglise ces prélats dissidents, qui aimaient mieux rompre l'unité que d'abandonner leurs prétentions ; qu'il tenta des moyens menaçants pour les ramener, mais qu'avant de se résoudre à la dernière extrémité, le Saint-Père dénonçait les récalcitrants à toute la catholicité, lui exposait ses peines, son affliction et la nécessité où il allait être d'excommunier les évêques d'Asie ? C'est ce qui explique toutes les exhortations, tous les avis qui arrivèrent à Rome des diverses Églises du monde.

amoureusement à ses enfants fidèles de l'affliction que lui cause la conduite coupable de leurs frères, de même le Saint Père, non content de menacer les Asiatiques du châtiment qu'il lui coûtait tant de leur infliger, écrivit encore des lettres à toutes les Eglises du monde catholique pour leur témoigner la douleur que lui causait l'orgueilleuse obstination de Polycrate et de ses adhérents, et les instruire des extrémités auxquelles il allait être forcé de recourir pour soumettre ou briser une telle opiniâtreté. Les menaces terribles, mais justes et nécessaires du souverain Pontife, effrayèrent toute l'Eglise ; mais sa détermination n'obtint pas l'entière approbation de tous les évêques (1). Plusieurs d'entre eux pensant que cette dispute roulait seulement sur un point de discipline, lui firent, conformément à leurs

---

(1) Ἀλλὰ οὐ πᾶσί γε τοῖς ἐπισκόποις ταῦτ᾽ ἠρέσκετο. ἀντιπαρακελεύονται δῆτα αὐτῷ, τὰ τῆς εἰρήνης καὶ τῆς πρὸς τοὺς πλησίον ἑνώσεως καὶ ἀγάπης φρονεῖν· φέρονται δὲ καὶ αἱ τούτων φωναὶ, πληκτικώτερον καθαπτομένων τοῦ Βίκτορος.

Ici encore les préoccupations de Henri de Valois ont mis sa science en défaut. Voici comment il traduit cette phrase : Verùm hæc non omnibus placebant episcopis. Proindè Victorem ex adverso hortati sunt, ut ea potiùs sentire vellet quæ paci et unitati caritatique ergà proximum congruebant. Extant etiamnum eorum litteræ, quibus Victorem acerbiùs perstringunt.

Nous ne nous arrêterons pas sur les mots φέρονται.... φωναί, qui signifient plutôt *feruntur dicta*, que *extant litteræ* ; nous arrivons de suite aux mots : πληκτικώτερον καθαπτομένων. Le verbe *perstringere* n'est qu'une signification secondaire de καθάπτομαι, qui veut dire

convictions, des observations plus ou moins énergiques, mais dont la mauvaise foi ou l'ignorance a singulièrement exagéré la portée.

proprement : Movere, tangere, mulcere animum dictis ; c'est dans ce sens qu'Homère a dit : Ἀλλὰ σὺ τόνγ' ἐπέεσσι καθάπτεσθαι μαλακοῖσιν; At tu hunc verbis demulce mollibus. (Iliad. a. v. 182). Cette signification, qui est la véritable, détruit aussi le sens que H. de Valois donne à πληκτικώτερον; il serait ridicule de dire *acerbiùs demulcent :* en effet, ce mot qui, à la vérité, signifie aussi *acerbè*, étant dérivé de πληκτίζομαι, (dérivé à son tour de πλήσσω) *usque ad plagas venire in altercatione, affectus movere, ad commiserationem inducere*, peut encore signifier : *Vehementiùs, teneriùs ;* en sorte que le sens de πληκτικώτερον καθαπτομένων τοῦ Βίκτορος, serait ici : *Qui vehementiùs movent Victorem ; qui teneriùs tangunt animum Victoris ;* il semble que H. de Valois aurait dû être préparé à ce sens par le verbe de la phrase précédente qu'il traduit lui-même par : *Ex adverso hortati sunt.* On n'exhorte pas en insultant ou en menaçant.

CHAPITRE QUATRIÈME.

Saint Irénée intervient entre Victor et Polycrate.—La dispute s'apaise.

Irénée qui n'avait pas moins à cœur l'honneur du Saint-Siége que la gloire de Jésus-Christ, frémit à la pensée du schisme dont l'Eglise était menacée. Il se hâta de rassembler de nouveau un synode provincial pour délibérer avec les autres prélats des Gaules sur les moyens de préserver l'Eglise d'un si épouvantable malheur, et les exhorter en même temps à resserrer entre eux les liens de l'unité, tandis qu'ailleurs on s'efforçait de les briser, et à contribuer de tout leur pouvoir au maintien de la paix (1). Ces évêques, presque tous élevés à l'école d'Irénée, ou formés sur son exemple, par-

(1) Mansi, collect. concil. tom. II, p. 726. — Voir *Notes et pièces diverses*, n° VIII.

tagèrent ses craintes, secondèrent son zèle et sa piété et consolèrent son cœur par leur union. Le saint évêque de Lyon écrivit au souverain pontife, au nom de tous les évêques des Gaules, une lettre sage et modérée, par laquelle, après avoir hautement protesté de son attachement au Saint-Siége et aux usages de l'Eglise romaine, il engageait Victor, avec tout le respect dû au vicaire de Jésus-Christ (1), à ne pas séparer de l'unité

(1) φέρονται δὲ καὶ αἱ τούτων φωναί πληκτικώτερον καθαπτομένων τοῦ Βίκτορος. Ἐν οἷς καὶ ὁ Εἰρηναῖος ἐκ προσώπου ὧν ἡγεῖτο κατὰ τὴν Γαλλίαν ἀδελ φῶν ἐπιστείλας, παρίσταται μὲν τὸ δεῖν ἐν μόνῃ τῇ τῆς κυριακῆς ἡμέρᾳ τὸ τῆς τοῦ κυρίου ἀναστάσεως ἐπιτελεῖσθαι μυστήριον· τῷ γε μὲν Βίκτορι προσηκόντως ὡς μὴ ἀποκόπτοι ὅλας ἐκκλησίας Θεοῦ ἀρχαίου ἔθοις παράδοσιν ἐπιτηρούσας, πλεῖστα ἕτερα παραινεῖ. (Euseb. Hist. eccl. l. V, c. 24).

Extant etiamnum eorum litteræ quibus Victorem acerbiùs perstringunt. Ex quorum numero Irenæus in Epistolâ quam scripsit nomine fratrum quibus præerat in Galliâ, illud quidem defendit solo die dominico resurrectionis Domini mysterium esse celebrandum : Victorem tamen decenter admonet, ne integras Dei ecclesias morem sibi à majoribus traditum custodientes, à communione abscindat. (Trad. de H. de Valois.)

Ce passage, (excepté la première phrase, dont nous avons montré le sens véritable), est convenablement traduit. Supposons un instant que ces mots.... πληκτικώτερον καθαπτομένων τοῦ Βίκτορος, signifient.. : *Victorem acerbiùs perstringunt*; les mots suivants : ἐν οἷς καὶ Εἰρηναῖς, *inter quos*, ou *ex quorum numero Irenæus*, voudront-ils dire que saint Irénée fut du nombre des évêques qui écrivirent au souverain pontife pour l'exhorter à la paix, ou de ceux qui lui parlèrent avec tant de hauteur ? Évidemment de ceux qui lui écrivirent pour le prier de conserver la paix : comment pourrait-on accorder autrement le langage que l'on attribue à ces évêques en général : *Acerbiùs perstringunt*, avec celui que l'on attribue à saint Irénée en par-

de nombreuses et illustres Eglises ; d'un côté excusant par charité les torts de ces frères égarés, il attribuait leur

ticulier : *Decenter admonet....?* Si ces traducteurs ont voulu prêter leur sens à Eusèbe, ils n'auraient pas dû au moins lui attribuer leurs inconséquences. Le sens naturel de ce passage doit donc être que saint Irénée fut du nombre de ceux qui écrivirent au souverain pontife, et que si quelques-uns le firent avec hauteur, Irénée le fit avec respect. Ce qu'Eusèbe ajoute plus bas, ne laisse aucun lieu de douter du sens véritable de cette phrase : τοιαῦτα ὑπὲρ τῆς τῶν ἐκκλησιων εἰρήνης παρεκάλει τε καὶ ἐπρέσβευεν· *Hæc pro Ecclesiarum pace hortatus est et supplicavit.*

Du Chesne a donc eu tort d'écrire que *Saint Irénée, sur qui toutes les Gaules avaient les yeux tournés*, SE PIQUA FORT *de l'excommication* (selon lui) *lancée contre les Asiatiques.*

Dom Gervaise, qui saisit avec avidité toutes les occasions de déclamer contre le Saint-Siége, admet sans autre examen que les mots πληκτικώτερον καθαπτομένων, signifient *acerbiùs perstringunt*, et que d'après ce membre de phrase : ἐν οἷς καὶ ὁ Εἰρηναῖος, *inter quos et Irenæus*, saint Irénée fut du nombre de ceux qu'il suppose avoir écrit au Saint-Père avec tant d'inconvenance ; et sur cette supposition calomnieuse, il bâtit un système d'opposition qu'il ne craint pas d'attribuer à un saint entièrement dévoué au Saint-Siége. On dirait que cet auteur n'a écrit l'histoire d'Irénée que pour outrager sa mémoire et en faire le patron et le modèle des plus fougueux jansénistes. Qu'importe à ces historiens de falsifier ou de controuver les faits, pourvu qu'ils satisfassent leur haine contre l'autorité ecclésiastique ?

M. Clerjon, auteur d'une *Histoire de Lyon*, rappelant cette célèbre dispute, dit de saint Irénée : « Le prélat lyonnais était le Bossuet de l'antiquité. Comme l'évêque de Meaux, il a terrassé l'erreur ; comme lui aussi, il a en quelque sorte défendu les *libertés de l'Église gallicane.* » (Hist. de Lyon , Liv. XV).

Bossuet, sans doute, a quelques traits de ressemblance avec saint Irénée : le caractère épiscopal, le génie, l'ardeur à poursuivre et à combattre l'hérésie, les triomphes qu'il a remportés sur elle, etc. Toutefois Bossuet se serait plus rapproché de ce grand modèle, s'il

obstination à leur respect outré sans doute, mais en quelque sorte digne d'égards, pour les apôtres dont ils avaient reçu leurs usages ; d'autre part l'amour qu'avait notre saint pour l'Eglise et pour sa gloire lui faisant sentir vivement les affreuses conséquences d'un schisme, il exposait ses craintes et ses prévisions au saint Père, le priait au nom de tous ses saints prédécesseurs qui pour le bien de la paix avaient cru devoir tolérer la pratique des Eglises d'Asie, de tenir la même conduite à

n'avait dépendu que de sa conscience, s'il n'avait pas prêté son nom et ses talents à des exigences royales dont il craignait lui-même l'excès. Clerjon cependant veut que saint Irénée ait défendu le premier les *libertés de l'Eglise gallicane*. Si cet auteur savait en quoi consistait ces prétendues libertés, le mot est ici bien mal appliqué : Saint Irénée ne plaidait pas pour son Église, dont les pratiques étaient en tout conformes à celles de l'Eglise de Rome ; il parlait seulement en faveur de la paix que tendaient à rompre les évêques d'Asie ; mais demander grâce pour des évêques d'Asie, était-ce défendre les libertés de l'Église gallicane ? Ces libertés d'ailleurs n'existaient pas encore ; de *quelle sorte* donc saint Irénée a-t-il pu les défendre ?

« Nous verrons, reprend Clerjon, son mépris pour l'ultramontanisme, quand nous parlerons de ses démêlés avec le pape Victor. »

Voyons donc :

« Irénée, dans ces circonstances (dans la question de la Pâque) plus terribles pour la foi que les plus atroces persécutions, employa auprès de Victor son ardente charité et son amour pour la paix. » C'est tout ce que Clerjon a pu découvrir dans l'histoire, du mépris de saint Irénée pour l'*ultramontanisme*.... En ce cas, nous lui accordons aussi que saint Irénée a défendu ce qu'il appelle *Libertés de l'Église gallicane*.... Il est si innocent....

l'égard des récalcitrants et de ne pas pousser les choses à des extrémités désastreuses pour l'Eglise.

Saint Irénée était trop instruit des dogmes de la religion; il était trop zélé pour l'intégrité de la doctrine évangélique, pour conseiller au souverain pontife de céder aux prétentions de Polycrate, qui faisait de l'usage de son Eglise un article de foi et qui regardait comme hétérodoxes ceux qui n'entraient point dans ses sentiments. Blastus avait peu de temps auparavant prétendu que l'usage de l'Eglise romaine blessait la foi, saint Irénée l'avait combattu avec une vigueur égale à son amour pour l'Eglise ; il n'aurait point accordé la même erreur à Polycrate. Aussi dans sa lettre à saint Victor, il suppose toujours que les Asiatiques tiennent à un usage, non à un dogme. Saint Irénée ne se borna point à demander grâce pour les coupables, il écrivit encore, dit Eusèbe, aux principales Eglises de toute la chrétienté, pour y maintenir la paix que le démon de la discorde s'efforçait de rompre; usant de l'ascendant que lui donnaient sur les autres évêques, la grandeur de ses vertus, l'éclat de ses talents et la gloire de son nom, il affermit la concorde parmi les uns, disposa les autres à l'union en leur persuadant de relâcher de leurs prétentions, il apaisa les esprits en les éclairant, rétablit le calme partout; en un mot, par sa sagesse, sa douceur et ses lumières, il dissipa l'orage de la discorde, et tout rentra dans une paix profonde. En sorte, ajoutent Eusèbe et Nicéphore, que saint Irénée remplissant toute la signification de son nom, rendit la paix à l'Eglise et mérita par son zèle le titre de *pacificateur* (1).

Les Asiatiques durent rabattre des prétentions qui avaient excité la tempête : on leur laissa et ils se contentèrent de conserver et de regarder comme un point de discipline, l'usage qu'ils avaient reçu de leurs pères dans la foi. La prudence et le zèle pour la maison de Dieu guidaient toutes les démarches de Victor; il ne pensa plus à lancer les foudres qu'avaient provoquées

---

(1) Καὶ ὁ μὲν Εἰρηναῖος φερώνυμός τις ὢν τῇ προσηγορίᾳ αὐτῷ τε τῷ τόπῳ εἰρηνοποιὸς, τοιαῦτα ὑπὲρ τῆς τῶν ἐκκλησιῶν εἰρήνης παρεκάλει τε καὶ ἐπρέσβευεν· ὁ δὲ αὐτὸς οὐ μόνον τῷ Βίκτορι, καὶ διαφόροις δὲ πλείστοις ἄρχουσιν ἐκκλησιῶν, τὰ κατάλληλα δι' ἐπιστολῶν περὶ τοῦ κεκινημένου ζητήματος ὡμίλει. (Euseb. Hist. Eccl. l. V, c. 24).

Ac Irenæus quidem nomini suo verè respondens, nec solo nomine, sed etiam vitæ instituto ac proposito pacificus, pro Ecclesiarum pace hæc hortatus est et supplicavit. Nec verò ad Victorem solùm, sed ad multos alios ecclesiarum antistites de quæstione propositâ litteras in eamdem sententiam misit.

Φερωνύμως, dit Nicéphore après Eusèbe, τοίνυν ὁ Εἰρηναῖος εἰρηνοποιός τις ὢν, τὴν εἰρήνην ταῖς ἐκκλησίαις ἐπρέσβευεν. Οὐ τῷ Βίκτορι μόνον, ἀλλὰ καὶ διαφόροις ἄλλοις ἐκκλησιῶν ἡγεμόσι καταλλήλως τοῖς εἰρημένοις περὶ τοῦ προκειμένου ζητήματος διωμίλειτο. (Niceph. l. IV, c. 39.)

Quapropter egregius, ut aptissimo nomini suo responderet, pacificator Irenæus fuit, qui sic intercessione sua pacem Ecclesiæ conciciavit, et non modò cum Victore, sed etiam cum aliis per multis Ecclesiarum antistibus, congruentia convenientiaque eis quæ diximus, de propositâ quæstione, afferendo, egerit.

l'obstination et les exigences des Asiatiques. Content d'avoir forcé et dissipé l'erreur, ce saint pape se hâta de permettre aux évêques d'Asie de vivre dans la possession tranquille de leurs usages que le temps d'ailleurs se chargea de leur enlever peu-à-peu sans violence et sans trouble. En effet, lorsque pour prévenir les abus qu'avait voulu détruire la juste et sage sévérité de Victor, l'Eglise décida dans le premier concile général de Nicée que désormais toutes les Eglises du monde chrétien, célèbreraient la fête de la résurrection le premier dimanche après le quatorzième jour de la lune de mars, déjà les Eglises de l'Asie-Mineure avaient renoncé presque toutes à leur ancien usage pour se conformer à la pratique de la chrétienté (1).

(1) On peut consulter sur cette question, outre les auteurs anciens que nous avons déjà cités, Sfondrat. Gallia vindicata, Dissert. 4, § 3. — D. Coustant, Epist. Roman. Pontif. coll. t. I. col. 91 et seq. — L. Allatius, De Ecclesiâ Occid. et Orient. perpet. consen. l. I, c. XI. — Turrianus, pro canon. apostol. et epistol. decrétal. pontif. apost. l. III, c. 9. — Schelstrat. Antiquit. illust. p. 2 Dissert. I, c. 3. — Mamachi, Antiquit. christ. tom. VI, p. 10 et seq. — Mansi, Annotat. in Natal. Alexand. Dissertat. V. in Histor. eccl. sæc. secundi. — Zaccaria, Dissertazione sulla controv. di papa Vittore cogli Asiani. — Le Quien, Panopl. ad schism. Græcor. centur. 2. — Bellarmin, de Romano pontif. l. II, c. 19. — N. Observations sur l'Hist. Ecclés. de Fleury, tom. I, p. 48 et suiv. (in-4°). — Marchetti, Critica dell' Istoria Eccles. e dei Discorsi del Fleury, tom. II. art. II, c. I, n. 5. — D. Ceillier, Hist. des aut. Ecclés. tom. II, p. 199 et suiv. — Febei, append. ad Abelly Medull. theolog. c. 6. — Ciaconius,

Tous les évêques applaudirent à une issue si heureuse et bénirent Irénée qui, grand selon son nom, avait paru parmi ses frères comme un ange de paix, et rétabli entre eux ces rapports de charité si recommandés par le divin Maître.

De son côté ce vénérable vieillard rendit grâce à Dieu d'un succès si ardemment désiré ; il avait assez vécu, puisqu'il voyait de ses yeux la paix régner de nouveau parmi les enfants de Dieu ; il pouvait terminer dans la joie une vie qu'il avait consacrée tout entière à la gloire de Jésus-Christ et au salut de ses frères ; il avait combattu les combats du Seigneur ; il était arrivé triomphant au bout de sa carrière, il ne lui restait donc plus qu'à recevoir la couronne que lui préparait le Dieu de toute justice. Mais le martyre seul pouvait dignement couronner tant de travaux et de vertus ; et le Seigneur, qui avait destiné son serviteur à venger la vérité, à glorifier son nom parmi les hommes, exigeait encore de lui ce dernier témoignage d'amour, le plus beau qu'un

---

Vit. pontific. Vit. sancti Victoris. — Sandini, Vit. pontific. Vit. sancti Victoris. — Dumesnil, Doctrina et discipl. Eccles. l. I, c. 4. — Thomassin, Dissertat. in concil. tom. I. Dissertat. I. — Traité des édits, etc., pour maintenir l'unité de l'Église catholiq. I part. chap. II. § 9-10-11. — Alphonsus de Castro, lib. XII. Adv. hæres. in verbo PASCHA.

chrétien puisse donner à son Dieu, afin que sa providence réunît sur lui les recompenses qu'elle prépare aux confesseurs, aux vierges, aux pontifes, aux docteurs et aux martyrs.

HISTOIRE
DE
SAINT IRÉNÉE.

LIVRE HUITÈME.

PERSÉCUTION DE L'ÉGLISE SOUS SEPTIME-SÉVÈRE.—
MARTYRE DE SAINT IRÉNÉE.

CHAPITRE PREMIER.

Etat de l'empire.—Guerre entre Niger, Sévère et Albin. — Sévère, vainqueur, défait Albin auprès de Lyon.—Vengeances qu'il exerce dans cette ville sur les partisans d'Albin.

Tandis que dans l'Eglise s'agitait la question importante et compliquée de la célébration de la Pâque, le monde romain retentissait du bruit des combats, et les provinces tremblantes attendaient avec inquiétude à quel prince le sort des armes allait les soumettre. Pertinax, porté malgré lui sur le trône par ceux qui avaient étranglé Commode son prédécesseur, y était à peine assis, qu'une main homicide lui arracha le pouvoir et la vie : les Prétoriens mirent alors l'empire à l'encan, et il fut adjugé au riche Didius Julianus, le plus offrant. Le sénat fut forcé de confirmer ce honteux marché et d'honorer l'acquéreur du titre d'Auguste. Cependant à la tête des armées répandues dans les provinces, étaient trois généraux, tous les trois plus capables de régner que ces fantômes d'empereurs, et non moins avides de la couronne. Pescennius Niger en Orient, Septime-Sévère en Illyrie, et Albin dans la Grande-Bretagne, fixaient sur le diadème impérial des regards de convoitise et observaient le moment où ils pourraient en ceindre leurs fronts ambitieux. Niger, soit qu'il fût le plus impatient, soit que les circonstances précipitassent son projet, fut le premier à déclarer ses prétentions. Mais à peine eut-il pris la pourpre en Syrie, que Sévère la revêtit en Pannonie et prit ses mesures pour soutenir ses droits. Comme il jugeait des dispositions d'Albin par celles de son cœur, il s'efforça de l'empêcher de s'attribuer aussi un titre auquel ses talents et sa puissance lui donnaient les mêmes prétentions. Sévère se hâta donc d'envoyer à Albin le titre de César, pour qu'il ne prît point celui d'Auguste, c'est-à-dire la seconde dignité de l'empire, avant qu'il revendiquât la première. Comptant sur l'heureux succès de son expédient, sur les flatteries, les promesses et les protestations d'amitié dont il accompagnait ses offres, il marcha aussitôt sur Rome. Julianus, qui n'avait acheté l'empire que pour vivre plus splendidement dans les plaisirs, se croit perdu à cette nouvelle; il demande des conseils, les moyens de sauver sa vie, adjure ses créatures de ne pas l'abandonner dans un si grand danger, prodigue de l'argent aux prétoriens, pour acheter leur fidélité, comme si la vertu se fût donnée à prix d'argent ainsi que sa couronne; il conjure le sénat de déclarer Sévère ennemi de la patrie, ou de l'associer à l'empire. Le sénat ne tremblait pas moins que Julianus; il savait que Sévère voulait régner sans rival et sans contradicteur; il crut donc plus sûr de faire mourir Julianus et de porter à son compétiteur son sceptre ensanglanté. Sévère le reçut comme une chose qui lui était due, et fit comprendre aux sénateurs qu'en confirmant ses prétentions à l'empire, ils avaient rempli un devoir, un acte de justice dont il n'était nullement obligé de les récompenser. Les sénateurs ne voulaient pas d'autre récompense que la conservation de leurs jours : ils l'obtinrent cette fois (1). Le terrible Auguste prit à Rome des mesures de sévérité qui jetèrent la ville dans la stupeur, en ôtant aux ambitieux la pensée et les moyens de briguer la souveraine puissance. Septime partit ensuite pour l'Orient, bien résolu de vider sa que-

---

(1) Hérod. l. III. — Tillemont, Hist. des empereurs, tom. III. — Sévère art. 9-10-11.

relle avec Niger, son compétiteur; il le battit en plusieurs rencontres, et la mort de son rival lui assura sa conquête. Cependant Albin élevait à son tour des prétentions à l'empire. A cette nouvelle, Sévère, débarrassé d'une guerre dangereuse, accourt de l'Orient avec ses légions victorieuses, et franchit les Alpes tandis qu'Albin traverse la mer : les deux rivaux se cherchent et se rencontrent à la tête de cent cinquante mille hommes, dans les plaines qui s'étendent depuis Lyon jusqu'à Trévoux, entre le Rhône et la Saône : c'est là que va se décider par les armes le sort de l'empire (1). Lyon, ornée alors de son ancienne splendeur, domine ce terrible théâtre et tremble dans l'attente du dénouement de la scène sanglante qui doit s'y passer. Albin, pour qui elle s'était déclarée comme le reste des Gaules, était campé presque sous ses murs, au lieu où se trouve aujourd'hui Albigny, qui conserve dans son nom et le souvenir de ce malheureux gouverneur et le monument de la lutte qui décida de la couronne. A Lyon et au camp les idolâtres offrirent des sacrifices aux dieux pour le succès des armes d'Albin; mais les chrétiens n'y prirent aucune part; et ce fut sans doute une des principales causes, pour lesquelles ceux-ci ne furent point enveloppés dans le sort des albiniens, dont le vainqueur fit un si affreux

---

(1) Chifflet, Tillemont, ibid. art. 21.

carnage. Le Seigneur qui plus tard devait demander aux enfants d'Irénée un témoignage de sang et le sacrifice de leur vie, ne permit pas qu'ils fussent immolés à une cause politique.

Ni ces nombreux sacrifices, ni les dieux auxquels on les offrait, ne purent fixer la victoire sous les étendards d'Albin, ni délivrer la ville de Lyon des suites funestes de sa défaite. Après s'être quelque temps observées, les armées ennemies se choquèrent : la mêlée fut terrible : on se battit avec un acharnement égal à la haine et à l'ambition des deux rivaux dont on agitait les intérêts; Enfin, Sévère resta maître du champ de bataille et de la victoire. Albin, cherchant son salut dans la fuite, se réfugia dans une maison près du Rhône, qui ne le déroba point aux poursuites de son ennemi; celui-ci l'atteignit, mais il ne trouva plus qu'un cadavre : le malheureux Albin s'était percé de son épée, croyant échapper ainsi aux supplices auxquels il avait lieu de s'attendre de la part d'un vainqueur courroucé; il s'était trompé : Sévère exerça sur son corps inanimé tous les horribles traitements qu'il lui avait jurés : il le contempla avec une barbare satisfaction, étendu dans son sang; ensuite il lui fit trancher la tête, qu'il ordonna de promener de Lyon à Rome, comme le monument de sa victoire et de sa vengeance. Lyon en avait alors bien d'autres preuves : le vainqueur, pour châtier cette grande cité de son devouement à la cause d'Albin, l'abandonna à la rapacité et à la lubricité de ses soldats, qui, voulant se venger sur elle des fatigues de la guerre et des souffrances que leur avait coûté la victoire, la pillèrent, et la remplirent d'horreur. Cependant Sévère ayant saisi les papiers d'Albin, fit arrêter et exécuter tous les Lyonnais compromis par cette correspondance ; les parents, les amis des inculpés, tous ceux sur lesquels leurs richesses, leurs emplois, leur influence, attiraient des soupçons, furent enveloppés dans le même sort. (1).

Quelques auteurs ont avancé, on ne sait sur quel fondement, qu'à cette occasion eut lieu le martyre de saint Irénée et l'effroyable massacre qui aurait anéanti l'Église de Lyon, si le sang des martyrs n'eût pas été une semence féconde de chrétiens. Mais les dispositions actuelles de Sévère envers les chrétiens, et le témoignage des historiens contemporains contredisent également cette assertion. En effet, Septime Sévère ayant été guéri d'une infirmité par un chrétien nommé Proculus Torpacion, conserva toujours pour son bienfaiteur une reconnaissance qu'il étendit assez long-temps sur tous ceux qui professaient la véritable religion. Lorsque vainqueur de Niger, Sévère se fut assis sur le trône, il appela Proculus auprès de sa personne, et lui destina un

(1) Herod. ibid. — Tillemont, ibid.

appartement dans son palais. Au retour de sa campagne contre Albin, il prit même la défense de quelques chrétiens de qualité que la populace voulait assommer (1). On ne peut donc pas supposer que Sévère ait dans cette occasion déchargé sur saint Irénée et sur son peuple une vengeance qui ne cherchait que des Albiniens. Quand même il n'aurait pas eu pour les chrétiens l'indulgence que lui avait inspirée Proculus, il était trop occupé à châtier, à ruiner le parti de son rival, pour penser alors à persécuter la religion. C'est pourquoi ses historiens ne parlent que des vengeances exercées contre les partisans d'Albin (2). Tertullien pouvait donc deux ou trois ans après, défier les gentils de nommer quelque chrétien qui se fût mêlé des affaires ou de Niger ou d'Albin.

(1) Ipse etiam Severus, pater Antonini, Christianorum memor fuit. Nam et Proculum Christianum qui Torpacion cognominabatur.... qui eum per oleum aliquandò curaverat, requisivit et in palatio suo habuit usque ad mortem ejus : quem et Antoninus optimè noverat, lacte christiano educatus. Sed et clarissimas fœminas et clarissimos viros Severus sciens hujus sectæ esse, non modò non læsit, verùm et testimonio exornavit, et populo furenti in nos palam restitit. (Tertull. ad scap. c. IV. — *Voir* Tillemont, Hist. Ecclés., tom. III, (in-4°) pag. 114 et 118.

(2).... τά τε κατὰ τὰς Γαλλίας ὡς ᾤετο ἄριστα διαθεὶς, πάντας τε τοὺς Ἀλβίνου φίλους, εἴτε ἑκουσίως εἴθ' ὑπὸ ἀνάγκης αὐτῷ γνωρισθέντας φονεύσας.

Rebus verò in Galliis, ut ipsi meliùs videbatur, compositis, cùm omnes Albini amicos, sive voluntate, sive necessitudine illi adjunctos, morte mulctasset.... (Herod. l. III).

Après avoir anéanti à Lyon les derniers débris des partisans d'Albin, Sévère laissa cette ville en proie à ses malheurs et courut vers Rome à de nouvelles vengeances. Tous les amis et les confidents d'Albin tombèrent sous ses coups. Son glaive vengeur promena la mort dans les rangs du sénat et dans les plus illustres familles de Rome. Tant de victimes immolées à sa colère, les villes de Lyon et de Rome plongées dans le deuil et la douleur, les provinces ravagées, des champs couverts de cadavres, ne suffisaient point à sa fureur. Sévère part de Rome au bout de quelques mois, et va chercher en Orient les restes du parti de Niger dont l'ombre semblait l'inquiéter encore : il fait égorger tout ce qu'il suspecte : tout tremble, la terreur règne avec lui.

CHAPITRE SECOND.

Conduite des chrétiens dans ces temps difficiles. — Sentiments de saint Irénée sur l'obéissance due aux puissances.

La position des chrétiens au milieu de tant de vicissitudes devenaient de jour en jour plus critique : objets de la haine publique, la calomnie pouvait les accuser d'infidélité au prince, de trahison envers la patrie, s'ils ne se jetaient dans une faction et n'en secondaient les fureurs ; la vengeance privée, affectant un faux zèle pour le bien public, pouvait impunément se les immoler ; la trahison en égorgea même un grand nombre pour cacher ses véritables sentiments ; mais jamais les chrétiens ne fournirent aucun prétexte plausible à la calomnie ; jamais la haine ne put surprendre leur fidélité en défaut. Disciples d'un Dieu de qui relèvent tous les empires, ils obéissaient au prince qui en avait reçu le sceptre et la puissance : instruits par leurs pasteurs, ils savaient qu'il faut respecter l'autorité, parce que tout pouvoir vient de Dieu, et que c'est Dieu que l'on doit voir dans les rois de la terre.

La chrétienté de Lyon se distingua entre toutes les autres, par sa sagesse, dans des circonstances si difficiles. Irénée, que la prudence n'abandonna jamais, lui avait tracé dans ses exemples et dans ses leçons, la ligne de conduite qu'elle devait tenir et dont elle ne s'écarta jamais. Habitants d'une cité, d'un pays qui avaient pris parti pour Albin contre Septime-Sévère, de qui le jugement du sénat avait légitimé les droits, les chrétiens de Lyon surent garder extérieurement une neutralité qui les préserva d'abord de la fureur des factions, ensuite de la vengeance du vainqueur. Dans une si cruelle situation, Irénée fut leur conseil comme dans tous les autres temps ; ils n'eurent qu'à l'écouter et à le suivre pour marcher irréprochables devant Dieu et devant les hommes : ce grand homme avait mesuré les difficultés du temps ; mais sachant que Dieu est l'arbitre de tous les évènements, il avait mis en lui toute sa confiance, et il avait disposé son peuple à recevoir avec reconnaissance de la main du Seigneur le sort qu'il lui destinait, et à s'incliner sous le sceptre qu'il voudrait

bien lui imposer. « C'est Dieu, disait Irénée (1), qui
» dispose des empires ; les cœurs des rois sont dans ses
» mains ; par lui règnent les monarques ; c'est de lui
» que reçoivent leur pouvoir les arbitres du monde : il
» élève les trônes et les distribue aux potentats de la
» terre. Soyez donc soumis aux puissances, puisque
» leur autorité vient de Dieu. Sa sagesse dispose de tout
» dans ce monde : il livre le glaive aux mains des puis-
» sants, pour qu'ils soient les ministres de sa justice et
» de sa vengeance contre ceux qu'elle poursuit. Payez-
» leur le tribut comme aux agents du Seigneur, car ils
» sont ses ministres. Jésus-Christ lui-même a confirmé
» cette doctrine par son exemple en refusant d'obéir à
» l'esprit tentateur et en payant le tribut pour lui et
» pour Pierre. Depuis qu'il a tenté de secouer le joug

(1) Non enim ipse (diabolus) determinavit hujus sæculi regna, sed Deus : *Regis enim cor in manu Dei.* (Prov. XXI. 1.) *Per me reges regnant, et potentes tenent justitiam. Per me principes exul-tabuntur, et tyranni per me regnant terram* (Ibid. VIII. 15). Et Paulus autem Apostolus in hoc ipsum ait : *Omnibus potestatibus su-blimioribus subjecti estote : non est enim potestas nisi à Deo. Quæ autem sunt, à Deo disposita sunt.* (Rom. XIII. 1-4). Et iterum de ipsis ait : *Non enim sine causâ gladium portat; Dei enim minister est, vindex in iram ei qui malè operatur.* (Ibid.) *Propter hoc enim et tributa præstatis, ministri enim Dei sunt, in hoc ipsum deservien-tes.* (Ibid. 6). Hoc autem et Dominus confirmavit, non faciens qui-dem quod à diabolo suadebatur ; tributorum autem exactoribus ju-bens pro se et pro Petro dari tributum ; quoniam ministri Dei sunt in hoc ipsum deservientes. Quoniam enim absistens à Deo homo in

» du Seigneur, l'homme abdiquant aussi les sentiments
» de la nature, n'a plus vu que des ennemis dans ses
» semblables, dans ses frères ; et depuis lors il a re-
» cours à l'homicide, à tous les crimes, pour satisfaire
» sa haine ou se délivrer de ses appréhensions. Dieu
» donc l'a livré à la crainte des hommes, lui qui a bravé
» le Seigneur ; et par un juste châtiment, il l'a soumis
» à l'autorité des princes, à des lois humaines, beau-
» coup plus dures que les lois et l'autorité divines. Ce
» n'est point sans cause, dit l'apôtre saint Paul, que le
» prince est armé du glaive : ministre de Dieu, il doit
» exercer sa vengeance sur les coupables. C'est pour-
» quoi les magistrats qui respectent et appliquent les
» lois de la justice, n'auront point de compte à rendre,
» ni de châtiment à subir ; mais si, revêtus du pouvoir,
» ils en font un usage inique et sacrilége ; s'ils s'en ser-
» vent pour tyranniser et perdre les justes, qu'ils sa-

---

tantùm efferavit ut etiam consanguineum hostem sibi putaret, et in
omni inquietudine, et homicidio, et avaritiâ sine timore versare-
tur; imposuit illi Deus humanum timorem, non enim cognoscebant
timorem Dei, ut potestati hominum subjecti, et lege eorum adstric-
ti, ad aliquid assequantur justitiæ, et moderentur ad invicem in
manifesto propositum gladium timentes, sicut apostolus ait : *Non
enim sine causâ gladium portat : Dei enim minister est, vindex in
iram ei qui malè operatur.* Et propter hoc et ipsi magistratus indu-
mentum justitiæ leges habentes, quæcumque justè et legitimè fece-
rint, de his non interrogabuntur, neque pœnas dabunt. Quæcum-

» chent qu'un châtiment terrible leur est réservé ; la
» justice de Dieu atteint tous les hommes ; personne ne
» saurait échapper à ses jugements remplis d'équité.

» Dieu a établi sur la terre des princes et des magis-
» trats pour l'utilité des sociétés, afin que la crainte
» des lois empêche les hommes de s'entre-détruire, et
» réprime l'injustice et la violence ; c'est en remplissant
» ses intentions que les princes de la terre sont vérita-
» blement les ministres du Seigneur.

» Dieu distribue donc la puissance à qui il lui plaît ;
» comme il donne l'existence à tous les hommes, il
» confie aussi le pouvoir aux souverains, soit pour dé-
» fendre la justice, pour procurer le bonheur et la tran-
» quillité des sujets, pour réprimer les crimes et châtier
» les coupables ; soit pour éprouver ou punir les hom-

---

que autem ad eversionem justi, iniquè et impiè et contrà legem et more tyrannico exercuerint, in his et peribunt ; justo judicio Dei ad omnes æqualiter perveniente et in nullo deficiente.

Ad utilitatem ergo gentilium terrenum regnum positum est à Deo, ut timentes regnum hominum non se alterutrum homines.... consumant, sed per legum positiones repercutiant multiplicem gentilium injustitiam ; et secundum hoc ministri Dei sunt qui tributa exigunt à nobis. *Quæ sunt potestates à Deo ordinatæ sunt.* Cujus enim jussu homines nascuntur, hujus jussu et reges constituuntur, apti his qui illo tempore ab ipsis regnantur. Quidam enim illorum ad correctionem et utilitatem subjectorum dantur, et conservationem justitiæ : quidam autem ad timorem et pœnam, et increpationem : quidam autem ad illusionem, et contumeliam et superbiam, quemadmodum

» mes, soit enfin pour montrer son autorité suprême
» contre des puissants superbes, qu'il anéantit comme
» les plus faibles. »

En se soumettant aux princes de la terre, on se soumet donc à Dieu lui-même; mais il n'en est point ainsi du règne de Satan : il veut ravir l'autorité divine, et prétend l'exercer sur nous; point de transaction avec cet usurpateur; lui obéir, c'est désobéir à Dieu ; lui rendre les honneurs divins, c'est les refuser à Dieu ; c'est un sujet rebelle qui, au lieu de commander au nom de son prince, gouverne en son propre nom et à son profit. Repoussons de toutes nos forces une pareille autorité ; nous le devons, nous le pouvons, puisque le Verbe incarné l'a vaincu pour nous, et nous a laissé l'obligation avec le pouvoir de le vaincre.

---

et digni sunt ; Dei justo judicio.... in omnibus æqualiter supergrediente.

Diabolus autem hoc tantùm potest quod detegit in principio, seducere et abstrahere mentem hominis ad transgredienda præcepta Dei et paulatim obcæcare corda eorum qui conarentur servire ei, ad obliviscendum quidem verum Deum, ipsum autem quasi Deum adorare.... Diabolus invidens homini, apostata à divinâ factus est lege.... Et in suâ potestate apostolicâ volens concludere eum. Omnium artifex Verbum Dei, per hominem vincens eum, è contrario subjecit eum homini : *Ecce*, dicens, *do vobis potestatem calcandi super serpentes et scorpiones et super omnem virtutem inimici;* ut quemadmodùm dominatus est homini per apostasiam, sic iterùm per hominem recurrentem ad Deum, evacuetur apostasia ejus. (Iren. adv. hæres. lib. V, c. 24).

CHAPITRE TROISIÈME.

Les chrétiens de Lyon restent fidèles à leur souverain. — Témoignage de Tertullien.

C'était par ces leçons et d'autres semblables que saint Irénée dirigeait son peuple dans les temps difficiles où il se trouvait, et c'est par la pratique de si sages conseils que les chrétiens de Lyon surent se préserver et de la fureur des factions dont ils avaient supporté patiemment les violences, et de la vengeance du vainqueur contre lequel ils n'avaient fait aucune démonstration hostile ; ne dépendant intérieurement que de leur conscience, ils laissaient au Seigneur le choix des puissances temporelles auxquelles il voudrait les soumettre : tandis que les factions remplissaient l'empire de désolation et de carnage au nom et en faveur de tel ambitieux, les chrétiens, contents de combattre la domination du démon, demandaient à Dieu que sa volonté se fît sur la terre parmi les hommes, comme au ciel parmi les anges, et que tout l'univers connût et reçût sa loi sainte.

Pénétrés de ces principes, ils obéissaient aux princes que le Seigneur avait investis du pouvoir, et parce que leur soumission était commandée par leur conscience, jamais on ne les trouvait impliqués dans les insurrections. C'est pourquoi, aux temps orageux que nous parcourons, les perquisitions les plus sévères ne purent découvrir aucun partisan déclaré d'Albin, dans la chrétienté de Lyon, ni convaincre, dans d'autres provinces, aucun chrétien d'avoir trempé dans la révolte de Cassius ou de Pescennius Niger. Ce fait était si patent, si connu dans tout l'empire, que Tertullien, deux ans après le massacre que Sévère avait ordonné à Lyon et en Orient des partisans de ses compétiteurs, au moment même qu'on en recherchait ou qu'on en exécutait les derniers restes, ne craignait pas de le publier à la face de l'empire, et défiait les ennemis les plus acharnés de la religion de lui donner un démenti. « On nous accuse, nous chrétiens, disait-il, de manquer de respect aux empereurs, parce que nous nous abstenons des fêtes infâmes que de gré ou de force l'on célèbre en leur honneur... sans doute, les Romains leur conservent une inviolable fidélité !... jamais il ne s'est trouvé de factieux dans le sénat, parmi les chevaliers, dans les camps, dans le palais... d'où sont donc sortis les Cassius, les Niger, les Albin? d'où sont sortis ceux qui assassinent leur souverain? ceux qui dans les gymnases s'exercent à les étrangler habilement? d'où viennent ceux qui forcent le palais des Césars et s'y précipitent le poignard à la main? tous ces gens-là, je crois, étaient romains et non chrétiens.

Tous cependant jusqu'au moment où leur rébellion a éclaté, sacrifiaient pour le salut de l'empereur, juraient par son génie, et surtout criaient bien haut que les chrétiens étaient des ennemis publics. Les complices des factieux ou leurs nombreux partisans que l'on découvre tous les jours, derniers restes d'un parti dont les chefs parricides ont déjà été moissonnés, ne célébraient-ils pas aussi des fêtes en l'honneur du monarque, avec autant d'empressement et d'appareil que les autres (1)? »

Ailleurs faisant allusion aux sanglantes exécutions dont Sévère effrayait l'empire depuis deux ans, Tertullien ajoute : « Ne craignons pas de souffrir pour Dieu ce que d'autres souffrent pour un homme. Que les temps où nous vivons, nous instruisent : combien d'illustres personnages ne sont-ils pas arrachés à leur rang, à leurs dignités, à leurs richesses, à la vie?... et cela pour un homme qui les fait supplicier, s'ils ont trempé dans la

---

(1) Apol. c. 35.

révolte, ou en haine duquel ils sont massacrés par ses adversaires, s'ils lui sont restés fidèles (1). »

Dans son livre à Scapula, Tertullien affirme le même fait en des termes non moins énergiques : « Nous ne respectons pas, dites-vous, la majesté de l'empereur... Nommez-moi donc un chrétien qui ait ouvertement embrassé et défendu la cause d'Albin, de Niger ou de Cassius : on n'en a découvert aucun (2). » « Mais on a trouvé rebelles les ennemis des chrétiens, les mêmes qui, la veille encore, faisaient semblant de jurer par le génie du prince, qui voulaient paraître les plus empressés à sacrifier pour le salut de l'empereur. Le chrétien n'est ennemi de personne, beaucoup moins de César, à qui son Dieu commande d'obéir : il le sait, et c'est parce qu'il le sait, qu'il aime son souverain, le respecte, l'honore et prie pour sa conservation (3). »

Il fallait que Tertullien eût beaucoup de confiance en sa cause et qu'il fût bien sûr du fait qu'il publiait d'une manière si solennelle, pour oser défier les ennemis jurés des chrétiens de pouvoir le contredire. Personne n'accepta le défi ; et il resta prouvé que les fidèles ne s'é-

---

(1) Lib. ad Martyr. c. 6.
(2) Nunquàm Albiniani, nec Nigriani, nec Cassiani inveniri potuerunt Christiani, etc.
(3) Lib. ad Scapul. c. 2.

taient déclarés contre l'empereur, ni en faveur de Niger, ni pour la cause d'Albin.

Or, nous le demandons encore une fois à ceux qui veulent que saint Irénée et son peuple aient été envelopés dans le massacre, que Sévère fit faire à Lyon, des partisans d'Albin. Comment Tertullien eût-il osé vanter la fidélité des chrétiens de Lyon et de toutes les Gaules, si des milliers d'entr'eux eussent été immolés à sa vengeance ? Un fait si éclatant ne pouvait pas rester inconnu même au milieu des grands évènements qui agitaient l'empire ; et les auteurs païens qui s'arrêtent aux détails des perquisitions que l'empereur ordonna contre ses rivaux, n'auraient pas manqué de rapporter une si épouvantable exécution; leur silence sur ce point appuie les paroles de Tertullien, et nous osons ajouter que notre assertion est certaine de toute l'assurance même de ce grave apologiste; c'est pourquoi nous devions nous appesantir sur un témoignage qui nous paraît décisif.

CHAPITRE QUATRIÈME.

Calomnies des Gentils contre les chrétiens.—Commencements de la persécution.—Saint Irénée dispose son peuple au martyre.

Mais l'innocence des chrétiens ne le garantit point de la haine des païens. Depuis que Sévère siégeait sans rival sur le trône impérial, il ne semblait s'occuper qu'à exercer sa vengeance sur les derniers partisans de ceux qui lui avaient disputé le diadème : tout tremblait dans l'empire, les uns se savaient coupables du crime que l'on poursuivait; les autres craignaient d'en être soupçonnés. On vit alors des populations en masse et chaque citoyen en particulier rivaliser d'empressement et de bassesses pour apaiser ce maître terrible et tenter ses bonnes grâces. Le nom de Sévère était détesté dans le secret des cœurs, et les airs retentissaient de ses louanges; on célébrait en son honneur des fêtes d'autant plus bruyantes qu'elles étaient moins sincères et plus intéressées : on poussait des cris de joie pour mieux cacher les alarmes et les douleurs; les chrétiens plus sincères, parce qu'ils étaient plus vertueux, conformaient leurs vœux à leur conduite, et fidèles au prince que Dieu leur avait donné, ils adressaient au Seigneur des prières sincères pour la conservation de ses jours et la prospérité de son règne.

« Les yeux levés vers le ciel, dit Tertullien, les mains étendues parce qu'elles étaient pures, le front découvert parce qu'il n'avait à rougir de rien, ils demandaient à Dieu pour l'empereur une vie longue, un règne tranquille, la sûreté dans leurs palais, la valeur dans les troupes, la fidélité dans le sénat, la vertu dans le peuple, la paix dans l'empire, enfin tout ce qu'un homme, tout ce qu'un empereur peut désirer (1). Mais comme aux fêtes des païens se mêlaient des sacriléges et des infamies qui, pour honorer un prince de la terre, insultaient le Roi des cieux, leur conscience et leur piété en éloignaient toujours les fidèles. Les idolâtres prenaient de là occasion de les accuser de rébellion et de se venger ainsi de la fidélité qu'ils n'avaient point compromise dans les

---

(1) Tertull. Apolog. c. 30.

factions. Cependant la grande voix de Tertullien confondait ces accusations, en dévoilait l'injustice et l'hypocrisie : « Est-ce donc, disait-il, que les chrétiens seraient ennemis de l'Etat, parce qu'ils rendent à l'empereur des honneurs sincères et légitimes; parce que professant la vraie religion, ils célèbrent des fêtes par la pureté de leurs actes, et non par la débauche? Grande preuve de zèle, en effet, que d'allumer des feux, étendre des lits dans les rues, y célébrer des festins, changer la ville en taverne, inonder de vin les pavés des rues, courir en troupes à d'abominables désordres! La joie publique ne s'annonce-t-elle donc que par la honte commune?.. Nous sommes grandement coupables, sans doute, car nous faisons des vœux pour les empereurs sans cesser d'être sobres, chastes et modestes.... dans ces jours de plaisirs, nous n'ornons pas les portes de nos maisons de branches de lauriers, nous ne faisons point pâlir la lumière par la multitude des flambeaux ! Rien cependant n'est plus honnête alors que de changer son domicile en un lupanar.

» Mais toutes vos démonstrations ont-elles du moins le mérite de la sincérité?... Ah! si l'on pouvait pénétrer dans vos cœurs, on y verrait l'objet de vos vœux secrets et les images de nouveaux princes dont vous rejetteriez tour-à-tour la domination après l'avoir désirée... Content de son prince, un chrétien lui reste fidèle et n'en cherche point d'autre (1). »

Les païens ne l'ignoraient pas; mais il importait à leur haine jalouse de prendre le change et de faire passer la piété des chrétiens pour un mépris habituel de la majesté impériale. La calomnie trouvait un prétexte plausible dans leur éloignement des fêtes qu'un peuple d'esclaves multipliait alors pour tromper un despote sur ses véritables sentiments. Et comme l'absence des chrétiens laissait un vide immense dans les fêtes populaires, il fut facile de voir alors quels progrès étonnants avait faits l'Eglise de Jésus-Christ. Les prêtres des faux dieux entretenaient les dispositions hostiles des païens contre une religion qui menaçait leurs idoles d'une ruine totale. Dès que Sévère ne témoigna plus aux chrétiens la même bienveillance, il y eut partout une effroyable explosion de menaces : des cris de mort s'élevèrent de nouveau de toutes les parties de l'empire et vouèrent les chrétiens aux lions.

Mais nulle part l'idolâtrie ne se déchaîna contre les chrétiens avec plus de fureur que dans la ville de Lyon. La vengeance que Sévère avait fait peser sur elle quelque temps auparavant, avait révélé leur innocence : les païens

(1) Apolog. c. 35.

ne l'avaient point oublié. A peine furent-ils sortis de la stupeur où les avait jetés le courroux du vainqueur, que mesurant toute la grandeur des désastres dont la vue semblait les accuser encore, ils puisèrent même dans leurs malheurs une rage nouvelle contre des chrétiens innocents qui pleuraient, sur des ruines, le crime de leurs concitoyens, et les calamités communes.

Saint Irénée observait ces dispositions des esprits; il prévit que l'enfer préparait à son Eglise une guerre effroyable; aussi n'attendit-il pas qu'elle éclatât pour y disposer son peuple. Quant à lui, il vit avec joie s'approcher le jour heureux qui devait éclairer son martyre. Son amour ardent pour Jésus-Christ ne voulait pas un moindre sacrifice, et il conjurait son Dieu de lui accorder cette dernière faveur. Disciple d'un martyr, successeur d'un martyr, compagnon de martyrs, il avait entretenu dans son cœur le désir et l'espoir de sacrifier sa vie à la gloire de Jésus-Christ, et son ame dut s'enflammer d'une nouvelle ardeur à l'approche du jour où Dieu allait enfin mettre le comble à ses vœux. Il lui fut facile d'inspirer les mêmes sentiments à des chrétiens qu'il avait formés. Sans doute, le martyre était alors le sujet ordinaire de ses entretiens et à ses leçons : il en expliquait l'excellence à ses disciples et leur montrait que c'était un des plus beaux priviléges de l'Eglise dont ils étaient membres; il leur promettait le secours et la force de l'Esprit Saint, ranimait leur courage en relevant leurs espérances, et faisait briller à leurs yeux la couronne de gloire que Jésus-Christ prépare à ceux qui l'auront aimé jusqu'à mourir pour lui. « L'Eglise seule, disait le grand Irénée, a le privilége de former des martyrs et d'en peupler les cieux; c'est une faveur que Dieu accorde à l'amour qu'elle lui porte. Loin de participer à sa gloire, les sectes froides et stériles ne comprennent point la noblesse du martyre, méprisent ceux qui le souffrent pour le Verbe de Dieu, et blasphèment l'Esprit Saint qui leur en donne le courage (2). »

« Car les martyrs, forts de la force même de l'Esprit Saint, sont au-dessus de la faiblesse humaine; et les souffrances leur paraissent légères ; ils bravent la mort et des tourments qui effrayeraient la nature, si l'Esprit de Dieu n'était avec eux (2). »

(1) Ecclesia omni in loco ob eam quam habet ergà Deum dilectionem, multitudinem martyrum in omni tempore præmittit ad Patrem; reliquis autem omnibus non tantùm non habentibus hanc rem ostendere apud se, sed nec quidem necessarium esse dicentibus tale martyrium.... Opprobrium enim eorum, qui persecutionem patiuntur propter justitiam, et omnes pœnas sustinent et mortificantur propter eam quæ est ergà Deum dilectionem.... Sed idem Spiritus requiescens super eam (Ecclesiam) ab his qui non recipiunt Verbum Dei, persecutionem patitur. (Iren. adv. hæres. l. IV, c. 33. n° 9).

(2) Sic igitur martyres testantur et contemnunt mortem, non secundum infirmitatem carnis, sed secundum quod promptus est Spiritus. Infirmitas enim carnis absorpta, potentem ostendit Spiritum... (Iren. adv. hæres. l. V, c. 9. n° 2-3).

Jésus Christ le premier a donné sa vie pour nous; il a donc droit que, par amour pour lui, nous participions à son sacrifice. C'est pourquoi il avait déjà dit à ses disciples : « Vous comparaîtrez, à cause de mon nom, de- » vant les princes et les magistrats : on vous poursuivra de ville en ville ; on vous livrera aux tourments et à la mort. Mais ne craignez point ceux qui, pouvant déchirer le corps, n'ont aucun pouvoir sur l'ame ; craignez plutôt celui qui peut condamner aux flammes éternelles et l'âme et le corps. Oui, ajoute saint Irénée, craignez celui qui couronne les martyrs et châtie les infidèles. Des hérétiques osent cependant mépriser les martyrs, livrer au ridicule ceux qui donnent leur vie pour le nom de Jésus-Christ. Mais un jour le souverain juge vengera l'honneur des saints et confondra leurs contempteurs. Pour nous, imitons ici-bas celui qui sur la croix a demandé grâce pour ses bourreaux, qui nous a recommandé d'aimer nos ennemis; abandonnons-nous à sa justice et à sa bonté (1). »

(1) *Si quis vult post me venire, abneget semetipsum et tollat crucem suam et sequatur me....* Hæc enim Christus manifestè dicebat, ipse existens salvator eorum, qui propter suam confessionem in mortem traderentur, et perderent animas suas.... Et discipulis dicebat : *Antè duces et reges stabitis propter me, et ex vobis flagellabunt et interficient, et persequentur a civitate in civitatem....: Nolite timere eos qui occidunt corpus, animam autem non possunt oc-*

C'est ainsi que, déroulant aux regards de ses disciples le tableau des persécutions supportées par l'Eglise dans tous les temps, comme dans tous les pays, saint Irénée, pour exciter leur foi et leur courage, leur rappelait la lutte sublime que des chrétiens de tout rang, de tout sexe et de tout âge, les yeux fixés sur le Calvaire, le cœur fortifié par l'Esprit Saint, avaient soutenue contre les puissances de l'enfer. D'ailleurs les chrétiens de Lyon étaient les enfants des martyrs : chaque jour ils foulaient le théâtre glorieux où leurs pères avaient combattu pour Jésus-Christ et triomphé des supplices : les lieux témoins du courage et de la victoire de ces généreux athlètes, semblaient les exhorter à ne pas dégénérer de leurs aïeux. Les noms vénérés des Pothin, des Sanctus, des Blandine, des Epipode, des Alexandre et de tant d'autres martyrs, vivaient encore dans leur mémoire. De si beaux exemples, semés, pour ainsi dire, dans leurs cœurs, y

---

cidere : timete autem magis eum qui habet potestatem et corpus et animam mittere in gehennam.... Etenim confessurum se promittebat coram Patre suo eos qui confiterentur nomen suum coram hominibus ; negaturum autem eos qui negarent eum et confusurum qui confunderentur confessionem ejus. Et cùm hæc ità se habeant, ad tantam temeritatem progressi sunt quidam, ut etiam martyres spernant, et vituperent eos qui propter Domini confessionem occiduntur..... et conantur vestigia assequi passionis Domini.... Cùm enim inquiretur sanguis eorum, et gloriam consequentur, tunc à Christo confundentur omnes qui inhonoraverunt eorum martyrium. etc. (Iren. adv. hæres. l. III, c. 18. n° 4-5).

portaient ces fruits de salut qu'allait bientôt cueillir le père de famille; et l'espoir du bonheur, dont le martyre avait assuré la possession à leurs pères, enflammait encore leur courage et leurs désirs. C'était vers ce terme glorieux qu'Irénée élevait leurs pensées. Les désastres et les exécutions sanglantes qui, peu de temps auparavant, avaient désolé la ville de Lyon, attestaient encore la vanité des choses de ce monde, confirmaient ses leçons et portaient les chrétiens à souffrir pour Jésus-Christ des maux que tant de malheureux subissaient forcément pour un homme.

Mais rien ne secondait mieux les leçons d'Irénée que l'exemple de ses vertus : aussi eut-il la consolation de voir croître autour de sa vieillesse un peuple de héros chrétiens, dont toute l'ambition était de vivre et de mourir avec lui.

CHAPITRE CINQUIÈME.

Causes de la persécution.—Edit de Sévère.—La persécution éclate à Lyon.—Martyre de saint Irénée et de son peuple.

Ce fut dans ces dispositions que la persécution trouva la chrétienté lyonnaise. Une émeute populaire avait donné à Rome le premier signal de cette persécution, qui pendant plusieurs années inonda l'empire du sang des chrétiens. Septime Sévère, comme nous l'avons déjà indiqué, précédé du bruit de ses vengeances et de la terreur de son nom, avait accouru de Lyon à Rome, où il était arrivé à travers des peuples d'esclaves à genoux. La hauteur avec laquelle il avait reçu ces hommages, les menaces qu'il avait faites et la vengeance qu'il avait tirée de ses rivaux anéantis, avaient fait multiplier en son honneur des fêtes sacriléges (1). Les chrétiens ayant refusé d'y prendre part, la populace païenne de Rome s'était jetée sur eux, ou pour satisfaire sa fureur, ou pour montrer son dévouement hypocrite à un prince irrité et terrible dans sa colère. L'empereur lui-même, comme nous l'avons déjà dit, l'avait arrêtée dans ses excès; car il ne s'était pas encore alors déclaré contre une religion que la reconnaissance envers Proculus l'avait porté à ménager. Mais ce prince passait facilement de l'amitié à la haine : fier, cruel, soupçonneux, emporté, implacable dans ses vengeances, avide d'hommages, les exigeant comme autant de droits, Sévère rassurait peu les chrétiens ; ses mauvaises qualités donnaient au contraire aux païens l'espoir d'une persécution générale contre la religion de Jésus-Christ. Il se forma même parmi les plus influents ou les plus puissants d'entre eux

---

(1)... εἰς τὴν Ῥώμην εἰσήλατεν. ὁ δὲ δῆμος αὐτὸν δαφνηφορῶν μετὰ πάσης τιμῆς καὶ εὐφημίας ὑπεδέξατο· ἥτε σύγκλητος προσηγόρευσαν, οἱ πλεῖστοι ἐν μεγίστῳ δέει καθεστῶτες, λογιζόμενοι ὅτι αὐτῶν οὐ φείσεται, φύσει μὲν ὢν ἐθχρὸς χαλεπώτατος, καὶ μικρᾶς προφάσεως δεόμερος εἰς τὸ ἀδικῆσαι, τότε δὲ δοκῶν καὶ εὐλόγους ἔχειν αἰτίας.

..... Romam intrat, occurrente laureato populo, ac magno honore faustisque acclamationibus excipiente, senatuque universo consalutante, tametsi plerosque metus consternaverat, quòd sibi haud quaquàm parsurum rebantur, immitem suapte naturâ et sanguinarium, neque sanè magnâ causâ indigentem ad inferendas injurias ; cæterùm tunc probabiles odii rationes habiturum, (Herod, l. III).

des espèces de clubs où l'on délibérait sur les moyens de perdre les chrétiens et de discréditer leur doctrine. L'impératrice Julia Domna paraît avoir été à la tête du mouvement; c'était une femme bel-esprit qui joignait à toutes les petitesses de la galanterie une instruction variée, un talent facile, une imagination exaltée et toutes les grâces de l'élocution et du langage; qui aspirait non-seulement au titre de philosophe, mais encore au sceptre de la philosophie. Elle accordait aux sophistes une protection et des faveurs qui en attirèrent un grand nombre auprès d'elle (1). Elle les réunissait au palais où elle tenait le cercle, et s'entretenait avec eux de sciences, de philosophie et surtout de religion; le christianisme était, pour parler ainsi, à l'ordre du jour : là, on plaisantait sur un système de religion qui contredisait toutes les idées reçues; mais on se préoccupait en même temps de ses progrès et des moyens de les arrêter. Un des plus puissants à leurs yeux fut de tourner cette religion en ridicule, de calomnier ceux qui la professaient et de travestir ses héros. Ce fut dans ce dessein que l'on inventa les merveilles dont on embellit la vie d'Apollonius de Thyane. Philostrate, secrétaire de Julia Domna, fut chargé de leur donner de l'ensemble et une forme

---

(1) Philost. Vit. Apoll. l. I, c. 3. — Vit. sophist. 56. — Dio. l. 75. Voir notre Histoire de l'Eclectisme alexandrin, tom. I, p. 143.

convenable. On crut opposer à Jésus-Christ un demi-dieu, et l'on réussit tout au plus à faire un héros de théâtre.

La violence servit mieux les païens que leurs mensonges : Julia Domna avait pris sur l'esprit de l'empereur un tel ascendant, qu'elle le tournait à son gré, et Sévère, dont le nom seul faisait trembler l'empire, se laissait gouverner par une femme. Il ne fut donc pas difficile à celle-ci d'inspirer sa haine contre les chrétiens à un prince qui la craignait et que d'ailleurs les plaintes et les calomnies des prêtres des faux dieux, le déchaînement général des esprits avaient déjà prévenu contre la nouvelle religion, et arraché de son cœur le dernier sentiment d'estime ou de reconnaissance qu'il lui avait conservé jusqu'alors. Il ne put cependant pas se résoudre encore à lancer un édit de persécution générale, mais les populaces furent plus libres dans leurs violences; des proconsuls et d'autres magistrats ne craignirent plus de s'attirer l'animadversion de Sévère en permettant des massacres dont le zèle pour le service des dieux ou du souverain était ordinairement le prétexte. « Combien de fois, disait Tertullien à cette occasion, combien de fois le peuple, sans attendre vos ordres, ne nous accable-t-il pas d'outrages, n'incendie-t-il pas nos maisons! Pendant les bacchanales il se jette avec fureur sur les morts; oui, l'asile de la mort est violé. On arrache des tombeaux où ils reposent, les cadavres des chrétiens, quoique méconnaissables, quoique déjà corrompus, pour leur insulter et les mettre en pièces (1). » A ces horreurs, les chrétiens n'opposaient qu'une patience magnanime.

L'édit de Sévère vint enfin lever le dernier obstacle qui modérât encore la rage païenne. Ce prince, après quelques mois de séjour à Rome, était allé en Orient (2) chasser les Parthes de la Mésopotamie qu'ils avaient envahie, étouffer la rébellion des Juifs et des Samaritains, anéantir les restes du parti de Niger, affermir sa domination par sa présence dans ces contrées lointaines, visiter les temples et les sanctuaires d'Egypte, où la superstition à laquelle il était si enclin lui montrait des dieux et des mystères dignes de sa vénération et de son dévouement; il en donna bientôt des preuves à ses fausses divinités. Il publia l'édit fatal dont la religion était depuis si longtemps menacée. La persécution se propagea dans l'empire avec la rapidité d'un incendie poussé par l'ouragan : ici le glaive, là les flammes, ailleurs les cirques et les amphithéâtres, partout les croix, les cachots, les roues et les ongles de fer furent mis en usage contre les chrétiens (3). Tout l'empire fut occupé à tourmenter les martyrs.

(1) Apolog. c. 37.
(2) Herod. l. III.
(3) Tertull. scorp. c. 1. — Euseb. Hist. Eccl. l. VI, c. 1 et suiv.

La présence de Sévère dans Alexandrie anima la fureur des païens, et cette ville, dit Eusèbe, se changea en un vaste théâtre de carnage, où brilla le courage magnanime des chrétiens. Parmi eux se fit remarquer surtout saint Léonide qui, sacrifiant à son Dieu toutes les affections de la nature, abandonna aux soins de sa providence un fils encore en bas âge; mais déjà cet enfant savait apprécier le bonheur et la gloire de son père, et il ne tint pas à lui de partager son sacrifice. Dieu qui le réservait à sa religion pour la défendre contre le philosophisme et l'hérésie, laissa la tendresse maternelle le soustraire à la rage des persécuteurs. Cet enfant devait être le grand Origène.

Tandis que cet astre s'élevait en Orient à travers les feux de la persécution; en Occident, Irénée, comme un soleil qui avait majestueusement fourni sa carrière, allait s'éteindre dans des flots de sang. Ce grand homme avait passé quatre-vingts ans au service du Seigneur. Depuis un quart de siècle il occupait le siége de saint Pothin; il avait confondu l'hérésie, pacifié l'Église entière, éloigné de son sein les maux et les scandales d'un schisme; ses lumières avaient éclairé toute la chrétienté, ses vertus l'avaient édifiée; toutes ses grandes qualités avaient honoré la religion et glorifié le nom de Jésus-Christ parmi les gentils : il ne restait plus à Irénée qu'à donner au Sauveur le plus éclatant de tous les témoignages, celui de son sang, et il ne manquait plus à ses mérites que la palme du martyre.

Les décrets impériaux parvinrent à Lyon à la fin de l'an 202, ou vers le commencement de l'an 203, et coïncidèrent précisément avec les fêtes décennales qui devaient se célébrer à l'occasion de la dixième année du règne de Sévère. C'était pour les païens de cette ville une occasion favorable de faire oublier leur révolte passée et d'exercer leur vengeance contre les chrétiens : sous prétexte de témoigner leur amour pour leur souverain, ils s'empressèrent à l'envi d'exécuter ses ordres, célébrèrent des fêtes en son honneur, avec un appareil extraordinaire, et multiplièrent les sacrifices pour la prospérité de son règne. Nous l'avons déjà dit, les chrétiens ne prenaient jamais part à des fêtes sacriléges qui se célébraient dans la débauche; leurs ennemis se prévalaient de cette circonstance pour les accuser de rébellion contre le prince, ou de mépris pour sa personne et pour les dieux, et pour attirer ainsi sur leurs têtes les maux dont, cinq ans auparavant, Sévère avait accablé les partisans d'Albin. Les chrétiens savaient bien à quels dangers les exposait le refus de participer à ces abominations; mais ils ne craignaient que Dieu : ils persévérèrent donc dans la pratique de leurs devoirs, et s'abandonnant à la volonté du Seigneur, ils conservèrent le calme et la patience qu'ils avaient montrés en des temps moins menaçants;

où plutôt ils demandèrent à Jésus-Christ la faveur d'unir le sacrifice de leur vie au sacrifice de la croix. Leurs vœux furent bientôt satisfaits. Entouré de la vénération des fidèles, Irénée les préparait au martyre, ranimait leur foi, élevait leurs pensées vers le ciel qui allait s'ouvrir devant eux, et leur apprenait à mépriser une terre où les disciples de l'Evangile sont obligés de vivre confondus avec les partisans de l'enfer. Il leur distribuait souvent le pain des forts; conférait le baptême aux enfants et aux catéchumènes, afin qu'ils ne sortissent pas de cette vie avant d'avoir été régénérés par ce sacrement (1). Il inspirait à tous la force et le courage que demandaient les prochaines épreuves.

Cependant les païens, libres de faire aux chrétiens tout le mal qu'ils voulaient, exercèrent leur pouvoir avec une fureur dont l'homme paraît à peine capable. Sans doute, les prêtres des faux dieux la firent d'abord tomber sur Irénée, dont le zèle dépeuplait leurs temples et soutenait la constance des chrétiens; ce vénérable vieillard rendit grâces à son Dieu de ce qu'il mettait le comble à ses faveurs par celle du martyre.

---

(1) C'était la coutume ordinaire de tous les évêques, lorsque la persécution menaçait leurs Eglises. *Voir* la note de Henri de Valois sur le chapitre XI du livre VII de l'Hist. Ecclés. d'Eusèbe, aux mots πείσω συν ἔτι.

Les yeux levés vers le ciel, le front calme et majestueux, il reçut en le bénissant le coup de la mort, et son âme triomphante alla recevoir enfin dans les cieux la couronne que lui avaient méritée tant de combats sur la terre. Ses enfants généreux, instruits par ses leçons, animés par son exemple, partagèrent son bonheur et sa gloire. De vils assassins, ivres de leur sang, en inondèrent la cité ; armés de poignards, de pierres ou d'armes tranchantes, ils les immolaient partout où les rencontrait leur aveugle fureur. Elle ne fut assouvie que lorsqu'elle ne trouva plus de victimes et que des milliers de chrétiens furent tombés sous ses coups (1).

Les païens triomphaient : ils croyaient avoir anéanti pour toujours dans nos contrées le nom et la religion de Jésus-Christ ; mais ils ne savaient pas, les insensés, que le sang des martyrs est une semence féconde de chrétiens, et qu'en égorgeant ceux de Lyon, ils jetaient eux-mêmes dans cette cité les fondements d'une des plus glorieuses Eglises du monde.

(1) Gregor. Turon. Histor. Franc. l. I, c. 26-27 et de Glor. Martyr. c. 30. — Les Martyrol. de saint Jérôme, d'Adon, de Notker, d'Usuard, etc. au 28 de juillet. Men. Græc. 23 Aug.

CHAPITRE SIXIÈME.

Du culte rendu à saint Irénée.

Le massacre général des chrétiens de Lyon fut la défaite du paganisme dans nos contrées. Des monuments majestueux, trophées de la victoire des martys, devaient un jour s'élever sur les hauteurs arrosées de leur sang et dominer une cité toute soumise à l'Évangile. Le nom d'Irénée glorieux dans l'univers devait alors consacrer les lieux témoins de son martyre, et les compagnons de ses souffrances allaient y partager aussi la vénération des peuples. Mais le Seigneur dont les desseins sont toujours exécutés avec poids et mesure, ne voulut pas encore accorder la paix à son Église; il permit au paganisme de déployer contre elle toute sa fureur, pour mieux montrer sa faiblesse; pendant ce temps, les catacombes de Lyon

dérobèrent aux regards des profanes, les restes sacrés de saint Irénée et de ses généreux enfants. Le petit nombre de chrétiens qui lui survécurent, animés, dit-on, par saint Zacharie, recueillirent à la faveur des ténèbres les corps mutilés de leurs frères et les déposèrent dans les cryptes où ce grand évêque les avait si souvent réunis. C'est là que les rares débris de la chrétienté lyonnaise venaient souvent puiser le courage de la vertu : dans le silence des souterrains, à la lueur d'une faible lumière, et dans les transports d'une charité fraternelle, ils mêlaient les louanges du Seigneur aux louanges de leurs martyrs; sur leurs restes sacrés, ils juraient de vivre et de mourir dans la foi de leurs pères. Les tempêtes excitées contre l'Église par Maximin, Dèce, et Valérien, soufflèrent pendant plus d'un siècle sur cette humble retraite. Les premiers successeurs de saint Irénée ne réparèrent que peu à peu son ouvrage, au milieu de ces persécutions; mais le petit nombre des chrétiens de Lyon fit leur sûreté. « Ils
» purent d'autant mieux, dit le père Ménestrier, se ca-
» cher du côté de la crypte de Saint-Irénée, que c'était
» comme un lieu abandonné. Ceux qui vinrent repeu-
» pler la ville, après sa destruction, avaient commencé
» à bâtir le long de la rivière, au bas de la montagne. La
» colline de Saint-Irénée, placée près d'une des grandes
» routes, ne fut plus jusqu'au règne de Constantin qu'un

» séjour de tombeaux. (1) » Cette solitude favorisait sans doute les réunions des chrétiens; cependant ils furent obligés de cacher leur culte dans l'ombre des cryptes, jusqu'à ce qu'enfin l'administration de Constance Chlore, favorable à la religion de Jésus-Christ, vint donner à leur piété un plus libre essor; mais rien ne l'arrêta, lorsque la providence eut livré à Constantin l'empire de l'univers. Alors des monuments sacrés s'élevèrent sur les ruines des édifices païens. Dans la plaine, sur les lieux mêmes où les flammes avaient consumé les restes de nos premiers martyrs, une belle église succéda à la chapelle souterraine où sainte Blandine avait jusqu'alors partagé avec ses généreux compagnons les secrets hommages des chrétiens; plus loin, au nord, un autre sanctuaire surmonta la crypte de saint Pothin. Sur les hauteurs de St-Just, un temple somptueux éleva jusqu'aux nues la gloire des victimes de la seconde persécution, que l'on y honora sous le nom général des Machabées (2); à

---

(1) Ménestrier, Manuscrit de l'Histoire de l'Église de Lyon.

(2) Quelques-uns ont pensé que cette Eglise avait été élevée en l'honneur des sept enfants hébreux, appelés Machabées et derniers martyrs de l'Ancien Testament, sous Antiochus; il en est qui ont pensé que sous le même nom, l'on désigna les saints Minerve, Eléazar, et leurs huit enfants martyrisés, comme on croit, à l'endroit même où cette église fut bâtie; enfin, d'autres veulent avec plus de raison que, sous le nom de Machabées, l'on ait compris tous les martyrs dont le sang avait rougi la colline. Cette opinion nous paraît la plus probable et la plus sûre.

côté de ce monument, à l'extrémité de la ville, une autre basilique s'éleva un peu plus tard sur la crypte où saint Irénée avait tant de fois réuni ses enfants, et où ses dépouilles mortelles avaient été ensuite religieusement déposées. Saint Patient, saint Remy, saint Sacerdos et d'autres évêques de Lyon apportèrent successivement un soin particulier à l'embellissement de ces lieux vénérés ; les fidèles, animés par de si beaux exemples, accouraient toujours en foule aux tombeaux de leurs pères dans la foi (1).

L'élan de la piété fut un instant arrêté par le différent qui s'éleva, touchant les reliques de saint Irénée, entre les chanoines de Saint-Just et le Chapitre, à qui Hugues Ier avait confié le service de l'Eglise dédiée à saint Irénée et la garde de son tombeau. Les chanoines de Saint-Just croyaient que les reliques de saint Irénée n'étaient point dans l'église qui portait son nom, mais dans la basilique même qu'ils desservaient ; ils soutinrent leur cause avec d'autant plus de persévérance, qu'ils attachaient plus de prix à l'objet en litige, et que des raisons plausibles militaient en effet pour leurs pieuses prétentions ; mais elles ne pouvaient pas balancer les preuves certaines et les titres irrécusables que leur opposèrent leurs an-

---

(1) Fr. Chifflet, ap. Bolland, append. ad 28 jun. tom. 6 et 6 jun.

tagonistes. Aussi le légat Philippe de Turey, à qui le pape Alexandre V avait confié cette affaire, donna-t-il gain de cause aux chanoines de Saint-Irénée, en justifiant toutefois les démarches que le chapitre de Saint-Just n'aurait point faites, s'il avait témoigné moins d'amour et d'estime pour les reliques des martyrs. Si l'élan des fidèles fut arrêté par cette dispute, elle leur donna du moins une plus haute idée du prix des objets qu'elle vénérait, en voyant deux corps si respectables se disputer la gloire et le bonheur de les posséder (1).

Lorsque cette question eut été bien éclaircie et qu'il fut solennellement avéré que les reliques de saint Irénée, de saint Alexandre et de saint Epipode étaient dans la crypte où ils avaient été ensevelis, l'affluence des fidèles fut plus grande qu'auparavant. Le concours alla toujours s'augmentant à mesure que les souverains pontifes multipliaient les indulgences en faveur de ceux que la piété appelait au tombeau de saint Irénée. Des évêques lyonnais, des comtes de Beaujeu ou du Forez et d'autres illustres personnages, peu contents d'avoir honoré ce grand saint pendant leur vie, voulurent encore reposer après leur mort à l'ombre de son sanctuaire, et attendre

---

(1) Voir les pièces relatives à cette affaire dans les Bolland. 28 jun. pag. 342.

sous sa protection le jour redoutable de la résurrection générale.

Saint Irénée recevait paisiblement les hommages des fidèles lorsque l'hérésie vint promener sa fureur dans notre malheureuse patrie.

Semblable à un incendie poussé par l'ouragan, elle détruisit tout ce qu'elle put atteindre, et ne laissa sur son passage que des monceaux de cendres et de décombres. Lyon, si riche alors en monuments religieux, fut aussi la plus maltraitée : la trahison ayant livré aux calvinistes cette grande cité, ils se jetèrent furieux sur les édifices sacrés pour satisfaire et leur soif du pillage et leur impiété. Comme s'ils eussent voulu détruire un passé qui les importunait et les condamnait, ils pénétrèrent dans les archives des églises, ravagèrent tout ce qu'ils purent trouver, détruisirent les titres et les monuments les plus précieux : les bibliothèques mêmes ne furent point à l'abri de leur fureur. La ville de Lyon, au pouvoir des calvinistes, présenta le spectacle qu'offrit autrefois la ville d'Alexandrie saccagée par les Musulmans, sous la conduite du farouche Amrou : c'était par de tels actes que la prétendue réforme accomplissait son œuvre.

L'église de Saint-Irénée, outre qu'elle offrait de grandes richesses à la cupidité des calvinistres, leur rappelait encore le souvenir d'un saint qui fut un des plus terribles adversaires de l'hérésie, et dont la doctrine combattait di-

rectement leur *réforme*. Aussi s'acharnèrent-ils à la ruine. Ils pénétrèrent d'abord dans l'église souterraine où était l'autel de saint Irénée, entre celui de saint Epipode et de saint Alexandre : les châsses, les vases sacrés, les candelabres furent pillés ; tout ce qui ne put pas les enrichir, ils le détruisirent : les autels furent renversés, les reliques foulées aux pieds ; ce n'était pas assez pour eux d'outrager celles qui leur tombèrent sous la main, ils creusèrent la terre, lui arrachèrent celles qu'elle cachait dans son sein, les outragèrent, les dispersèrent et les confondirent avec des ossements d'animaux ; enfin, ils abattirent les colonnes qui soutenaient la voûte inférieure, dans l'espoir qu'elle s'écroulerait sous les ruines de l'église supérieure. Une troupe de *démolisseurs* se mirent donc à renverser, après l'avoir pillé, ce temple magnifique qui célébrait la gloire des martyrs, et que la piété Lyonnaise embellissait depuis tant de siècles. Il croula sous les coups des impies, mais la voûte de l'Eglise souterraine, quoique privée de ses colonnes, supporta ce poids énorme et n'ajouta pas de nouveaux décombres à ceux que les destructeurs avaient déjà amoncelés. « Cette église a été totale-
» ment désolée, dit Paradin, et ruinée par ces troubles et
» guerres civiles de notre temps, tellement qu'il sera dif-
» ficile à la postérité de croire la richesse de l'ouvrage,
» qui soloit décorer ce temple. Car laissant à part l'artifice
» élégant et antique de ce temple, je me suis souvent

» esmerveillé du beau pavement, fait d'œuvre mosaï-
» que... c'est une espèce de pavement fait d'une infinité
» de petites pièces de pierrettes taillées à plusieurs pans,
» selon l'exigence de l'ouvrage, et sont icelles petites piè-
» ces de diverses couleurs rapportées ensemble, comme
» marqueteries et emblêmes, desquelles se font diver-
» ses figures d'animaux, et autres telles formes, si pro-
» prement jointes et accommodées, qu'il semble que ce
» soit platte peinture. Et non-seulement se représentent
» les figures et images des animaux, arbres et hommes,
» mais aussi s'en fait de belle escriture : comme nous
» avons vu en cette Église de sainct Iregny des vers latins
» escrits en cest ouvrage mosaïque, de pierrettes taillées
» en marqueterie, desquels la teneur s'ensuit :

Ingrediens loca tam sacra, jam rea pectora tunde;
Posce gemens veniam, lachrimas hic cum prece funde.
Præsulis hic Irenæi turma jacet sociorum,
Quos per Martyrium perduxit ad alta polorum.
Istorum numerum si nosce (sic) cupis tibi pando,
Millia dena, novemque fuerunt, sub duce tanto.
Hinc mulieres et pueri simul excipiuntur,
Quos tulit atra manus, nunc Christi luce fruuntur.

» qui signifient : Toi qui entres en ces lieux si sacrez,
» frappe maintenant ta poitrine coulpable, demandant
» pardon en gémissant et meslant des larmes avec tes
» prières. En ce lieu repose la trouppe des compagnons

» du prélat sainct Iregny, lesquels il a conduit jusques au
» ciel par martyre. Et si tu en désires sçavoir le nombre,
» je te manifesteray. Ils furent dix-neuf mille soubs ce
» grand conducteur, sans les femmes et les enfants, les-
» quels la damnable cohorte meit à mort. Maintenant ils
» sont jouissants de la lumière de Jésus-Christ.

» Ces vers estoyent escrits au pavé de ce temple (1).»

La fureur des hérétiques ne se borna point à la ruine de ce somptueux édifice : ils exercèrent les derniers outrages sur les reliques qu'ils avaient déjà profanées. Feuardent, auteur contemporain, rapporte dans la vie de saint Irénée que s'étant emparés du crâne que l'on conservait précieusement sous l'autel de ce saint, après avoir dispersé le reste du corps, ils s'en firent un jeu barbare, jusqu'à ce qu'enfin un pieux médecin de la paroisse de Saint-Just le demanda ou l'acheta sous prétexte de s'en servir pour son art : il le mit dès-lors en lieu sûr. Lorsque la ville, délivrée de ces Vandales, fut remise sous l'obéissance de son prince légitime, elle rendit à la mémoire de saint Irénée autant d'hommages qu'il avait essuyé d'outrages de la part des impies. Antoine d'Albon, qui venait de monter sur le siége épiscopal de Lyon, mit toute sa sollicitude à soulager les maux de son Église; le premier de ses soins fut de réparer par des hon-

(1) Parad. Hist. de Lyon. l. II, c. 105.

neurs extraordinaires les outrages que les hérétiques avaient faits à la mémoire de saint Irénée. Après avoir bien constaté l'identité du chef que les protestants avaient profané avec celui que l'on conservait, comme étant de saint Irénée, il en fit faire une translation solennelle à la Métropole. « Et à ces fins, dit de Rubys, le
» samedy 28 juin, en ladicte année 1572, au matin, fu-
» rent fermées toutes les boutiques de la ville, et s'en
» alla, ledict sieur archevêque, en procession, suivy
» de son clergé, de monseigneur de Mandelot, des es-
» chevins et de tout le peuple de la ville en grand nom-
» bre, au dict lieu de Saint-Just, où, prenant ce saint
» chef et l'ayant fait mettre dans un beau grand bassin
» d'argent, il le rapporta tout descouvert, et à la vue
» d'un chacun, jusque dans l'église de Sainct-Jean, où il
» a despuis demeuré par un long-temps sans être veu,
» jusques à ce que puis naguières ce bon prélat, messire
» Estienne de la Barge et abbé de Saint-André, archi-
» diacre de ladicte Église de Sainct-Jean, suivant son ac-
» coutumée piété, l'a faict revêtir d'argent à ses propres
» coûts et dépens (1). »

D'Albon mit le plus grand soin à relever les ruines qu'avaient amoncelées les hérétiques, à recueillir les débris des archives, des monuments, des titres qu'ils

(1) De Rubys, Hist. de Lyon, l. I, c. 31.

avaient dispersés. Il fut puissamment secondé dans cette œuvre de régénération par le pieux Grolier, prieur de Saint-Irénée. Par leurs soins réunis une nouvelle basilique s'éleva en l'honneur de cet illustre martyr, sur les ruines de l'ancienne. Si elle ne présenta ni la même étendue, ni la même magnificence, elle annonça du moins le retour de ces temps heureux où les fidèles venaient avec tant de confiance et d'empressement prier sur sa tombe leur saint protecteur.

La nouvelle génération vit avec joie un temple élevé sur la colline qu'avait arrosée le sang des martyrs; mais que de bons vieillards, qui avaient vu la première basilique dans son auguste majesté, versèrent des larmes de douleur et de regret, à la vue d'un édifice si inférieur à celui où ils étaient venus si souvent implorer la protection d'Irénée ! Le pieux Grolier pleura sans doute le premier, sur des ruines qu'il ne pouvait qu'imparfaitement réparer ! mais tout ce qui ne fut pas impossible à son zèle, il le fit; il restaura la chapelle souterraine, releva les autels sur la même place qu'ils occupaient auparavant. Il fit chercher et recueillir tout ce qu'on put trouver des reliques que les hérétiques avaient dispersées ; mais comme ces sacriléges les avaient mêlées à des ossements profanes, on ne put les exposer à la vénération publique; le prieur les fit ranger avec ordre, à côté de la chapelle souterraine, dans une cavité profonde qu'on eut soin de faire murer. Le vœu général des fidèles engagea dans la suite l'autorité ecclésiastique à pratiquer une ouverture qui ne fût fermée que par une grille à travers laquelle on peut encore aujourd'hui voir ces ossements entassés.

Alors aussi fut élevé ou rétabli le signe du salut sur les lieux qu'avait arrosés le sang des martyrs : inspiration sublime que l'on ne pouvait puiser que dans la religion! Un calvaire sur le tombeau des martyrs explique toute l'économie de la religion chrétienne et en résume toute l'histoire. En effet pouvait-on exprimer d'une manière plus énergique que les saints *suppléent,* en y prenant part, *ce qui manque aux souffrances de Jésus-Christ* (1); que ceux qui veulent vivre pieusement en Jésus-Christ, boivent au même calice que lui; que le culte de la croix s'est propagé dans le monde par la mort de ses enfants; pouvait-on célébrer avec plus de grandeur le triomphe de la croix sur les puissances du siècle? Jésus-Christ avait prédit à ses disciples qu'ils seraient méprisés, mis à mort comme lui et pour sa gloire; mais que leur mort serait un triomphe. Or, un calvaire établi sur le tombeau des martyrs est l'accomplissement de ces prophéties. Il rappelle encore cet autel mystérieux que vit le prophète de Pathmos, et de dessous lequel sortaient

(1) Coloss. I. 24.

ces cris terribles : *Quand est-ce, Seigneur, que vous vengerez notre sang, sur les enfants des hommes?* — Attendez, leur fut-il répondu, attendez que vos frères aient comme vous sacrifié leur vie pour moi, qu'ils m'aient aussi rendu les témoignages d'amour que j'exige d'eux. C'était en effet pour encourager les fidèles à imiter les martyrs que le restaurateur de leur culte éleva sur leurs tombeaux la croix du Sauveur, auquel ils avaient fait le sacrifice de leur vie.

« M. Grolier, dit le pieux auteur du voyage du Cal-
» vaire, ne s'est pas borné seulement à rétablir les lieux
» saints; mais encore il a voulu rétablir l'ancienne con-
» frérie à l'honneur de saint Irénée et ses compagnons,
» que le malheur des temps avait presque aboli, afin
» que ceux qui auraient le bonheur d'y être reçus pus-
» sent jouir plus particulièrement des grâces et des in-
» dulgences que les souverains pontifes lui ont accor-
» dées même avant la sacrilége prophanation des lieux
» saints, comme l'ont rapporté des auteurs graves : »

Le vénérable prieur dut s'applaudir de ses efforts, lorsqu'il vit de nombreuses processions de fidèles venir au sanctuaire qu'il avait réparé et embelli, honorer Irénée avec la congrégation spécialement vouée au culte de ce grand saint. Plusieurs fois l'année, le chapitre de la métropole, les confréries religieuses de Lyon allaient en corps sur la montagne sainte, chanter les louanges d'Irénée et des autres martyrs, là où d'horribles blasphèmes avaient outragé leur mémoire (1). La piété semblait s'efforcer par la solennité de ses hommages, envers les saints martyrs, de protester contre les sacriléges insultes que l'hérésie leur avait faites.

(1) « .... Messieurs les comtes de Lyon, dont l'Eglise est si respec-
» table par sa noblesse et antiquité...., viennent à saint Irénée
» d'un temps immémorial, huit fois de l'année, reconnaître la sain-
» teté du lieu où reposent les précieuses reliques de nos frères, et
» singulièrement les jours des saints Irénée, Epipoy et Alexandre,
» qu'ils y disent la Grand'Messe et l'Office divin.
» A l'exemple de ces Messieurs, les révérends Pères Jésuites amè-
» nent, chaque année, toutes leurs congrégations aux saints mar-
» tyrs, celle des Messieurs le jour de saint Irénée, et les autres en
» processions, chantant des psaumes tout le long du chemin avec
» beaucoup d'édification ; ils entendent la sainte Messe et le sermon
» à la basse église, où ils font tous la sainte communion. » (M. Ni-
von, le voyage du saint Calvaire, p. 197).

Dans les *Heures à l'usage de Messieurs de la Congrégation du sacré Mariage de la sainte Vierge avec saint Joseph*, on trouve le règlement que les membres de cette congrégation observaient dans ce pieux pélerinage, et qui nous montre avec quel respect on le faisait. « Chaque année, y est-il dit, la congrégation va en corps à saint
» Irénée, faire ses dévotions à l'honneur des saints Martyrs et autres
» saints tutélaires de cette ville.
» L'on s'assemble à la place devant l'église des Révérends Pères de la
» Trinité. Dès que six heures sonnent, deux de Messieurs les anciens,
» ou bien Messieurs le secrétaire et dépositaire montent les premiers
» par Gourguillon, ayant chacun une bourse pour distribuer les au-
» mônes à tous les pauvres qui se présentent. Les confrères suivent
» deux à deux modestement, en gardant le silence et méditant que
» la terre sur laquelle ils marchent, est une terre sainte, qui a été
» arrosée par le sang de tant de martyrs.

La dévotion à saint Irénée prit encore une nouvelle extension, sous l'épiscopat de Camille de Neuville, par le zèle d'un de ces dignes ministres que M. Olier formait alors à l'Eglise.

Chargé par la congrégation de Saint-Sulpice de la direction du nouveau séminaire que venait de fonder l'illustre prélat, le pieux Hurtevent comprit toute l'importance de sa charge et de sa position.

L'hérésie n'avait pas seulement renversé dans Lyon les temples du Seigneur, elle avait aussi ébranlé la foi d'un grand nombre de chrétiens et introduit dans les mœurs une licence qui affaiblissait ou détruisait la piété. Le clergé lui-même n'avait pas échappé à sa funeste influence. « Cette Eglise si vénérable, qui va prendre sa
» source jusque dans les temps apostoliques ; qui, la pre-

» Quand on est arrivé à la basse église de saint Irénée, monsieur le
» Préfet, à genoux devant l'autel, commence les premières prières
» à l'ordinaire, excepté qu'en place des Litanies de la sainte Vierge,
» on dit les Litanies des Saints naiz ou décédés à Lyon, avec les
» commémorations des Saints comme cy-après. On dit après la
» Messe, et ensuite les dernières prières que l'on commence par les
» Litanies de la sainte Vierge, ℣. ℟. et oraison, et l'on continue à
» l'ordinaire. Après l'exhortation, on va prier Dieu à l'église saint
» Irénée, où l'on donne à baiser les saintes reliques, et pour bien
» accomplir ce pèlerinage, chaque confrère doit dire le *Te Deum*,
» et se priver du divertissement ce jour-là. » (Pag. 448-449).

Viennent ensuite les Oraisons et les Litanies, que les membres de a Congrégation récitaient dans cette circonstance.

» mière de nos Gaules, reçut de l'Orient les richesses de
» l'Evangile ; qui vit arriver et recueillit avec allégresse
» les Pothin et les Irénée, ces hommes divins teints en-
» core du sang de Jésus-Christ fraîchement épanché,
» et qui, avec la foi allaient répandre partout des esprits
» de souffrance et de martyre : cette Eglise qui formée
» par leurs travaux, fortifiée par leur doctrine, mérita
» enfin d'être illustrée de tout leur sang ; et qui, encore
» aujourd'hui, pour avoir été la première éclairée des
» lumières de la foi, en a les premiers honneurs dans
» le royaume. » Cette Eglise oubliait alors un passé si
glorieux. « Hélas ! tout l'éclat de cette fille de Sion était
» obscurci ; ses prophètes, ou n'avaient plus de visions,
» ou n'en avaient que de fausses ; ses solennités et ses
» sabbats n'étaient presque plus que des dissolutions su-
» perstitieuses, les pierres du sanctuaire se traînaient
» indignement dans les places publiques. Le prêtre ad-
» mis sans précaution aux fonctions du sacerdoce, s'en
» acquittait avec indignité : le fidèle, pendant sa vie
» dans un oubli profond de nos mystères et de la loi
» de Dieu, mourait tranquillement sur la bonne foi de
» l'ignorance et des dérèglements des ministres ; et l'hé-
» résie qui, comme l'armée des Assyriens, n'attaque
» Jérusalem qu'à la faveur des ténèbres, profitait de
» celles-ci pour renverser ses murs, et venir lui enlever

» de vrais adorateurs jusque dans l'enceinte du sanc-
» tuaire (1).

Il s'agissait pour le pieux Hurtevent de remédier à tant de désordres, de ramener la science et la sainteté dans un état qui doit être le domaine de l'une et de l'autre. Bien plus, il fallait imprimer une sainte et forte direction, donner de bons commencements à un établissement où l'Eglise de Lyon devait recruter ses ministres, où la religion devait se choisir des défenseurs, des pontifes, des missionnaires qui allassent l'établir et la sceller de leur sang dans des régions lointaines. Cet homme de Dieu pensa donc d'abord à mettre les élèves du sanctuaire sous la protection d'un saint qui fût à la fois leur patron, leur maître et leur modèle. Or, Irénée avait laissé de beaux exemples à tous les rangs de la hiérarchie ecclésiastique : tour-à-tour simple lévite, prêtre, missionnaire, évêque, docteur et martyr, il avait rempli et honoré toutes les fonctions que l'Eglise partage entre ses ministres. Ces considérations inspirèrent au vénérable Hurtevent une tendre piété pour ce grand saint et le décidèrent à mettre sous sa protection l'établissement dont il était chargé.

« Il honorait si parfaitement ce grand saint, dit son

---

(1) Massillon, Oraison funèbre de M. de Villeroy, archevêque de Lyon, 2ᵉ part.

» successeur, qu'il le désira pour patron du séminaire
» de Lyon et le demanda à Monseigneur l'archevêque,
» lequel prit une telle estime pour saint Irénée sur la
» manière dont M. Hurtevent lui parla de son mérite et
» de ses vertus, que non-seulement il lui accorda ce
» qu'il désirait pour le séminaire ; mais même en or-
» donna la fête par tout son diocèse, ce qui fut un grand
» sujet de joie au cœur de M. Hurtevent plein de res-
» pect, d'amour et de confiance pour ce grand saint. Il
» le réclamait souvent dans ses prières, avait recours à
» lui dans ses besoins et en a reçu de très-grandes grâ-
» ces et des secours tout particuliers et tout sensibles
» pour le bien du séminaire. Lorsque quelques per-
» sonnes de la maison lui faisaient de la peine par le dé-
» règlement de leur conduite et le défaut de fidélité au
» règlement, après qu'il avait employé toute sa prudence
» et mis en pratique toutes les adresses de la charité
» pour les ramener à leur devoir, lorsque tout cela était
» inutile, il avait recours à saint Irénée ; il faisait une
» neuvaine de messes en son honneur, et j'ai vu plu-
» sieurs fois qu'avant que la neuvaine fût achevée, ou
» ces personnes d'elles-mêmes et de leur propre mou-
» vement se retiraient de la maison, ou la sainte pro-
» vidence de Dieu faisait naître quelque occasion qui
» donnait lieu à leur dire de se retirer sans que leur es-
» prit en fût irrité, ni la douceur de sa conduite intéres-

» sée, ce qu'il reconnaissait tellement devoir à l'assis-
» tance et à la sainte protection de saint Irénée sur
» cette maison, qu'il le remerciait très-affectueusement
» et me sollicitait de me joindre à ses actions de grâces
» par quelques hymnes, que nous chantions en son
» honneur......(1) »

Aujourd'hui qu'une expérience de deux siècles a prouvé la sagesse de cet homme de Dieu, pourquoi n'attribuerions-nous pas à la protection de saint Irénée tous les avantages que la religion a retirés d'un établissement qui lui est consacré? N'est-ce pas là que se sont formés sur un si grand modèle ces nombreux et zélés missionnaires qui depuis si long-temps se succèdent dans tous les pays du monde où il y a des infidèles à convertir; tant de martyrs qui ont scellé la foi de leur sang; les illustres pontifes que tant d'Eglises de France se sont honorées et s'honorent encore d'avoir à leur tête? En un mot, n'est-ce pas là que se forme toujours, sur le même modèle, ce nombreux et respectable clergé qui continue si glorieusement l'ouvrage d'Irénée dans l'Eglise dont il a été le second fondateur? Oui, c'est par la dé-

---

(1) M. Maillard, second supérieur du séminaire de Saint-Irénée : *Esprit de M. Hurtevent*, ouvrage manuscrit, dont M. Rony, professeur de théologie au même établissement, a bien voulu nous communiquer cet extrait.

votion à saint Irénée que le vénérable Hurtevent imprima à l'établissement qu'il fut le premier chargé de diriger, cet esprit de piété, d'étude et de zèle qui n'a pas cessé d'y régner.

Nous devions nous arrêter sur un homme dont les exemples et les efforts contribuèrent si puissamment à propager le culte du grand Irénée dans tout le diocèse de Lyon ; c'est glorifier les saints que de rendre hommage à la mémoire de ceux qui les honorent sur la terre ; qui excitent les autres à les vénérer et à les imiter. Depuis que Camille de Neuville, sur les instances de M. Hurtevent, eut donné saint Irénée pour patron à tout son diocèse, la dévotion à ce grand saint prit un nouveau développement: les pèlerins accouraient plus nombreux sur la sainte montagne; les successeurs de Camille de Neuville, pour favoriser la piété des fidèles et satisfaire leur propre dévotion, donnèrent encore plus de solennité aux fêtes de l'illustre martyr; et sous leurs auspices, son culte prenait chaque jour de nouveaux accroissements, lorsque la tempête révolutionnaire vint fondre sur notre malheureuse patrie. Des monstres d'impiété qui ne se plaisaient qu'au milieu des ruines qu'ils amoncelaient, abattirent à Lyon, encore plus que dans le reste de la France, presque tous les temples du Seigneur; ceux qu'épargna le marteau de Couthon, virent l'abomination de la désolation introduite dans leur enceinte; l'église de St-Irénée fut changée en un fénil, où, au moyen d'une pente douce établie à la grande entrée, des bêtes de somme traînaient leurs charges. Tous ces lieux furent indignement profanés : le culte de saint Irénée se tint de nouveau renfermé dans le cœur des fidèles, tant que l'impiété régna avec ses horreurs dans la France épouvantée. Mais lorsque des jours plus heureux vinrent luire sur elle, la religion déploya une nouvelle magnificence dans ses cérémonies. La piété libre amena de nouveau au tombeau de saint Irénée des peuples de pèlerins : des hymnes de triomphe retentirent comme auparavant en l'honneur des martyrs. La croix reparut aussi sur la sainte montagne, et annonça à la ville le retour de la paix et de la liberté religieuse. Depuis lors, la piété des Lyonnais ne s'est point ralentie : les fidèles, animés soit par leurs pasteurs, soit par les faveurs du Saint-Siége, ne manquent jamais de venir en grand nombre vénérer les restes des martyrs aux jours de leurs fêtes. Espérons que le culte de saint Irénée ne se renfermera pas dans le diocèse de Lyon ; mais que l'Eglise universelle dont il fut la colonne et la gloire, environnera sa mémoire des honneurs qu'elle rend à ses plus illustres docteurs. — Déjà le sage Pontife qui la gouverne, se rendant au vœu d'un concile et de la sacrée Congrégation des Rites, a voulu que les jeunes Églises des Etats-Unis, toujours aux prises avec les sectes, célébrassent avec quelque solennité la fête d'un saint qui fut le fléau de l'hérésie (1). Des voix non moins puissantes porteront des vœux aussi légimes et aussi ardents aux pieds du Vicaire de Jésus-Christ, et l'Eglise, nous en avons la douce confiance, fera partout avec joie la fête d'un pontife, d'un docteur, d'un martyr, qui ne vécut que pour l'édifier, la défendre et la glorifier.

(1) Voir *Notes et pièces diverses*, n. XI.

FIN.

7746

www.ingramcontent.com/pod-product-compliance
Lightning Source LLC
Chambersburg PA
CBHW071718230426
43670CB00008B/1052